풍운의 정치인

金相賢

김상현을 읽다

역사의 수레바퀴를 돌린 을z의 정치학

풍운의 정치인

金相賢
김상현을 읽다
역사의 수레바퀴를 돌린 들z의 정치학

1판 1쇄 인쇄 | 2024년 12월 1일
1판 1쇄 발행 | 2024년 12월 6일

글 쓴 이 | 김학민·고원
펴 낸 이 | 양기원
펴 낸 곳 | 학민사
출판등록 | 제10-142호, 1978년 3월 22일
주   소 | 서울시 마포구 토정로 222 한국출판콘텐츠센터 314호(㉾ 04091)
전   화 | 02-3143-3326~7
팩   스 | 02-3143-3328
홈페이지 | www.hakminsa.co.kr
이 메 일 | hakminsa@hakminsa.co.kr

ISBN 978-89-7193-262-9 (03340), Printed in Korea

풍운의 정치인

金相賢
김상현을 읽다

역사의 수레바퀴를 돌린 을z의 정치학

글쓴이 김학민·고원

학민사
Hakmin Publishers

후농 김상현 평전을 발간하며

　지인들과 대화를 나누다가 '후농 김상현 평전'이 화제에 오르면, 왜 그런 책을 쓰느냐는 표정으로 묻는다. 김상현이라는 인물 자체가 누구인지 몰라서이기도 하고, 안다 해도 정치인이라는 게 다 그저 그런 부류인데 평전까지 낼 필요가 있느냐는 반응일 것이다. 그래서 김상현이 어떠어떠한 일을 한 사람이라고 설명해주면, "김상현이 그런 사람이야? 그리고 그런 일들이 있었어?"라고 호기심을 보인다.

　김상현은 50여 년의 정치 이력을 갖고 있지만, 상당 기간을 박정희 군사정권과 전두환 독재정권 아래서 감옥에 갇히고 피선거권을 박탈당하는 등 강제로 정치활동을 금지당한 정치인이었다. 우리가 감히 이 책의 제목을 '풍운의 정치인, 김상현을 읽다'라 하고, 부제를 '역사의 수레바퀴를 돌린 乙의 정치학'이라 한 것은, 그러한 수식修飾이 그의 정치 인생을 포괄하는데 가장 가까울 수 있다는 생각에서였다.

　이 책을 쓰면서 우리의 가슴을 가장 뜨겁게 달군 부분은 그의 삶 속에서 우러나오는 휴머니즘이었다. 요즘같이 정치가 극단의 대립과 증오, 독설과 편견으로 가득한 시대에 그의 정치적 삶은 경외심을 불러일으킨

다. 그는 자신에게 혹독한 고문을 가한 자에 대해서도 "나를 두드려 팬 놈들이 사람이 좋아서 이 정도지, 나쁜 놈들이었으면 뼈가 모두 부러졌지, 멍만 들었겠는가?" 하며 허허 웃었다.

그는 "정치를 하다 보면 하루에 열두 번도 더 패 죽일 놈들이 많은데, 내가 마음이 편해져야 적이 최소화되고, 그래야 나에게 호감을 가진 사람이 많아지고 내 편이 넓어져서 내가 정치를 잘 할 수 있다. 그래서 가능하면 이해하고 양해하고 용서하는 게 육체적·정신적 건강을 위해서도 좋다"고 주장하며 이를 그대로 실천했다.

그렇다고 김상현은 고매한 인품과 높은 지성의 소유자는 아니었다. 엄청난 카리스마를 내뿜는 지도자상像과도 거리가 먼 사람이었다. 그는 자신을 '양아치'라고 스스럼없이 표현하기도 할 정도였는데, 노동부 장관을 지낸 남재희는 그를 일컬어 '잡놈성 거물'이라고 했다. 그는 술 좋아하고 놀기 좋아하는 우리 이웃의 장삼이사들과 별로 다르지 않은 사람이었다. 그러기에 그가 일군 우리 현대 정치사의 업적이 더욱 경이로운 것이다.

흔히 '역사는 승자의 기록'이라고 말한다. 김상현은 화려하고 장엄한 무대의 주인공이 아니었기에 '승자'로 추존되지는 않는다. 그래서인지 그의 업적과 활동은 기본적인 사실조차 잘 알려지지 않고 있다. 물론 그를 전적으로 '패자'로 규정할 수는 없지만, 그의 삶과 생각, 정치적 업적은 '승자'에 비견할 수 없을 정도의 평가받을 만한 것들이 많다. 이 책은, 바로 높게 평가받아야 하는, 그러나 묻혀 버린 김상현의 정치적 업적과 활동을 발굴하고 조명하는 작업이라 할 수 있다.

이 책은 김상현이라는 정치인의 업적과 활동을 기록한 전기傳記이되, 그 업적과 활동을 해석·평가하여 서술하는 평전評傳(critical biography)의 성격을 갖는다. 보통 평전은 한 인물의 업적과 활동을 부각하여 교훈을 전달하는 것을 넘어서서, 그 인물의 삶과 주변 인물, 시대적 상황 등을 해석하고 평가하는 내용을 포괄한다. 그리고 비평의 주체로서 당해 인물에 대해 해석하고 평가하는 글쓴이만의 가치 판단 기준을 갖기 때문에 객관성과 주관성이 동시에 작용하는 글이라 할 수 있다.

이런 전제하에 우리가 이 평전 집필을 계획하면서 세운 원칙은, 이 책이 절대로 김상현을 분식하고 미화하는 '기념사업'이 아니라는 점이었다. 좀 더 그럴듯하게 이야기하자면, "사건을 기록하는 기사記事, 직분을 바로잡는 정명正名, 칭찬과 비난을 엄격히 하는 포폄襃貶의 원칙을 세워, 여기에 어긋나는 것은 철저히 배격하고 오직 객관적 사실에 입각하여 자신의 판단에 따라 집필"해야 한다는 공자의 춘추필법春秋筆法을 따르자는 것이었다.

그런 만큼 우리는 김상현의 업적과 활동만이 아니라 그의 일생을 관통하였던 심리적 콤플렉스, 윤리·도덕적 일탈, 인간적 한계, 정치적 전략과 전술의 오류도 가감 없이 드러내려 하였다. 그런 점에서 이 책에는 김상현의 유족을 포함하여 그를 따르고 좋아했던 분들에게 다소 불편한 감정을 갖게 할 부분도 있다. 그리고 이는 이 평전에서 수없이 호명呼名될 수밖에 없는 김대중, 김영삼 전 대통령에 관한 기술에서도 마찬가지로 나타날 것이다.

오로지 너그러이 혜량惠諒해 주시길 바랄 뿐이다.

　우리는 이 평전이 우리 정치사를 풍부하게 할 사료적 가치가 있다고 자부한다. 그간 공식적인 기록과 연구를 통해 밝혀지지 않았던 한국 정치사의 전경이 이 평전의 군데군데서 드러나게 될 것이다. 특히 야당 정치의 풍경, 김대중·김영삼의 잘 알려지지 않았던 모습들도 복원한다. 1970년 신민당 전당대회 경선과 1971년 대통령선거의 풍경들, 1984년 전두환 독재정권 하에서의 민주화추진협의회 결성과 2·12 총선을 둘러싼 뒷얘기도 공개된다.

　우리는 이를 위해 주요 관련 인물들의 인터뷰를 2년여에 걸쳐 수행하였다. 물론 우리가 그들의 증언을 곧이곧대로 수용하지는 않았다. 객관적 문헌 자료들과 여러 관련자의 증언을 교차 검증하여 신빙성과 타당성이 있는 소재들을 추려내 평전의 고갱이로 삼았다. 특별히 김덕룡 전 의원, 윤형두 회장, 박문수 회장, 임헌영 선생과 정희원 여사의 증언은 이 평전의 내용을 알차게 하는 데 큰 도움이 되었다.

　아울러 우리는 김상현의 정치적 삶에 얽힌 에피소드들도 많이 발굴하여 담고자 했다. 여기 소개한 에피소드들은 다른 문헌을 통하여 이미 알려진 것들도 있고, 그렇지 않은 것들도 있지만, 이 일화들은 그의 휴머니즘이 듬뿍 묻어나는 한 편의 다큐멘터리들이다. 정치가 살벌하고 무미건조한 이익 계산의 공학으로 전락해 버린 오늘의 현실에 생각할 거리를 많이 던져 주리라 믿는다.

　우리는 이 평전을 젊은이들도 읽었으면 하는 욕심을 가져본다. 특히 정치를 알고 싶거나 정치가를 꿈꾸는 젊은이들이 이 책을 읽어주었으면 하는 소망을 갖는다. 김상현은 어린 꿈나무들에 대해서도 깊은 애정을 품고 있었다. 최불암 등과 함께 한 천안 소년교도소 공연의 일화도 이 책에 소개되지만, 그가 청소년들에게 보인 애정은 남다른 것이었다. 일찍이 고아가 되어 갖은 고생을 겪으며 자랐던 자신의 어린 시절이 오버랩되었기 때문일 것이다.

끝으로, 이 책의 집필 공정을 밝힌다. 공저자 중 고원이 초벌 원고를 완성하였고, 이 원고를 김학민이 넘겨받아 가필, 수정, 보완하였다. 김학민이 교열한 것을 다시 고원이 교열했고, 이 과정을 세 번 교차했다. 거칠게 이야기하자면, 이 과정은 '평전의 정석'에 따라 고원이 확보한 객관성에 김학민이 주관성을 입히는 일이었다. 이렇게 공저자 두 사람이 완성한 원고를 김상현의 정치역정에 관심이 많았던 최석우 작가에게 보내 교열케 했고, 최 작가가 교열한 원고를 고원이, 고원이 본 원고를 김학민이 최종 퇴고推敲하였다.

이러한 공정을 몇 번에 걸쳐 행하여 각자가 집필한 내용이 어느 부분인지 가려낼 수 없을 정도에 이른 것은, 자연스레 이 책에 기술된 모든 내용에 대해 두 사람이 공동의 책임을 진다는 함의를 갖는다. 그러한 책임감 때문에, 또 사료로서의 엄중함 때문에 내용 기술에 세심함을 기울였고, 완성된 원고의 교열에도 최선을 다하였지만, 이 책에 오류가 있다면 그것은 전적으로 두 사람 공동의 책임이다.

공저자의 한 사람인 고원은 이 책의 본문 집필을 끝내고는 김상현에 대한 최초의 연구논문인 「한국 민주화 과정에서 거래적 리더십의 역할 연구 : 김상현의 사례」(인제대학교, 《비교민주주의연구》 제17집 2호, 2021)를 학술지에 발표했다. 이 책의 에필로그는 이 논문의 내용을 많이 참조했다. 평전 발간의 첫 번째 성과인 이 논문의 학술지 등재를 계기로 한국 정치학계에서 '정치인 김상현'에 대한 연구가 활발하게 이루어지기를 기대한다.

이 책이 상재되기까지는 많은 분의 도움이 있었다. 김상현과 인연을 맺었었고, 그의 삶을 그리워하는 사람들이 연줄연줄 모여 2019년 3월 초순 '후농 김상현 평전 발간위원회'를 조직했다. 모두가 고인과의 추억을 뜨겁게 간직하고 있었기에 일사천리로 그 자리에서 편찬작업이 추진될 수 있었다. 발간위원회의 매끄러운 운영을 위해 박우섭, 이광희 두 분이 실무의 수고를 흔쾌히 맡아 주셨다.

또, 정대철 전 의원, 박문수 '미래와 가치' 회장, 고영하 한국엔젤투자협회 회장, 이인정 전 대한산악연맹 회장 등 많은 분이 적지 않은 출판비를 모아주셨고, 신순범, 박정훈 전 의원 등 스물 여섯 분이 흔쾌히 인터뷰에 응해주셨다. '발간위원회'를 대신하여 감사의 인사를 드린다. 도와주신 모든 분을 일일이 거명하며 감사의 인사를 드리지 못함을 양해해 주시기를 부탁드린다.

2024년 11월
김학민·고원

CONTENTS

CONTENTS

CONTENTS

이 책은 역사라는 관점에서 보면 짧을 수도 있지만, 한국현대사의 결정적인 순간에 엄청난 괴력을 뿜어내며 역사의 수레바퀴를 돌린 한 인물에 관한 이야기이다. 그 인물은 2018년에 작고한 정치인 후농後農 김상현金相賢이다. 여기서 한국현대사의 결정적 순간이란 민주화 시대, 그 중에서도 1980년대 전반기를 말한다. 이 시기가 역사의 결정적 순간인 이유는 우리나라가 군부독재 사회에서 민주주의 사회로 넘어가는 연결고리 역할을 했기 때문이다.

민주화 시대의 모습은 대중들에게 이미 다양한 방식으로 알려졌다. 영화만 하더라도 〈화려한 휴가〉, 〈택시운전사〉, 〈1987〉, 〈서울의 봄〉 등 일일이 셀 수 없을 만큼 많이 제작되어 그 시대의 장면을 압축하여 보여 주었다. 또 우리는 수많은 인물을 통해 그 시대를 기억하기도 한다. 윤보선, 김대중, 김영삼, 함석헌, 김수환, 문익환, 백기완 등 진중한 생각과 과감한 행동으로 민주화의 역사에서 활동한 정치, 재야, 종교 지도자들이 있다. 박종철, 이한열, 그리고 윤상원 등 1980년 5월 광주의 시민군들처럼 장렬한 죽음으로 역사 속에 영원히 기록된 사람들도 있다.

하지만 이 시기에 사뭇 같으면서도 다른 모습으로 살아간 한 인물에 의해 민주화라는 거대한 역사의 수레바퀴가 움직여져 앞으로 나아갔다는 사실에 대해서는 잘 알지 못한다. 김상현, 그의 삶은 카리스마나 장렬함 어떤 것과도 거리가 멀었고, 다분히 세속적인 구식 정치인의 냄새를 물씬 풍기기도 한다. 그런데 그의 삶의 궤적을 자세히 들여다보면 깜짝 놀랄 경이로운 장면들로 가득 차 있음을 발견하게 된다. 김상현이라는 인물은 한국의 민주화가 어떻게 이루어졌는가를 지금까지와는 매우 다른 시각으로 볼 수 있게 해준다.

'역사란 역사가의 경험'이라는 말이 있듯이, 역사는 단순한 사실의 기록이라기보다는 특정한 시각을 통해 재구성된다. 그러다 보니 역사에서 가장 빈번하게 벌어지는 일은 위대한 영웅이나 지사들의 이미지로 박제되는 현상이다. 그러나 역사는 영웅에 의해서만이 아니라 뚜렷한 인간적 한계를 지닌 사람들, 곧 이기심, 공명심, 속물성을 갖고 있으면서도 때때로 명예심과 의협심을 발휘하기도 하는 그런 사람들에 의해서도 움직여간다.

독일 출신의 유대인으로 나치의 박해를 피해 미국으로 망명한 정치철학자 한나 아렌트Hannah Arendt(1906~75)의 표현을 약간 굴절시켜 '역사의 평범성' 혹은 '세속성'이라고나 할까? 사실 영웅이란 대중의 기대와 환상이 응집되어 만들어진 이미지의 조형물인지도 모른다. 우리가 영웅으로 묘사하는 사람들도 그들의 삶의 궤적을 들여다보면 대부분 이글거리는 욕망 덩어리에 불과한 경우가 많지 않은가?

김상현은 요즘의 젊은 세대에게는 생소하겠지만, 적어도 50대 이상의 사람들에게는 꽤 알려진 인물이다. 하지만 그가 어떤 생각으로 무엇을 했는지는 그 세대의 사람들조차 정확히 알지 못한다. 그는 '마당발' 정치인의 대명사로 통하기도 했고, 통합과 조정의 달인으로 알려져 있기도 했다. 하지만 김상현이 역사의 중요한 시기에서 그 수레바퀴를 돌린 사람이라는 사실은, 그를 잘 안다고 하는 사람들조차 잘 모르거나 대충 안다.

1980년 초, 박정희 유신독재 정권의 붕괴로 펼쳐진 '민주화의 봄'은 전두환 신군부의 쿠데타로 어이없이 짓밟히고 말았다. 그해 5월에는 광주시민들이 고립된 채 민주주의를 지키며 저항하다 수백 명이 학살당하는 처참한 사건이 발생했다. 그 후 우리 사회는 전두환 군사독재의 철권통치에 눌려 신음도 제대로 내지 못한 채 침묵과 굴종의 삶을 살아야 했다. 그러나 대학생들이 가열 차게 반독재 투쟁을 벌여 숨구멍을 틔우자 민주화의 기운이 사회 곳곳에서 서서히 움트기 시작했다.

이때 저항의 깃발을 세우고 대오를 정비하여 앞장서 나아간 중요한 사건이 있었다. 바로 민주화추진협의회, 흔히 민추협이라고 불리는 정치 조직의 발족이었다. 그리고 이를 기반으로 1985년 제12대 총선에서 신한민주당(신민당)이라는 신당을 창당, 돌풍을 일으켜 전두환 군사독재의 억압체제에 커다란 구멍을 내버리게 된다. 이를 기점으로 한국의 민주화는 일파만파 급격하고 연쇄적인 고조의 물결을 타게 된다. 그리고 불과 2년 반이 안 되어 1987년 한국사회는 마침내 민주화로 향하는 거대한 장벽을 넘게 된다.

바로 이 과정에서 거의 '원맨쇼'라고 할 만큼 눈부신 활약을 펼친 사람이 김상현이다. 그는 1980년대 초반부터 중반 사이 전두환 독재정권의 지배 아래 암울한 정치 판도와 흐름을 일거에 바꿔버림으로써 민주화의 격렬한 물결을 일으키는 데 결정적 역할을 하였다. 당시 민주화의 상징성을 가진 정치지도자로 김대중과 김영삼이 있었지만, 한 사람은 망명 상태에 있었고 다른 한 사람은 재야 민주화 세력과의 연결고리가 약해 그 역할에 한계가 있었다. 다른 한편으로 그들은 전두환의 독재권력은 과대평가하고, 민중의 역동성은 과소평가하여 총선투쟁에 소극적이었다. 재야 민주화운동 세력도 총선참여는 전두환 독재정권의 정통성을 인정해주는 꼴이 된다는 생각에 사로잡혀 있었다.

그러나 김상현은 민심을 정확히 간파했고, 민중의 역동성을 확신했다. 비록 독재정권 하에서 '기울어진 운동장'조차 제대로 주어지지 않았지만, '선거'라는 최소한의 합법 시공간에서 민중의 역동성이 폭발할 것이라고 그는 확신했다. 김상현은 복잡다기한 민주화 세력을 설득해내고, 이해관계와 노선이 다른 정치세력과 재야세력을 하나로 묶어내며 선거자금을 만들고, 총선 후보들을 발굴하여 적재적소에 공천하는 실무적인 일까지를 모두 처리해냈다.

김상현은 김대중, 김영삼, 노무현 같은 비범하고 존경받는 지도자의 이미지와는 거리가 먼 사람이다. 언론인 출신으로 김영삼 정부에서 노동부 장관을 지낸 남재희南載熙는 김상현을 '잡놈성 거물'이라고 칭했다. 정치생태환경의 모든 악조건을 이겨내고 잡초처럼 살아남아 나름의 위상을 만들어간 김상현에게 딱 들어맞는 인물평이라 할 수 있다. 김상현은 어떤 세력의 1인자 위치에 있었던 사람도 아니었고, 1인자의 호의와 후원을 제대로 받은 것도 아니었다. 오히려 1인자는 그의 움직임을 경계하고 끊임없이 의심의 눈길을 보냈다.

필자들이 김상현의 평전을 쓰게 된 이유는, 그의 생애를 통해 역사의 피상적 이미지 아래 감추어진 실질적 모습들을 흥미롭게 들춰내 줄 수 있다고 봤기 때문이다. 곧 김상현의 삶에 관한 탐구가 역사와 사회를 보는 시각의 지평을 풍부하게 확장해 줄 수 있을 것이란 믿음 때문이었다. 영웅과 지사의 이미지와는 거리가 먼 그의 삶에서 어떤 요인이 과연 역사를 움직이고 변화시켜 낼 수 있었단 말인가? 그는 정치가로서 많은 장점을 갖고 있었고, 괄목할만한 역할을 해냈음에도 불구하고 1인자의 위치로는 올라서지 못했다. '잡놈 기질'의 한계인가? 하지만 동서고금에 '잡놈'으로서 제왕의 지위에 오른 인물이 한 둘이던가?

그런 점에서 이 평전은 '을乙의 정치학'이라 할만하다. 김상현은 1인 자와의 관계를 특유의 절제력과 끈기로 유지해 나갔고, 그러면서도 자신의 소신을 관철하면서 역사의 물줄기를 바꿔나갔다. 그는 평생 김대중이라는 거목의 그늘에 갇혀 영욕의 세월을 보내야 했다. 그는 김대중의 정치적 성장과 성공을 위해 자신이 가진 거의 모든 것을 바쳤다. 바꾸어 말하면, 김대중은 자신이 갖지 못한 많은 재능과 자산을 김상현에게 빚진 것이다.

두 사람은 시작부터 서로의 부족한 요소를 메워주는 환상의 콤비였다. 그러나 김상현은 단순히 김대중의 가신家臣에 머무르지 않았다. 그는 정치가 지향해야 할 나름의 원칙과 대의를 지키고자 노력했고, 그 노력 때문에 김대중과 갈등을 겪고 내침의 설움을 당하기도 했다. 그는 정치를 사랑했고, 정치를 통해 끊임없이 성장하고자 했다. 그런 만큼 그역시 1인자의 그늘에서 벗어나 주체적 정치인으로 서고자 몸부림치기도 했다. 그러나 그의 꿈은 끝내 실현되지 못했다.

우리는 그의 행적을 기록하면서 무엇보다 그의 삶에 내재한 뜨거운 인간애와 공감 능력에 주목했다. 그는 확실히 순발력, 추진력, 상상력, 친화력에서 남들이 따라올 수 없는 재능을 가진 것으로 보인다. 김대중이 김상현의 그런 재능이 자신의 권위를 위협한다는 위기감에 사로잡히는 장면도 있었다. 김상현의 가장 뚜렷한 재능은 모든 일에 사람을 바탕에 두는 휴머니즘이었다. 그런 바탕이 없었다면 그가 이룬 세상의 변화는 불가능했을 것이다. 인간이라면 누구나 존중받고 대우받아야 마땅하다는 DNA가 그의 몸속에 깊이 각인되어 있었다. 심지어 자신에게 야수처럼 고문을 가한 자에게도 그런 철학은 예외가 아니었다.

김상현에게 그런 DNA를 물려준 존재는 어머니였다. 그의 어머니는 옛날 시골에서 단壇을 관리하면서 마을의 무의巫儀를 집전하던 '당굴'이었다. 그녀는 기질이 강하고 활동적이었으며, 자존심과 의협심이 강했다. 그녀는 손이 크고 배짱이 좋은 여걸이었으며, 동네의 궂은일을 도맡아 처리하는 해결사이기도 했다. 고 남재희 전 노동부 장관은 회고에서 "당굴은 종합예술가야. 춤도 잘 추고, 노래도 잘하고, 말도 잘하고, 또 붓글씨도 잘 쓰고, 그림도 잘 그리는 만능선수야. 그러니까 아주 우수한 여성이지. 김상현이 자기 어머니의 그런 재주를 타고난 거야. 어머니는 김상현을 이해하는데 아주 중요한 포인트지"라고 단언한다.

그녀는 1951년 한국전쟁 때 빨치산 부역의 혐의를 혼자 뒤집어쓰고 처형당했다. 빨치산 부역 혐의로 함께 끌려온 마을 여인 둘은 그녀의 '단독범' 진술 덕에 목숨을 건졌으니, 그녀는 지금까지도 마을에서 의인義人으로 일컬어지고 있다. 당굴이자 빨치산 부역자였던 어머니는 김상현의 평생 콤플렉스이기도 했지만, 동시에 김상현의 삶을 움직여가는 근원적 동력으로써 그의 일상이나 정치 역정에 깊숙이 자리하고 있다.

그는 모든 일에 있어서 다른 사람과 자신의 처지를 바꾸어 놓고 생각했다. 곧 그는 역지사지易地思之의 뛰어난 공감 능력을 보유한 사람이었다. 그는 정치에서도 "상대방의 입장을 먼저 고려하고, 도망가는 적에게 다리를 놓아주고 퇴로를 열어주는 것"의 중요성을 역설했다. 그것은 결코 성인군자처럼 꾸며대는 겉치레가 아니었다. 허례허식이었다면 그의 행동과 태도가 일생에 걸쳐 그토록 일관될 수가 없기 때문이다. 김상현은 그런 힘을 바탕으로 사람들을 모아 누구도 불가능하다고 생각한 일들을 만들어냈다.

그에게서 발견되는 또 하나의 놀라운 모습은 삶의 철학적 원칙과 일관성을 생애 전체에 걸쳐 투철하게 지켜냈다는 사실이다. 그는 겉으로는 '모사꾼' 같은, '술수'에 능한 이미지로 사람들에게 알려졌지만, 실제로는 독재정권의 온갖 회유와 탄압에 단 한 번도 굴복해 본 적이 없었다. 그로 인해 여러 차례 고문 수사를 받았고 두 번의 감옥살이를 했다. 특히 정치인으로서는 치명적이라 할 수 있는 17년 공민권 박탈이라는 대한민국 최장기 기록을 보유하고 있다.

김상현은 지칠 줄 모르고 에너지를 뿜어내는 노력파였다. 그것은 자신과 상관없이 따라다녔던 약점을 극복하기 위한 피나는 노력이자 인간과 대의에 대한 예의와 헌신이었다. 그가 한국의 '3대 마당발'로 불리게 된 것도 타고난 강인한 체력과 정치에 대한 애정과 헌신의 발로였다. 그는 정치에 필요악적인 돈을 다루는 데서도 자신의 잇속을 챙기는 법이 단 한 번도 없었으며, 남을 위해, 정치를 위해 단 한 푼도 남김없이 쏟아 부었다. 그 때문에 그의 가정은 늘 빚에 시달렸고, '안온한 사생활'이라는 것 자체가 있어 본 적이 없을 정도였다.

김상현이 살다 간 삶의 궤적에는 매우 흥미진진한 인간적 드라마들로 가득하다. 그는 평소 에피소드가 많은 정치인으로 훗날 기억되고 싶었다. 그러므로 이 평전은 그를 한 사람의 영웅으로 만드는 데는 전혀 관심을 두지 않는다. 그는 약점도, 허점도, 한계도 많은 사람이었다. 그러한 사람이 어떻게 자기를 극복하고 변혁의 중요한 순간에 한 역할을 했는가에 대한 그 이면을 보고 싶었고, 그 속에서 2인자, 3인자 혹은 평범한 사람들이 엮어가는 에피소드들을 통해 어떻게 역사의 씨줄과 날

줄이 엮어져 나가는지를 생생하게 드러내 보이고 싶었다.

 김상현에 관한 이야기는 그 이름을 기억하는 기성세대에 속한 사람들은 물론이고, 그를 알지 못하는 후대 사람들에게도 많은 영감과 교훈을 줄 것이다. 그는 무에서 유를 일궈냈다. 중학교 2학년도 안 돼 부모를 모두 잃고 구두닦이와 껌팔이로 전전하면서 야간 학교를 다녔다. 이처럼 아무런 사회적 자산이 없으면서도 불과 29세의 나이에 국회의원에 당선되었고, 의회 활동에서도 다선의원들을 능가하는 주목받는 정치인으로 부상했다. 순전히 그의 영민한 재능과 인간관계, 그리고 이를 위해 남보다 서너 배 이상의 그칠 줄 모르는 노력을 기울인 결과였다.

 특히 그가 인간관계에 들이는 공력과 열정은 가히 초인적이라 할만한데, 사람의 마음을 산다는 것이 얼마나 치열한 노력과 절제가 수반되어야 하는지를 보여준다. 그는 선배 정치인들로부터 수없이 견제와 냉대를 받았지만, 자신은 물론이고 주위 사람들에게 그 정치인을 절대 욕해서는 안 된다고 신신당부했고, 본인도 죽는 날까지 그 철칙을 단 한 번도 깨지 않았다. 보통 사람이라면 절대 불가능한 일이었다.

 김상현은 정치를 너무도 사랑했던 사람이었다. 정치가 자신의 존재성 그 자체라고 생각했다. 그는 생전에 "정치를 하면서 얻은 것만 있지 잃은 건 없습니다. 정치는 내 생활이기 때문이지요. 이 지상에서 떠날 때까지 정치할 겁니다. 감옥에 있을 때도 정치를 의식하지 않은 일이 없었고, 모든 사물을 정치적 감각으로 파악합니다"라고 말하곤 했다. 그랬기 때문에 그는 정치를 위해 자신을 즐겁게 던질 수 있었고, 믿기지 않을 정도의 에너지를 뿜어낼 수 있었다. 그는 정치를 위해 자신이 가진 재능을 모두 썼고, 정치를 통하여 사회와 역사발전에 기여했다.

보통 사람들의 뇌리에 각인된 정치의 모습은 도덕적이어야 한다는 당위론이다. 하지만 김상현에게 정치란 선과 악이 서로 섞이고 소통하면서 좀 더 나은 세상을 만들어가는 영역이었다. 그는 세속적인 인물 유형이다. 그렇기 때문에 강점과 함께 평범한 사람들이 지닌 약점과 한계를 모두 갖고 있다. 그는 항상 사람과 사람 사이를 중재하고 조정하는 방식으로 일했다. 그것은 출중한 정치적 자산이었고, 이를 위해 매우 헌신적으로 노력하였지만, 결국 2인자의 한계를 넘어서지 못했다.

그 한계는 그가 받들었던 1인자에서 비롯되기도 했지만, 결국 그 자신의 내적인 면에도 요인이 있었다. 그는 대중의 마음을 사로잡는 정치지도자의 아이콘이 되기에는, 어떤 상징을 만들어내는 데서는 부족했고, 카리스마를 뿜어내지 못했고, 대중과 소통하는 담론을 생산하는 능력도 약했다. 또 냉철한 판단과 처신이 요구되는 순간에 인간적·감성적 결정을 함으로써 자신의 진로를 그르치는 오류를 범하기도 했다.

여러 이야기를 할 수 있지만, 1987년 대통령선거와 2000년 총선 때의 정치적 선택이 그런 사례였다. 그는 타고난 순발력을 지녔지만, 인간관계의 관리, 지도자로서의 준비와 실행에서 적지 않은 허술함을 보이기도 했다.

  김상현은 그런 한계를 알았기에 스스로 '킹메이커'로 자임했지만, 이는 그의 정치 본업 종반기에 어쩔 수 없었던 선택이었다. 김상현의 정치 역정을 포괄해 보면, 그가 진정성을 갖고 온 힘을 바쳐 킹메이커로서 역할을 했던 것은 1971년의 대통령선거였다. 그는 김영삼, 김대중, 이철승이 겨룬 대통령 후보 경선에서 탁월한 지략으로 김대중의 승리를 이끌었고, 대통령 선거전도 박정희의 간담을 서늘하게 할 정도로 박빙의 승부로 이끌었다. 그러나 전적으로 그의 책임이라고 할 수는 없지만, 제7대 대통령선거에서 김대중이 당선되지 못했으니 그의 킹메이커 역할은 그때 미완으로 끝났다고 할 것이다.

  역사에서 보듯이 킹메이커(King-maker)란 한순간 화려해 보여도 허무하게 몰락하는 일이 비일비재할 만큼 취약하기 짝이 없는 존재다. 사전적 의미로만 보면, 킹메이커가 마치 권력의 '주역'처럼 보이지만, 킹메이커는 결코 권력의 '주인'이 아니다. 정치 종반기에 김상현이 킹메이커로 자기 정체성을 규정했다는 것은 한편으로는 그의 강점을 부각하려는 것이었겠지만, 그의 본원적 한계를 자인하는 것이기도 했다.

또한, 그는 1997년, 결정적이었던 순간 막상 그가 받들어왔던 1인자를 킹King으로 만드는make 데 큰 역할을 하지 못했다. 그런 한계 때문에 그 역시 역사상의 수많은 2인자들의 운명처럼, 김대중이라는 1인자의 전성기 동안 사실상 '정치적 유배자'로 살아야 했다.

이 평전은 우리 정치사의 한 시대를 풍미했던 김상현이라는 인물의 삶과 생각을 사실주의적 시각에서 소환해 보고자 한다. 그의 복잡다기한 삶을 통하여 독재와 민주, 가난과 풍요가 교차하는 당대의 상황을 살피고, 그의 생각을 통하여 인간과 인간, 집단과 집단 사이의 반목과 갈등을 해소 조화시키는 지혜를 함께 나누고자 한다.

저 끝 모를 밑바닥 인생에서 몸을 일으켜 온갖 간난을 이겨내고 정치의 꿈을 이루었던 삶, 정치인으로서 자아와 정체성을 확립하기 위해 끊임없이 자신을 단련해갔던 삶, 그 정치를 무기로 이 땅에 민주평화民主平和와 국리민복國利民福의 공동체를 만들기 위해 치열하게 몸부림친 삶이, 이제 우리 앞에 유장하게 펼쳐진다.

전갈보다 더 미워하는 사람조차도
덥석 껴안아
끝내 사랑하게 만드는 사람

그러나 그는 죽어가는 사람과도 화해하고 타협한다
그 타협은 투쟁보다 찬란하다

01

어린 시절

01

어린 시절

고향 마을

김상현에게 있어 어린 시절의 고향 마을과 가족사는 단절된 기억의 시공간으로 존재한다. 어릴 적 김상현의 부모나 형제들에 관한 기록과 증언은 찾아보기 힘들다. 그만큼 그가 감추고 싶고 들추고 싶지 않았기 때문이다. 조실부모한 이후 그를 포함하여 형제들은 고향을 떠나 뿔뿔이 흩어져 신산한 삶을 살아가면서 즐겁고 기쁜 기억이 별로 없는 탓이다. 형은 한국전쟁 중에 서울에서 행방불명되었고, 어머니 역시 거의 같은 시기에 고향 마을에서 빨치산에 부역했다는 혐의로 토벌군에 의해 살해되었다.

그 후 김상현과 그의 형제들은 떠올리기도 지긋지긋한 가난과 시련을 온몸으로 겪으며 살아야 했다. 아마 이 때문에 그는 어린 시절을 기억에 떠올리는 것을 지독히도 싫어했으리라. 그러나 그의 가족사와 그가 소년기에 겪은 일련의 사건들을 살펴보지 않고는 이후의 그의 삶의 궤적을 이해할 수 없다. 김상현에게 있어 어린 시절은 강 건너 저편에 고립되어 있으면서 트라우마의 기제를 통해 그의 삶을 끊임없이 규정해 나갔기 때문이다.

김상현은 1935년 12월 6일(음력 11월 11일) 전라남도 장성군 장성읍 상오리上螺里 호산湖山마을에서 태어났다. 상오리는 원래 역면驛面에 속했었는데, 지금은 장성읍에 편입되어 상오·하오·호산·우지 4개 마을로 나뉘어 있다. 1789년에 발간한 『호구총수』에는 상오취리上螺嘴里·하오취리·사천리·우지리가 나오고, 1912년의 『행정구역명칭일람』의 '북삼면조'에는 상오리·하오리·사천리·우지리가 나온다. 동네의 옛 이름에 '지네 오螺'자와 '부리 취嘴'자가 들어간 것으로 보아, 마을 모양이 지네의 주둥이와 비슷하게 생겼거나 지네 관련 설화가 있었을 것으로 추측된다.

호산마을은 장성읍 소재지에서 7~8킬로 정도 떨어져 있는데, 지금은 장성호라고 이름 붙여진 장성댐 아래쪽에 자리하고 있다. 호산마을은 호湖와 산山이 합쳐진 이름에서도 알 수 있듯이, 지형적으로 황룡강을 바로 옆에 두고 있는 농경 지역이지만 산악지대가 시작하는 경계선에 있다. 그래서 이곳 자체는 산세가 험준한 곳은 아니나, 노령산맥의 굵은 산줄기에 바로 연결되는 자락이다. 북쪽으로 조금만 올라가면 내장산국립공원에 닿게 되고, 거기서 약간 북동쪽으로 더 가면 담양군과 경계를 이루는 7~8백 미터가 넘는 불태산, 병풍산, 추월산 등이 이어져 있다. 여기서 더 올라가면 한국전쟁 시기 빨치산 전투가 격렬하게 벌어졌던 순창군 회문산에 닿는데, 회문산은 지리산과 덕유산을 잇는 삼각형의 한 꼭지에 해당한다.

호산마을은 조그만 야산 아래 스물댓 가구가 올망졸망 모여 살았던 곳이다. 호산마을 오른쪽에는 장성호에서 흘러내린 물이 황룡강을 이뤄 영산강으로 합류하는데, 그 강 건너편에는 백계리라는 마을이 있다. 백계리 반대편 쪽으로는 담양군과 경계선을 이루고 있는 산들로부터 모여 흘러내리는 조그만 천川이 동구 앞을 지나 황룡강으로 합류한다. 그리고 그 천 건너편에 종지 그릇처럼 볼록 솟아 있는 야트막한 산이 하나

전남 장성군 호산마을 김상현 생가

있는데, 그 아래에는 역시 비슷한 규모의 우지마을이 있었다. 이 호산마을과 우지마을을 합쳐 상오리라 부른다.

장성군 김해김씨 종중회장을 지낸 김종룡 씨에 의하면, 김상현은 김수로왕의 74대 손으로, 김해김씨 삼현파三賢派 집안에서 태어났다. 아버지는 김영옥이고, 어머니는 최이례였다. 김상현의 집에는 위로 할머니가 있었고, 아래로 형 상수와 여동생 남수·계수, 그리고 남동생 상렬과 여동생 복수 등 여섯 남매가 올망졸망 있었다. 김상현은 여섯 남매의 둘째였다. 그는 자라서는 보통의 체구인 편에 속했지만, 태어날 때는 아주 건강하고 커서 '우량아 상'을 받기도 했다고 한다. 아마도 어머니 쪽 혈통에서 물려받은 체질 같은데, 독재정권 시절 그 혹독한 고문과 감옥살이를 당하고도 한국의 '3대 마당발'이라 불릴 만큼 열정적인 활동을 할 수 있었던 데는 그의 타고난 체력 덕도 있지 않았을까 싶다.

김상현의 아버지는 논 일곱 마지기와 밭 여섯 마지기를 일구는 농군이었다. 당시 농가 기준으로 보면 빈농이나 소농보다는 조금 낫고, 중농이라 하기에는 거리가 있는 그런 정도의 살림살이였다. 아버지는 김상현이 국민학교(현재의 초등학교) 6학년 때인 1948년 1월 18일, 발병하여 여섯 달 정도 치료를 받는 둥 마는 둥 하다가 젊은 나이인 마흔둘에 작고했다. 아마도 신체적으로나 기질적으로 허약한 사람이 아니었을까 싶다. 그런 만큼 어린 김상현에게 아버지로서 큰 영향을 주지는 못한 것 같다.

당시 김상현의 형 상수相洙는 서울의 양정중학교에 재학 중인 것으로 보아 장성에서는 학업성적이 우수했던 것 같고, 따라서 집안의 큰 기대를 받고 있었다. 그는 장남으로서 의젓하기도 했고, 성격이 과묵했다. 김상현에게는 형이 상당히 커 보이는 존재였고, 선망의 대상이었다. 형 상수는 효심도 지극해서 아버지가 위독하다는 전보를 받고는 급히 내려와, 자기의 검지를 깨물어 병세가 위중한 아버지의 입에 피를 흘려 넣어드렸다고 한다. 그러자 아버지의 의식이 잠깐 돌아오는 듯도 했지만, 곧 눈을 감고 말았다는 것이다.

아버지가 내성적이고 병약한 데 비해 김상현의 어머니는 특장特長이 분명한 사람이었다. 어머니는 6·25 전쟁의 와중에서 김상현이 16살일 때 비극적으로 목숨을 잃었지만, 훗날 김상현의 삶에 있어 많은 부분을 치환하여 설명해주는 존재였다. 김상현의 결기, 포용력, 지도력, 직관력, 문화예술 방면의 조예 등은 그의 어머니를 빼놓고는 설명이 되지 않는다.

어린 시절

김상현의 집에는 할머니가 함께 살았는데, 할머니는 일제의 문화 말살과 전시동원이 극에 달하던 무렵인데도 국민학교에 들어가기 전부터 김상현에게 한글과 셈본을 가르쳤다고 한다. 이를 통해 볼 때 김상현의 집안은 경제적으로 유복하지는 않았지만, 어느 정도 계몽된 가정이었던 것 같다. 그 일대가 그런 분위기가 흐르고 있었던 이유도 있겠다. 김상현이 다닌 국민학교는 마을에서 시오리 정도 떨어진 장성 읍내에 있는 성산 공립국민학교라는 곳이었는데, 그 학교는 전라남도에서 두 번째로 오래되었다.

김상현은 아홉 살에 그 학교에 입학했다. 아홉 살 입학은 요즘 기준으로는 학령을 초과한 나이지만 당시에는 그렇지 않았다. 당시 농촌 마을은 극도로 가난에 허덕여서 학교에 간다는 것 자체가 버거운 일이었다. 게다가 일제강점 말기 태평양전쟁이 한참 진행되던 시기여서 모든 것이 배급제였고 물자가 아주 귀했다. 농촌 아이들의 절대다수는 농사일과 집안일을 거들기 위해 학교는 다니는 둥 마는 둥 하는 경우가 많았다. 학교 가는 길은 10~20리가 보통이었고, 그 길을 신발도 없어 맨발로 다니는 아이들도 많았다.

국민학교에서는 '내선일체 황국신민'의 통치방침에 따라 우리 말을 쓰지 못하게 하고 일본어를 '국어國語'라는 이름으로 가르쳤다. 김상현은, 일본 사람들과는 말을 섞어서는 안 된다는 아버지의 신신당부 때문에 이때 국민학교에 가서 일본어를 처음으로 접했다. 할머니가 국민학교 입학 전에 우리글을 가르친 것이나, 아버지가 일본 사람을 상대해서는 안 된다고 한 것을 보면, 그의 집안은 어느 정도 민족의식이 있었던 것으로 추정된다.

학교에서 김상현의 성적은 중간 정도였다. 교사들의 이목을 끄는 두드러진 점은 없었고, 그저 평범한 아이였던 것 같다. 다만 동네에 전해오는 김상현에 관한 일화에 의하면, 동네 사람들로부터 어려서부터 언변이 좋다고 인정받았다는 점이다. 설화 같은 얘기겠지만, 김해김씨 사람들에게는 보통 성기 부분에 점이 하나씩 있다는 허무맹랑한 속설이 있었다. 그런데 김상현은 그 점이 혓바닥에 있어서 동네 어른들이 그에게 "너는 혓바닥에 점이 있어서 말로 크게 될 놈이다"라고 했다는 것이다. 김상현이 어려서부터 언변이 좋아서 나온 이야기일 것이다.

김상현은 언변이 좋았기 때문에 앞에 나서기를 즐겼다고 한다. 11살 3학년 때 해방이 되었는데, 일제가 우리 말 사용을 철저히 금지했기 때문에 당시 마을에서는 우리 글을 제대로 구사하는 사람이 드물었다. 물론 그때는 일본어든 우리 말이든 농촌 사람 절대다수가 까막눈이었는데, 문제는 학교의 교사들조차 우리 글이 서툴렀다는 점이다. 김상현은 집에서 할머니로부터 일찍 우리 말과 글을 배운 덕분에 한글 실력이 상대적으로 우수했다. 그래서 그는 선생들이 한글을 잘못 사용하면 그것을 지적하고 나서서 시범을 보이는 것을 무척 좋아했다고 한다.

김상현은 또 밤이면 동네 사랑방에 모여 화투도 치고 세상 돌아가는 이야기도 하는 자리에서 어른들에게 〈춘향전〉, 〈심청전〉 같은 옛날 이야기책을 읽어드리곤 했다. 대부분 까막눈인 어른들은 그런 이야기를 재밌게 듣고는 김상현에게 칭찬을 아끼지 않았는데, 그는 동네 어른들로부터 받는 그 칭찬을 아주 좋아하였다. 이런 그의 성격은 남들에게 칭찬을 들으려면 남들 이상으로 배워야 한다는 자각을 갖게 했는데, 나중에 서울로 중학교 유학을 떠나겠다고 결심을 하게 된 배경도 그와 연관이 있을 것이다.

서울 유학

아버지가 돌아가고 형 상수가 학업을 계속하기 위해 서울로 떠나버린 상황에서 농사일이며 집안일은 자연스럽게 김상현에게 쏠릴 수밖에 없게 되었다. 대부분이 그랬듯이 이런 상황을 감내하며 살다 보면 결국 소위 '시골 무지렁이'로 한평생을 살다 생을 마감하는 게 보통이었다. 자의식이 강하고 남들 앞에 나서기 좋아하는 성격의 김상현에게 이런 상황은 견딜 수 없는 괴로움이었다. 하지만 집안의 경제력이나 홀로 된 어머니와 줄줄이 딸린 동생들 등의 상황은 다른 선택을 할 수 없게 만들었다.

김상현은 국민학교를 졸업하고는 그렇게 1년을 보냈다. 그러다가 마침내 서울로 유학을 떠나겠다고 결심한다. 집안의 경제력이 도저히 안 되기 때문에 상수형처럼 자기 힘으로 돈을 벌어 학교에 다니겠다고 마음먹은 것이다. 김상현은 마침내 형을 찾아 서울로 떠났다. 이러한 결단을 보면 김상현은 천성적으로 자기애가 무척 강하여 자기 운명에 대해 걱정을 많이 하고, 당시 대다수 농촌 아이들이나 청년들과는 다르게 주어진 운명에 순응하지 않는 도전적 성격이었음을 알 수 있다.

풍운의 꿈을 안고 서울로 올라온 김상현은 국립교통중학교에 들어가고자 시험을 쳤으나 낙방하고 말았다. 국립교통중학교는 철도고등학교의 전신으로 입학금과 등록금이 무상인 데다가 졸업을 하면 철도청에 자동으로 취업이 보장되는 곳이었다. 그러하니 가난한 집안의 아이들이 몰려 당연히 입시경쟁이 치열할 수밖에 없었다. 막상 국립교통중학교 입시에서 낙방하고 보니 앞길이 막막해졌다. 어머니에게 큰소리를 치고 올라왔으니, 다시 돌아갈 면목도 없었다.

그래서 고육지책으로 들어가게 된 곳이 서대문구 만리동(지금은 중구 관할)에 있는 6년제 균명중학교(지금의 환일중·고등학교의 전신) 야간부였다. 야간부를 지원한 것은 주간에 일하여 학비를 벌 속셈이었다. 야간부에는 김상현처럼 집이 가난하여 고학하는 학생들이 많았는데, 동급생들은 열다섯 살인 김상현보다 대개 두서너 살 더 위였다. 김상현이 균명중학교를 택한 것은 형 상수가 다니고 있었던 양정중학교도 같은 만리동에 있어, 그의 권유에 의한 것으로 보인다.

두 형제는 모두 걸어서 통학할 수 있는 마포구 도화동에 단칸방을 얻어 함께 자취 생활을 시작했다. 김상현은 낮에는 도화극장 앞에서 목판 장사를 하고, 저녁에는 학교를 갔다. 목판에는 과자, 사탕, 껌, 담배 등 자질구레한 물건들을 넣어 들고 다니면서 팔았다. 오후 해가 질 무렵이 되면 자취방으로 돌아와 아침에 해 둔 찬밥을 먹고 학교를 갔다. 학교가 끝나고 집에 돌아오면 열한 시가 넘어있었다. 하루하루가 고달픈 생활이었지만, 김상현은 전라도 시골 마을에서 서울까지 유학 왔다는 기쁨과 자부심에 넘쳐 있었다. 당시의 시골 풍경처럼, 어쩌다 고향에라도 가면 김상현도 균명중학교 배지가 선명하게 박힌 교복과 교모를 갖추고 장성읍내 거리를 활보했다. 당연히 고향 아이들은 그런 그를 부러운 눈으로 쳐다보았다.

한국전쟁의 발발

1950년 6월 25일, 균명중학교 2학년 때 한국전쟁이 터졌다. 정부는 국군이 인민군을 격퇴하고 있다고 연신 선전했다. 의정부가 점령당했을 때도 언론은 국군이 인민군을 몰아내고 있다고 거짓 보도를 했다. 신성모

국방장관은 "국군이 승리하고 있다. 점심은 평양에서 먹고 저녁은 신의주에서 먹는다"며 허풍을 떨기도 했다. 전쟁이 발발한 지 사흘째 되던 6월 28일 새벽 2시 28분, 육군 공병대에 의해 한강 다리가 폭파되었다. 이승만은 폭파 3시간 전인 27일 밤 10~11시 사이에 라디오를 통해 "서울시민 여러분, 안심하고 서울을 지키십시오. 적은 패주하고 있습니다. 정부는 여러분과 함께 서울에 머물 것입니다"라는 내용의 녹음 연설을 내보냈다.

그러나 이승만이 서울을 빠져나온 것은 한강 다리 폭파 하루 전인 27일 새벽 2시였다. 이승만은 정부 각료는 물론 국회의장, 대법원장 등 삼부 요인에게도 알리지 않고 홀로 서울역에서 특별열차를 타고 대구로 내려갔으나, '너무 멀리 내려왔다'는 지적이 일자 다시 열차를 돌려 대전으로 올라왔다. 이승만은 충남도지사 관사에 머물며 이날 낮 동안에 위 연설을 녹음하여 그날 밤 라디오로 내보낸 것이다. 그 세 시간 후 이승만의 연설을 믿고 한강 다리를 지나던 수많은 서울시민이 목숨을 잃었고, 9·28 서울수복이 있기까지 수십만 서울시민이 공산 치하에서 고초를 겪었다.

김상현이 남북 간에 전쟁이 일어난 것을 안 것은 사흘이 지난 6월 28일 아침이었다. 그날 새벽에 하늘이 무너지는 소리에 놀라 잠을 깨었는데, 나중에 알았지만, 한강 다리가 폭파되는 소리였다. 아침 일찍 일어나 밖에 나가보니 인민군 탱크가 무악재 고개를 넘어 서울로 들어오고 있었다. 처음에는 인민군을 무찌르고 돌아오는 국군의 탱크라고 생각했다. 아현동 방면으로 나가보니 사람들이 벌써 "조선인민공화국 만세!" "김일성 장군 만세!"를 외치고 있었다. 거리에는 온통 붉은 깃발이 물결치기 시작했다.

김상현은 놀란 가슴을 안고 자취방으로 돌아와 밖에 나간 상수형을 기다렸다. 밤새 뜬눈으로 기다렸으나 형은 며칠이 지나도 들어오지 않았다. 그러다 일주일가량 지나 밤이 깊었을 때 형이 불쑥 들어왔다. 형을 보자마자 김상현의 눈에서는 눈물이 울컥 쏟아져 나왔다. 형은 북한의 의용군에 끌려가지 않기 위해 피해 다니고 있다고 했다. 형은 다시 새벽녘에 나갔다. 그러기를 몇 번 하다가 다시 한참 동안 소식이 끊겼다.

김상현은 혹시 형이 의용군에 끌려갔나 싶어 의용군 지원자들을 수용하고 있는 종로국민학교, 영희국민학교, 일신국민학교 등을 찾아가 보았다. 그곳의 인민군 경비병에게 형 이름을 대며 만나게 해달라고 사정을 했으나 일절 면회가 안 된다고 했다. 그곳에는 수많은 사람이 찾아와 김상현처럼 통사정을 하고 담장 안을 넘겨다보면서 발만 동동 구르고 있었다.

그런 상황에서도 목구멍이 포도청이라 김상현은 도화극장 앞에 나가 목판을 펼쳐놓고 장사를 했다. 그러던 어느 날 상수형이 그 장사판으로 불쑥 찾아왔다. 형은 김상현을 데리고 어느 식당으로 들어가 냉면 한 그릇을 시켜주고는 먹으라고 했다. 같이 먹자고 했으나 자기는 "바로 전에 밥을 먹었으니 걱정하지 말고 너나 먹으라"고 했다. 사실 형은 돈이 없어 동생에게만 한 그릇을 사주고 먹게 한 것이었다.

이래저래 하다가 한 달 가까이 흘러갔다. 그날도 며칠 전에 나간 형이 돌아오지 않아 노심초사하는 심정으로 기다리고 있었다. 하늘에서 쌕쌕거리는 소리가 나더니 엄청난 폭음이 연발로 들려왔다. 밖으로 튀어나가 보니 여러 편대의 미군 폭격기들이 하늘을 가로질러 용산 쪽으로 날아가 수십 발의 폭탄을 떨어뜨렸다. 거대한 굉음과 불기둥이 하늘로 치솟았다. 큰 도로에서는 피범벅이 된 사망자와 부상자들을 줄을 이어 실어 나르고 있었다.

그날 밤에도 상수형은 돌아오지 않았다. 밤새 온갖 생각으로 머릿속이 이글거렸다. 이런 상태로 혼자 버티는 것은 불가능하다는 생각이 들었다. 이러다가 자기마저 의용군에 끌려갈 수 있겠다는 공포심이 밀려왔다. 김상현은 고향으로 내려가야겠다는 결심을 굳히고 아침 일찍 봇짐을 싸서 둘러매고 자취방을 나섰다. 어렵사리 한강을 건너 남쪽을 향해 걷고 또 걸었다. 도중에 미군 제트기를 만나면 급히 숨기도 했다. 남쪽으로 향하는 길에는 피난민들이 줄을 이었다. 도중에 서울에서 대학을 다니는 청년 둘을 만나 일행이 되기도 했다. 그들이 나누는 지적 대화가 신기하고 흥미로웠다. 처음 접해 본 경험이었다. 그들은 모두 공산주의 체제와 사상에 대해 비판적으로 생각하고 있었다.

김상현은 갖은 고생을 겪으면서 일주일 만에 고향 마을에 도착하였다. 고향 마을은 그 옛날처럼 겉으로는 평온했다. 하지만 거기도 전란의 비극은 비켜 가지 않았다. 처음에는 인민군이 점령한 인공 치하였다. 김상현의 고향 마을도 숙청 바람이 불었다. 땅마지기나 있는 지주이거나 우익과 관련된 사람들은 반동으로 몰려 어디론가 끌려간 뒤 돌아오지 않았다. 마을의 일부 청년들은 인민군 점령 아래에서 민청이나 치안대원으로 활동하기도 했다.

어머니

김상현의 친지나 고향 마을 토박이들의 증언, 또는 서울에 둥지를 튼 장성 출향인들의 전언에 의하면 김상현의 어머니는 무속인인 듯하다. 그녀가 인민군 부역의 혐의를 혼자 뒤집어쓰고 당당하게 처형된 그 기개는 생과 사를 넘나드는 무속인의 기질에서 나왔을 것으로 보인다.

그러나 김상현은 생전에 자기 어머니의 정체성에 대해 구체적으로 이야기하거나 글로 남기지 않았다. 그는 어머니가 인민군에 부역한 혐의로 군경에 의해 처형되었다는, 반공 정권하의 야당 정치인으로서는 부담스러울 수 있는 가족사는 쿨하게 밝히면서도 어머니의 정체성만은 끝까지 가슴 한편에 꼭꼭 숨기고 싶어 한 것으로 보인다. 이는 김상현이 당시 무속에 대한 한국사회의 왜곡된 인식체계를 극복하지 못한 자아의 패배이다.

노비, 광대, 기생, 백정, 공장, 승려, 상여, 무격 등은 조선 시대에 가장 멸시받던, 팔천八賤이라 불리는 여덟 부류 천민이다. 그러나 이는 사회를 계급화하여 기득권을 지키려 했던 지배 양반층의 통치 기제의 하나였을 뿐, 실상 팔천에 속한 사람들은 일반 백성들과 가장 가까이 지내면서 다양한 직종에서 활약하며 사회발전에 크게 이바지했던 존재였다. 근현대로 넘어오면서 팔천에 속한 직종들은 자연스럽게 소멸하거나, 자본주의 체제의 필수요소로 재편성되었다. 그러나 팔천 중 무격은 어중간하게 지속하면서 친기독교적인 이승만 정권하에서는 무지몽매한 미신으로 치부되었고, 박정희 치하에서는 새마을운동을 방해하는 사회악으로 간주 되었다. 그리고 이는 당시 한국인들의 인식에 그대로 각인되었다.

전라도 지역에서는 무속인을 '당골네'라고 부른다. '당골'은 '단壇 혹은 당堂을 모시는 고을'이란 뜻에서 비롯되었는데, 여기에 사람을 뜻하는 '네'가 붙어, 옛날 시골 마을에서 단 혹은 당을 관리하면서 마을의 무의巫儀, 곧 굿을 하고 고사를 집전하는 의례 담당 사람을 '당골네'라 부른 것이다. 곧 '당골네'는 고대 제정일치 사회의 흔적이다. 김상현의 어머니가 여성으로서 마을 지도자의 역할을 했고, 자기 목숨이 위태로운 순간에도 이웃을 살리고 자기를 희생한 그 기개도 생과 사를 초월하는 무속의 세계에서 비롯되었을 것이다.

고향이 평양인 김상현의 어머니는 기질이 강하고 활동적이었으며 말을 잘했다고 한다. 또한, 자존심과 의협심이 강한 스타일이었으며, 손이 크고 배짱이 좋아 대장부다운 여성이었다는 것이다. 김상현의 생가 옆에 살았던 마을 원로 이영재는 그의 할머니로부터 전해 들은 이야기를 지금도 정확히 기억한다.

> 그 집에 신당이 있어서 거기 놀러 가기도 했어요. 뒷산에 큰 배나무가 있고 옆에 신당이 있었는데, 그걸 내가 어떻게 기억하냐면, 우리 작은집 할아버지가 그 신당의 탱화도 그리고 글씨도 썼어요. 우리 할머니한테 들은 얘기예요. 마을에 전해 내려오는 말로는, 그 집은 워낙 기가 센 곳이라서 웬만큼 기가 없는 사람이면 다 요절해서 나온다고 했습니다. 우리 할머니는 항상 우리 형제들에게 "저 영옥(김상현의 부친)이네 아들들을 봐라. 저 애들 좀 본을 받으라"고 하셨어요. 김상현 씨의 어머니는 마을 사람들한테 인정을 받았고, 마을 대소사를 쥐락펴락할 수 있었다고 해요. 반면에 김상현 씨의 아버지 김영옥은 아내와 달리 오히려 여성스러웠다고 합니다. 그분은 아내를 도와 짐도 지고 다녀야 했고, 장구, 징을 쳐 주는 일을 하기도 했다고 합니다.

같은 마을의 이복순 할머니도 김상현의 어머니를 또렷이 기억한다.

> 김상현 씨의 어머니가 돌아가시던 1951년에 나는 7살이었으므로 웬만한 광경은 다 기억하고 있어요. 그리고 커 가면서 어머니랑 동네 아주머니들이 하는 이야기를 다 들었지요. 김상현 씨 생가 뒷산 언덕 위에 호랑이 두 마리 비슷한 바위가 있고, 그 옆에 신당인 칠성당이 있었어요. 칠성당은 김상현 씨 어머니가 돌아가시고 나서 피난 나온

분이 몇 년 살다가 없어졌지요. 그 집에 나와 비슷한 나이의 딸이 있어 자주 놀러 갔어요. 지금도 김상현 씨 생가 뒤에는 신당으로 올라가는 계단의 흔적이 남아 있어요.

김상현 씨 어머니는 자태가 예쁜 분인데, 마을의 부녀회장 비슷한 것을 맡아 없는 사람들에게 많이 인정을 베푼 분이에요. 동네 엄마들도 일하러 가려면 그분에게 애를 맡기곤 했어요. 김상현 씨 동생인 상렬이가 나와 동갑이라 친하게 지냈지요. 그 애는 노래도 잘하고 재미있는 말을 잘해 사람들이 "너는 크면 코미디언 되어라"라고 했어요. 내 밑의 남동생 완재가 몸이 약해 골골했는데, 김상현 씨 어머니가 '법당에 이름을 올리면 좋다'고 하여 올렸는데, 그분은 완재를 양아들로 여겼어요.

김상현은 바로 그런 어머니의 기질을 많이 물려받았다. 활동적이면서 친화력이 좋아 오지랖이 넓은 것도 그렇고, 인정이 많아 남에게 베풀기 좋아하고 자존심과 의협심이 강한 기질도 그러했다. 김상현은 창唱을 기가 막히게 잘했고, 문화예술인들과 어울리기를 좋아했다. 옛날 무속인 중에는 자연스럽게 예능 기질을 가진 사람이 많았다. 예능이란 논리적이고 지적이기보다는 감성적이고 직관적인 기질이며, 통념을 뛰어넘어 상상력이 풍부하게 발산하는 영역이다. 김상현도 그런 어머니에게서 예술적 취향과 재능을 물려받았음이 확실하다.

또한, 김상현이 정치에 몸을 담으면서 발휘된 상황 판단에 대한 예리한 직관력, 기발한 선거운동 아이디어와 좌중을 휘어잡는 재치, 열정 넘치는 행동들은 그런 어머니로부터 이어받은 기질이 뒷받침되지 않고는 잘 설명이 안 되는 부분이다. 김상현도 그런 어머니의 기질을 모를 리가 없을 터인데, 그는 어머니 이야기만 나오면 짐짓 화제를 돌리거나 말문을 닫곤 했다. 김상현의 국회 보좌관이었던 강민구의 증언이다.

　2002년 의원님이 광주 북구을 국회의원 보궐선거에서 당선된 후 친구
인 김종수 어르신이 광주 지역 후원회장 비슷한 것을 맡고 계셨는데,
어느 날 두 분이 저녁을 하는 자리에 저도 동석했어요. 김종수 어르
신이 짐짓 저에게 "자네 의원님이 정국을 정확히 바라보고, 또 앞을
내다보는 직관력이 뛰어난데, 이는 아마 모두 어머니로부터 그 재능을
물려받지 않았는가, 나는 그렇게 생각하네"하시더군요. 의원님은 가
타부타 대꾸를 안 하고 말없이 식사만 하셨어요. 저는 6·25 때 총 맞
아 돌아가신 어머니에 대한 충격이 그때까지도 남아 있어서 말씀을
안 하신 것으로 생각했지요.

야만의 시대

　1950년 9월 15일, 유엔군의 인천상륙작전 이후 전황이 급변하였다.
허리가 끊기자 인민군은 대대적으로 퇴각하기 시작했다. 그들은 뿔뿔이
흩어지면서 산악을 이용하여 도주하기에 급급했다. 장성군에 들어온 인
민군도 떠나갔다. 마을에서 좌익 활동을 했던 일부 청년들도 인민군을
따라 어디론가 떠났다. 퇴로가 막힌 인민군 잔여 부대들은 재편하여 지
리산을 근거지로 빨치산 투쟁을 전개하였다.
　전라도에서는 지리산 인근과 산세가 험한 화순, 순창 등지가 빨치산
투쟁으로 유명하였다. 빨치산은 밤이면 인근 마을로 내려와 보급 투쟁
을 벌여 식량을 구해 갔다. 이런 상황에서 양민들이 생존하기 위해 취
할 방도는 그저 낮에는 태극기, 밤에는 인공기를 내거는 일 외에는 다른

방도가 없었다. 국군과 빨치산은 각기 적과의 내통자나 협력자를 철저히 가려내 처단하고자 했다.

　결국, 이러지도 저러지도 못하고 죽어 나가는 것은 죄 없는 양민들일 수밖에 없었다. 장성군도 화순, 순창에 가까웠기 때문에 그런 영향권 안에 있었다. 특히 상오리는 농경 지역에서 산악지역으로 이어지는 경계선에 자리한 마을이었기 때문에 좌우갈등의 정도가 무척 심했다. 인민군이 퇴각하고 10월 중순 국군이 장성에 들어왔다. 국군은 전투경찰대와 함께 빨치산의 근거지를 차단하고 토벌에 나섰다. 또한, 빨치산과 내통하거나 협력한 사람들을 색출하여 처단하는 일도 병행하였다. 고향으로 피난 온 김상현은 '재경유학생자치대'에 참여하여 경찰들과 함께 목총을 들고 마을을 순찰하고 경계근무를 섰다. 좀 더 나이가 든 학생들은 빨치산 출몰지역 근처에 있는 경작지에까지 농민들을 호송해 갔다가 해가 저물면 데려오는 일을 맡았다.

　1951년 2월의 어느 날이었다. 초소에서 경계근무를 서고 있던 김상현에게 우지마을에 사는 또래의 친구가 창백하게 질린 얼굴로 헐레벌떡 달려와 울음을 터뜨렸다.

　"울 엄니랑 느그 엄니랑 모두 돌아가셨어. 우리 동생 월순이도 죽었당께."

　전날 밤에 빨치산이 상오리로 내려왔다고 했다. 그런데 경찰이 빨치산에게 밥을 해줬다고 하면서 마을 사람들을 모이게 하고는 '협력자들'을 가려내 총살을 했다는 것이다. 김상현은 정신이 아찔했다. 순간 세상이 온통 노랗게 변하면서 무너지는 것 같은 느낌이었다.

　인천상륙작전으로 전황이 급속히 반전되어 인민군 점령지역에서 그들이 퇴각하고 국군이 들어와 좌익협력자들을 색출하여 처벌할 당시, 상오리에서는 우지마을에서 여섯 명, 호산마을에서 한 명이 처형되었다.

김상현의 어머니를 비롯하여 우지·호산마을 '부역자들'을 학살했던 신작로 아래 지역

그런데 호산마을에서 처형된 한 명이 바로 김상현의 어머니였다. 당시 김상현의 어머니는 요즘으로 치면 상오리 호산마을의 부녀회장이었다. 우지마을과 달리 호산마을에서는 단 한 명만 처형된 것은 부녀회장이 자기 혼자 빨치산에게 협력한 것으로 죄를 뒤집어썼기 때문이라고 마을 원로 이복순과 이영재는 증언하고 있다.

우리 마을에서 앞쪽을 내다보면 약간 높은 도로가 있어요. 그 도로 아래 부근에 진주에서 온 군인들이 호산, 우지마을 사람들을 모아놓고 부역자들을 색출, 총살했어요. 김상현 씨 어머니는 남색 저고리를 입고 그곳에 갔는데, 처음에는 혐의가 없다고 해서 집으로 돌아왔어요. 그런데 총살을 당하러 가던 우지마을의 '강씨 아주머니'가 "호산마을의 남색 저고리를 입은 아주머니도 빨치산들에게 밥을 해 주었다"고 고했어요. 호산마을에서는 세 분이 끌려 왔는데, 김상현 씨 어머니가 "나 혼자 밥을 해 주었다"고 하여 그분만 총살당한 것이지요. 그날 무슨 죄를 지었는지 큰 판자 궤짝에 청년 하나를 눕혀놓고 나무판자를 덮고는 위에서 군인 여러 명이 펄쩍펄쩍 뛰어서 밟아 죽이는 것도 보았어요. 너무 무서웠어요. __이복순

내가 네다섯 살 먹었을 때인데, 기억이 있어요. 그때 김상현 씨의 어머니가 부녀회장을 했어요. 부녀회장 하니까 여기저기서 시달리는 거예요. 인민군이 와서 협조하라고 하면 총부리 대니 안 할 수 없고, 낮에 국군이 진주하면 군인들한테 또 안 할 수 없지요. 내가 어렸을 때 디딜방아에서 어머니가 방아를 찧고 나는 그 옆에서 노는데, 저쪽 마을 앞에 방앗간 안 있소? 거기에 사람들을 모아놓고 색출을 하는데, 방앗간 앞에 사람들이 많이 모였어요. 호산마을에서는 김상현 어머니 혼자만 갔다고 그래요. 큰 동네 우지마을에서는 다섯 사람인가 있었어요. 누구누구 협조했다 하니까, 그 사람들 다 데려다가 총살해버린 거지요, 그런데 이 양반은 한 사람도 불지 않고, 자기랑 협력한 사람은 없다 해서 혼자만 가셨어요. 참 대단한 양반이에요. 내가 그 얘길 우리 할머니한테 들었고, 생생히 기억해요. __이영재

소년 가장

김상현의 어머니는 우지마을 뒤편의 조그마한 동산에 묻혔다. 선산과는 멀리 떨어져 있는 곳인데, 학살당한 장소가 바로 그 근처였기 때문이었다. 억울하게 죽임을 당하고 나서도 그 주검의 수습조차 눈치 보이는 시절이라, 마을 사람들이 적당히 근처 땅을 파서 묻어버린 것으로 추측

된다. 이 조그만 동산은 상당히 특이한 모양을 하고 있는데, 주위 산줄 기들과는 뚝 떨어져 평지에 종지 그릇 마냥 볼록 솟아오른 모양을 하고 있다. 마을 사람들은 그 자리가 풍수지리상의 명당이라고 이구동성으로 말한다. 김상현이 나름 유명 정치인으로 성장할 수 있었던 것도 모두 어머니의 이 묫자리에서 발복發福한 덕이라는 것이다. (김상현의 부모님 산소는 2010년경 장남 윤호가 주도하여 경기도 광주시로 이장하였다)

김상현은 이렇게 어머니를 잃었다. 3년 전 약 한 첩 제대로 쓰지 못하고 돌아간 아버지, 한국전쟁 와중에 행방불명되어 생사도 모르는 형, 그리고 빨치산에 부역했다는 이유로 총살된 어머니, 김상현은 순식간에 이들 모두를 잃고 졸지에 천애의 고아가 되어 버린 것이다. 특히 어머니의 죽음은 엄청난 충격을 주었으며, 이는 그의 삶에서 이전과 이후가 완전히 단절되는 분수령이 된다. 그의 삶 전체를 지배하는 '고아 의식'과 극심한 가난의 체험에서 내재화된 '자력갱생'의 철학은 이때부터 형성되기 시작한 것이다.

어머니는 소년 시절 그의 삶을 그림자처럼 지배하는 존재였다. 그는 어머니의 여러 긍정적 기질들과 깊이 연결되어 있었지만, 어머니가 무속인이라는 사실은 내세울 것 없는 학벌과 더불어 그의 정신세계를 콤플렉스처럼 지배하고 있었다. 어머니의 죽음은 김상현에게 있어 삶에 대한 태도를 크게 변화시키는 계기가 되었다. 그는 철저한 현실주의자가 되었다. 마을 사람들에 의하면, 김상현은 어머니를 잃고 나서 시냇가에서 물을 벌컥벌컥 마시며 "허리띠를 졸라매고 정신 차리고 살아야 한다. 정신 바짝 차려야 한다"를 연발했다고 한다.

어머니의 죽음은 그의 사회의식 형성에도 커다란 영향을 주었을 것으로 추측된다. 한편으로는 민중의식과 반정부의식이 깊게 자리 잡는 계기가 되기도 했고, 다른 한편으론 공산주의는 절대 접점의 대상이 되어서는 안된다는 '레드 콤플렉스'의 피해의식이 깊이 뿌리박는 계기가 되었다. 어떤 경우에도 속내를 쉽게 드러내 보여서는 안 된다는 처세법도 이때 그의 잠재의식 속에 깊이 뿌리 내리지 않았을까 싶다. 50년 이상 김상현의 절친으로 그를 가까이에서 지켜본 범우사 회장 윤형두는 이렇게 말한다.

> 상현이는 가족사 때문에 콤플렉스를 못 넘었어. 어머니가 항상 자기를 따라다닌다는 거예요. 그 친구에게는 계급이나 신분을 타파해야 한다는 의식이 잠재되어 있었어. 소위 돈 있고, 잘 사는 사람한테 아부할 수도 있는 건데 한계가 있어. 자기는 민중 쪽이라는 거지. 민중의식, 천민의식 그런 게 배어있더라고.

부산행 – 기억과 흔적을 지우다

어머니의 죽음 이후 김상현은 고향 마을과 얽힌 모든 기억과 흔적을 지워버리고 싶었다. 16살 김상현에게 있어 고향은 무속인 부모에 대한 콤플렉스, 공산집단의 부역자로 몰린 어머니의 비참한 죽임과 이후의 극단적 '반공 몰이,' 그리고 천형과 같은 어린 동생들에 대한 책임과 부담만이 점철된 절망의 현실일 뿐이었다. 김상현은 어린 나이였지만 더 이상 고향 마을에 발붙이고 살 수는 없다는 것을 직감적으로 깨달았다. 남은 가족에게 희망의 미래를 열 수 있는 길은 그런 고향의 기억과 흔적을 단절하는 것, 곧 고향을 떠나 대도시 불특정 다수 속에 파묻힘으로써 기억하기 싫은 과거를 지우고 새롭게 자아를 만들어가겠다고 생각한 것이다.

김상현의 이런 자아 인식에서 보듯이, 그는 어려서부터 직관적 판단이 정확했고, 그 실행도 빠르고 단호했다. 김상현은 부산에서 구호물자 장사를 하는 이모에게 가기로 했다. 고향을 떠나기 전에 부모님이 남겨 놓은 가산을 정리하였다. 아버지와 가까이 지내던 동네 어른 한 분이 완강하게 말렸으나, 김상현은 고집대로 남은 재산을 모두 팔아버렸다. 조금이라도 재산이 남아 있으면 고향과 단절하지 못할 것이라고 생각한 것이다. 너무 서두른 나머지 이웃 사람의 농간으로 토지를 헐값에 팔아 버렸다는 사실을 뒤늦게 깨달았지만 소용없는 일이었다. 기차를 타고 목포로 내려가서 다시 배를 타고 부산으로 갔다.

이모 내외는 1·4 후퇴 때 부산으로 피난을 와 신창동에서 구호물자 장사를 하고 있었다. 장사라고 하지만, 이모네 집도 간신히 입에 풀칠 정 도 하고 살아가는 처지였다. 이모 내외는 아들이 하나밖에 없는 단출한 가정이었지만, 워낙 집이 비좁은 탓에 김상현까지 얹혀살기에는 여간 불 편한 게 아니었다. 얼마 지나 부산의 형편에 어느 정도 익숙해지자 김상 현은 이모네 집에서 빠져나올 것을 결심했다.

무작정 이모 집에서 나왔지만 그 날부터 막막했다. 어느 날 길을 가 다가 목재상을 만나 주인에게 사정사정하여 구두통을 하나 만들었다. 국제시장에서 구두약과 구둣솔을 샀다. 그리고는 구두통을 메고 거리 로 나갔는데, 처음에는 적응이 잘 안 되었다. 그렇게 구두닦이 생활을 시작했다. 잠은 부산역 대합실에서 잤다. 그러다가 이용화라는 사람을 만나게 되는데, 그가 옷 장사를 하는 아주머니를 소개해 주었다. 군복 을 민간인이 입을 수 있도록 수선하여 파는 가게였다. 김상현은 거기에 서 수선한 옷을 받아다 파는 일을 했다.

옷을 팔면서 어느 정도 안정을 찾을 수 있었다. 김상현은 다시 학교 에 다니고 싶었다. 어찌어찌하여 부산에 피난 내려와 있는 한영중학교 야간부 3학년에 편입을 했다. 학교는 보수동 산기슭에 있었는데, 거기에는 서울에서 내려온 수십 개의 '피난 학교'가 있었다. 김상현은 한영중학교에서 '평생 친구'가 될 사람을 만나게 되는데, 바로 윤재식이었다. 윤재식의 증언에 의하면, 당시 김상현은 국제시장에서 미군 군복 물들인 것, 남방셔츠, 간소복 따위를 떼어 메고 들고 여기저기 골목을 다니며 팔았는데, 돈이 많이 남는 장사는 아니었다고 한다.

또 윤재식의 증언에 의하면, 한영중학교에 편입하여 등교 첫날 윤재식이 자리를 잡고 앉아 있으려니 김상현이 바로 옆 빈자리에 멋쩍게 앉으면서 대뜸 "선생님이세요?" 하더란다. 그때 윤재식은 머리를 길렀고 물들인 미군 잠바를 입고 있었는데, 김상현은 짧게 깎은 머리에다가 아주 순박한 얼굴로 당시 간호사들이나 메던 누런 가방을 어깨에 둘러메고 있었다고 한다. 한마디로 촌스러웠다는 뜻이다. 윤재식이 피식 웃으며, 자기도 오늘 편입해 들어왔다고 하면서 둘은 통성명을 했다.

그 후로 김상현과 윤재식은 자주 어울렸다. 형편이 좀 나은 윤재식이 가끔 김상현에게 국수나 빵을 사주기도 했는데, 그럴 때면 그렇게 맛있게 먹을 수가 없었다고 한다. 중학교 편입은 하였지만 여러 가지 사정으로 김상현이 졸업시험을 못 치러 졸업이 어렵게 되자, 윤재식이 담임선생과 의논하여 김상현 대신 시험을 치러주기도 했다. 이러구리 김상현은 어릴 때부터 그토록 꿈꾸었던 '중학교 졸업장'을 품에 넣을 수 있었다.

김상현은 전쟁이 끝나자 서울로 올라와 고학하면서 한영고등학교 야간부를 다녔다고 하는데, 제대로 졸업을 했는지 중퇴를 했는지는 확실치 않았다. 김상현 스스로 어느 글에선가 "한영고등학교 야간부를 다니다가 중퇴를 했는데, 내가 국회의원에 당선되자 학교에서 명예 졸업장 비슷한 것을 주겠다"고 하여 받았다는 구절이 있는 것으로 보아 '한영고 중퇴'가 그의 최종학력인 것은 확실한 것 같다. 1980년대에 김상현과 자주 술자리를 가졌던 소설가 김성동과 김상현 간의 '도긴개긴 최종 학력 논쟁'도 전해온다.

> 어느 날 이런 얘기 저런 얘기를 하다가, 나(김성동)는 고등공민학교를 거쳐 고등학교 3학년 1학기 때 중퇴하고 절밥을 먹게 되었다고 하니, 김상현 선생이 갑자기 득의양양해지는 것이었다. 자기는 고등학교 3학년 2학기 중퇴라는 것이다. 약간 의기소침하다가 내가 "김 선생님은 야간 이잖아요? 이 사람은 그래도 주간을 다녔다, 이런 말씀이올시다. 주간과 야간이 어떻게 같습니까?" 그러자 잠시 의기소침해서 술잔만 뒤집던 후농이 "쌤쌤이네. 그럼 비긴 걸로 합시다" 하며 잔을 내밀었다.

다시 서울로 - 김상현적 삶을 시작하다

1953년, 부산으로 피난을 내려갔던 학교들이 다시 서울로 올라왔다. 휴전협정이 조인되고 정부가 다시 서울로 올라온 데 따른 것이었다. 김상현은 그해가 거의 끝나갈 무렵 서울로 올라왔다. 윤재식은 한영고등학교 주간부에 입학했고, 김상현은 같은 학교 야간부에 입학했다. 김상현은 학교 근처 왕십리에 있는 윤재식의 하숙방에서 더부살이를 했다. 추운 겨울밤, 수업을 마치고 김상현이 하숙방 창문을 두드리면, 주인의 눈치를 살피면서 윤재식이 샛문을 열어주었다.

김상현이 방으로 들어오면 발에서 고린내가 말도 못하게 진동했다. 버스요금을 아끼기 위해 학교에서 30분이나 걸리는 왕십리 하숙방까지 걸어 다녔으니 한겨울에도 발에 진땀이 날 법도 했다. 때론 윤재식이 속옷을 내주고 마당 수돗가로 쫓아내기도 했는데, 달그락 소리가 나면 주인집 아주머니가 윤재식의 방에 손님이 온 줄 알고 소박한 밥상을 차려 내오기도 했다.

김상현은 얼마 지나 윤재식의 하숙방에서 나와 일자리를 찾았다. 같은 반 친구의 소개로 찾아간 곳이 태양신문사 지하실에 있는 신문 가두판매원 합숙소였다. 태양신문은 한국일보의 전신이다. 이 신문은 1949년 2월 25일 서울에서 창간되었는데, 한국전쟁 시기에도 피난지 부산에서 계속 발행했으나 종전 후 서울로 돌아와서는 명맥만 유지하다가 1954년 4월 장기영이 인수하여 한국일보가 되었다. 태양신문과 그를 이은 한국일보는 조선, 동아에 훨씬 못 미치는 후발주자여서 정기구독자가 미약했기 때문에 가두판매에 힘을 기울였다.

김상현은 축축한 습기로 퀴퀴한 냄새가 풍기는 지하 합숙소에서 여러 고학생과 칼잠을 자고 새벽 네 시 직전에 갓 인쇄되어 나온 신문을 100여 부 받아 들고 거리로 나가 서울역에서 남대문, 충무로를 "신문이요!"라고 소리치면서 누볐다. 처음에는 행인들에게 신문을 권하는 것이 어색하였으나, 나중에는 술집, 다방 같은 유흥업소에도 천연덕스럽게 들어가 신문을 팔았다. 이때 처음 본 사람에게도 자연스럽고 넉살스럽게 말을 걸고 신문을 팔았던 경험은 후일 그가 '사람 장사'인 정치업계에 정착하는데 큰 자산이 되었다.

신문팔이가 어느 정도 익숙해지면서 자리를 잡아가자 김상현은 동생들을 불러 모았다. 바로 아래 여동생인 남수는 부산에서 올라와 충무로에 있는 어느 개인병원의 간호보조원 비슷하게 있었고, 그 아래 여동생 계수는 부산에서 식모살이를 하고 있었다. 그 밑 남동생 상렬이와 막내인 복수는 이모네를 따라 대전 근처로 갔다가 이모도 형편이 어려워 고아원에 가 있었다. 김상현은 동생들을 모두 불러모아 남대문시장에서 국밥을 한 그릇씩 사 먹였다. 아직 김상현이 동생들을 돌볼 처지는 아니어서 '모두 굳세게 살아야 한다'는 다짐밖에 나눌 것이 없었다.

겨울로 접어들 무렵 김상현은 태양신문사 합숙소를 나왔다. 담임이었던 황종원 선생님이 좀 괜찮은 곳에 취직을 시켜준다고 해서다. 그 사이에는 황 선생님의 집에 머물고 있었다. 그런데 취직을 약속한 곳에서 갑자기 취소를 통보해 왔다. 회사가 어려워져서라고 했는데, 알고 보니 전라도 출신이라는 이유 때문이었다. 이때 김상현이 받은 충격은 말로 표현하기 어려울 정도였다. 먹고 살길이 캄캄해지는 절망감에 분노가 뒤섞여 주체할 수 없었다.

울면서 황 선생님 댁을 뛰쳐나와 정처 없이 길을 걸었지만, 갈 곳은 없었다. 그러나 다시 태양신문사 합숙소로 돌아가기는 싫었다. 1954년 12월 6일, 그해 첫눈이 내리기 시작한 날이다. 공교롭게 그날은 그의 생일이었다. 김상현의 자전적 이야기를 정리 집필한 김성동 작가는 그 날의 김상현의 심경을 이렇게 묘사하고 있다.

> 둘째 아들을 낳고 미역국을 잡수셨을 어머니 모습이 떠올랐다. 콩 볶는 것 같은 기관총 소리가 들리면서 피를 뿜고 쓰러지는 사람들 모습이 보였다. 나는 두 손바닥으로 양쪽 귀를 틀어막으면서 눈을 꼭 감았다. 나는 남산으로 올라갔다. 배고픈 것은 둘째고 추워서 견딜 수가 없었다. 닭똥 냄새가 날 때까지 계속해서 손바닥을 비비고 선 자리에서 뜀뛰기를 했다. 서울 시내 불빛이 한눈에 들어왔다. 밥을 먹지도 못하고 잠잘 데도 없는 사람들은 이 추운 밤에 어디로 가서 춥고 배고프고 외로운 몸뚱어리를 눕히나?

그는 천지신명에게 이렇게 기도를 올렸다.

어머니 아버지께서 일찍 돌아가신 것이 불효의 말씀이나 정말 감사합니다. 저 스스로의 힘으로 세상을 헤쳐 나가라는 운명의 가르치심일 테니까요. 저는 제 운명을 진실로 겸허히 받아들이고 제 운명의 주체가 되어 그 운명을 헤쳐 나가겠습니다. 제 운명만이 아니라 저와 비슷한 이 세상 사람 모두의 운명을 헤쳐 나감으로써 이 세상을 사람의 세상으로 만들어보겠습니다.

김상현의 무의식 속에는 늘 어머니 죽음의 기억이 트라우마로 작용하고 있었던 것 같다. 빨치산에게 밥을 해줬다는 죄 아닌 죄로 죽임을 당한 어머니에 대한 한과 분노가 내면에 강렬히 흐르고 있었던 것이다. 그는 그런 자신의 억울함과 분노를 막연하나마 한국사회의 힘없는 사람들에 대한 연민과 일치시켜 생각하고 있었다. 이것이 사회의식을 싹틔우는 원천적 계기가 아니었을까. 정치가가 되겠다는 결심도 이때 생겨나기 시작했다. 훗날 그는 12월 6일의 '남산의 밤' 이래 자신의 관심과 목표는 오로지 정치였다고 말하고 있다.

김상현은 다음날부터 남산에서 내려와 온종일 취직자리를 구하다가 밤이 되면 다시 남산으로 올라가 밤을 새웠다. 그러다가 우연히 강봉주라는 고향 친구를 만나 남산 밑 도동 판자촌 곁에 땅굴을 파고 함께 살았다. 땅굴 생활을 하던 어느 날, 골병이 났는지 김상현은 극심한 오한 끝에 혼수상태에 빠지고 말았다. 병원 한번 가지 못하고 땅굴 안에서 지내기를 몇 날 하다가 겨우 깨어나게 되었다. 어머니의 기질을 닮은 김상현은 자존심과 의지뿐 아니라 체력 또한 강하게 물려받았다. 거기에다가 고아 의식과 절대적 가난의 체험은 그를 더욱 강한 생존 의지와 자립정신을 갖춘 사람으로 단련시켜 주었다.

02

정치를 꿈꾸다

02
정치를 꿈꾸다

정치를 만나다

김상현은 한영고등학교 야간부에 다니면서 낮에는 신문팔이, 만년필 장사 등 닥치는 대로 생계를 위해 돈을 벌었다. 그러다가 담임이었던 황종원 선생의 주선으로 1954년 4월 고시위원회考試委員會의 전달부라는 자리에 취직이 되었다. 고시위원회는 1948년에 제정·공포된 정부조직법에 의해 대통령 직속으로 설치된 우리나라 최초의 중앙인사기관으로, 중견 공무원을 대상으로 한 고시와 전형의 업무를 담당했던 곳이다. 전달부란 그런 고시위원회의 공문서를 여러 관공서에 발송하고 연락하는 일을 하는 사환에 불과했지만, 공무원의 인사와 관련된 공문서이기 때문에 제법 똘똘해야만 할 수 있는 자리였다.

고시위원회에서 일을 시작하고 나서는 생활이 차츰 안정되어 갔다. 삼시 끼니가 해결된 것은 물론 출퇴근 시간이 일정해지고 잠자리가 안정되니 이러저러한 공부를 할 수도 있게 되었다. 고시위원회에서 일하다 보니 자연스럽게 접하게 된 법률이 흥미로워졌다. 대학에 진학해 법학 공부를 해보겠다는 꿈도 키웠다. 김상현은 형법, 민법, 형사소송법, 민사소송법 등 법학 서적들을 구해 열심히 탐독하였다. 책에서 배운 법률지식을 과시하려고 대학생들에게 일부러 말을 걸어 상대가 놀라는 모습을 보면서 그것을 즐기기도 하였다. 나서기 좋아하는 김상현의 기질에 어울리는 풍경이었다.

김상현이 고시위원회에서 일할 때 그의 미래를 위해 작지만 중요한 계기를 맞게 된다. 어느 날 고시위원회 사무실에서 짬을 내어 법률 서적을 읽고 있는데, 김용달 변호사라는 사람이 김상현을 부르더니 "자네가 우리 사무실에 온 후로 내가 자네를 유심히 관찰해보았는데, 법률가는 자네 적성에 맞지 않아. 정치를 해보지그래. 법률보다는 정치 쪽이 자네 적성과 소질에 맞을 거야"하는 것이었다. 하늘과 같은 변호사가 일개 고학생에게 조언을 해주니 김상현이 크게 고무되었을 것은 당연했다.

김상현으로서는 최초로 멘토를 만난 것이다. 김상현은 김용달 변호사의 조언을 듣고는 정치라는 것에 본격적으로 관심과 희망을 품고 다가가기 시작했다. 김상현이 어려운 처지의 고학생에게 관심을 두고 희망의 조언을 아끼지 않았던 김용달 변호사를 만난 것은 일생일대의 행운이었지만, 단번에 '정치 떡잎'을 알아본 김 변호사의 '밝은 눈'도 인상적이었다.

김용달 변호사의 조언은 대충 내뱉은 말로만의 조언이 아니었다. 불과 몇 년 뒤 김상현이 주도하여 일종의 정치 행보로서 '삼일청년학생동지회'라는 조직을 만들었을 때, 김용달 변호사는 동지회의 사무실을 마련하도록 자금을 대주었다. 김상현이 전달부로 일할 당시 김용달 변호사는 고시위원회의 '위원'이었던 것 같은데, 나중에 국무원사무처(현재의 행정안전부 격)의 고시국장을 지냈다.

김용달 변호사는 이후에도 눈여겨본 고학생을 자기 변호사사무실에서 먹고 자면서 공부할 수 있도록 배려하고, 고등학교 강의록까지 사주며 독려했다고 한다. 한번은 그 고학생이 "나는 사환 팔자밖에 안 되는 것 같다"며 신세 한탄 조의 푸념을 했다가, 김 변호사가 "네가 공부할 때 나는 담배 심부름도 시키지 않았다!"며 정신이 번쩍 들 만큼 따귀를 3~4대 때리며 엄하게 질책했다는 일화가 전한다.

얼마 후 정부조직법이 개정되어 고시위원회는 국무원사무처로 흡수되었다. 김상현으로서는 그런대로 안정적이었던 '직장'을 잃게 된 것이다. 아쉽기는 했지만, 김상현은 이를 계기로 정치인이 되겠다는 꿈을 실행하기 위한 좀 더 구체적인 노력에 착수하기 시작한다. 그 하나로 먼저 시작한 활동이 농촌 계몽운동이었다. 부산 피난 시절 이래 친구인 윤재식과 김방청 등을 설득하여 이 운동에 참여시켰다.

농촌 계몽운동을 벌이기 위해서는 정치권의 후원을 받기로 하였다. 그래서 맨 먼저 민주당 국회의원인 정일형 박사를 찾아갔다. 정일형 박사는 1950년 제2대 국회의원에 당선된 이후 1975년 제9대 국회의원에 당선되기까지 내리 8선을 한 중진 정치인이다. 당시 정일형 박사는 이승만 대통령의 영구집권 음모에 맞서 싸우는 민주당의 섭외부장을 맡고 있었다. 김상현으로부터 농촌 계몽운동의 취지를 들은 그는 적극 격려를 해주고 미국인 선교사에게 소개장을 써주었다. 그 소개장을 들고 미국인 선교사를 찾아가 농촌 어린이들에게 선물할 학용품과 책자를 얻었다. 이를 계기로 김상현은 정일형 의원의 집에 자주 드나들게 되고, 거기에 자주 오는 김대중과도 교분을 쌓게 되었다.

김상현 일행은 전라남도 무안군의 섬들을 찾아다니며 농촌 계몽 활동을 펼쳤다. 그러나 농촌 계몽 활동이란 게 말이 활동이지 사실상 시국강연회에 가까운 것이었다. 주민들을 모아놓고 이승만과 자유당 정권의 무능과 부패를 성토했다. 그때만 해도 김상현의 연설은 어설프기 이를 데 없었다. 그래도 김상현에게는 최초의 정치 실전 연습장이 된 경험이었다. 그러나 '이승만과 자유당을 공격하는 농촌 계몽 활동'이 오래

갈 리 없었다. 당연히 강연 내용이 경찰의 귀에 들어가 경찰서로 끌려가 며칠을 조사받고 겨우 풀려났다. 따지고 보면 주민들의 정치적 비판의 식을 계몽 촉구하는 본질적인 '농촌 계몽운동'이었지만, 더 이상 그 '운동'을 진행할 수 없게 되자 모두 서울로 올라갔다.

서울로 올라온 후 김상현은 이런저런 명목으로 민주당 중앙당사에 자주 드나들었다. '농촌 계몽운동'은 미완으로 끝이 났지만, 김상현은 민주당 당사를 드나들면서 장면 부통령, 엄상섭, 윤보선, 곽상훈, 백남훈, 박순천, 조재천, 정일형 등 대선배 정치인들과 안면을 트는 기회를 잡았다. 이는 김상현으로 하여금 정치인이 되어야겠다는 결심을 더욱 굳히게 하였고, 스스로 차츰 그 목표의 끝이 다가오는 듯 느껴졌다.

김상현은 정치지망생 초기 계파나 노선을 가리지 않고 정치인들을 적극적으로 찾아 만나고 따라다니고 했지만, 그가 항심을 갖고 모신 정치인은 장면, 박순천, 정일형, 조재천 등 대개 신파 사람들이었다. 1955년 9월, 이승만과 자유당의 독재에 반대하여 민국당과 무소속 의원들이 합쳐 결성한 민주당에는 신파와 구파 두 조류가 있었다. 구파는 신익희, 조병옥, 윤보선 등 대체로 한민당·민국당 출신으로 영호남의 지주와 부르주아 출신들이었고, 신파는 무소속과 원내 자유당에 있다가 민주당 창당 때 합류한 인물들로서 주로 흥사단과 평안도 출신, 일제 관료 출신, 미국 유학파로, 뚜렷한 명망가 없이 장면의 리더십에 의존했다.

당시 전라도 출신 민주당 정치인들은 해방공간에서 지주세력을 기반으로 창당한 한민당에서 활동하였던 구파 소속이 다수였고, 서울, 부산, 대구 등 도시지역은 신파 소속 국회의원이 많았다. 어린 나이에 부모를 잃고 고향을 떠나 동가식서가숙東家食西家宿하고 있었던 김상현이 체질적으로나 정서적으로 그런 구파 쪽에 줄을 서기는 힘들었을 것이다. 그리고 이미 부산을 거쳐 서울에서 어떤 일이든 성공해 보겠다고 결심한 마당에 다시 고향인 전라도 장성으로 삶의 축을 되돌리기도 불가능했기 때문에 신파 정치인들에게 공을 들인 실리적 속셈도 있었을 것으로 보인다.

아남민국 모의국회

김상현은 정치인이 되기 위해서는 필수적으로 갖춰야 하는 덕목이 바로 말솜씨라는 판단이 들었다. 그래서 웅변에 관심을 두기 시작했고, 웅변을 배우기 위해 정치인들의 연설이 있는 곳이라면 열심히 따라다녔다. 그중에서도 한강 백사장에서 열린 제3대 민주당 대통령 후보 신익희 선생의 연설은 그에게 영원히 잊지 못할 감동이었다. 김상현은 웅변에 소질과 의지가 있었다. 윤재식의 증언에 의하면, 부산 피난 시절 한영중학교의 교내 웅변대회에 링컨과 조지 워싱턴의 유명한 연설 대목을 영어로 외워 참가하기도 했으며, 웅변을 잘하기 위해 새벽마다 남산에 올라가 고래고래 고함을 지르며 연습을 했다고 한다.

어느 날 고려대학교 총학생회가 주최하는 '아남민국 모의국회'가 열린다는 소식을 듣게 되었다. 이 모의국회는 참가자들이 여당과 야당으로 역할을 나눠 찬반 토론을 전개하는 형식이었다. 김상현으로서는 그동안 갈고닦은 웅변 실력을 테스트해 볼 좋은 기회였다. 이 대회는 대학끼리 경쟁하는 형식이어서 당시 학생들 사이에서도 관심이 높았다.

그런데 김상현은 대학생이 아니면서도 이 대회에 출전하게 된다. 김상현이 단국대학교 총장을 찾아가 단국대 이름을 걸고 모의국회에 나갈 테니, 거기서 1등을 하게 되면 단국대학교에 편입시켜 달라고 하자 총장이 흔쾌히 수락한 것이다. 그래서 그가 고려대 총학생회 주최 모의국회에 단국대학교 대표로 참여하게 된 것이다. 호랑이 담배 피우던 시절의 이야기라 하지만, 김상현의 당돌함과 적극성, 수완을 보여주는 일화이다.

그렇게 말도 안 되는 과정을 거쳐 모의국회에 참가하였지만, 당시 김상현의 차림새 또한 가관이었다. 그 대회에서 처음 만나 평생 정치 동지로 인연을 맺은 신순범 전 의원은 그 날의 김상현의 모습을 생생하게 기억한다.

> 지금도 잊을 수가 없어. 정확한 기억이 있는데, 그때 고무신, 여기서부터 납작해가지고 단추를 이렇게 세 개를 누르는 신발을 김상현이 신고 왔더라고. 그런 신발을 신고 왔는데, 요렇게 살짝 보니까 오른쪽 발가락 세 개가 요만큼 나왔어. 신발이 완전히 찢어져서 발가락이 나와가지고 모의국회 회의장에 나왔어. 다른 사람들은 구두를 신었는데, 나하고 김상현만 고무신을 신었어. 그것 때문에도 나하고 인연이 더욱 깊어졌지.

당시 제4대 국회에는 민의원 입후보자의 난립을 막기 위해 선거관리위원회에 5만 원을 기탁해야 한다는 '민의원 선거법 개정안'이 상정되어 있었는데, 그것이 그날 모의국회의 토론주제였다. 김상현은 이 '선거법 개정안'에 반대하는 입장에서 토론하였다. 집도 절도 없으면서 정치가를 꿈꾸는 그의 처지에서 이 개정안이 통과되면 아예 그 꿈조차 꿀 수 없게 되는 '실제 상황'이었으니, 모의국회이지만 개탄과 분노의 감정으로 반대할 수밖에 없었다. 어려서 부모를 잃고 가난의 바닥을 기어가며 살아온 김상현은 그 설움과 분노를 담아 한껏 열변을 토했다.

우리나라 헌법에는 국민 누구나 스물다섯이 넘으면 각종 선거에 출마할 수 있는 피선거권이 보장돼 있습니다. 그런데 후보자 난립을 방지한다는 허울 좋은 명목으로 5만 원의 기탁금을 내지 못하면 출마할 수 없다는 것은 국민의 신성한 권리를 박탈한 처사입니다. 이 법안은 양심적이고 능력 있는 사람이 국회에 진출하는 것을 막고, 자금이 풍부한 집권 여당이 독식하는 국회를 만들어 장기집권해 보겠다는 독재적 발상이 깔려 있는 악법이라고 저는 주장하는 바입니다.

이날 대회에서 김상현은 2등을 했다. 1등은 그의 한영중고 시절 친구인 동국대학교 대표 윤재식이었다. 1등은 주최 측인 고려대학교 총장상이었고, 2등에게는 부통령 상을 주었는데, 김상현은 2등에 입상하는 바람에 장면 부통령 명의의 상을 탔다. 2등을 했기 때문에 단국대학교 편입이 되지 않았는지는 확인되지 않지만, 그는 이날 난생처음 큰 상을, 더구나 그가 존경하는 장면 부통령 명의로 된 상을 받아들고 감격에 겨워 뜨거운 눈물을 흘렸다. 이 '쾌거'를 김상현의 순발력이 놓칠 리 없었다.

며칠 후 김상현은 상장을 들고 장면 부통령의 공관을 찾아갔다. 당시 부통령 공관은 전 중앙일보 건너편 순화동에 있었다. 김상현은 장면 부통령에게 큰절을 올리고는 "모의국회 토론에서 부통령 각하의 상을 타서 인사를 드리러 왔습니다"면서 자초지종을 설명했다. 장면 부통령이 김상현의 등을 두들겨 주며 장차 큰 정치가가 될 것이라는 덕담이 오고 갔음은 보지 않아도 빤한 그림이다. 무명의 정치지망생 김상현이 그날 민주당의 거물 정치인에게 확실히 눈도장을 찍었으니, 단국대학교 편입학 불발의 서운함은 단번에 만회된 셈이었다. 정치에 관해서라면 동물적 감각을 발휘하는 그의 특질을 잘 보여주는 일화이지만, 두둑한 배짱과 분위기에 걸맞은 친화력이 없었다면 실행하기 힘든 일이었을 것이다.

김대중을 만나다

'아남민국 모의국회'에 참가해 2등에 입상한 김상현은 크게 고무되어 본격적으로 웅변을 수련하기로 결심했다. 새벽마다 남산 꼭대기에 올라가 발성 연습을 하고, 『세계명연설집』 같은 책을 읽으면서 좋은 연설문의 구절들을 익혔지만, 좀 더 체계적으로 웅변을 배우기 위해서는 전문가들의 조언을 받아 그 기량을 익히는 것이 필요하다고 판단했다. 그래서 들어가게 된 것이 대한웅변협회였다. 김상현은 여기에서 김대중, 신순범 등 그의 평생 정치 동지들을 만나게 된다.

서울시청 앞 북창동에 있었던 대한웅변협회는 경상남도 함안 출신의 자유당 소속 조경규 국회부의장이 회장을 맡고 있었다. 당시 대한웅변협회는 수익사업으로 북창동에 있는 한 예식장을 저녁에만 빌려 협회 부설로 '동양웅변전문학원'을 열었는데, 김상현은 대한웅변협회의 학생부장이라는 직함을 갖고 그 학원에서 웅변을 익혔다. 그러던 어느 날, 30대 초반의 청년 정치인이 이 웅변학원의 부원장으로 왔는데, 그가 바로 김대중이었다. 그날 저녁 북창동의 한 중국음식점에서 조촐하게 '부원장 취임 축하 회식'이 있었는데, 김대중과 김상현의 얽히고설킨 기나긴 인연은 바로 거기에서 시작되었다.

김대중은 30대 초반인 1954년 6월, 고향인 목포에서 제3대 민의원 선거에 입후보했다. 당시 그는 《신세계》라는 월간지의 편집장인가 주간으로 있었다고 한다. 《신세계》는 이승만 정권에 비판적인 시사 종합지를 표방하고 있었지만, 기자가 한두 명에 불과한 그야말로 영세한 잡지였다. 또한, 한때 목포일보 사장도 지내고 해운업을 경영했다고 하지만, 정치 입문 시절의 김대중에 대해서는 윤형두가 비교적 상세하게 그 사정을 파악하고 있다.

목포일보 사장이라는 게 좀 그래요. 김대중 선생은 가수 남진의 아버지 김문옥 씨와 친했는데, 김문옥 씨는 목포일보의 발행인을 지낸 목포의 거부로 제5대 국회의원을 지냈지요. 내가 김대중 선생으로부터 직접 들은 이야기인데, 김대중 선생이 정치를 하기 위해 서울로 올라간다 하니까 '목포일보 사장' 명함을 찍으래요. 어떻게 사장 명함을 찍느냐고 그랬더니, "사장 명함이라도 찍어 서울에 가야 뭐라도 시켜 주지, 그렇지 않으면 만나 주지도 않는다"고 그러더래요.

친화력이 강하고 매사에 적극적인 김상현은 열한 살이나 나이가 많은 김대중과 금방 가까워졌다. 김상현은 김대중과 전라도 동향인 데다가 김해김씨 같은 집안이라면서 형님, 형님 하며 친근하게 따랐다. 또한, 두 사람 모두 당시 형편이 어려운 동병상련의 처지에서 정치인이 되겠다는 꿈도 같았기 때문에 둘은 급속히 가까워져 종로 화신백화점 5층의 영화관으로 같이 영화도 보러 다니고, 가끔은 대현동 김대중의 집에 가서 밥을 먹고 같이 자기도 했다. 김대중의 어머니는 그런 김상현을 자식처럼 대해 주었다고 한다.

그 시절 김상현의 궁핍한 사정은 새삼 그 실상을 늘어놓을 필요조차 없지만, 김대중도 사는 모습이 무척 어려워 보였다. 그는 이화여대 부근 대현동에 셋방을 얻어 어머니와 이화여대 국문과 1학년에 다니고 있던 여동생과 함께 살고 있었다. 얼굴이 예뻤고 시를 잘 썼던 김대중의 여동생 김부자는 안타깝게도 폐결핵을 앓다가 죽었다. 가난 때문에 얻은 질병인지는 확인되지 않지만, 최소한 당시 김대중의 형편으로 보아 제대로 병원 치료를 받지 못했을 가능성이 크다. 김상현은 이 애달픈 주검의 장례에서 관을 들었다.

두 사람이 형, 동생 하며 지냈지만, 김대중은 김상현에게 있어 단순히

'친한 형' 정도의 위상이 아니었다. 그는 이미 해방정국에서 정치 운동에 참여해 활동했고, 비록 낙선하였으나 국회의원 선거에 출마한 경력도 있어, '정치지망생'인 김상현과는 비교할 수 없는 정치적 자산을 갖고 있었다. 그러하니 당시 김대중은 김상현에게 정신적 지주이자 정치적 멘토였다. 나중에 김상현이 주도해 만든 '삼일청년학생동지회'의 조직과 활동에도 김대중이 상당한 영향을 미친 것으로 보인다. 윤형두의 증언이다.

> 서울로 올라온 이듬해인 1956년, 내 고등학교 2년 후배인 정병하의 소개로 김상현을 만났습니다. 그때 까까머리 청년인 김상현이 '삼일청년학생동지회'라는 청년단체를 만들려고 하는데 발기문과 회칙 등을 만들어 달라는 것이었어요. 그 일이 그와 나의 첫 작업이었어요. 그런데 어느 날 김상현이 가지고 온, 내가 쓴 발기문 초고에 누군가 또박또박한 정체로 가필을 하였는데 참으로 세련된 문체였어요. 김상현이 발기문 초고를 김대중 씨에게 봐 달라고 가지고 갔는데, 그렇게 고쳐 주었다는 거에요. 김대중 씨는 글을 한 자 쓰더라도 꼭꼭 박아 써요. 한 자 한 자 생각하면서 쓰는 거지요.

윤형두는 김대중이 김상현으로 하여금 삼일청년학생동지회를 조직하게 한 후 뒤에서 영향력을 행사하여 자기의 정치조직으로 삼을 구상이었다고 회고했다. 어찌 되었든 삼일청년학생동지회의 출범을 계기로 김대중과 김상현은 이후 동지적 관계를 유지하며 숱한 정치조직을 함께 만들고 함께 활동하였다.

삼일청년학생동지회

김상현은 웅변학원의 잔일을 도와주면서 저녁이면 웅변 연습에 매진하는 한편, 중견 정치인들과도 안면을 터 나갔다. 선거가 있는 때에는 출마자들의 찬조연설도 해주는 등 하루하루를 보내고 있었지만, 항상 그의 뒷덜미를 잡는 것은 바로 민생고였다. 끼니와 잠자리가 해결되지 않는 것은 거의 일상이었다. 윤형두, 윤재식, 유홍빈 같은 친구들과 함께 셋방을 얻어 합숙소 비슷하게 생활을 꾸려나가기도 했고, 형편이 좀 나은 친구에게 고향에서 하숙비라도 보내오면 그것으로 토굴 같은 자취방을 얻어 함께 사는 식이었다. 윤형두의 회고다.

> 1956년에 내가 숭실대학교를 다니고 있었는데, 고등학교 후배인 정병하가 '똑똑한 친구가 하나 있으니 만나 보라'고 하여 만난 사람이 김상현이야. 나와는 동갑인데 상현이는 나에게 '형님! 형님!' 했어. 유홍빈은 태안이 고향으로 그런대로 살만하여 매월 집에서 하숙비를 부쳐왔는데, 나와 김상현, 나중에 소설가가 된 정을병이 그 방을 비집고 들어가 살았지. 그때 나와 상현이, 정을병은 친형제보다 더 친했지. 양말이고 속옷이고 네 것, 내 것이 따로 없었지. 친구 중에서 어렵사리 취직이라도 하는 사람이 생기면 퇴근 무렵 직장 근처에서 기다렸다가 막걸리를 얻어 마시고 산꼭대기 자취방까지 고래고래 노래 부르며 올라가기도 했지.

김상현은 박영희라는 사람이 운영하는 헌책방 2층 다락방에 끼어 살기도 했다. 박영희는 전라남도 화순 출신으로 김상현과는 의형제를 맺을 정도로 친한 사이였는데, 그의 배려 덕에 헌책방에 얹혀살게 된 것이다. 김상현은 헌책방에서 생활하는 동안 많은 책을 읽을 수 있었다. 주로 나폴레옹, 이순신, 링컨, 디즈레일리 등 위인들에 대한 전기나 『플루타르크영웅전』 등을 즐겨 읽었다. 그중에서도 위대한 정치지도자들에 대해 특별한 관심을 가졌다.

그는 영국의 정치가 디즈레일리를 특히 좋아했다. 벤저민 디즈레일리는 이탈리아계 유대인 출신으로 집안이 가난하여 어릴 때부터 사람들의 멸시에 시달렸으나, 역경을 극복하고 보수당의 정치인이 되어 1868년, 1874년부터 1880년까지 영국의 총리를 지낸 사람이다. 그는 임기 동안에 선거법을 개정하여 농민과 노동자들에게도 투표권을 부여하였으며, 러시아에 대한 군사적 견제, 수에즈 운하 매수 등 엄중한 국제정세에서 영국의 위상을 확보한 유능한 정치지도자였다. 김상현은 어린 시절 극심한 가난을 극복하고 정치에 입문, 존경받는 정치지도자로 성장한 19세기 영국 정치인 디즈레일리를, 다소 생뚱맞지만 자기의 '롤 모델'로 삼은듯하다.

이런 일도 있었다. 신순범이 장충동 산꼭대기 달동네의 얼기설기 폐목재로 기둥과 벽을 세우고 양철로 지붕을 덮은 1.5평가량 되는 셋방을 얻어 자취하고 있었다. 그런데 화장실이란 게 드럼통을 절반 정도 잘라 집 옆 빈 땅에 파묻고 가마니를 둘러쳐 놓은 식이었다. 이 화장실조차 여러 사람이 함께 사용하므로 분뇨가 금방 차버렸다. 그러면 양쪽 어깨에 분뇨통을 메고 인분 수거 차량이 있는 저 아래까지 가야 했다.

어느 날 신순범이 혼자 방에 앉아 있는데, 하늘이 시커멓게 변하면서 비가 억수같이 쏟아지고, 골목길을 내다보니 빗물에 돌멩이와 흙들이 아래로 마구 쓸려 내려가는 것이었다. 신순범이 번뜩 꾀를 내어 함석으로 만든 '세수대야'로 화장실의 분뇨를 퍼내 골목길로 마구 내버렸다. 분뇨가 빗물에 섞여 잘 떠내려가는데, 갑자기 비가 그치면서 분뇨 찌꺼

기가 이 집 저 집의 마당으로 흘러 들어갔다. 신순범이 동네 사람들에게 몽둥이찜질을 당한 것은 당연했다. 신순범은 너무 아파 사흘 동안 신문 배달을 나가지 못할 정도였다.

신순범이 보이지 않자 김상현이 찾아와 무슨 일이 있느냐고 물었다. 자초지종을 들은 김상현은 신순범을 구타한 동네 사람들을 일일이 찾아다니며 특유의 입심으로 "불쌍한 고학생을 똥 좀 버렸다고 두들겨 패서 학교도 못 가게 하고, 신문도 못 돌려서 굶어 죽게 생겼다"며 따져 동네 사람들로부터 일종의 '위로금'을 받아 신순범에게 건네주었다고 한다. 그 동네 사람들 또한 어렵기는 마찬가지였을 텐데, 김상현의 입심으로 어떻게든 그들을 설득했다는 것이다.

그렇게 하루하루를 지내다가 김상현은 어느 날 '삼일청년학생동지회'라는 단체를 만들게 되었다. 정치인이 되려면 웅변만 잘하는 것으로는 부족하고, 어떤 식이든 조직이 절대적으로 필요하다는 생각에서였다. '삼일청년학생동지회' 창립은 평소 믿고 따르던 김대중의 지도와 조언이 많이 작용했다고 한다. 동지회의 창립총회는 김상현이 고시위원회 전달부 시절 알게 된 김용달 변호사 소유의 파고다공원 부근 건물에 있는 음악감상실에서 열렸는데, 이날 김대중도 총회에 참석하여 축사를 했다.

'삼일청년학생동지회'는 대학생들이 중심이었지만, 일반인과 중고생들도 더러 있었다. 그날의 창립총회에서 김상현은 회장으로 선출되었다. 부회장으로는 숭실대학교 학생회장 김덕린, 서울대학교 사범대학 학생회장 주봉로가 선출되었고, 경희대학교 주준수가 총무부장, 숭실대학교 유원균이 재정부장, 같은 대학 윤형두가 선전부장을 맡았다. 그밖에 건국대학교 서호석, 동국대학교 이순찬, 한국신학대 정을병, 숭실대 정병하 등도 핵심요원이었다.

당시 대학생이 아닌 김상현이 어떻게 대학생들이 다수를 차지하는 조직의 회장으로 선출되었는지는 불가사의한 일이었다. 우선 이 단체는 처음부터 대학생이 절대다수였으므로 그 명칭도 '삼일학생동지회'가 제안되었다. 그런데 그렇게 명칭이 정해지면 김상현이 참여할 명분이 없으므로 그가 '학생' 앞에 '청년'을 넣자고 주장하여 관철된 것이다. 그러나 김상현이 일반회원도 아니고 회장에까지 선출되었다는 것은, 작은 조직에서의 일이지만 대단한 사건이라 할 수 있다. 그의 광범위한 친화력과 적극적 활동, 세밀한 전략의 승리라 할 것이다.

김상현은 회장이 되었지만, 대학생이 아니란 이유로 이런저런 조직분규도 있었다. 한 번은 삼일청년학생동지회 몇몇 간부들이 어느 회원의 집에 모여 김상현을 회장직에서 몰아낼 계획을 세웠다. 대학생이 아니라는 이유로 김상현에게 회장직 사퇴를 종용하였다. 김상현이 거부하자 격분한 학생이 그의 뺨을 때리기도 했다. 그러나 김상현은 똑같이 물리력으로 맞대응하지 않고 오히려 웃으면서 당당하게 자기주장을 폈다.

그래서 '학생' 앞에 '청년'을 넣지 않았느냐? 이 단체는 학생들만의 단체가 아니라 학생까지 포괄하는 청년단체다. 엄연한 청년·학생 단체에 학생 신분은 아니지만, 청년 자격으로 회장을 못할 이유가 어디 있는가? 더구나 나는 총회에서 선출된 회장이다. … 이 세상은 학생들만이 사는 세상이 아니다. 학생이냐 아니냐 하는 것은 우리가 부모를 잘 만났느냐, 나처럼 조실부모하고 동가식서가숙하는 처지냐 하는 차이일 뿐이다.

이 일화는 김상현의 내적으로 강인하면서도 넉넉한 면모를 보여주는 사건이었다. 절대 자기 속내에 들어있는 분노와 슬픔을 드러내지 않고 오히려 웃음으로 답할 수 있다는 것은 웬만한 사람으로서는 갖기 어려운 모습이다. 그 사건이 원만하게 마무리된 후 김상현은 자기를 몰아내려 한 그들과 오히려 더 친해졌다고 한다. 이러한 그의 행동유형은 이후 본격적으로 정치에 입문하면서 더욱 확고하게 체화되었다.

옛날 중국에서는 특정인에 대해 후흑厚黑, 곧 '낯이 두껍다'는 평을 하기도 했다. 이는 단순히 염치가 없다는 뜻이 아니라, 자기의 속내를 감추고 철저히 목표를 향해 매진하는 철두철미한 인고와 절제, 그리고 집념을 뜻하는 평이다. 이는 자연인으로서의 '나'를 지양하고 공적인 '나'로 살아가야 하는 정치인에게는 필수적인 덕목이라 할 것이다. 김상현이 이런 능력을 체화할 수 있었던 것은 아버지의 병사와 어머니의 비극적 죽음, 그리고 이에 따른 극도의 가난을 겪으면서 단단하게 뭉쳐진 생존 의지 때문이었을 것이다.

4월혁명

1950년대 중반, 이승만 정권의 반공체제는 히스테리에 가까운 기승을 부리고 있었다. 이승만 정권은 친일파 출신을 군대와 경찰의 요직에 기용하여 협박, 구타, 고문, 구금 등 수단과 방법을 가리지 않고 정적들을 빨갱이, 반란 주동 등의 혐의를 씌워 제거해 나갔다. 이승만 대통령의 충견이었던 김창룡 특무대장은 사건을 허위 날조하거나 침소봉대함으로써 무고한 사람들을 희생양으로 삼았다. 심지어 정관계 외 다른 분야에서 활동하던 사람까지도 탄압의 대상이 되었다. 일례로 한국전쟁 때 미군이 평남지사로 임명했던 김성주는 재판이 끝나기도 전에 고문으로 살해당했다.

1955년, 육군 특무대는 국가원수 암살모의 사건을 발표하였는데, 이는 특무대가 김재호 등 독립 지사들에게 프락치를 침투시켜 암살 음모를 꾸미도록 유도하여 만들어낸 조작사건이었다. 1959년에는 농림부 장관과 국회부의장을 지냈고, 진보당의 당수이며 대통령 후보였던 조봉암을 간첩으로 몰아 사형에 처하였다. 특무대는 그 외에도 김종평 장군 사건, 관□ 사건, 조선방직 사건, 조병창 화재 사건, 김도영 대령 사건, 삼각산 사건 등 수많은 사건을 조작해 온 나라에 공포 분위기를 조성했다.

　　다른 한편 이승만 정권은 관변단체들을 동원하여 이승만 우상화 작업을 대대적으로 벌였다. 1956년, 대한노총은 메이데이 행사에서 이승만을 '민족의 태양'으로 추켜세우고 "백만 노동자의 소원성취는 이승만 박사의 3선과 이기붕 선생의 당선에 있음을 재확인하고, 5·15 정부통령선거의 필승을 위해 총궐기한다"고 결의하였다. 이승만은 1956년 정부통령선거에 "출마하지 않기로 작정했다"는 '유시'를 내리고는, 바로 대한국민회, 대한노총, 대한부인회 심지어는 연예인들과 중고등학생들까지 동원하여 자기의 출마를 탄원하는 '정치 쇼'를 연출하였다.

　　한국전쟁 후부터 1950년대 중반까지는 이승만 독재체제의 절정기였다. 그러나 1950년대 중반부터 도시를 중심으로 시민들이 이승만 정권의 독재와 부패에 염증을 느끼기 시작하였다. 1956년의 정부통령선거는 이승만 정권으로부터의 민심 이반이 본격화되었음을 명징하게 보여주었다. 그해 5월 3일 한강 백사장에서 열린 민주당 대통령 후보 신익희의 연설회에는 무려 30만 명의 서울시민이 운집할 정도의 폭발적 반응을 보였다. '못 살겠다 갈아보자'는 민주당의 선거구호는 열풍처럼 퍼져나갔다. 이에 맞서 이승만의 자유당은 '갈아봤자 소용없다', '못 살겠으면 북으로 가라'고 맞불을 놓기도 했다.

그러나 투표를 열흘 앞둔 5월 5일 민주당 후보 신익희가 호남선 열차에서 뇌출혈로 급서하는 비운이 일어났다. 제1야당 후보 없이 치러진 대통령선거의 투표 결과는 자유당 이승만 52%, 진보당 조봉암 23.8%, 신익희 추모 표 20.5%였다. 부통령선거에서는 민주당의 장면이 46%를 얻어 자유당의 이기붕을 제치고 당선되었다. 이는 극심한 부정선거에도 불구하고 나온 결과로, 이승만 정권으로부터 민심이 급속히 이탈하고 있음이 선명하게 나타난 사례였다.

1950년대 후반부터는 경제도 급속히 악화하고 있었다. 공장가동률은 50%밖에 되지 않았고, 이로써 250만의 완전실업자와 200만의 농어촌 잠재실업자가 생기게 되었다. 경제의 급속한 침체와 실업자의 양산에 따른 생활 악화로 정권에 대한 대중들의 불만은 더욱 팽배해 갔다. 경제의 급속한 악화는 세계 경제의 침체와 미 원조물자의 급격한 축소에 기인한 면도 컸지만, 궁극적으로는 관료적 독점자본주의에 의한 특혜적 자원배분 및 대중수탈과 밀접하게 관련되어 있었다. 그러나 이승만 정권은 그 같은 한국사회의 경제침체와 사회 혼란을 수습할 능력을 보여주지 못했다.

1960년에 접어들면서 수면 아래 잠재해 있던 민중의 저항이 표면 위로 급속히 분출하기 시작하는 가운데, 3월 15일 제4대 정부통령선거가 예정되어 있었다. 집권 자유당은 일찌감치 이승만을 대통령 후보로, 이기붕을 부통령 후보로 옹립하였고, 민주당은 조병옥을 대통령 후보, 장면을 부통령 후보로 뽑아 선거에 임하였다. 그런데 선거운동이 한창일 때 조병옥이 신병 치료차 미국 월터 리드(Walter Reed) 육군병원에 입원하였다가 선거일을 한 달 앞둔 2월 15일 급서하였다. 민주당으로서는 1956년 제3대 정부통령선거 중에 대통령 후보 신익희가 급서한 악재가 재현된 것이다.

그러한 상황에서 이승만의 당선은 거의 기정사실로 여겨졌지만, 자유당은 가부 인준투표 비슷하게 흐른 이승만의 지지율을 압도적으로 높이고, 고령의 이승만 유고 시 권력을 이어받을 부통령에 이기붕을 당선시키기 위해 대대적인 불법 부정선거를 획책하였다. 선거 결과 대통령에 이승만, 부통령에 이기붕이 당선되었지만, 국민은 이를 부정선거로 규정하고 전국 방방곡곡에서 거리로 쏟아져 나와 대대적인 시위를 벌였다.

최초의 시위는 한반도의 최남단 항구도시 마산에서 촉발되었다. 투표 당일인 3월 15일 저녁, 개표가 시작되고 대규모 부정선거의 정황이 속속 드러나자, 민주당 마산시당은 선거무효를 선언하고 거리로 나갔다. 이에 수천의 시민들이 가담하여 시위가 시작되었는데, 경찰이 총격을 가해 8명이 그 자리에서 살해되었다. 그리고 4월 11일에는 3월 15일 시위 이후 행방불명되었던 고등학생 김주열의 시신이 눈에 최루탄이 박힌 채 마산 앞바다에 떠올랐다. 이후 마산은 전 시민의 항쟁으로 발전했고, 그 불길은 전국으로 퍼져나갔다.

4월 18일, 안암동 교정에서 출발하여 태평로 국회의사당까지 시위를 벌인 고려대학교 학생들이 귀교 길에 평화시장 부근에서 경찰의 사주를 받은 정치깡패들의 습격을 받아 부상자가 속출하는 사건이 일어났다. 드디어 피의 화요일, 4월 19일에는 수만 명의 학생과 시민들이 대통령 관저가 있는 경무대를 향해 행진하기 시작했고, 경찰은 이 대열에 무차별 사격을 가해 수많은 사상자가 나왔다. 4월 26일, 이승만이 하야를 발표하기까지 전국에서 무려 186명의 사망자가 발생했다.

현역군인이 맡은 학생대표

1959년 6월, 김상현은 육군에 입대했다. 그는 남자 형제들이 죽거나 실종돼 자연스레 5대 독자가 되었기 때문에 징집대상이 아니었다. 그러나 당시 자신이 어려서 그런 조항이 있는 줄을 몰랐고, 면 병사계 공무원도 사무처리가 허술하여 입대하게 되었다고 한다. 김상현은 군 복무 중에 자기가 징병 대상이 아님을 알았다고 한다.

1960년 4월혁명이 발발했을 당시 김상현은 군에 복무하고 있었다. 김상현은 3월 20일경 휴가를 나왔다가 혁명의 물결에 휩쓸린 것이다. 그는 휴가 기간이 끝나고도 원대 복귀하지 않고 학생들과 함께 시위를 벌였다. 일찍부터 정치에 관심이 많은 그에게 있어 4월혁명은 모든 것을 걸고라도 지나칠 수 없는 대사건이었다.

4월 26일, 드디어 이승만이 대통령직 하야를 발표하고, 5월 29일에 하와이로 망명을 떠났다. 4월 26일, 김상현은 태평로 서울신문사 앞에서 학생들의 대열에 섞여 시위를 벌이고 있었다. 그날 이승만의 하야 성명이 라디오로 발표되자, 김상현은 시위대 앞에 나서서 자제와 수습을 호소하는 연설을 했다. 그리고 국회해산을 요구하는 '국민결의안'을 발표하는 데도 앞장섰다. 그의 순발력에 더하여 그동안 갈고닦은 웅변 실력이 힘을 발휘하는 순간이었다.

김상현의 호소력 넘치는 연설을 눈여겨본 한 계엄군 대령이 그를 국회의사당 안으로 데리고 갔다. 거기에 모인 현장 시민대표들을 중심으로 '시국수습위원회'가 결성되고, 국회부의장이던 이재형이 그 위원장이 되었다. 김상현도 '학생대표'로 시국수습위원회 위원이 되어 계엄사령부에서 내준 지프를 타고 시민들에게 사태수습과 질서 확립을 당부하는 거리 선무방송을 하였다. 또한, 김상현은 시국수습위원회의 '학생대표' 자격으로 위원장인 이재형과 함께 남산의 중앙방송국(KBS)에 가 방송 연설을 하기도 했다.

> 국민 여러분, 이제 독재정권은 무너졌고 혁명은 성공했습니다. 동포 여러분, 그러나 문제는 지금부터입니다. 수많은 청년 학생들이 피를 흘려 얻은 혁명이 성공하느냐 실패하느냐 하는 것은 우리들의 행동에 달려 있습니다. 먼저 안정을 되찾아야 합니다. 학생은 학원으로 돌아 가고, 군인은 군대로 돌아가야 합니다. 우리 모두 흥분을 가라앉히고 자기 자리로 돌아갑시다.

4월혁명 당시 김상현의 '활약상'을 호랑이 담배 피우던 시절의 해프 닝 정도로 치부할 수는 없다. 그는 학생이 아니면서도 시국수습위원회 에서 '학생대표'로 활약했고, 휴가 기간이 끝나고도 원대 복귀하지 않 으면서 '군인은 군대로 돌아가야 한다'고 방송 연설을 했다. 이율배반적 이라기보다는 비상한 상황에서 비상하게 행동한 김상현의 적극적 상황 판단과 순발력이 돋보이는 대목이다.

김상현은 휴가 복귀일이 몇 달이 지난 후에야 부대로 돌아가 그간의 사정을 설명하였다고 한다. 군도 그가 사실상 5대 독자이므로 애초부터 징집대상이 아니었기 때문에 불문에 부치고 나중에 의가사제대로 처리 했다고 하는데, 김상현의 매제인 도석완이 당시 특무대에 근무하고 있 어 도움을 주었다고 한다.

03

결혼 :
평생 동지를 만나다

03
결혼 : 평생 동지를 만나다

부잣집 딸과 가난뱅이 청년

김상현이 평생의 반려자 정희원을 만난 것은 그의 생애에서 결정적인 전환점이었다. 정희원과 처음 만날 당시 김상현은 자기를 정치지망생으로 소개했지만, 말이 정치지망생이지 주위에서는 정치권 언저리를 맴돌며 형님, 동생 하면서 이리저리 패 지어 다니는 '정치 건달'쯤으로 여길 뿐이었다. 그러하니 정희원을 만나 결혼에까지 이르는 과정도 그의 인생 초년기처럼 험난했지만, 어찌 되었든 우여곡절 끝에 김상현이 정희원과 결혼하게 된 것은 엄청난 행운이었다.

김상현은 정희원의 친구 소개로 정희원을 처음 만났다. 당시 김상현은 정희원의 바로 그 친구와 교제 중이었는데, 그녀가 정희원에게 김상현이라는 사람이 어떤지 한 번 품평해 달라는 부탁을 하여 호기심에 만나게 된 것이다. 광화문 부근의 다방에서 처음으로 대면한 김상현의 첫인상은 한마디로 '비호감'이었다고 정희원은 증언한다.

우선 굉장히 말이 많더라고요. 혼자 떠드는 거예요. 그게 한 시간도 아니고, 사람 앉혀놓고 설교하는 것처럼 막 하니까, 내가 맘이 좀 탐

탁지 않더라고요. 창에 커튼이 있었는데 내가 그것으로 얼굴을 가리고 그냥 듣기만 하고 가만히 앉아 있었어요. 친구는 이쪽에 앉아 있고, 나는 들창 쪽에 앉았는데 혼자 하여튼 두 시간 정도 떠든 것 같아요. 헤어져서 밖으로 나와가지고 친구가 어떠냐고 해서 내가 "야, 무슨 남자가 그렇게 떠드냐? 꼭 빈 수레 같다, 얘, 너 좋으면 하는 거지만, 나는 아휴, 맘에 안 든다"고 했어요.

그러나 정희원이 김상현을 전적으로 싫어했던 것만은 아닌 것 같다. 결혼 전 두 사람이 티격태격하며 사귈 때 곁에서 보아왔던 윤형두의 증언이다.

내가 그래도 문학 지망생이었잖아? 노천명 서간집 같은 것도 읽고 할 때니까. 상현이가 군 복무 시절 일요일 같은 때 만나면 맨날 나에게 자기 애인에게 보낼 편지 좀 써 달라고 하는 거야. 나중에 들었는데, 그 부인이 그 편지 보고 상현이한테 홀딱 반했다고 하더라고. 따지고 보면 상현이하고 연애한 게 아니라 나 윤형두하고 연애한 거지. 상현이 주위 사람들은 다 알아.

정희원은 경기도 화성군 남양의 대지주 집안의 맏딸이었다. 정희원의 아버지는 지주이면서 양조장도 겸하여 운영하고 있었다. 당시 정미소나 양조장을 갖고 있으면 시골에서 대개 제일가는 부자로 쳤다. 한국전쟁 때 정희원의 아버지는 반동 지주·부르주아라 지목되어 인민군에 끌려가 총살당하기 일보 직전이었는데, 마침 미군 비행기의 폭격으로 아수라장이 된 틈을 타 겨우 도망쳐 살아났으나, 정희원의 친오빠와 큰집 사촌오빠는 당시 할아버지가 경영하던 고무공장의 원료 뒤에 숨어 있다가 발각되어 인민군에게 총살당하고 말았다고 한다. 그러하니 정희원의 본가는 정치적으로 보수 반공적일 수밖에 없었다.

정희원의 할아버지가 경영하던 '동명고무공장'은 서울 만리동에 있었다. 그 공장의 직원들은 당시 서대문구에 속했던 만리동, 중림동, 충정로 일대에 주로 살았다. 이 공장의 직원들과 할아버지의 일족, 그리고 그 사돈의 팔촌까지 계산하면 서대문구 일대에 2, 3백 명이 넘게 거주하여 나중에 김상현이 보궐선거에 나갔을 때 큰 도움이 되었다고 한다.

정희원의 집안은 재벌 수준의 부자는 아니었지만, 당시 재벌로 태생 중이던 서울의 부잣집들과도 이렇게 저렇게 얽혀 지내는 사이였다. 정희원의 아버지는 서울 서대문의 미동국민학교를 다녔는데, 그 학교 동창이었던 유한양행의 설립자 유일한 회장과는 평생을 절친한 사이로 지냈다. 정희원의 고모는 선경(오늘날 SK그룹) 집안으로 시집갔고, 올케언니는 두산(OB) 집안에서 시집을 왔다. 정희원의 본가는 대대로 불교를 믿어왔는데, 서대문구 안산 자락에 있는 사찰 봉원사에 가장 시주를 많이 하는 집안이었다.

정희원의 어머니는 천주교 순교자 집안의 자손이었다. 정희원의 외할아버지 송홍엽은 문과와 무과를 모두 합격하고 조선말에 외교관을 지낸 사람이었는데, 그 외할아버지의 부모, 곧 정희원의 외증조부와 외증조모는 모두 대원군의 천주교 박해 때 서소문 밖에서 참형을 당한 순교자였다. 형조의 관리가 천주교를 배교하겠다고 하면 처형하지 않겠다고 했지만, 외증조부가 끝까지 거부하고 기도하자, 얼굴에 창호지를 붙이고 물을 적신 상태에서 칼로 목을 쳐 처형했다고 한다. 외증조모가 그 광경을 보고 "주님, 이 영혼을 받아주소서!" 하고 기도하자 "독한 년!"이라며 얼굴에 창호지도 덮지 않고 바로 참형에 처했다고 한다.

갑자기 부모를 잃은 외할아버지 남매를 송씨 문중에서 시골로 데려와 키웠다고 한다. 외할아버지는 대원군이 몰락하고 명성황후가 실권을 쥐게 되자 그의 총애를 받으면서 출세 가도를 달리게 되었다고 한다. 정희원은 어려서 아현동의 외갓집에서 주로 컸는데, 그런 외가 분위기의 영향을 많이 받아, 겉으로는 약해 보이지만 속으로는 아주 단단한 외유내강형의 기질을 갖고 자란 것이다. 정희원의 셋째아들 김영호의 어머니에 대한 생각이다.

> 근성, 독하다는 표현은 저희 어머니에게 어울리죠. 어머니는 집념보다는 근성, 그리고 죽음을 두려워하지 않으시는 분이에요. 아버지는 조금 죽음을 두려워하신 분 같은데, 어머니는 안 두려워하세요. 제가 어머니를 보면서 죽음을 두려워한다는 생각을 한 번도 해본 적이 없어요.

친구가 아니라 당신이오!

김상현을 처음 만날 무렵 정희원은 숙명여자대학교를 졸업하고 고등학교로 교생 실습을 나가고 있었다. 그런데 얼마 지나지 않아 정희원이 거주하고 있는 수송동 집으로 김상현이 불쑥 찾아왔다. 그 집에는 정희원과 동생, 그리고 가정부가 살고 있었다. 그리고 김상현에 대한 품평을 부탁했던 정희원의 친구가 그 집에 잠시 얹혀살다가 다른 곳으로 이사가 있었다. 정희원은 김상현이 자기 친구를 만나러 온 것으로 짐작하고 먼저 말을 건넸다.

"내 친구는 여기 없는데요. 다른 친구네로 갔어요."

그러자 김상현이 고개를 저었다.

"그게 아니라 정 선생을 만나러 왔습니다."

"왜 절 보자고 하시는 거죠?"

"하여튼 좀 나오세요."

단호하게 거절을 하지 못하고 엉거주춤 김상현을 따라 안국동의 어느 다방으로 갔는데, 의자에 앉자마자 김상현이 다짜고짜 불쑥 한마디를 내뱉었다.

"사실은 제가 정 선생과 사귀고 싶습니다."

느닷없는 소리에 정희원이 단박에 선을 그었다.

"저는 지금 공부도 해야 하고, 우리 집안이 보수적이어서 안 될 말이에요."

그러나 그런 정도의 사정으로 김상현은 포기할 사람이 아니었다. 정희원은 당시의 말도 안 되는 자신의 곤혹스러운 상황을 이렇게 회상했다.

> 그날부터 저녁 12시까지 우리 집 문 앞에 있다가 아침 6시면 다시 오는 거예요. 그런데 동네에 김 의원 친구인, 나중에 국회의원 출마도 하신 서호석이란 분이 우리 집에서 50m 떨어진 곳에 살았는데 거기에서 새벽에 왔다가 밤 12시 통행금지가 지나야 가는 거예요. 그러니까 내가 학교도 갈 수가 없고, 만나지 말자고 했고, 왜 자꾸 만나자고 하냐니까, 하여튼 변죽이 좋은 거예요. 나중에는 숨어서 학교도 못 가고, 어떤 때는 종일 집에만 있고, 주일날 성당도 안 가고 그냥 집에 있었어요.

김상현을 피해 다니던 어느 날, 정희원과 비슷한 또래의 여인이 집 앞에 와서는 정희원을 만나러 왔다고 했다. 그래서 문을 열어줬는데, 그

여인이 김상현 씨의 심부름으로 왔다며 밖으로 나오라고 했다. 완강하게 싫다고 하자, 그럼 오늘 마지막으로 한 번만 만나자고 한다고 했다. 그래서 안국동의 어느 다방에서 김상현과 그의 친구, 친구의 애인, 정희원 넷이서 만나게 되었다. 정희원이 완강하게 거부 의사를 표시하자 김상현은 친구와 잠깐 어디 다녀온다면서 여자 둘만을 다방에 앉혀놓고 밖으로 나갔다.

얼마 후 술을 잔뜩 마시고 들어 온 김상현이 다짜고짜 정희원의 손목을 잡고 밖으로 끌고 나갔다. 다방 앞에는 시발택시가 한 대 서 있었다. 밖으로 나오자마자 김상현은 정희원을 번쩍 들어 안아 택시에 태웠다. 김상현의 친구와 그 애인은 이미 가버리고 없었다. 정희원이 "이게 무슨 짓이에요?"라고 소리를 질러 보았지만, 김상현은 아랑곳하지 않고 꽤 많은 돈을 택시기사에게 건네며 한강으로 가자고 말했다. 차가 이촌동 쪽 한강 백사장에 도착했을 때는 저녁 5~6시에 가까울 무렵이어서 인적이 끊어져 있었다.

"나랑 결혼하지 않으려면 여기 한강에 같이 빠져 죽읍시다."

순간 두려움이 세차게 밀려와 정희원은 흐느껴 울었다.

"나랑 사귈 겁니까, 어쩔 겁니까?"

김상현이 다그쳐 물었다. 두려움에 질린 정희원은 어쩔 수 없이 사귀겠다고 대답했다. 그러자 김상현이 백사장을 건너 올라가더니 택시를 불러왔다. 자정이 가까운 시각이었다. 집에 돌아와 보니 동생이 울고불고 난리가 나 있었다. 정희원도 밤새 울며 떨었다.

그날 새벽 6시에 김상현이 또 집으로 왔다. 퉁퉁 부은 정희원의 얼굴을 본 김상현은 미안하다고 싹싹 빌면서도 "정 선생을 처음 볼 때부터 참 좋고, 굉장히 황홀하게 느꼈고, 이런 여자도 있나 했어요. 처음부터 사귀고 싶었어요"라고 본심을 토로했다.

현대판 '서동요' 작전

정희원은 김상현으로부터 빠져나오기 위해 갖은 방법을 다 써 보기도 했다. 사실은 사귀는 남자가 있고, 지금 임신까지 했다고 거짓말도 해보았다. 그러나 김상현은 "정 선생의 아이면 내가 키울 수 있으니, 그 남자와 헤어지라"고 역공을 취했다. 김상현을 피해 몰래 수송동에서 통의동으로 이사를 했는데, 한 보름쯤 지나 낮에 누가 대문을 흔들어 나가보니 김상현이었다.

백방의 노력이 허사가 되자 마침내 정희원은 서울에 동생만 남겨두고 화성군 남양의 부모님이 계시는 시골집으로 도피했다. 그렇게 한 달쯤 지났는데, 김상현이 친구 몇 명까지 대동하고 시골집으로까지 찾아왔다. 곧 한적한 시골 동네에 소문이 쫙 퍼지게 되고, 정희원은 고개를 들고 다닐 수가 없는 지경이 되었다. 현대판 서동요라고나 할까, 김상현과 함께 온 그의 친구들이 온 동네에 두 사람이 그렇고 그런 사이라고 별별 소문을 다 낸 것이다.

4월혁명 발발 두서너 달 전에 벌어진 일이었다. 태생적으로 몸이 약했던 어머니는 딸 걱정에 눈물이 마를 날이 없었다. 기가 막힌 정희원의 부모는 서울의 아들을 불러내려 어찌해야 할지를 의논했다. 당시 정희원의 남동생은 서울대학교 법과대학에 재학 중이었는데, 그는 누나에게 "집안 망신을 시키면 어떻게 하냐? 누나 하나 희생하면 되니까 김상현에게 시집을 가라"며 조언이라고 했다.

그렇게 해서 정희원은 등을 떠밀리다시피 하여 그해 12월 7일 김상현과 결혼을 하게 된다. 당시 그는 현역군인의 신분이었던 데다가, 휴가가 끝나고도 귀대하지 않은 '탈영병'과 같은 상태였다. 정희원은 김상현의 궁핍한 처지를 대강 짐작하는지라 결혼을 하면 어떻게 생활을 꾸려갈 수 있느냐고 물어보니, 김상현은 무조건 "다 할 수 있다"며 큰소리만 땅땅 쳤다. 그러나 막상 신혼여행에서 돌아와 보니 갈 곳이 없었다. 하늘이 무너지는듯했지만, 어쩔 수 없이 허름한 여인숙에 우선 신방을 차렸다. 여인숙에 낼 숙박료가 없어 김상현이 돈을 구하러 밖으로 나가면 정희원이 인질 비슷하게 잡혀있어야만 했다.

김상현의 이 여인숙 신혼 방에는 김대중도 자주 놀러 왔다고 한다. 김대중과 김상현은 여인숙 방에 누워서 만화를 같이 보았다고 한다. 김대중이 만화를 무척 좋아해서 정희원이 자주 만화책을 빌려오곤 했다고 한다. 아마도 두 사람은 당시 희망이 좀처럼 보이지 않은 현실의 막막함을 잠시라도 잊기 위해 만화 속 상상의 세계에 빠져들며 서로 낄낄거리고 웃고 그렇게 지냈던 것으로 보인다. 미래의 꿈이 같았던 두 청춘의 어느 하루 일상의 모습이었다.

여인숙에서 뒹굴다가 지루하여 김대중이 밖으로 나가자고 하면, 막걸리를 사줄 물주를 불러내는 일은 김상현의 몫이었다. 김대중은 호기롭게 남에게 술을 사달란 얘기를 잘 하지 못하는 스타일이었다. 그렇게 어렵사리 술자리가 만들어지면, 이 가난한 청년들은 술잔을 앞에 놓고 나름 치열하게 정세를 논하며 상상 속의 나라에서 펼치는 자신들의 모습을 꿈꾸었다.

그렇게 지내다가 정희원의 친정에서 혼수로 해준 장롱 등 가재도구를 팔아 돈암동에 사글세[朔月貰] 방을 얻어 들어갔다. 그렇게 1년가량 신혼 생활을 하다가 김상현은 다시 군대로 복귀하였다. 지금으로서는 이해가 안 되지만, 원래 5대 독자로 징집 대상이 아니었기 때문에 김상현은 헌병대에서 적당히 조사를 받고는 원대 복귀할 수 있었다. 그렇게 군 생활을 이어가고는, 1963년 8월에 의가사 제대로 병역을 마쳤다.

정희원과의 결혼은 김상현에게 있어 새로운 세계를 접하면서 동시에 구질구질했던 지난날의 삶을 단절하고, 상상 속에서만 그려왔던 미래의 꿈을 새롭게 다듬어 나가는 기회가 되었다. 그러나 조실부모하여 어린 나이에 구두닦이, 껌팔이 등으로 힘겹게 살아온 김상현과 유복한 가정 출신의 정희원은 모든 면에서 너무나 차이가 났고, 당연히 서로가 사용하는 언어와 문화도 달랐다. 결혼을 하여 한 가정을 이루었지만, 김상현에게서는 거칠고 저급한 티가 풀풀 묻어나왔다. 정희원의 회상이다.

> 지내보니 사람은 괜찮은데 너무 어렵고, 너무 세파에 시달려서 그런지 말을 함부로 했어요. 내가 아휴 세상에 어떻게 그런 심한 욕을 하느냐고 하니까 자기도 우스운지 조금씩 고치더라고요. 돈은 없었지만, 정신적으로는 나한테 잘 보이려고 애를 썼어요.

정희원은 친가와 외가 모두 뼈대가 있는 집안인 데다가 재산 또한 넉넉하였으니, 김상현으로서는 정치계로 진출하는 데 있어 유무형의 도움을 받을 수 있을 것이라는 '희망의 자산'을 얻은 셈이었다. 큰 꿈을 품고 전라도의 궁벽한 농촌에서 대처인 서울로 올라왔지만, 김상현이 마주한 것은 항시 삼시 세끼와 잠자리를 걱정하는 극빈곤의 처지였다. 그런 그가 경기지방 명문가의 사위가 되었다는 것은, 그리고 그 반려자가 결단력과 강단을 갖춘 다부진 인물이었으니, 그 어려웠던 시절 실존 자체를 이어가기 위해 어쩔 수 없이 행해진 거칠고 조악한 행태들을 다듬어 환골탈태할 기회가 온 것이다.

처음부터 경제문제는 아내 몫

정희원은 김상현과 혼인을 하고 아이도 낳았지만, 한동안 남편에게 마음을 열 수가 없었다. 아무리 생각해 보아도 기가 막히고 진흙탕 수렁에 빠진 기분이었다고 한다. 심지어 큰아들을 낳고 둘째를 낳을 때까지도 마음이 안 열렸다고 한다. 하지만 정희원이 먼저 결혼생활을 깰 수는 없었다. 자신의 신앙인 이혼을 금하는 천주교의 계율 때문이기도 했지만, 김상현이라는 사람의 인간적 바탕에 대해서는 최소한의 신뢰가 있었기 때문이었다.

정희원은 김상현이 다소 거칠고 저급했지만, 바탕은 괜찮은 사람이라는 느낌을 처음부터 받았다고 한다. 자신을 말로 표현하지 못할 정도로 고생을 시켰지만, 주변 사람들을 대하는 그의 인간적 태도는 크게 신뢰감을 주었다. 셋째아들 김영호는, "어머니가 끙끙 앓으면서도 아버지와 그래도 평생을 같이 사신 거는, 아버지가 항시 잘못된 길을 걷거나 기회주의적인 삶을 살지 않고 옳은 길을 가려고 노력했던 모습에 대한 믿음이 컸다"고 말한다. 아내에게 늘 의지하는 모습을 보인 것도 김상현에 대한 연민을 깊게 만들었다. 정희원의 증언이다.

나한테 그렇게 항상 의지를 해요. 매일 하는 소리가 "당신은 내 마누라이면서, 내 애인이면서 내 누이"라고 하면서 항상 의지를 했지요. 사람 바탕은 나쁘지 않은데 부모 없이 살았기 때문에 사는 게 다듬어지지 않았어요. 전라도식 욕도 잘해서 내가 깜짝 놀라면 깔깔 웃어요. 아이들에게도 "배우지는 못했지만, 바탕이 괜찮아 웬만한 지식인이나 부자랑 사는 것보다 네 아버지랑 사는 게 낫다"고 했어요. 참 호탕하고요.

김상현과 정희원은 여인숙 생활을 거쳐 돈암동에서 사글세 방을 얻어 한 1년 살다가, 정희원 혼자 큰아이를 데리고 친정인 화성으로 내려가게 되었다. 그러나 정희원이 친정으로 내려간 것은 전적으로 그녀의 결정이 아니었다. 아무리 내키지 않은 결혼을 했어도 남편을 홀로 두고 친정으로 들어가는 것은 자존심이 허락하지 않았다.

정희원이 자존심을 굽히고 친정으로 내려간 것은, 결혼 후에도 몸이 약한 데다가 중학교 때 앓았던 결핵이 재발하였기 때문이었다. 신혼살림의 형편이 어려운 데다가 애지중지했던 딸의 건강조차 나빠진 것을 친정어머니가 알게 된 것이다. 여름 어느 날 구중중하게 비가 오는데, 친정어머니가 화물차를 가져와 세간을 챙겨 싣고 친정으로 함께 갔다.

친정에 내려와 1년 동안은 혹 결핵이 전염될까 보아 큰아이를 따로 키우기까지 했다. 그렇게 1년가량 지나자 병원에서 이제 결핵이 거의 나았으니 아이와 같이 있어도 된다고 했다. 건강이 좋아지자 정희원은 생업 전선에 본격적으로 뛰어들었다. 큰아이 돌 때 친정 식구들로부터 받은 금붙이들을 팔아 돼지 수컷 1마리, 암컷 3마리를 사서 키웠다. 그러면서 건강이 좋지 않은 친정아버지를 도와 양조장의 사무 일도 보았다.

이렇게 그렇게 재산을 불려 나가 돼지가 126마리까지 되었다. 돼지콜레라가 돌았지만, 정희원이 키우는 돼지는 한 마리도 병에 걸리지 않았다. 설파제와 항생제를 조금씩 먹이고, 돼지농장에 외부 사람을 일절 접근하지 못하게 한 덕분이었다. 양돈 관련 책을 서너 권 구입하여 독학으로 습득한 대처법이었다. 돼지콜레라로 인해 그해 추석에 돼지 가격이 크게 올라 정희원은 한밑천 단단히 잡았다. 정희원의 숨은 이재理財 능력이 발휘되기 시작한 출발점이었다. 이후 정희원의 이재 능력은 일취월장日就月將했다.

그때 공작실인 털실을 동대문시장에 가서 사서 삼복이 지난 다음에 동네에다 팔았고요. 또 당시는 누에를 많이 키울 때인데, 돈을 안 들이고 잠망을 직접 만들고, 마부시도 다 만들어서 누에를 키웠어요. 처음에는 보통 수준이었는데 다섯 번을 키우니까, 다섯 번째는 경기도에서 1등을 해서 상금이 나왔어요. 그리고 그때 칠성사이다, SC사이다가 동대문에 있었는데 대리점을 따서, 친정의 양조장에서 술 배달할 때 시골 구멍가게에다 술 하고 같이 배달시켰어요. 그리고 시골에서 소풍 갈 때, 사이다 한 박스면 50개인데, 자전거 잘 타는 사람한테 여섯 박스씩 줘서 그 사람에게 이익금의 절반을 주고 해서 팔았어요. 그리고 그때는 밀주라고 해서 민간인이 몰래 만든 술을 세무서에서 빼앗아 양조장에 주고 폐기 처분하라며 술독까지 모두 넘겨요. 밀주는 곡주이고 진짜 좋은 술인데 폐기 처분하려니까 너무 아까운 거예요. 불법이긴 하지만 그걸로 소주도 내리고, 식초로도 만들어서 팔았지요.

동네에서는 땅도 많고 양조장도 경영하고 있는 부잣집 딸이 상일꾼이 다 되어 매일매일 이 식당 저 식당으로 돼지에게 먹일 잔반殘飯을 수거하러 다니니, 그 집 딸인지 못 알아볼 정도였다. 자존심이 깎여도 애들 잘 키우고, 어떻게 해서라도 성공하기 위해서는 이를 악물고 버텨냈다. 건강을 잃지 않기 위해 억지로 밥을 먹고, 영양제도 먹어 가면서 하루하루를 버텨나갔다. 그렇게 해서 드디어 서울에 집 한 채를 살만한 돈이 모이게 되었다. 거기에 이르기까지 도움을 아끼지 않았던 친정어머니에게는 환갑 때 금비녀를 해 드렸다.

그러던 어느 날 남동생이 군대에서 제대해 화성 집으로 돌아왔다. 친정어머니가 "이제 건강도 찾았고 돈도 모았으니 서울로 올라가라"고 해서 만리동에 방 다섯 개짜리 집을 사서 김상현과 다시 합치게 되었다. 서울로 올라왔지만, 김상현의 처지는 그저 그런 상황이었으니 정희원으로서는 경제활동을 놓을 수가 없었다.

초등학생의 전 교과목을 가르치는 보습학원을 열었다. 처음에는 여섯 명으로 시작했으나 아이들의 성적이 오르니 65명까지 늘어났다. 정희원 혼자 이 많은 아이를 다 가르쳤다. 아이의 어머니들과도 친해져서 어머니들이 정희원의 아이들도 봐주고, 당시로는 귀했던 파인애플, 달걀, 고기, 바나나 같은 것들을 가져오기도 했다. 비록 풍족하지는 않았지만, 김상현은 아내가 벌어오는 그런 돈으로 정치인과 기자들을 만나 가끔 술과 밥을 사면서 차츰 정치권에서 면을 넓혀갈 수 있었으니, 당시 정희원 없는 김상현은 상상할 수가 없었을 것이다.

04

국회 입성

04
국회 입성

가까이 온 정치의 꿈

1961년, 김상현은 4월혁명으로 야기된 휴가 후 무단이탈을 끝내고 나머지 1년 반가량의 기간을 더 복무하였다. 제대를 하고는 바로 민주당에 입당하여 조재천 의원의 추천으로 서대문지구당 부위원장이란 직함을 받았다. 조재천은 검사 출신으로 전남 광양에서 태어났지만, 대구에서만 3, 4, 5대 내리 국회의원에 당선되었던 민주당의 중진 정치인이었다.

김상현이 민주당에 첫발을 들여놓았을 당시는, 1960년 4월혁명 직후 7·29총선으로 집권한 민주당의 장면 정부가 1961년 5·16쿠데타로 10개월 만에 무너지고, 권력을 틀어쥔 박정희 쿠데타세력이 '정치활동정화법'이라는 법률을 만들어 구정치인 4,374명의 정치활동을 금지하고 있었던 때였다. 이 법은 아무런 근거도 없이 "제2공화국에서 일정한 정치적 지위에 있었던 정치인과 5·16혁명의 혁명과업 수행을 방해했다고 인정되는 정치인의 정치활동을 금지한" 악법 중의 악법이었다.

쿠데타세력은 이 법을 근거로 구정치인 4천여 명에게는 정당 결성 등 일체의 정치활동을 하지 못하게 해놓고는, 자기들은 불법 조성된 자금으로 전국의 유력자들을 불러모아 민주공화당이라는 정당을 사전에 조직했다. 기울어진 운동장에서의 경기 정도가 아니라 야권 주자들의 두 발을 꽁꽁 묶어놓고 여권 주자들을 한참 먼저 출발시킨 경기였으니, 쿠데타세력이 제5대 대선과 제6대 총선에서 승리하는 것은 식은 죽 먹기였다.

1963년 3월 16일, 박정희는 느닷없이 민정 이양 공약을 폐기하고 군정 연장을 발표했다. 그러나 미국 등이 압력을 가하고 국민 여론이 비등하자, 쿠데타세력은 '정화법'에 의해 정치활동이 금지된 야당 정치인들을 해제시켜, 1963년 10월 15일 제5대 대통령선거를 치렀다. 대선 결과 민정당의 윤보선 후보는 공화당의 박정희 후보에게 15만 표 차이로 패배하였다. 이어서 11월 26일에 치른 제6대 국회의원 선거에서도 야권은 민정당과 민주당 등으로 분열되어 있어 크게 패했다. 민주공화당이 110석을 확보하였고, 민정당 41석, 민주당 13석, 자유민주당 9석, 국민의당이 2석을 얻었다.

김대중은 1961년 5월 13일에 실시한 강원도 인제군의 민의원 보궐선거에서 당선되었으나, 5·16쿠데타로 국회가 해산되는 바람에 의원선서도 하지 못했다. 그 후 김대중은 고향인 목포로 내려가 1963년 11월 26일에 실시한 6대 국회의원 선거에서 당선되어 민주당의 중앙당 선전부장 겸 대변인으로 활동하고 있었다. 김상현이 민주당의 서대문갑구당 부위원장직에 있으면서 1965년 1월 6일 중앙당 선전부 차장으로 당직을 받은 것은 김대중에게 크게 힘입었다.

대한웅변협회 시절부터 동고동락했던 두 사람 중에서 김대중이 먼저 국회 입성이라는 꿈을 이루었고, 김대중이 이끌어주어 김상현도 이제 정치의 중앙무대를 밟기 시작하였으니 스스로 생각해도 조금씩 꿈은 가까이 오고 있었다.

정치는 사람 장사

김상현은 김대중의 계보조직 격인 '정진회正進會'의 사무실을 중심으로 활동의 폭을 넓혀갔다. 김상현은 자기와 비슷한 처지의 정치지망생들을 규합하여 치열하게 시국 문제를 토론하면서 사람들을 사귀어 나갔다. 그는 유달리 사람들을 가리지 않고 만나 깊이 사귀는 일에 집중하였는데, 이는 재력, 학력, 연고 등 사회적 자산의 태생적 취약함을 다양한 인적자산 구축으로 극복하려는 전략이라 할 수 있다.

김상현은 보스를 중심으로 갈라져 있었던 야당의 계보와 관계없이 폭넓게 정치인들을 사귀었고, 기자들과도 호형호제하며 쉽게 어울렸다. 그래서인지 가끔은 원외의 그저 그런 인물인 그의 이름이 신문 지상에 살짝 보일 때도 있었다. 이 전략은 그의 타고난 친화력과 결합하여 1965년 보궐선거에서 제1야당의 공천을 받을 수 있게 하였고, 6선 국회의원을 마지막으로 그가 정치를 그만둘 때까지도 끊임없이 그 전략을 꽃피워 갔다.

김상현이 후일 국회의원이 되고 나서도 자신의 취약한 사회적 자산을 확충하기 위해 끊임없이 노력한 사례를 하나 들어보자. 1970년대 초부터 대학들은 우후죽순으로 기업가, 고위관리, 정치인, 군 장성, 전문직 종사자 등을 모아 6개월 정도의 '최고위 과정'이라는 단기 강좌를 개설하였는데, 김상현은 여러 해에 걸쳐 서울대, 연세대, 고려대, 서강대, 성균관대, 한양대, 중앙대 등 이 과정이 개설된 십 수 개 대학에 등록하여 수료하였다. '최고위 과정'은 애초부터 명목상의 강의보다는 친교와 네트워킹에 실질을 두었으니, 이것이 그에게 딱 들어맞는 '맞춤형 과정'이었음을 포착한 것이다.

김상현은 사람을 만날 때 상대와 시시비비를 따지는 대화는 하지 않았다. 혹 시비가 있어도 대부분 상대에게 양보하곤 했다. 한번은 이런 일이 있었다. 어느 날 정진회 사무실에서 민주당 제주도당 부위원장으로 있는 김일룡이라는 사람과 시비가 붙었다. 김상현이 사무실에 들어갔더니 김일룡이 갑자기 멱살을 잡고 따귀를 갈기는 것이었다. 왜 때리는지 까닭을 모르기 때문에 억울하기도 하고 화도 났다. 하지만 김상현은 재빠르게 정중히 사과부터 올렸다.

"김 선배님, 제가 잘못했습니다. 선배님들을 잘 모셔야 했는데 제가 젊은 혈기에 너무 까불어 댔습니다. 선배님들 마음에 거슬리는 일이 있었다면 따끔하게 지적해 주십시오. 앞으로 선배님들을 잘 받들고 정진회의 인화에 금이 가지 않도록 노력하겠습니다."

그러자 김일룡이 덥석 김상현의 손을 잡고는 "내가 오히려 미안하네"라며 사과를 하는 것이었다. 이 작은 사건은 얼마 안 되어 김상현에게 전화위복이 되어 돌아왔다. 1965년 5월 3일, 제1야당인 민정당과 제2야당인 민주당이 5·16쿠데타 이래의 분열을 마감하고 한일기본조약 체결 반대 투쟁을 효율적으로 벌이기 위해 통합을 선언하였다. 이에 따라 민정당과 민주당이 민중당으로 새롭게 출발하는 통합 전당대회를 치르게 되었다.

어느 날 당시 서대문갑구당 위원장인 김재광 의원이 김상현을 부르더니 대뜸 이렇게 통고하는 것이었다. "내가 김상현 동지를 중앙당의 중요 당직을 주기 위해 대의원에서는 뺏으니 그리 아시오." 김상현은 순간적으로 아찔함을 느끼지 않을 수 없었다. 대의원에서 빠진다면 중앙위원이나 중앙상무위원으로 진출할 수 없어 사실상 중앙무대에서 내쳐지는 것이나 다름이 없었기 때문이다. 양당 통합 전 민정당 소속의 김재광이 민주당 계열인 김상현을 배제하기 위한 술책이었던 것이다.

다음 날 아침 통합 전당대회가 열리는 광화문의 시민회관 앞을 어슬

렁거리고 있는데, 김대중이 지나가다가 김상현을 보고는 "자네는 왜 안 들어가는가?" 하고 물었다. 김상현은 서대문갑구당 대의원에서 배제된 자초지종을 김대중에게 설명하였다. 김대중도 놀랐지만, 잠시 서 있다가 별도리가 없다는 듯이 대회장 안으로 들어가고 말았다. 초라한 몰골로 대회장 밖 길가에 서 있자니 그 행색이 말이 아니었다. 그런데 마침 대회장으로 들어가려던 김일룡이 김상현을 발견하고는 반색하며 다가왔다.

"어이, 상현이, 왜 안 들어가고 여기에 서 있는가?"

김상현이 자초지종을 김일룡에게 설명하자, 김일룡이 펄쩍 뛰었다.

"김재광, 이 나쁜 놈! 여기 가만히 있어 보게."

김일룡은 김상현에게 잠시 기다리라고 하고는 어딘가를 황급히 가더니 바로 돌아왔다. 제주도당 소속 대의원 변 아무개라는 사람을 데리고 와서는 김상현으로 대의원을 바꿔 달라고 부탁한 것이다. 그렇게 해서 김상현은 변 아무개의 명찰을 달고 대회장에 들어갔다. 대회장에서 이를 본 김재광 의원이 "김상현이 저놈, 가짜다!"라고 소리쳤지만 이미 흘러간 물이었다. 작은 해프닝이었지만, 상대보다 먼저 양보를 하고, 먼저 허리를 굽힘으로써 상대의 마음을 얻는 노하우가 체질화된 김상현의 품성이 만들어낸 사건이었다.

도둑 같이 온 기회

김상현은 김대중과 함께 민주당의 신파 지도자인 정일형 박사 댁도 자주 찾았다. 일종의 정일형 가의 문객이었던 셈이다. 정일형은 김대중보다 20여 년 연상이었고, 김상현과는 31년이나 나이 차이가 났다. 김상현과 김대중 두 사람은 그때만 해도 골초일 정도로 애연가였는데, 정일형 앞에서는 감히 담배를 피울 수 없으므로 잠시 살짝 나와 당시 서울대학교 법대에 재학 중이었던 정일형의 아들인 정대철의 방에서 해결했다. 김상현이 훗날 아버지를 이어 정치에 입문한 정대철과 동지적 관계를 갖게 된 것도 어찌 보면 이때 담배를 매개로 나눈 쿨한 분위기가 바닥에 깔려있었을 것이다. 정대철의 회고다.

당시 DJ랑은 긴 얘기를 할 수는 없었고, 후농과는 그때 이런 얘기 저런 얘기를 많이 했지. 여자 얘기도 막 하고 그래. 나이는 나보다 여덟 살인가 위인데, 자기는 학교를 제대로 못 다니고 야간고등학교에 들어가서 학년은 여섯 해 위라 그랬어. 얼마나 솔직한지, 인간성이 말이야. 내가 그때 서울대학교를 다녔거든. 자기는 대학도 안 다니면서 대학 다닌 얘기도 하고. 아, 인간이 마음에 들어. 아주 정직한 사람이구나. 주로 자기 실패담 얘기를 하더라고. 자기 실패담을 부끄럽지 않게 계속 얘기할 수 있는 능력이 있었어. 이것도 사람 마음을 끄는 데는 중요한 능력이야.

정대철이 본 김상현의 첫인상은 제도권의 배움은 없었지만, 상당히 머리가 좋은 데다가 노력파였다고 한다. 김상현의 아내나 그와 가까이했던 사람들의 증언과 크게 다르지 않은 정대철의 평가와 기억이었다.

체계적으로 학문을 하거나 공부를 한 적은 없지만 뭘 갖다 놓으면 그것을 순열 조합해서 자기의 지식체계로 만들더라고. 그래서 아, 이런 정도라면 국회의원도 괜찮게 해낼 수 있겠구나. 5개를 가르쳐 주면 7~8개를 아시는 분이야. 우리 같은 사람은 도저히 따라갈 수 없는 족탈불급足脫不及의 능력이 있으신 분이다, 내가 그렇게까지 느꼈어.

그 시절 김상현은 29세로 통념상 국회의원이 되기에는 아직 젊은 데다가, 학력, 경력, 재력 등 사회적 자산조차 빈약한 처지로서 누가 보아도 국회의원을 꿈꾼다는 것은 어불성설이었다. 자신도 언감생심 그런 꿈을 꾸지 않았다. 그는 지방자치제가 부활하면 서울시의 시의원이 되어 보려고 했다. 시의원부터 시작해서 차곡차곡 경력을 쌓아 국회의원에 도전해 보겠다는 정도로 생각하고 있었다. 그런데 기회는 도둑처럼 온다고 했듯이, 갑자기 김상현의 꿈이 실현되는 현실이 다가오고 있었다.

1965년 8월, 국회의 한일협정 비준심의 특별위원회에서 공화당 의원만으로 비준 동의안이 처리되자 민중당 소속 의원 61명은 의원직 사퇴서를 제출하였다. 이에 따라 민중당의 강경파인 윤보선계는 한일협정을 저지하지 못한 책임으로 국회의원직의 사퇴와 당의 해체를 완강히 주장하였으나, 박순천 대표최고위원을 중심으로 한 당의 주류 온건파는 대정부 투쟁도 헌정질서 범위 안에서의 원내투쟁으로 맞서야 한다고 일관했다. 결국, 강경파와 온건파의 주장은 합의에 이르지 못해, 윤보선, 정일형, 윤제술, 조한백, 정성태, 김재광, 정해영, 서민호 등의 국회의원이 의원직을 사퇴했다.

그리고 얼마 후, 비례대표로 당선된 윤보선과 정해영을 제외한 6개 지역구에서 11월 9일에 보궐선거를 한다는 공고가 난 것이다. 당시 김상현이 거주하고 있었던 서대문갑구에서도 보궐선거가 있게 되었다. 서대문 갑구의 민중당 소속 국회의원이었던 김재광이 사퇴한 8명 중 한 명이었기 때문이다. 김상현은 국회의원 당선의 확신보다는 일단 자신의 이름을 알리기 위해 보궐선거 공천을 신청하기로 결심했다.

보궐선거 공천을 따내다

보궐선거에 출마하겠다는 결심을 듣고는 우선 그의 아내 정희원부터 깜짝 놀랐다. 김상현은 다음으로 김대중을 찾아갔다. 김대중 역시 깜짝 놀라며 "이 사람아, 국회의원이 그렇게 쉽게 되는 것이 아닐세. 자네는 지방자치제 선거가 시행되면 시의원이나 나가소"라고 일축했다. 다른 사람은 몰라도 김대중만은 자신을 격려해줄 것으로 기대했으나 김대중이 그렇게 나오자 서운함이 밀려왔다. 김상현은 애써 이를 감추고 호기를 부려 "형님, 이번에 최선을 다해서 부딪쳐 볼 생각이니, 형님은 공천 받는 데 방해만 말아주십시오"라고 설득했다.

김상현은 결심이 서자 불같이 밀어붙였다. 우선 당에 공천신청서를 제출했다. 전직 국회의원, 변호사, 서울대 총학생회장 출신 등 쟁쟁한 인사 14명이 공천을 신청했다. 이 사람들을 모두 제치고 김상현이 제1야당의 후보로 공천을 받으리라고 생각한 사람은 아무도 없었다. 본인조차 공천 가능성을 높이 보지 않았는데, 뜻밖에도 민중당 공천을 받은 사람은 김상현이었다. 당 관계자 모두가 어안이 벙벙했다. 그러면서 모두 김상현의 공천으로 민중당의 참패는 명약관화하다고 수군거렸다.

여러모로 보아 경쟁력이 낮다고 평가되던 김상현이 공천을 받은 데에는 민중당 내의 복잡한 사정도 작용했다. 민중당이 창당되기까지의 과정을 살펴보자. 4월혁명 직후 7·29총선에서 압승한 민주당은 내각책임제 개헌안을 통과시키고 총리 선출에 나섰다. 1960년 8월 12일, 민주당의 민의원·참의원 합동 회의는 구파의 영수 윤보선을 대통령으로 선출하고 총리는 신파의 영수 장면을 지명하도록 합의하였으나, 대통령에 지명된 윤보선이 구파의 중진 김도연을 총리로 지명하면서 신구파 갈등이 고조되었다. 신파 측이 김도연의 인준을 거부하자 2차로 지명된 장면이

간신히 총리 인준을 받았다. 이후 신구파 간의 갈등은 더욱 고조되어 마침내 구파는 분당을 결정, 10월 18일 신민당을 창당하였다.

그러나 5·16쿠데타로 민주당과 신민당 모두 강제 해산되고, 1963년 6월 정치활동이 재개되자 신파는 민주당, 구파는 민정당을 창당하여 제6대 총선에 임했으나 여당인 공화당이 110석을 얻은 데 비해 민정당 41석, 민주당 13석으로 참패했다. 1964년 박정희 정권이 굴욕적으로 한일협정을 체결하려 하자 야당은 거세게 반대 투쟁에 나섰다. 그러나 야권의 분열로 반대 투쟁이 힘을 받지 못하자 야 4당은 1965년 5월 민중당을 창당, 하나가 되었다. 그리고 민중당 소속 국회의원들은 "굴욕적인 한일협정 비준안이 국회에서 통과되면 모두 의원직을 사퇴하겠다"고 결의했다. 1965년 8월 12일, 비준안이 공화당 단독으로 국회에서 통과되자 윤보선 등 강경파 의원 8명은 결의대로 즉각 의원직을 사퇴했지만, 나머지 의원들은 국회를 버릴 수 없다는 현실론을 들어 의원직을 유지했다. 이때 정일형을 제외하면, 박순천, 김대중 등 민주당계 의원들도 온건파에 가담했다. 소수이지만 박순천 등 신파가 잔류한 것은 구파가 다수인 민중당에 정통성의 명분을 세울 수 있게 해주었다. 재선이라 하지만 사실상 초선인 김대중이 당의 주요 인물로 부각된 것도 바로 그러한 '신파 상한가'의 상황이 있었기 때문이었다.

당시 민중당 대표였던 박순천도 김상현에게 호의적이었다. 박순천은 비서관인 최경희의 의견을 많이 받아들였는데, 김상현은 때맞춰 연락도 하고 선물도 보내는 등 최경희를 치밀하게 '관리'했다. 박순천은 대통령의 꿈도 갖고 있어 말도 잘하고 인간관계가 좋은 김상현을 키워 측근으로 두고 싶었다. 김상현이 보궐선거에서 당선된 후, 박순천이 당시 성균관대 총장으로 있었던 남편을 종용하여 성대 야간부에 편입시켜준 것도 그런 배경이 있었다.

그러나 김상현이 극적으로 공천을 따낸 데는 그의 줄기찬 노력의 산물이라는 점도 덧붙일 필요가 있다. 우선 평소의 열정적인 친화력이 바탕이 되었다. 또 김상현은 남보다 먼저 양보하고 희생하지 않으면 안 된다는 생각과 행동이 체질화되어 있었다. 자신은 늘 궁핍했지만, 정치권의 선후배건 기자들이건 돈만 생기면 밥을 샀다. 어느 선배를 만나서는 점심을 대접해 드리겠다고 식당으로 모시고 가 밥을 한 그릇만 시키고는, 자기는 점심을 먹고 왔다며 쫄쫄 굶으며 상대가 식사하는 것을 쳐다보기만 했다. 이렇게 만나는 사람마다 진심으로 대접한 덕분에 그는 공천 과정에서, 특히 기자들의 지원을 전폭적으로 받았다. 야당 출입 기자들은 박순천, 유진산, 이상철, 이중재 등 공천심사위원들에게 이구동성으로 "김상현은 우리 기자들이 믿습니다"라며 은근히 압력을 가했다.

흙수저 친구들의 의리

김상현은 주변 선후배와의 모임에서 누구보다도 헌신적이었고, 개별적인 인간관계에서도 따뜻하고 진지한 소통을 우선시했다. 그렇게 해서 만들어진 인간관계는 그의 삶에서 중요한 고비에 섰을 때 결정적인 자산으로 활용되었다. 특히 김상현이 공천을 받고도 후보등록비조차 없어 전전긍긍할 때, 돈을 모아 후보등록을 할 수 있게 해주고 선거운동을 할 수 있도록 실탄(선거운동자금)을 모아주는 역할을 했던 윤형두라는 인물도 그의 친화력과 끈끈한 교유의 산물이라 할 수 있다.

윤형두는 1956년에 김상현과 처음으로 만났다. 두 사람은 젊은 시절 달동네 판자촌 생활을 함께했고, 그 후 50년 이상 고락을 같이 한 사이였다. 윤형두는 문학 지망생으로, 조용한 성격을 가진 사람이었다. 그런데 김상현과의 인연으로 삼일청년학생동지회에 가입해 활동을 같이하고, 나중에는 김상현의 소개로 김대중이 주간으로 있었던 《신세계》라는 잡지에서 일하기도 했다. 김대중도 윤형두의 성품과 재주를 높이 사 그를 자기 곁에 두고자 했으나, 윤형두는 늘 자기는 정치 체질이 아니라면서 그 제안을 완곡하게 거절하곤 했다. 윤형두는 청계천에서 헌책방을 운영하다가 범우사를 설립, 평생을 출판인으로 살아왔다. 윤형두는 이런 인연으로 김대중과 김상현의 관계에 대하여, 그리고 두 사람의 정치 입문 시절의 사연을 누구보다 많이 알고 있다. 윤형두는 그 시절의 일화 하나를 기억하고 있다.

고단한 삶에 지친 김상현, 윤형두, 정을병, 윤재식 등 청춘 몇이 어느 날 사주팔자를 잘 살펴 이름을 잘 짓는다는 내자동의 작명가 김봉수를 찾아갔다. 그는 여러 사람이 함께 오면 각자 생년월일과 한자 이름을 적어내게 하고 한 사람씩 불러 풀이를 해주는데, 그날은 이름만 훑어보고는 "김상현이 누구냐?"고 물었다. 김상현이 "접니다"라고 답하니, 김봉수 왈 "나머지 사람은 볼 것도 없어. 이 사람만 쫓아다녀!" 하더란다. 모두가 와 웃었다. 당시 윤형두는 헌책방 운영으로 돈을 잘 벌어 거의 혼자 밥 사고 술 사고 했는데, 김상현은 동가식서가숙 하는 상거지 신세 비슷했기 때문이다. 그래도 기분이 좋은 김상현이 "앞으로 제가 무얼 하면 되겠습니까?"라고 물으니, "기다려봐. 올해 안에 좋은 일이 생길 거야!" 했는데, 그해에 보궐선거가 있게 되었다는 것이다.

이러구러 지내던 어느 날, 윤형두의 헌책방으로 김상현이 찾아왔다. 김상현은 오자마자, 김대중을 만나 보궐선거에서 자기가 공천을 받을 수 있도록 도와달라고 부탁하라는 것이었다. 당시 김대중은 민중당의 정책위의장이었는데, 그가 함께 일할 마땅한 사람을 구하지 못한 상황이므로 윤형두가 그 일을 맡겠다는 조건으로 간청을 해달라는 것이었

젊은 김대중과 김상현(1960년대 말)

다. 당시 윤형두가 운영하고 있던 헌책방은 장사가 잘 되어서 수입이 짭짤했다. 김상현의 부탁을 들어주면 잘 나가는 헌책방을 접어야 할지도 모르는 판임에도 윤형두는 흔쾌히 그 제안을 받아들였다. 윤형두는 55년 전 그날의 그 장면을 지금도 잘 기억하고 있다.

그때 김대중 씨가 민중당의 정책위원회 의장을 맡고 있었는데, 나에게 당에 들어와 정책위 간사로 같이 일하자는 거야. 나를 인정해주는 것은 고맙지만, 그때 나는 헌책방 운영에 온 힘을 쏟고 있어서 정치에는 발을 들여놓을 생각이 없었지. 김대중 씨가 나를 신임하는 것을 알고 나를 동원한 거야. 대중이 형님을 만나 내가 당에 들어가 일하겠다는 조건으로 자기 공천을 부탁하라는 거야. 할 수 없이 시청 부근 장미다방에서 엄창록 비서를 만나 국회로 들어갔더니 김대중 씨가 다짜고짜 뭐 하러 왔느냐며 화를 버럭 내는 거야. 그런데 말씀하시는 핵심은 선거비용이었지.

한참이나 난감한 표정을 짓던 김대중이 윤형두에게 물었다. "상현이를 공천한다면 후보등록비용이나 선거비용을 어떻게 조달할 텐가? 상현이 처가에서는 딸내미를 도둑질해 간 놈이라고 한 푼도 못 도와준다고 하는 모양이던디." 그러자 윤형두는 대뜸 자기가 운영하는 헌책방을 팔아서 선거비용을 대겠다는, 생각지도 않은 말을 하고 말았다. 그러자 김대중은 "(며칠 후) 정오까지 결정할 터이니 돌아가 기다리라"고 하였다.

김대중은 나중에 윤형두에게 "친구를 위해 이렇게 희생을 하는 사람이 있구나. 나, 자네 그 말 듣고 참 감복을 했네"라고 다독였다. 당시의 그 광경은 윤형두의 인간적 품성과 친구에 대한 의리를 보여주었기도 하지만, 동시에 김상현이 지인들로 하여금 그를 위해 헌신하게 만드는 신뢰감과 인간적 매력을 주었음을 보여주는 일화라고 할 것이다.

김상현이 공천을 받을 수 있었던 것은 그의 끝없는 도전정신과 저돌적인 추진력이 작용한 결과이기도 했다. 그는 도전과 모험을 즐기는 사람이었다. 그는 남들이 불가능하다고 말하는, 누구나 무모한 듯이 보이는 목표를 향해 집요하게 밀어붙이며 나아가는 기질이 몸에 박혀 있었다. 이것은 역경을 딛고 정상의 자리에 오른 지도자들이 갖는 공통의 품성이다. 김상현은 그런 정치 지도자들을 흠모했고, 평생 그런 정치를 배워나가는 것을 무척이나 사랑하고 즐겼다.

아울러 김상현은 풍부한 상상력으로 기발한 아이디어를 만들어내는 머리를 타고났다. 그는 공천을 받기 전에도 남들이 상상하지 못한 일을 대담하게 추진해 성공시킴으로써 주위 사람들을 놀라게 하였다. 4월혁명 때는 군인의 신분으로 시민수습위원회의 '학생대표'로 활동하였고, 혁명 후에는 '4월혁명정신선양회'라는 단체를 만들어 아이젠하워 미국 대통령의 방한 환영대회를 조직하기도 했다. 요즘 식으로 이야기하자면, 김상현은 어젠다의 발굴, 선점에 뛰어난 사람이었다. 윤형두는 김상현을 가리켜 "무모함이 없었던 것은 아니었으나 어쨌든 추진력은 대단한 사람"이었다고 평가한다.

> 아이젠하워 미국 대통령이 방한하던 날, 4월혁명정신선양회 주최로 종로 수송국민학교 교정에서 '아이젠하워 대통령 방한 환영대회'가 열렸는데, 후농이 대회장이었죠. 참으로 후농의 순발력과 추진력이 백 프로 확인되는 행사였어요. 이렇듯 20대 중반의 나이로 동년배인 우리와는 상상할 수 없는 일들을 그는 해내곤 했어요.

김상현은 '아이젠하워 대통령 방한 환영대회'를 개최한 것에 큰 자부심을 갖고 있었던 듯하다. 그는 1965년 11월의 보궐선거에 출마하면서 선거홍보물에 '아이젠하워 대통령 내한 환영 국민위원장'이라는 생뚱맞은 경력을 하나 넣었다.

좌충우돌 선거운동

드디어 며칠 후 낮 12시 라디오 뉴스는, 11월 9일 실시하는 국회의원 보궐선거에 김상현이 민중당의 서대문갑구 후보로 공천됐다고 보도했다. 그러나 공천은 되었지만, 그 기쁨을 누릴 새도 없이 후보등록비 마련, 선거 포스터 제작, 운동원과 선거사무장 선정 등 처리해야 할 일들이 줄을 잇고 있었다. 이중 가장 난감한 것은 후보등록비였다. 처가가 재산가였으나, 처가는 '억지 결혼'의 여파로 여전히 그를 신뢰하고 있지 않아 손을 벌릴 처지가 못 되었다.

공천장을 받은 그 날 오후 5시가 등록 마감이었다. 우선 윤형두가 김대중에게 약속한 대로 자기의 헌책방을 급히 넘겼다. 윤형두의 헌책방을 인수한 사람은 전남 화순이 고향인 박영희였는데, 김상현과도 의형제를 맺을 정도로 친한 사이였다. 박영희는 헌책방을 서너 개나 갖고 있을 정도로 그 업계에서는 성공한 사람이었다. 김상현은 웅변학원에 다니던 시절에 그의 헌책방 2층 다락방을 잠자리로 삼기도 했다.

그러나 헌책방을 팔아 받은 돈으로도 후보등록비는 태부족이었다. 윤형두가 급히 동대문시장에 사람을 풀어 급전이라도 얻으려고 노력했으나 후보등록 마감 시한인 오후 5시를 넘기고도 선관위에 낼 등록비를 모두 맞출 수가 없었다. 할 수 없이 등록비 중 일부를 챙겨서 선거관리위원회에 갔더니, 김장생이라는 직원이 "내일 아침 9시 전까지 나머지를 꼭 가져오라"며 편의를 봐주었다. 우여곡절 끝에 가까스로 밤새 돈을 만들어 이튿날 아침 8시 40분, 선거관리위원회에 가서 등록비를 내고 후보등록을 마칠 수 있었다.

선거운동이 시작되었다. 출마자들은 제2, 3대 국회의원과 서울시장을 지낸 임흥순을 비롯해 전직 국회의원과 목사 등 쟁쟁한 인물들이었다. 처음부터 벽에 부딪힌 것은 선거운동 자금 문제였다. 헌책방 사장인 박영희, 김철, 강원채 등이 돈을 조금씩 모아 줬다. 동대문시장에서 포목장사를 하던 황종률, 한영우, 이석점, 이남식, 박영선 등도 약간씩 성의를 보였고, 아울러 선거운동도 적극적으로 도와주었다.

후보등록을 마치자 처가에서도 관심을 보여 선거자금을 지원받을 수 있게 되었다. 처가에서는 선거사무실에 전화를 놓아주고, 지프도 사주었다. 미동국민학교에서 첫 합동 유세가 열렸는데, 김상현이 연설을 잘하여 유권자들의 반응이 좋았다. 선거 전망이 좋아지자 정희원의 친정은 물론 외가 쪽 인맥들도 쉽게 연결되기 시작했다. 정희원의 할아버지가 경영하던 동명고무 직원들이 다수 서대문구에 살고 있어 많은 도움이 되었다. 처가와 인연이 있는 재산가들도 몰래 선거자금을 전해 오기도 했다. 정희원은 그 상황을 모두 기억하고 있다.

첫 합동 유세를 하고 나니까 친정 쪽에서 돈이 들어왔어요. 동서의 친정이 경기대학교 쪽인데 300만 원을 해주셨어요. 집안의 사돈들이 모두 부자예요. 우리 부모의 사돈이 아니라 친정 할아버지의 사돈이죠. 셋째 고모부가 선경(SK) 쪽이고, 두산의 박두병 씨 동생이 올케 집안이에요. 우리가 야당이니까 직접 주지는 않았고, 비공개적으로 해줬죠. 그때 친정아버지가 라이온스클럽 본부의 부회장이어서 라이온스클럽에서도 도와주셨어요. 그때 구치소가 독립문이 있는 영천에 있었는데, 구치소장이 아버지의 미동국민학교 후배여서 교도관들이 모두 남편을 도왔죠. 대개 구치소 부근에 살았거든요. 동명고무공장 직공들도 모두 도와주셨고. 하여튼 미동국민학교 합동 유세 후에는 선거자금이 풍부하게 들어오더라고요. 선거사무실이 순화동에 있었는데 친정아버지가 택시를 하루에 2, 3대 임대해 수원, 남양 등지에서 서대문갑 지역으로 이사 온 사람들을 다 찾은 거예요. 선거자금 풍족하지, 도와주는 사람 많지, 생각해 보면 그때 참 쉽게 당선됐어요.

김상현과 동고동락했던 지인들도 몰려와 헌신적으로 선거운동을 도왔다. 신순범, 서호석, 구준수, 조진혁, 김구룡, 김원식, 김면중 같은 사람들이 동별로 책임을 맡아 운동을 해줬다. 나중에 국회의원을 지낸 신순범 같은 이는 어쩌나 찬조연설을 열심히 했던지 선거운동 마지막 날에는 목이 꽉 막히고 숨이 안 쉬어져 병원으로 실려 가 한 달여를 입원할 정도였다. 선거운동을 도왔던 윤형두의 회고다.

합동유세장에서 지지자들의 사인 공세에 응하는 김상현

상대 쪽은 김상현이 학력, 경력도 변변치 않은 무명인 데다가 나이도
어려 만만하게 봤습니다. 그런데 김상현은 친구가 참 많았어요. 만나
면 술 사주고, 주머니에 돈이 있으면 탈탈 털어 돈 주고 하니 주변에
사람들이 무척 많았어요. 김인섭이라는 친구는 서대문경찰서 형사인
데도 완전히 김상현의 팬이 될 정도였지요. 김상현의 사람 동원하는
능력이 바로 표가 돼준 거죠.

'프로' 엄창록의 활약

그렇게 운집한 자원운동가들과 당원들을 조직하고 운영한 책임자는,
1961년 인제군 재보궐선거부터 1963년 제6대 총선, 1967년의 제7대

총선에 이르기까지 김대중이 목포에서 당선되는 데 지대한 공헌을 했던 엄창록이었다. 특히 엄창록은, 1967년 박정희 대통령이 자신을 위협하는 정치인으로 급성장한 김대중을 낙선시키기 위해 대통령 임석하에 목포에서 국무회의를 두 번이나 열 정도로 노골적으로 공화당 후보 김병삼을 지원했던 제7대 총선에서 김대중이 승리를 거머쥐는 데 큰 공헌을 했다. 김대중이 그런 엄창록을 선거캠프에 파견하였으니, 김상현은 천군만마를 얻은 것이다.

엄창록의 원이름은 원창대였다. 그는 북한 출신으로, 기발한 아이디어로 선거운동에 치밀하게 대처했다. 그는 운동원들이 자기의 지시와 명령에 절대복종하도록 훈련하였고, 여당 후보의 불법 부정 선거운동을 역이용하는 기발한 전술을 개발했다. 밤중에 은밀하게 유권자의 집을 찾아가 여당 후보 명의의 돈 봉투를 주고는 잠시 후 다시 찾아와 '잘못 전해졌다'며 회수, 또는 하찮을 정도로 적은 돈을 여당 후보 명의의 봉투에 넣어 전달, 고무신 등 선물을 주고는 '잘못 배달되었다'고 회수, 여당 후보의 운동원인 척하면서 고급담배를 입에 물고는 유권자에게는 싸구려 담배를 권하는 등등 엄창록의 역발상 선거운동은 무궁무진했다.

언론은 엄창록의 이러한 선거운동방식을 근거 없는 사실을 조작해 상대편을 중상모략하거나 그 내부를 교란하기 위해 펼치는 '마타도어 matador 전술'로 폄훼하기도 했다. 그러나 당시 군부 독재정권은 선거 때마다 경찰과 공무원, 통반장, 이장 등을 동원하는 관권선거를 치렀고, 이들을 통하여 금품 등으로 유권자를 매수하는 불법도 일상적이었다. 유권자들 또한 은근히 이를 기대하기도 했다. 그러하니 조직도 취약하고, 선거자금도 부족했던 야당 후보가 구사할 선거운동은 처음부터 제한적일 수밖에 없었기 때문에 엄창록의 이러한 전술은 군부 독재정권의 비열한 불법 부정 선거운동에 대한, 그리고 일부 유권자들의 매표행위에 대한 '통쾌한 역공작'이라는 측면으로 바라볼 필요가 있다.

1971년 제7대 대통령선거를 끝으로 김대중이나 야당 관련 선거판에서 완전히 손을 떼었던 엄창록도 한 인터뷰에서 '마타도어 전술의 귀재'라고 하는 질문에 "공화당은 선거 때마다 관권, 금권, 불법, 부정선거를 하지 않았던가? 그들이 그렇게 부정 불법을 행하고 국민을 타락시키지 않았다면, 내가 왜 그런 선거운동 방법을 생각했겠는가?"라는 요지로 자신을 항변하였다. (2022년 1월, 김대중 전 대통령과 '선거판의 여우'로 불렸던 엄창록의 실화를 모티브로 한 변성현 감독의 영화 〈킹메이커〉가 출시되었다. 이 영화에서는 1970년 신민당 전당대회 때 김대중의 승리에 엄창록이 크게 공헌한 것으로 묘사하고 있는데, 이는 영화적 허구일 뿐 그 승리는 전적으로 김상현의 작품이다)

선거운동원들 차원에서는 엄창록의 '다소 비열한' 전술이 실행되었을 수 있었겠지만, 김상현 자신은 선거운동을 하면서 일절 다른 후보들을 비방하지 않았다. 또 운동원들에게도 이 점을 지키도록 철저히 당부했다. 합동 유세 때 다른 출마자들은 모두 네거티브 정치경력이 화려한 공화당의 임흥순 후보를 물고 늘어졌다. 그들은 임흥순 후보를 '3·15부정선거의 원흉', '장면 부통령 저격 사건의 배후인물'로 몰아 세차게 공격하였다. 임흥순 후보도 그 두 사건에 대한 책임에서 자유롭지가 않아 공격을 받을 만도 했다. 그러나 김상현은 합동 유세 때 일부러 임흥순 후보 옆에 자리를 잡고 앉아 이야기를 나누는 모습을 유권자들에게 보여주었다.

김상현은 자기의 연설 차례가 되어 연단에 서자 "여기 계신 임흥순 선생님은 연세도 제일 많으시고, 서울특별시장과 국회의원을 지내시면서 관록을 쌓으신 정계 원로이십니다. 정계의 대선배이신 임 선생님께서 젊은 후배를 위해 사퇴를 하시고 제가 의정 단상에 선다면 참으로 명예로운 귀감이 되실 것입니다"라는 말로 유세를 대신하고 내려왔다. 김상현의 뒤를 이어 연단에 오른 임흥순 후보는 급기야 "갈 길이 머지않은 늙은 몸으로 여러분에게 마지막 호소를 드립니다. 마지막으로 한 번만 더 국회에 보내주신다면 평생을 두고 그 은혜를 잊지 않을 것입니다. 그러나 나를 찍지 못하시겠다면 여기 젊은 청년 김상현 군을 찍어 주십시오"라고 호소했다.

이 사건은 선거 판세를 완전히 뒤엎는 계기가 되었다. 임흥순의 이 연설은 곧 선거판 여기저기에서 큰 화제가 되었고, 김상현 후보 측은 "임흥순 씨가 자기 대신 김상현을 찍어 주라고 했다"고 대대적으로 홍보했다. 연설 내용을 그렇게 잡은 것은 김상현 특유의 순발력이 작용하였을 것이고, 이를 '임흥순의 김상현 지지'로 둔갑시킨 것은 엄창록이 세운 전술이었을 가능성이 크다. 어찌 되었든, 모든 후보가 임흥순의 정치적 과오를 공격하는 상황에서, 가장 나이 어린 김상현이 아버지뻘 되는 임흥순에게 '어른 대접'을 하는 모습을 보인 것은 유권자들에게 좋은 인상을 주었음에 틀림이 없을 것이다.

국회 입성

11월 9일 오후 6시, 투표가 끝났다. 서대문갑구는 27.02%로 낮은 투표율을 보였지만, 같이 보궐선거를 치렀던 서울의 중구, 서대문을구, 용산구와 전남의 광주갑구 중에서는 가장 투표율이 높았다. 투표율이 전반적으로 낮았던 데는 투표일이 평일인 데다가, 시중 여론이 한일협정을 굴욕적이라고 인식하는 상황에서 선명 투쟁에 앞장섰던 의원들이 사퇴한 자리를 두고 실시한 선거라는 점에서 상당수 국민의 외면을 받은 것도 큰 이유였다. 당시 김대중도 의원직을 사퇴해야 하는 '선명 투쟁' 대열에서 이탈했기 때문에 상당 기간 '사쿠라' 취급을 받기도 했다.

어찌 되었든 투표가 완료되자, 김상현과 민중당 선거운동원들은 서대문 네거리에 소재한 농업협동조합 강당에서 밤을 새워 개표를 지켜봤다. 투표함이 열리자 처음부터 김상현이 앞서나갔다. 최종 개표 결과 김상현은 1만 1,402표를 얻어 29세의 나이에 당당하게 국회의원에 당선됐다. 드디어 어렸을 때부터 꿈꿔왔던 정치인의 길이 눈앞에 활짝 열린 것이다. 서대문갑구의 최종 개표 결과는 김상현(민중당) 1만 1,402표, 임홍순(공화당) 9,103표, 정인소 4,095표, 김형근 2,919표, 김상순 1,953표, 도담룡 719표, 김진태 438표였다.

정치의 꿈을 이루자 김상현이 처음으로 한 일은 고향과의 화해였다. 국회의원이 되기 전에는 홀로 소리소문없이 선영을 참배하고 서울로 올라오곤 했지만, 이후 그는 기회가 있을 때마다 고향을 찾아 마을 사람들을 뿌듯하게 했다. 호산마을 모정을 지을 때도 찬조의 이름을 올렸고, 전남도청을 움직여 마을로 들어가는 작은 콘크리트 다리를 세우는 데도 힘을 보탰다. 마을에서는 그가 희사한 돈들을 차곡차곡 모아 호산마을 입구 안내 돌을 세웠다. 사실 김상현은 고향과 불화할 일도, 이유도 없었다. 단지 그는 일찍이 아버지를 여의고, 어머니까지도 억울하게 총살을 당한 그 참혹한 고향의 기억을 지우려 했던 16살 소년이었을 뿐이다.

05

당찬 초선 의원

05
당찬 초선 의원

준비 안 된 의정활동

김상현은 1965년 11월 17일, 국회 본회의장에서 의원선서를 한 다음 본격적으로 의정활동을 시작했다. 상임위는 문교공보위원회로 배정되었다. 문교공보위원회에는 민주공화당의 최영두, 예춘호, 육인수, 차지철 의원 등이 있었고, 민중당 소속으로는 이희승, 유청, 유진, 고형곤 의원 등이 있었다. 위원장은 공화당의 최영두였다.

의정활동은 처음부터 난관에 부닥쳤다. 본회의나 상임위에서 발언 또는 대정부질문을 하려면 일단 원고를 작성해야 하는데, 김상현은 연설은 웬만큼 하지만 원고를 매끄럽게 쓸 능력이 부족했다. 김상현은 자기보다 두 살 위인 친구 신순범을 비서로 임명했는데, 그 역시 국회 경험이 없다 보니 마찬가지였다. 할 수 없이 처음에는 김상현이 발언 요지를 불러주고 아내 정희원이 이를 받아 적은 후 문장으로 다듬었다. 그러다가 좀 지난 후에는 친한 국회 출입 기자에게 부탁하기도 했고, 나중에는 국회 전문위원에게 맡기기도 했다.

이런저런 일을 겪으면서 정희원은 남편이 국회의원까지 된 마당에 고등학교 중퇴라는 학력이 마음에 걸렸다. 그런 어느 날 당시 민중당 당수였던 박순천의 남편 변희용 교수가 성균관대학교 총장인 것을 떠올리고, 조용히 그를 찾아가 사정을 했다. 남편의 학력이 '고등학교 중퇴'인데 대학에 편입할 수 없느냐고 의논한 것이다. 변희용 총장은 고교 졸업장 없이는 불가능하다고 대답했다. 한영고교 3학년 때의 담임선생을 만나 졸업장을 부탁했지만, 간신히 졸업장 대신 수료증을 받아 성균관대학교에 제출하고 대학 편입을 하게 되었다.

그러나 어렵게 성균관대학교에 편입했지만, 김상현은 영 공부에 취미가 없었다. 시험 때도 아내가 읽어주는 내용만 가까스로 외워서 대충 보는 그런 식이었다. 김상현은 그렇게 1년 남짓 성균관대학교를 다니다가 그만두었다. 정희원은 남편 김상현이 재주가 많다고 보았다. 그것은 다른 말로 하면 타고난 재능은 있는데, 그 재능을 믿고 자신의 부족한 점을 채우기 위한 노력을 회피했다는 뜻이 된다. 어쨌든 정치 초년병 시절 김상현이 자신의 지적 역량을 키우기 위한 노력을 게을리한 것은 맞다.

정희원은 꾀를 내어 남편에게 "국회의원이라는 사람이 실력이 너무 없다"며 자주 그의 자존심을 긁었다. 그런 영향으로 김상현은 영어 공부를 기초부터 시작하기도 했다. 부지런히 노력한 결과 나중에 미국에 갔을 때 내셔널프레스클럽에서 기자회견을 영어로 해내기도 했다. 김상현은 자신의 지적 결핍이 정치적 성장에 큰 걸림돌이 된다는 것을 깨달은 후에는 이를 채우기 위해 무진 애를 썼다. 지인들은 그가 쉰 중반이 넘은 나이에도 쪽 시간이 있을 때는 영어사전에 줄을 쳐가며 공부를 하거나, 원어민 강사를 다방에서 만나 틈틈이 회화 연습을 하는 모습을 보곤 했다.

만약 그가 김대중처럼 어떠한 환경과 조건에서도 지적 능력을 연마하기 위해 각고의 노력을 기울였더라면, 지도자로서 자질과 풍모를 갖추는 데 훨씬 더 좋은 조건을 만들 수 있었을 것이다. 친형님처럼 따랐던 김대중의 그러한 점을 본받지 못한 것은 향후 김상현의 정치역정에서 늘 한계로 작용했다. 정치인은 시대 상황이 맞아떨어지고 운이 따른다면 잠시 각광 받을 수는 있지만, 그 상황과 조건이 사라지면 바로 잊히게 마련이다. 그래서 지도자는 자기 의지와 관계없이 주어진 상황을 극복하기 위해 지식과 능력을 부단히 정진시켜야 한다. 동지적 관계로 만나 두 사람 모두 비슷한 길을 걸었지만, 세월이 지날수록 김대중과 김상현 사이에 간극이 벌어진 것도 거기에서 이유를 찾을 수 있을 것이다.

경향신문 강탈 공작 폭로

김상현은 국회에서 처음부터 특유의 재능과 끼를 발휘하여 의원들의 주목을 받기 시작했다. 공화당이 제출한 9천 600만 달러 규모의 대일청구권자금 제1차 연도 사용계획 동의안을 저지하기 위해 민중당 의원들이 17시간에 걸쳐 릴레이 필리버스터를 했는데, 김상현은 17시간 중에서 가장 긴 네 시간 반가량의 발언을 이어가기도 했다. 그의 발언 중에서 5·16은 4월혁명의 반동이라고 한 것이 빌미가 되어 여야 의원들이 욕설과 주먹이 오가는 혈전을 벌이기도 했다.

1966년에 접어들자 박정희 정권은 영구집권의 기반을 다지기 위해 온갖 공작들을 펴기 시작하였다. 박정희 정권은 반공법과 국가보안법을 악용하였다. 1965년 7월, 《현대문학》에 단편소설 「분지」가 실리자 작가 남정현을 반공법 위반으로 구속한 것을 시작으로, 1966년 1월에는 한독당 소속 김두한 의원이 학생들과 한국독립당 당원들을 배후에서 조종하여 5단계 혁명계획을 수립, 정부전복을 기도하였다는 소위 '한독당 내란음모 사건'을 발표하였다. 또 1967년 7월에는 "동베를린을 거점으

대일청구권자금 사용안 반대
4시간 30분 필리버스터 연설을 하는
김상현 의원

로 한 '북괴대남적화공작단'을 적발했다"며 국내외 학계·문화예술계
인사 2백여 명을 구속한 '동베를린 거점 간첩단 사건'을 발표했다.

그러나 박정희 정권이 적발했다며 발표한 반공법, 국가보안법 위반사
건들은 재판과정에서 무죄로 판결이 나거나 침소봉대된 것으로 판단되
어 용두사미로 끝난 사건이 많았다. 이에 박정희 정권은 여론을 자기들
편으로 유리하게 이끌기 위해서는 신문·방송 등 언론매체를 재편, 통제
해야 한다고 판단, 그 공작을 추진하였다.

1965년 초, 박정희 대통령, 정일권 총리, 김형욱 중앙정보부장이 한 자
리에 모여 친야당 성향의 언론을 압박해야 한다는 데 뜻을 모았다. 그리
하여 제1차로 천주교 서울교구가 소유하고 있다가 이준구가 넘겨받아
운영하고 있었던 경향신문을 탈취하려는 공작을 추진했다. 그 공작의

첫출발은 1965년 4월 경향신문 사장 이준구의 반공법 위반 구속이었다. 1966년 1월 25일, 사장이 부재한 상황에서 경향신문은 만기가 돌아온 은행대출금 4천 6백만 원이 연장되지 않아 최종 부도처리 되었다. 은행이 대출금을 연장해주지 않은 것은 순전히 중앙정보부가 뒤에서 공작을 편 결과였다.

김상현이 초선 의원 시절에 크게 주목받은 것은 그즈음 국회 본회의에서 경향신문에 대한 박정희 정권의 탄압과 매수 공작을 폭로한 사건이었다. 어느 날 감옥에 갇힌 경향신문 사장 이준구의 부인이 국회로 김상현을 찾아왔다. 이준구의 부인은, 중앙정보부 고위간부 길기수가 찾아와 청와대의 결정이라며 "경향신문사를 정부에 양도하면 남편을 석방해 줄 것이고, 그렇지 않으면 평생을 감옥에서 썩도록 하겠다"고 협박했다는 것이다. 그래서 야당 의원들을 찾아다니며 남편의 구명운동을 벌였으나 통사정을 해도 들어주는 사람이 없어서 김 의원에게 찾아왔노라는 것이었다. 이준구의 부인은 그 증거로 신문사 간부와 중앙정보부 간부 사이에서 오간 대화를 비밀리에 녹음한 테이프를 건넸다.

김상현은 국회 문공위원회가 열리자 홍종철 공보부 장관을 출석시켜 경향신문에 대한 탄압을 즉각 중지하고 이준구 사장을 석방할 것을 요구했다. 그리고는 "경향신문에 대한 탄압과 공작에 대한 명백한 증거가 있다. 앞으로 일주일 안에 탄압을 중지하고, 이 사장을 석방하지 않으면 그 증거를 폭로하겠다"고 장관을 몰아붙였다. 문공위원회에서 홍종철 공보부 장관에게 일주일 기한의 최후통첩을 날린 그다음 날 새벽, 중앙정보부 요원이 김상현의 집으로 찾아와 충고인지 협박인지 모를 말을 던졌다.

"국회의원이 되신 지도 얼마 안 된 처지에 우리 중앙정보부와 싸워서는 의원님의 정치생명만 끝날 것이요. 의원님의 정치적 장래를 잘 생각해서 처신하십시오."

이어 그는 김형욱 중앙정보부장이 한번 만나자고 한다며 날짜를 정해 달라고 제안했다. 그러나 김상현은 김형욱의 제안을 그 자리에서 단호히 거절하고 일주일 안으로 경향신문을 원상 복구시키라고 다시 요구했다. 그러나 일주일이 지나도록 이준구 사장은 풀려나지 않았다. 김상현은 국회 본회의 대정부 질의를 하는 중에 그 녹음테이프를 틀어버렸다. 녹음기에서는 다음과 같은 내용의 대화가 흘러나왔다.

> "그러니까 말하자면 경향신문사를 손에 넣어야만 이 사장을 내놓겠다, 이거지요? 이 사장과 경향신문사를 맞바꾸자는 것 아닙니까?"(경향신문 간부)
> "그렇죠. 쉽게 말해도 그렇고, 어렵게 말해도 그렇고."(중앙정보부 간부)
> "만약 그렇게 하지 않으면 어떻게 됩니까?"(경향신문 간부)
> "이 사장은 징역 가고, 신문사도 운영 못 하고 …. 요컨대 정부에서 신문사가 필요하니 크게 밑지는 가격으로 달라는 겁니다."(중앙정보부 간부)

본회의에 출석한 정일권 국무총리와 김정렴 재무장관의 답변은 잡아떼기로 일관했다. 김상현에게는 여러 채널을 통해 발언 중단을 요구하는 압력이 들어왔다. 그러나 그는 끈질기게 질문을 이어갔다. 거의 5시간 동안이나 발언하였다. 결국, 이 파문으로 길기수 등 중앙정보부 관련자가 해임되고, 이준구 사장도 얼마 뒤 석방되었다. 그러나 경향신문은 경매 처분되어 기아산업 대표 김철호에게 넘어갔다.

그 후 박정희 정권은 김철호에게 압력을 넣어 경향신문 주식의 50%를 정부에 헌납하라고 지시했고, 김철호는 그대로 시행했다. 그로부터 1년

후엔 또다시 김철호에게 나머지 경향신문 주식 50%도 신진자동차의 김창원에게 넘기라고 압력을 가해, 김철호는 또 그대로 따랐다. 그런 과정을 통해 경향신문은 문화방송과 함께 박정희 정권이 지배하는 어용 언론으로 전락하고 말았다.

경향신문 사건을 계기로 김상현은 패기와 강단이 있는 정치인으로 주목받기 시작하였다. 이 사건을 통해 국민의 대표로서 김상현의 정의감이 확인된 것이다. 그러나 더 눈여겨봐야 할 부분은, 한다 하는 야당의 중진의원들도 모두 피하는 사안을 '국회 시장'을 모르는 초선 의원이 덥석 받아 권력기관의 집요한 압력에도 불구하고 폭로한 기민함과 순발력, 배짱이었다. 말하자면 정치 신인이 처음 등판에서 홈런을 쳐 자기의 정치적 자산이라는 점수를 뽑아낸 것이다. 이제 김상현은 국회 입문 초기에 의원 한두 번 하고 세인의 기억에서 사라지는 그저 그런 국회의원이 아님을 국민에게 보여주었다.

비례대표로 재선

김상현은 보궐선거로 당선되었기 때문에 제6대 국회의원으로서 활동한 것은 1년 6개월에 불과했다. 그 짧은 임기가 지나자 제7대 국회의원 선거가 다가오고 있었다. 지난 보궐선거에서는 운이 좋아 비교적 수월하게 공천을 받았지만, 1967년 6월 8일로 예정된 총선은 당의 공천을 받는 것부터가 만만치 않았다. 한일협정 파동으로 강경파와 온건파로 극한 대립하다가 결국 분당하였던 두 당이 1967년 5월 3일의 제6대 대통령선거를 명분으로 다시 합당하였기 때문이었다.

한일협정 비준 저지 실패로 의원직을 사퇴한 의원들과 이를 따르는 당원들은 '민중당정화동지회'라는 조직으로 주류 온건파와 대립하다가, 1965년 11월 민중당을 집단탈당하고 1966년 3월에 신한당을 창당하였다. 신한당은 윤보선을 총재로 추대하는 한편, 그를 1967년의 제6대 대통령선거 후보로 지명하였다. 창당 후 신한당은 민중당과 계속 대립하였으나, 신한당의 대통령 후보 윤보선과 민중당 대통령 후보 유진오 사이에 후보 단일화와 야당 통합이 논의되어 1967년 2월 7일 민중당과 신한당이 신민당으로 신설 합당되었다.

신민당은 대통령 후보로 윤보선을, 당 총재로는 유진오를 선출하였다. 그러나 1967년 5월 3일의 대통령선거에서 1963년에 이어 또다시 박정희와 윤보선이 맞붙었지만, 윤보선이 116만여 표라는 1963년 선거보다 더 큰 표 차이로 패배하고 말았다. 신민당으로서는 대통령선거의 패배를 추스를 사이도 없이 한 달 뒤에 있을 총선에 당의 운명을 걸어야 했다.

민중당과 신한당이 합당하여 신민당으로 재출범할 때, 한일회담 비준 파동으로 의원직을 사퇴했던 정일형, 김재광 등의 의원들은 원래의 자기 지역구 위원장으로 복귀했다. 김재광도 서대문갑구 지구당위원장에 복귀했기 때문에 김상현이 다시 그 지역으로 공천을 받기는 쉽지 않았다. 여러 사람이 김상현에게 김재광과 공천 경쟁에 나설 것을 권유했고, 심지어 탈당하여 무소속 출마를 권유하는 사람도 있었다. 비록 짧은 의정 생활이었지만 유권자들에게 정치역량을 높이 평가받은 신예로 각인되었기 때문에 김재광과 경쟁도 해볼 만하다고 생각하는 사람이 제법 많았다.

그러나 김상현은 일시적 감정에 치우치지 않고 냉정하게 그 상황을 바라보았다. 무엇보다도 당의 중진인 김재광을 상대하기에는 무리라고 생각했다. 굴욕적인 한일회담 비준을 반대하며 초개와 같이 국회의원직을 버린 김재광이 명분에서도 한발 앞서 있다고 생각했다. 결국, 김상현은 민중당 당수를 지낸 박순천이 지역구인 마포구를 떠나 비례대표 1번으로 자리를 옮김에 따라 마포구에 공천신청을 했다. 그러나 마포구에는 광복군 출신의 독립운동가 김홍일도 공천신청을 해 두 사람이 마지막까지 경합을 벌이다가 김상현이 탈락하였다.

주위 사람들이 다시 탈당을 권유했지만, 김상현은 탈당하지 않고 신민당을 굳건하게 지지하였다. 그는 자기가 주최한 서대문갑구 당원 3백여 명과 점심을 먹는 자리에 김재광을 오게 한 후 참석 당원들에게 그를 전폭 지지하도록 당부하였다. 이러한 처신은 김상현이 패기와 뱃심을 품고 있으면서도, 그가 처한 상황을 냉정하게 꿰뚫어 보는 현실주의적 면모도 동시에 갖고 있음을 알 수 있다.

아무튼, 지역구 공천은 여러 가지 변수를 상정해 보았지만 결국 좌절되었다. 그러나 비례대표 후보 공천은 남아 있었다. 그런데 당선 가능한 비례대표 후보 순위에 들어가려면 당에 거액의 정치헌금을 내야 하는데, 김상현에게는 그럴만한 돈이 없었다. 유진오 총재를 만나 비례대표 후보 공천을 사정하자, 당선 가능성이 반반인 14번을 제의하면서 1천만 원의 헌금을 요구했다. 결국, 비례대표 후보 공천도 물 건너가는 듯이 보였다. 김상현은 차라리 잘 됐다고 생각하고 차제에 유학을 떠나 자신에게 절대적으로 부족한 공부를 하기로 결심했다. 정치인으로 성장하기 위해서는 꼭 필요한 지적 능력이 부족함을 늘 절감하던 터였다.

그렇게 비례대표 후보를 포기하고 목포로 내려가 김대중의 지원 유세를 벌이고 있었는데, 신민당의 비례대표 후보자 명단에 자신이 16번으로 등록되었다는 연락을 받았다. 그러나 당시 신민당의 비례대표 예상 당선순위는 14번까지였기 때문에 그리 큰 기대는 걸지 않았다. 투표가 끝나고 개표방송을 보는데, 의외로 신민당이 선전하고 있었다. 공화당은 50.6% 549만 표를 득표하였고, 신민당은 355만 표로 32.7% 득표율을 보이고 있었다. 최종 개표 결과 공화당은 지역구 102석, 비례대표 27석을 합해 129석을 얻었고, 신민당은 지역구 28석, 비례대표 17석을 합해 45석을 얻었다. 신민당의 비례대표 후보 16번이었던 김상현은 운이 좋게도 간발의 차이로 재선의원이 된 것이다.

해외교포문제연구소

김상현은 제7대 국회에서는 내무위원회로 상임위가 배정되었다. 내무위원회 활동을 하면서 김상현이 특히 관심을 둔 분야는 재외 한국인 문제였다. 김상현이 여기에 관심을 두게 된 것은, 의정활동에서 자기만의 전문성을 가진 분야가 필요하기도 했고, 또 재외 한국인에 대해서는 어느 의원도 관심을 보이지 않기 때문이기도 해서였다.

그는 재외동포들의 실태를 파악하는 것이 급선무라고 판단하고 우선 '해외교포문제연구소'라는 기관을 설립하였다. 초대 소장은 이홍구 서울대 정치학과 교수였고, 사무국장은 이구홍이 맡았는데 그는 나중에 노무현 정부에서 재외동포재단 이사장으로 일했다. 김상현은 연구소의 고문을 맡았는데, 사실상 모든 재정을 부담하는 오너 격이었다. 해외교포문제연구소는 설립 이후 50년을 넘어 지금까지도 존속하고 있다.

김상현은 해외교포문제연구소를 매개로 유력 재외 교포들과도 자주 어울렸고, 그들이 거주하고 있는 나라들의 정치인들과도 교류를 넓혀 나갔다. 재외 한국인 중에 특히 재일교포 문제에 관심을 두어 김상현은 자연스럽게 일본통으로 인정을 받기 시작했다. 그는 신민당 소속 의원들의 서명을 받아 국회에 '재일교포 실태조사 결의안'을 제출했다. 그런데 김진만 공화당 원내총무가 "이 결의안은 정치적으로 악용될 수 있기 때문에

정부 수립 이후 최초로 재일교포 실태조사에 나선 김상현 의원(제7대 국회)

통과시켜 줄 수 없다"고 통보해 왔다. 강력하게 항의하고 으름장도 놓아 보았지만, 김진만은 요지부동이었다.

이효상 국회의장을 만나 결의안을 철회하는 대신 의장 직권으로 재일교포현황을 파악할 수 있도록 국회 조사단을 파견할 수 있게 해달라고 요청하였다. 이효상 의장이 의외로 그 요청을 받아 주었다. 극구 반대하는 김진만을 우회하여 자기가 원하는 핵심을 달성한 김상현의 순발력이 발휘된 결과이다. 이렇게 해서 김상현은 국회의 입법조사관과 함께 40일의 일정으로 재일교포 실태조사를 위해 일본으로 떠났다.

김상현은 먼저 주일한국대사관을 방문하여 현지 협조체계를 갖추었다. 다음 날에는 재일거류민단본부에서 기자회견을 열고, 최초의 재일교포 실태조사에 거류민단과 교포들이 협조해 주기를 간절히 요청하였다. 김상현 일행은 한센병 환자 수용소, 교도소 등에 수용된 재일교포들을 찾아가 그들을 위로해 주었고, 또한 재일거류민단에서 운영하는 학교들을 찾아가 교육실태를 파악하기도 했다.

김상현은 단순히 재일교포의 실태조사에만 집중하지는 않았다. 그는 낮에는 재일교포 실태조사 활동을 하는 한편, 저녁에는 일본의 정계·학계 인사들을 만나 한·일 간의 현안에 관해 토론도 하고 그들의 의견을 듣기도 하였다. 그가 재일교포 문제를 매개로 일본통으로 전문성을 갖고자 했던 데는 다른 이유가 하나 더 있었다. 바로 재일교포 유력인사들로부터 정치자금을 지원받을 수 있었기 때문이었다. 학연이 부재하고 혈연도 취약한 김상현으로서는 국내에서 정치자금을 조달하는 것이 수월하지 않으니, 일종의 '틈새시장'을 개척한 것이다. 문학평론가 임헌영의 회고다.

> 김상현은 송년회 같은 거를 열면 꼭 해외교포문제연구소 직원들과 같이 하는 거예요. 그 때문에 김상현은 일본통이 됩니다. 문제는 교포가 제일 많은 데가 일본이지요. 중국은 갈 수가 없고, 미국은 너무 멀어서 항공료도 없고. 돈을 구할 때는 일본이 제일 좋은 거예요. 그러니까 일본을 가면 이 양반은 돈이 생겨요. 빈털터리로 갔다가 돌아오면 돈이 생기는 거야. 그러면 밀린 술값이나 《다리》지 원고료 다 갚았어요. 일본에 김상현 팬이 아주 많아요. 가면 줄을 섰어요. 이 양반과 술을 한번 같이 먹으면 모두 반합니다.

재일교포실태조사 활동을 마치고 돌아온 김상현은 〈재일교포실태조사보고서〉를 작성하여 국회에 제출했고, 언론에서도 이 보고서를 크게 기사화해줘 여론의 관심 밖이었던 재일교포 문제를 국민에게 부각시키는 계기가 되었다. 〈재일교포실태조사보고서〉가 주목을 받게 되자 김상현은 이를 보완하여 『재일한국인-교포 80년사』라는 단행본으로 발간했다. 이 책은 12쇄까지 찍었으니 당시로나 지금으로나 꽤 히트를 쳤다고 할 수 있다. 재일교포실태조사 활동은 김상현이 의정활동에서 자기만의 전문분야를 개척한 셈이었고, 또 이를 토대로 대중적 이슈를 만들어내는 능력을 구축한 계기가 되었다.

그런 어느 날, 정일권 국무총리로부터 연락이 왔다. 박정희 대통령이 그 책을 보고는 공화당에도 김상현 의원 같은 국회의원이 있어야 한다면서, 그 책을 대량 구매하여 일본의 교포들에게 보내라고 지시했다는 것이다. 곧 5천부를 제작하여 공보부에 납품하고, 책 대금으로 6백만원이라는 당시로는 큰돈을 받았다. 김상현은 이 돈을 종자로 해서 1970년 9월 시사 종합지인 월간 《다리》를 창간하였다. 《다리》지 주간으로 근무하던 시절 김상현과 일본을 동행했던 임헌영의 회고다.

> 1972년 1월에 김 의원이 일본에 간다며 같이 가자고 하데요. 부랴부랴 여권을 만들려는데 신원조회에서 걸려 안 되는 거예요. 김 의원이 자기의 비서로 등록하라고 해서 간신히 여권을 받아 갔지요. 그런데 김 의원은 호텔에 묵으면서 낮에는 일본의 학자들이나 정치인을 만나고, 저녁에는 재력가 재일교포들을 만나 환담을 해요. 지금도 기억이 나는데, 동경대학의 유명한 정치학자 에토 신키치衛藤潘吉 교수를 만나러 가더라고요. 나도 따라갔지요. 당시 동경대학교에 유학 중이었던 박태근 명지대 교수의 통역으로 두 사람은 동북아 정세, 한반도 문제 등 상호 관심사를 이야기하는 거예요. 평소 국내에서의 김 의원의 모습과는 너무나 달라 깜짝 놀랐지요. 에토 교수와 헤어지면서 김 의원이 미국에 가려 하는데 좋은 학자 한 분만 추천해 달라니까, 어느 대학의 교수를 추천하며 자기 명함에 'Introduce represent Kim

『재일 한국인』 출판기념회에서 김대중과 함께

from Korea … '라고 소개장을 써주며 그것을 보여주면 그 교수를
만날 수 있을 거라고. 그리고는 김 의원은 미국으로 떠나고, 나는 일
본에 있으면서 주로 재일동포 문인들을 만나고 하다가 귀국했는데,
나중에 그것이 빌미가 되어 소위 문인 간첩단 사건이라 일컬어졌던
《한양》지 사건으로 구속되었지요.

6·8 부정선거

1967년 6월 8일에 실시 된 제7대 국회의원 선거는 정부 여당의 대대
적인 불법 부정으로 점철되었다. 당시 정부 여당이 수단과 방법을 총동원
하여 무리수를 둔 것은 박정희의 대통령 3선 출마가 가능하도록 개헌을

하는데 필요한 의석수를 확보하기 위해서였다. 제7대 총선의 투표율은 76.1%였고, 민주공화당이 총 의석 175석의 73.7%에 해당하는 129석(지역구 102명, 전국구 27명)으로 개헌선인 117석을 넘게 차지하였다. 반면 야당은 신민당 45석(지역구 28명, 전국구 17명), 대중당 1석으로 개헌저지선인 59석에 훨씬 못 미쳤다.

제7대 총선에서 공화당은 농촌 지역에서 압승한 반면, 신민당은 대도시에서 승리하여 '여촌야도' 현상이 심하게 드러났다. 특히 농촌 지역에서는 노골적으로 불법 부정선거가 행해졌다. 야당은 제7대 총선을 전면 부정선거로 규정하고 '선거의 전면 무효화 후 재선거'를 요구하며 의원 등록을 거부하였다. 대학가에서도 부정선거 규탄 시위가 대대적으로 일어났다. 궁지에 몰린 공화당은 어쩔 수 없이 일부 지역에서 선거부정이 있었음을 인정하고, 경기도 화성군의 권오석(공화당) 당선자를 김형일(신민당)로 수정하였고, 공화당 소속 당선자인 보성군의 양달승, 평택군의 이윤용, 대전시의 원용석, 보령군의 이원장, 군산시의 차형근, 고창군의 신용남, 화순군의 기세풍, 영천군의 이원우 등을 제명하였다.

제7대 총선에서 벌어진 대대적인 부정선거 파문은 정국을 계속 냉각으로 몰아넣었다. 박정희 정권은 국면을 전환하기 위해 전가의 보도와 같은 공안사건을 조작 발표하여 국민과 야당을 압박했다. 1967년 7월 8일에 발표된 소위 '동베를린 거점 간첩단 사건'이 그것이었다. 여당인 공화당은 단독으로 국회를 열어 야당과 부정선거 처리를 위한 협상을 시도하였으나 바로 결렬되었다. 국회가 장기간 개원을 하지 못한 상황에서 여야 간의 대화마저 끊긴 정치 실종의 사태가 장기화했다.

김상현은 정부 여당이 획책한 부정선거에 대한 규탄이 중요하다고 하더라도 아무런 대안도 없이 오로지 국회 보이콧으로만 일관하는 것은 야당이 가져야 할 태도가 아니라고 생각했다. 그러나 재선이라 하지만 의원 초년생인 그가 앞에 나서서 그 난국을 해결할 수는 없는 노릇이었다. 김상현은 여야 영수회담이 필요하다고 생각했다. 실무단위에서 물밑 협상을 벌여봐야 큰 진전이 이루어지기가 쉽지 않을 것이고, 여야 영수가 마주 앉아 일괄적으로 문제를 풀어내는 방법밖에 없다고 생각했다. 정국이 엉클어진 책임은 바로 박정희 대통령에게 있기 때문에 그와 만나 담판을 짓는 것이 정도라고 생각한 것이다.

그러나 신민당의 분위기는 박정희 대통령과 만나는 것 자체를 금기시했다. 박정희에 관해 조금이라도 긍정적인 언사를 펴면 '사쿠라'로 몰리는 것이 당시 야당의 분위기였다. 이런 분위기 하에서 김상현은 당돌하게도 유진오 총재를 찾아가 박정희에게 여야 영수회담을 요구하라고 제안했다. 유진오 총재는 고려대학교 총장 출신으로서 우유부단하고 대가 약한 사람이었다. 그런 그가 제1야당의 대표가 된 데는 신민당의 극심한 계파 대립으로 불가피하게 중립적인 제3의 인물이 필요했기 때문이었다. 유진오 총재도 영수회담의 필요성은 인식하고 있었으나, 영수회담이 가능하겠는가 하는 회의적 생각으로 이러지도 저러지도 못하고 있는 것 같았다.

박정희를 만나다

김상현은 자신이 앞장서서 총대를 메고 영수회담을 추진하기로 했다. 먼저 박정희를 직접 만나야겠다고 생각했다. 유진오 총재의 비서실장 격인 박찬세를 통해 이후락 청와대 비서실장에게 대통령 면담 신청을 넣었다. 그런데 바로 그 이튿날 이후락에게서 청와대로 들어오라는 연락이 왔다. 박정희와의 면담이 성사된 것이다. 이후락의 안내로 대통령 집무실로 들어가니 박정희는 책상 위에 무슨 지도를 펼쳐놓고 확대경으로 유심히 들여다보고 있었다. 그리고는 김상현에게 같이 보자며 가까이 오라고 손짓하였다.

"김 의원, 이거 좀 보시오. 김신조가 얘기한 북한의 비행장 시설을 공중촬영한 것이오. 비행장 시설 하나는 참 잘해 놓지 않았소?"

박정희도 김상현에 대해서는 어느 정도 세간의 평을 잘 알고 있는 듯했다고 한다. 임헌영이 김상현으로부터 전해 들은 이야기다.

> 김 의원이 박 대통령에게 만나 인사를 하자 "김 의원이 술을 잘 마시고, 술 마시면 그렇게 재미있다면서요?" 하더래요. 그래서 "제가 술도갓집으로 장가를 갔습니다" 했더니 박 대통령이 한바탕 웃더래요. 박 대통령 주변에 서로 만나 웃고 떠드는 사람이 없잖아요. 대부분 무서워했지요. 그래서 박 대통령이 김 의원에 대해 호의적이었고, 김 의원이 자기 주군을 부드럽게 해드리는 데다가 인간적 매력이 있으니 이후락, 김종필도 김 의원을 좋아했다고 해요.

이렇게 수인사로 분위기가 좋아지자, 김상현은 바로 박정희에게 "국회의원의 한 사람으로서 보고 느낀 점을 말씀드림으로써 국정을 풀어나가는 데 참고가 되었으면 해서 면담을 신청했다"고 서두를 열었다. 박정희는 "야당이 극단적인 주장만을 펼치며 반대를 위한 반대만을 일삼는다"고 불만을 토로했다. "심지어는 경부고속도로 건설을 위한 석유세법 통과 등 정부 정책에 대해서마저 극한적으로 반대하고 있다"고 열을 올렸다.

김상현도 당당히 자기주장을 펼쳐 나갔다. "야당은 반대를 위한 반대를 하는 것이 아니라 잘못된 점을 바로잡고자 하는 것"이라고 반박했다. "야당이 원하는 것은 국방부 장관과 내무부 장관 중 한 사람이라도 해임하는 선"이라며 절충안을 제시했다. 또 "대화와 협상의 문을 닫아서는 안 된다는 것이 야당 내 다수 분위기"라고 말했다. 그러면서 김상현은 오히려 역공의 태세를 취했다. "대통령에게 잘못된 보고만을 올림으로써 잘못은 남에게 전가하고 잘된 것은 자기 공으로 내세우려고 하는 여당이 문제"이며, 대통령이 그런 여당만 신뢰하는 것은 옳지 않다고 주장했다. 그러자 박정희가 생색을 냈다.

"그래서 지금 내가 김 의원을 만나고 있는 것 아니오? 오늘 오전 시민회관에서 열린 전국 도지사 회의에 참석하고 나오는데 이 실장이 김 의원의 면담 약속을 상기시키기에, 12시부터 기다리고 있던 참이오. 지금 나에게 면담 신청을 해놓은 여당 의원이 62명이오. 그걸 제쳐놓고 김 의원을 만나기로 한 겁니다."

두 사람 사이에 가벼운 잽이 오간 후, 김상현은 자연스럽게 여야 영수회담 문제를 꺼냈다. 김상현은 야당과 자주 대화하면서 그들의 의견을 국정에 반영했던 처칠과 루스벨트 같은 지도자들의 사례를 들며 우리 정치도 그렇게 발전해 가야 한다고 강조했다. 그러면서 유진오 총재에게 여야 영수회담에 임할 것을 제안해 긍정적인 반응을 받아 놓았다고 말했다. 그러자 박정희는 유진오 총재가 영수회담 요구를 해오면 언제든지 만나겠노라고 흔쾌히 수용 의사를 밝혔다. 드디어 박정희가 여야 영수회담을 수락하였으니, 꽁꽁 얼어붙은 정국이 풀릴 가능성이 커진 것이다. 면담을 마치고 나올 때, 박정희와 김상현은 의미심장한 대화를 나눴다.

"내 임기가 앞으로 한 2년밖에 남지 않았소. 만약 내가 장기집권을 꾀한다든가 국민의 기본권을 유린하는 일이 있다면 김 의원이 앞장서서 극한투쟁을 하시오."

"각하, 만에 하나라도 그렇게 불행한 일이 있어서는 안 되겠습니다만, 만약 그런 일이 있게 된다면 이 김상현이 극한투쟁을 해서라도 각하와의 약속을 지키겠습니다."

이후락 비서실장이 배웅하면서 박 대통령의 성의라며 봉투 하나를 내밀었다. 그러나 김상현은 "이걸 받으면 내가 여기 온 뜻이 무색해진다"며 정중하게 사양했다. 김상현은 정계에 입문할 즈음 민주당 원로인 이상철 국회부의장으로부터 "정치를 하자면 돈이 필요한데, 정치자금을 받을 때는 생선 먹듯 하라"고 한 말을 가슴 깊이 새겨 항상 실천하고자 했다. 가시가 있는 생선을 덥석 먹으면 목에 걸리고, 부패한 생선을 먹으면 배탈이 나듯, 나중에 탈이 날 수 있는 돈은 받지 말라는 충고였다.

박정희 대통령과의 단독 면담을 마치고 유진오 총재의 필동 자택으로 갔다. 유진오 총재의 측근들과 기자들이 빼곡히 모여 그를 기다리고 있었다. 첫 마디로 대통령이 여야 영수회담을 수락했음을 알렸다. 이미 청와대의 신범식 대변인이 김상현의 대통령 면담 사실을 브리핑한 터였다. 머리를 손질하다 말고 달려온 유진오 총재는 김상현에게 영수회담에서 대통령에게 제의할 내용을 메모해 달라고 요청하였다.

그런데 그다음 날부터 상황이 일그러지기 시작했다. 당의 중진들이 이구동성으로 영수회담은 사쿠라 짓이라고 몰아붙이기 시작한 것이다. 유진오 총재를 자택으로 찾아가니, 안색이 좋지 않았다. "틀렸소, 다 틀렸소." 유진오 총재는 "당 중진들이, 만일 영수회담을 하면 사쿠라로 몰려 내 정치생명이 죽는 것은 물론 우리 신민당까지도 큰일이 난다고 합디다." 아울러 일개 의원에 불과한 김상현이 나서서 여야 영수회담을 추진한 것에 대해서도 불만이 많다고 했다. 심지어 '박정희로부터 돈을 수억 원 받았다'는 원색적 모함도 떠돌고 있다고 했다. 실제 중앙당 당

유진오 신민당 총재와 이야기를 나누는 김상현 의원(1968)

직자들은 김상현의 화형식까지 벌였다. 결국, 여야 영수회담은 유야무야되었다. 김상현은 그 상황을 보고 '박정희 대통령이 이 같은 야당의 모습을 보면서 저런 야당에게 어떻게 나라를 맡기겠나?' 할 것이라는 생각을 하곤 했다.

어찌 되었든 재선의원이라고는 하지만 정치경력으로 보나 나이로 보나 새파란 신인에 불과한 김상현이 당시 서슬 퍼런 권력자 박정희와 독대했다는 것은 참으로 기상천외한 사건이었다. 이 사건은 김상현만이 갖고 있는 정치력의 특성을 확인할 수 있는 장면이었다. 그는 남들이 쉽게 생각하지 못한 일들을 대담하게 생각해 내어 이를 실행에 옮기는, 한 마디로 상상력과 실천력을 함께 갖춘 사람이었다. 대부분 강경한 사람은 늘 강경하고, 온건한 사람은 늘 온건한 법인데, 김상현은 탄력적으로 강경과 온건을 오가는 정치인이었다.

그는 정치 인생 전체에 걸쳐 늘 조정과 타협을 선호했고, 그래서 '정치꾼' 또는 '사쿠라'로 오해를 받기도 했다. 그러나 수차례의 투옥에서 확인되듯, 그는 역사의 격동기에서는 언제나 원칙과 명분을 지켜 감옥을 비켜 가지 않았다. 일관되게 원칙과 명분을 지켜야만, 당당하게 타협과 협상을 해낼 수 있다는 것이 그의 소신이었다.

삼선개헌

1967년 재선에 성공한 박정희 대통령은 1969년에 들어서자 자신의 3선 출마를 가능하게 하도록 개헌을 추진하였다. 이른바 3선 개헌이다. 1962년 12월 26일에 개정된 제3공화국 헌법에는 대통령은 1차에 한해서만 중임할 수 있게 되어 있었다. 따라서 2차까지 연임했던 박정희 대통령은 더 이상 대통령에 출마할 수가 없다. 그러나 박정희는 그냥 주저 앉지 않았다. 1967년 재선에 당선되자마자 박정희는 자기만의 계획을 세웠다. 대선 직후 바로 실시 된 제7대 국회의원 선거에서 박정희와 공화당은 개헌 가능한 의석수를 확보하기 위해 관권을 동원하여 선거부정을 저지른 것이다.

1969년 1월 6일, 민주공화당의 길재호 사무총장은 "현행 헌법의 미비점을 보완, 개정하기 위한 문제가 여당 내에서 신중히 검토되고 있다"는 비공식 발언을 하였다. 이어 1월 7일에는 윤치영 당의장 서리가 "북한의 도발위협 속에서 경제건설의 가속화를 위한 정치적 안정의 극대화를 위해 박정희 대통령의 강력한 지도력이 필요하다면 대통령의 중임금지조항까지 포함해서 개헌문제를 연구할 수 있다"며 사견 형식으로 기자회견을 하였다.

이와 같은 여당 인사들의 개헌 발언에 대하여 신민당은 그날로 즉각

3선 개헌에 반대한다는 당론을 발표하였고, 2월 28일의 나주시 재선거 지원 유세에서 유진오 신민당 총재는 "공화당은 장기집권을 위하여 3선 개헌을 시도하고 있다"고 공박하였다. 2월 3일에 열린 공화당 의원총회에서는 개헌에 대해 찬반이 엇갈렸다. 잠시 숨을 고르기 위해서인지 2월 4일, 박정희 대통령은 연두 기자회견에서 "지금은 개헌논의를 할 시기가 아니다"라며 개헌논의를 중지하도록 지시하였다.

잠시 중단되는듯하던 개헌논의는 3월에 들어서 공화당 계열 관변단체들의 개헌안 국민발의 서명운동으로 다시 부상되었고, 4월 27일 김종필 전 당의장의 개헌 지지 표명으로 당내에서 다시 개헌논의가 재론되었다. 박정희 대통령도 7월 27일 담화를 통해 "꼭 개헌이 필요하다면 연말 연초로 늦추라"고 언급해 사실상 개헌을 지시했다. 이 지시에 따라 8월 7일, 공화당 의원 108명(정구영 전 당의장 제외), 공화당에서 제명된 무소속 의원들의 결사체인 정우회 소속 11명, 신민당 의원 3명(성낙현, 조흥만, 연주흠)이 공동 발의한 ①대통령의 3선 연임 허용, ②국회의원의 국무총리 및 국무위원 겸직 허용, ③대통령에 대한 탄핵소추 결의요건 강화, ④국회의원 정수 증가 등을 골자로 하는 개헌안이 국회에 정식 제출되었다.

그러나 언론과 대학가, 국민 사이에서는 장기집권을 위한 개헌에 반대하는 여론이 들끓었다. 신민당도 7월 17일 '삼선개헌반대 범국민투쟁위원회'를 결성하고 개헌 반대 투쟁을 전개하였다. 신민당은 7월 26일 총재단 및 당3역 회의, 7월 28일 긴급정무회의를 열고 개헌안의 발의 저지, 국회 부결, 국민투표 저지 등을 결정하고, 59석의 원내 개헌저지선을 확보하기에 진력하였으나 당 소속 세 의원이 개헌을 지지함으로써 투쟁에 차질을 가져왔다.

삼선개헌안 날치기 통과에 항의,
투표함을 던지며 분노하는
김상현 의원

신민당 중심의 개헌 반대 투쟁과 함께 6월 12일부터 서울대학교, 고려대학교, 연세대학교, 경북대학교 등 전국의 학원가에서 개헌 반대시위가 연일 일어났다. 결국, 개헌안은 제72회 정기국회 본회의에 상정되어 심의과정에서 우여곡절을 거듭하다가, 8월 14일 새벽 2시 30분 국회제3 별관으로 장소를 옮겨 제6차 본회의를 개최, 여당계 의원 122명만 참석한 가운데 국민투표법안과 함께 통과되었다. 이후 개헌에 대한 국민투표를 놓고 여야가 치열한 찬반의 전국유세를 벌이는 가운데, 10월 17일 국민투표에서 총유권자 1,504만 8,925명 가운데 77.1%인 1,160만 4,038명이 투표하여 찬성 755만 3,655표(65.1%), 반대 363만 6,369표(31.4%), 무효 41만 4,014표(3.5%)로 개헌안이 통과되었다.

이로써 박정희의 3선 출마를 허용하는 개헌이 확정되었는데, 이 개헌은 제헌 이래 여섯 번째였다. 이 개헌으로 박정희 대통령의 3선 출마의 길이 열렸지만, 이후 박정희는 3선 대통령이 되고서도 만족하지 않고 1972년 10월 17일 영구집권을 위한 유신체제를 강행하여 한국현대사를 암흑 속으로 몰아넣었고, 7년 후 자신도 그 암흑 속에서 비극의 운명을 맞았다.

김형욱 중앙정보부장과의 맞짱

개헌은 국회의 소관 사항이라 일단 공화당이 총대를 멜 수밖에 없었지만, 공화당 의원 모두가 일사불란하게 움직이지는 않았다. 김종필은 박정희 이후 그 후계를 꿈꾸고 있었는데, 3선 개헌으로 그 꿈이 사라져버리자 예춘호, 박종태, 양순직 등 그와 가까운 의원들이 개헌을 반대하고 나선 것이다. 공화당의 초대 당의장을 지낸 정구영마저 민주주의를 내세우며 개헌에 반대한 것은 박정희로서는 뼈아픈 장면이었다.

이런 공화당 일각의 반발기류를 다잡은 것은 중앙정보부였다. 중정은 개헌에 소극적인 의원들을 당근과 채찍으로 협박, 회유하는 한편, 적극 개헌 반대론자들을 중정으로 연행하여 고문을 가했다. 이러한 분위기 하에서 어느 날 김상현에게 중앙정보부장 김형욱으로부터 전화가 걸려왔다. 식사 자리를 만들 테니 한번 만나자고 것이었다. 그래서 종로의 어느 요정을 정하고 그와 마주 앉았다. 술이 거나해지자 김형욱이 불쑥 한마디 던졌다.

"김 의원, 야당의 ○○○, ×××, 이 자들 인간쓰레기들입니다. 이 자들은 당신네 당에서 일어난 일들을 일일이 나한테 보고한단 말이오. 그러니 김 의원도 이 자들 앞에서는 말조심하시오."

김형욱의 말이 끝나자마자 김상현은 바로 술상을 걷어차 엎어버렸다.

"여보 김 부장, 무슨 의도로 내게 그런 말을 하는 거요? 나는 그들을 의심하지도 않거니와 설령 사실이라 하더라도 그것은 당신들이 비열한 공작을 안 하면 되는 일이요. 더 이상 정가에 불신 풍조를 조장하고 야당 의원들을 분열시키는 공작을 하지 마시오!"

김상현의 거센 반응에 깜짝 놀란 김형욱이 즉석에서 변명하며 사과했다.

"김 의원이 각하에게 욕을 했다는 정보가 두 번 접수되면 한번은 보고 안 할 수가 없으니, 김 의원을 생각해서 내가 한 소리요."

김형욱은 거듭 변명하며 자리를 털고 일어서려는 김상현을 만류했다. 그리고는 다시 술상을 차려오게 했다. 그런 일이 있고 난 후부터 그 요정에서는 김상현의 기백을 높이 사서 그가 오면 술값을 받지 않았다고 한다. 뒷날 김형욱은 박정희를 배신하여 미국으로 망명한 후 김경재가 대필한 회고록을 발간하였는데, 그 회고록은 김상현을 이렇게 기술하고 있다.

··· 김대중은 김상현과 같이 박순천의 집을 나섰다. 김상현은 박순천이 특히 아끼는 청년으로 재능이 있고, 센스가 번개와 같고, 의리가 강하며, 정의감도 겸비하고 있었다.

06

'김대중 대통령'
만들기

06
'김대중 대통령' 만들기

40대 기수론

정치판을 움직이는 김상현의 재능이 처음으로 빛을 발하기 시작한 것은 1970년 김대중을 신민당의 제7대 대통령 후보로 만든 일에서부터 였다. 그는 대통령을 꿈꾸기에는 여건이 너무 부족하다고 생각하고 있던 김대중을 대권 경쟁에 뛰어들게 했다. 김대중의 대권 경쟁 참여는 김상현이 제안하고 강력하게 밀어붙이지 않았으면 없었던 일이 될 뻔했다. 김상현은 신민당 대통령 후보 경선 초반에 김대중을 공개적으로 지지한 유일한 국회의원이었다. 그는 대통령선거 본선에서도 김대중 후보의 비서실장이 되어 실질적으로 선거를 기획하고 진두지휘하는 역할을 했다.

김대중은 정치에 대한 집념과 뼈를 깎는 노력, 그리고 나라를 경영하는 식견에서는 타의 추종을 불허할 정도로 탁월했지만, 취약한 사회적 배경과 친화력, 그리고 지나치게 진중한 성격 탓에 한계 또한 많이 갖고 있었다. 그런 그가 대통령 선거전에 뛰어드는 것을 주저한 것은 당연한 일이었다. 그에 반해 김상현은 특유의 친화력과 추진력, 그리고 대담한 발상력을 갖고 있었다. 김대중과 김상현 둘의 결합은 서로의 부족한 점을 보완해 주는 최상의 조합이었다. 하지만 서로의 캐릭터가 다르다는 점은 보완적일 수 있지만, 훗날 둘의 관계가 그렇듯이 때론 갈등으로 발전할 수 있다는 것을 의미하기도 했다.

1969년 삼선개헌을 막지 못한 신민당은 극도의 무력감에 빠져 있었다. 유진오 총재는 삼선개헌이 통과될 무렵 뇌졸중으로 쓰러지고 말았는데, 그 충격을 받아서라고 했다. 이런 상황에서 나온 것이 바로 '40대 기수론'이었다. '40대 기수론'은 1969년 11월 8일, 신민당 원내총무인 김영삼에 의해 가장 먼저 주창되었다. 그는 1971년 대통령선거의 신민당 후보로 출마할 것을 선언하면서, 신민당이 국민에게 활기 있는 이미지를 심어 정권교체를 이루기 위해서는 40대에게 리더십을 넘겨줘야 한다는 논리를 내세웠다. 김영삼 의원의 출마 선언은 60대 원로들이 지배해 온 야당 정치판의 변화를 촉구한 것이어서 큰 파장을 불러일으켰다.

그런 일이 있고 얼마 지나지 않아 김상현이 뉴서울호텔에서 김대중 의원을 만났다. 그는 김대중에게 단도직입적으로 말했다. "김영삼 의원이 대선 출마 선언을 했는데, 형님도 이번이 기회라 생각하고 출마를 선언하십시오." 김대중은 깜짝 놀랐다. "자네도 알다시피, 내가 하나도 준비된 것이 없는데, 어떻게 대통령 출마 선언을 한단 말인가?" 김대중은 그때까지 신민당의 대통령 후보 경선에 뛰어들 엄두를 못 내고 있었다. 사실 김대중 의원은 의정활동 능력은 크게 인정받고 있었지만, 대변인 이외에는 별다른 당 경력이 없었다. 1953년의 제3대 총선에서 당선된 이후 민중당·신민당 원내총무 등을 역임한 김영삼 의원에 비하면 정치 경력 면에서 훨씬 뒤졌다.

김상현은 김대중을 강하게 압박했다. "출마 선언이 곧 준비의 신호탄 아니겠습니까? 출마 선언을 하면 사람도 모이게 마련입니다. 이번에 출마 선언을 하지 못하면 영원히 못 합니다." 그 말을 듣고 고심하던 김대중은 "생각해 볼 테니, 하루만 시간을 주소"라고 답했다. 다음날 김대중과 김상현은 뉴서울호텔 인근의 한식집 '풍림'에서 다시 만났다. 김대중은 대통령 후보 경선에 나서겠다고 했다. 김대중은 1969년 11월 18일, 신민당 대통령 후보 지명전 출마를 공개적으로 밝혔다. 이듬해 2월 12일에는 이철승도 출마 의사를 피력했다. 이제 40대 기수론은 3파전으로 전개되게 되었다.

그러나 40대 기수론의 파장에도 불구하고 원로세력의 힘은 여전히 막강했다. 1970년 1월 26일, 뇌졸중으로 쓰러져 총재를 사퇴한 유진오의 빈자리를 메우는 전당대회가 개최되었다. 이날의 대회에서 유진산이 이재형과 정일형을 누르고 2차 투표 끝에 신민당의 새로운 대표로 선출되었다. 당시 유진산은 당내에 막강한 세력을 구축하고 있었다.

이변이 없다면 1970년 9월에 열릴 신민당의 대통령선거 후보지명대회에서 유진산의 후보 선출이 유력시되는 상황이었다. 유진산은 '40대 기수론'을 한마디로 일축했다. "아직 정치적 미성년자에 지나지 않는 40대들이 대통령 후보로 나서겠다는 것은 구상유취口尙乳臭한 짓이다"라며 40대 주자들의 후보출마 철회를 종용했다.

유진산의 김영삼 지지

유진산은 대표 취임 후부터 대여對與 관계에서 지나치게 타협적으로 나감으로써 박정희 정권의 공작에 놀아나고 있다는 당 내외의 의심을 사고 있었다. 당시 신민당은 〈오적〉 필화사건에 휘말려 호된 곤욕을 치르고 있었다. 시인 김지하는 재벌, 국회의원, 고급 공무원, 장성, 장·차관

신민당 전당대회를 앞두고 유진산 당수와 이야기를 나누는
김상현 의원(4·19묘지, 1970. 4. 19)

등을 '오적'이라 지칭하며, 그 치부를 신랄하게 비판한 담시 〈오적〉을
《사상계》1970년 5월호에 발표했다. 처음 박정희 정권은 〈오적〉의 유포
를 막기 위해 《사상계》의 시판을 중지시켰다. 그런데 신민당 기관지인
〈민주전선〉이 6월 1일 자에 〈오적〉을 다시 게재했고, 6월 2일 새벽 1시
50분 중앙정보부와 종로경찰서 요원들이 신민당사에 난입하여 〈민주전
선〉 10만여 부를 압수해갔다. 6월 20일에는 김지하 시인과 《사상계》
부완혁 대표, 편집장 김승균, 〈민주전선〉 출판국장 김용성 등을 반공법
위반혐의로 구속하였다.

이 사건으로 여야 간에 치열한 성명전이 벌어졌고, 6월 3일 국회에서
신민당 원내총무 정해영이 이 사건에 대해 발언하던 도중 공화당 의원
들이 단상에 뛰어올라 제지하면서 이를 말리던 신민당 의원들을 집단
구타하는 사태가 발생했다. 이 바람에 신민당의 김응주 의원이 부상당

하여 병원에 입원하기도 했다. 그런데 이 사건에 대해 유진산 대표가 미온적 태도를 취한 것이 발단이 되어 당이 걷잡을 수 없는 내홍에 빠지게 되었다. 당 지도부의 태도에 불만을 품은 김홍일, 김형일, 이중재, 김상현 의원 등은 유진산 당수를 향해, 당 소속 의원이 공화당 의원들로부터 전례 없는 폭행을 당하고도 관용과 무저항으로 나간 저의가 뭐냐며 신랄하게 비판했다.

이런 사건들이 겹치면서 공화당의 '사쿠라'로 의심받게 된 유진산의 평판은 급속히 하락하기 시작했다. 누구보다 자신의 한계를 잘 알고 있는 사람은 바로 유진산이었다. 유진산은 40대 기수론의 주자 세 사람과 여러 차례 면담을 가진 끝에, 자신은 불출마하고 대신 경선 없이 세 후보가 한 명으로 단일화할 것을 요구했다. 이에 따라 세 후보가 단일화 교섭을 벌였으나, 누구 하나 양보하는 이가 없어 지지부진했다.

그러자 유진산은 당 대표인 자신이 40대 주자 중 한 사람을 후보로 지명하는 방식을 제안하고, 만약 그 안이 성사되지 못할 경우는 자신이 후보로 나서겠다고 선언했다. 김영삼과 이철승은 유진산의 제안을 수락하고, 누구로 낙점되더라도 승복하겠다는 각서를 썼다. 반면 김대중은 자신이 지명될 리가 없다는 것을 잘 알고 있었기 때문에 유진산의 제안을 거부하였다. 그리고 그 이유로, 국민의 지지를 못 받아 대통령 후보로 나서지도 못하는 대표에게 지명을 받는 대통령 후보가 어떻게 그 막강한 현직 대통령과 싸울 수 있겠느냐고 물었다.

그런데 김대중에게 닥친 문제는 자기만 대표의 '낙점 지명'을 거부하면 당의 분열주의자로 낙인찍힐 수 있다는 점이었다. 이미 언론은 김영삼과 이철승은 유진산 대표에게 후보지명을 맡겼는데, 김대중만 거부함으로써 신민당이 파국에 직면하게 되었다는 기사를 내보내고 있었다.

정일형, 김응주 같은 유진산에 비판적인 중진들조차도 김대중을 만나 당의 단합된 모습을 보이기 위해 유진산의 후보 지명권을 받아들이라고 종용할 정도였다.

이런 진퇴양난의 상황에서 김상현이 비책을 하나 생각해 내었다. 유진산에게 역제안을 하자는 것이었다. 곧 윤보선, 박순천, 유진오, 이상철 등 고문단과 정일형, 김응주, 양일동, 홍익표, 이재형, 김홍일, 서범석, 윤제술 등 중진들이 합의하여 단일후보를 정하면 김대중도 이에 따르고, 그렇지 않으면 전당대회를 통해 대의원들의 심판을 받겠다는 것이었다. 사실 이 제안은 원로 중진들의 합의추대를 목표로 한 것이 아니었다. 당시 원로 중진들은 유진산의 불투명성과 독단성에 비판적이었기 때문에 유진산이 이 안을 받을 리가 없었다. '원로·중진 합의지명' 안을 유진산이 거부하면, 자연스레 김대중의 당내 고립이 풀어지게 되어 전당대회로 가게 되는 것이다.

김대중이 유진산을 만나 자기의 이런 제안을 전달하자, 유진산은 몹시 불쾌한 표정으로 "내일 아침 10시까지 가부를 통고하겠다"는 말 한마디를 던지고는 홱 돌아앉아 버렸다. 다음 날 아침 유진산은 중앙상무위원회 회의 석상에서 "세 사람 가운데 가장 연부역강年富力强한 김영삼 동지를 대통령 후보로 지명할 테니, 전당대회에서 김영삼 동지를 적극적으로 밀어 달라"고 선언하였다. 그날 석간신문은 유진산 당수가 고문단 및 중진들과의 후보 단일화 문제 협의를 거부했다고 보도하였다. 이렇게 해서 신민당의 제7대 대통령선거 후보를 뽑는 대의원 경선의 대장정이 시작되었다.

신민당 대통령선거 후보 경선에서 가장 유력한 사람은 김영삼이었다. 그는 제3대 민의원 시절부터 민주당 구파로 유진산과 계보를 같이 해온 사이였다. 유진산은 당 대의원의 거의 40%를 거느리고 있을 정도로 막강한 세력을 갖고 있었다. 그런 유진산이 김영삼 지지를 선언했기 때문에, 김영삼의 승리는 너무도 당연하다는 것이 여론이었다. 이에 비하면 김대중을 지지하는 국회의원으로는 김상현이 유일했고, 김대중과 같은 민주당 신파 출신 원로인 박순천, 정일형, 김응주 등도 중립을 지키고 있었다. 한마디로 김대중은 절대적으로 역부족의 상황에 처해 있어, 당내에서 김대중의 경선 승리를 예측하는 사람은 하나도 없었다고 해도 과언이 아니었다.

신출귀몰의 조직 가동

김대중의 후보 경선을 준비하는 작업은 1970년 6월경부터 본격적으로 시작되었다. 정책에 대해서는 김대중이 따로 준비하였고, 김상현은 주로 조직을 맡았다. 김대중 캠프의 실질적 좌장 역할을 맡은 김상현에게는 대의원들의 표를 공략하기 위해 조직체계를 짜고 가동하는 일이 제일 중요했다. 김상현은 우선 각 지역을 책임질 사람들을 불러 모았다. 당시 이 과정에 참여했고, 이후 김대중과도 오랫동안 깊은 인연을 맺어왔던 박문수의 증언이다.

나는 후농을 의원님이 아니라 형님이라고 부를 정도로 가까웠는데, 나에게 한번 만나자고 그러더라고요, 그래서 만났더니, "금년 9월이면 대통령 후보 선출을 위한 신민당 전당대회가 열린다. 너는 고향도 같고 하니 나하고 같이 이 일을 한번 도모하자"라면서, 나를 세 번이나 불러 설득했어요. 나는 원래 장준하 선생을 참 좋아해서 따랐는데, 장 선생의 삼선개헌 반대 운동이야 전 국민의 일이니까 했지만, 그런 데는 참여하고 싶지 않다고 했어요. 그런데 내가 가장 기억에 남는 게, 그 양반이 딱 그러는 거예요. "야, 나는 가진 것도 없고 부모 유산 받은 것도 없고, 명문대학을 나온 것도 아닌, 아무것도 아닌 사람이다. 단 한 가지 내가 가진 것이 있다. 사람을 만나면 어느 누가 됐건 소중하게 간직하고 간다는 생각이다. 나는 아무것도 가진 것이 없는 사람이기 때문에, 남들보다 많은 사람을 만나서 사람을 도모하고, 남의 얘기도 경청하고, 한 발짝이라도 더 열심히 뛰어야 한다." 그때 그 말이 저를 움직여서 후보 경선 운동에 참여하게 됐어요.

김상현은 경선 준비를 함께할 사람들을 매일 아침 새벽에 자신의 창천동 집으로 모이게 했다. 그리고 같이 아침밥을 먹으면서 그날의 할 일을 논의하고 점검했다. 사실 밥을 같이 먹는다는 것은 사람 사이의 간격을 좁혀 일체감을 갖게 하는 좋은 방법이지만, 여러 사람과, 그것도 수개월 동안이나 자택에서 같이 밥을 먹기는 쉽지 않은 일이다. 김상현만이 할 수 있는 일이었다. 박문수의 증언이다.

후농이 '나하고 같이 매일 아침을 먹자'는 거야. 매일 창천동 당신 집으로 출근을 해서 아침밥을 먹고 거기서부터 일을 시작하자는 거야. 처음에는 곤혹스럽더라고. 그런데 결국 그 양반 뜻대로, 신민당 전당대회 끝날 때까지 창천동으로 매일 아침 출근을 했어요. 그리고 거기서 밥을 먹었는데, 나만 먹는 게 아니라 김장곤이라든지 서호석이라든지 거기에 참여했던 사람들이 많은데, 다 같이 밥을 먹는 거야. 그 많은 사람을 불러 가지고 사모님이 매일 아침밥을 해서 대는 거예요.

김상현은 조직 운영도 특이하게 했다. 일반적으로 조직관리 책임을 할당할 때는 당해 지역에 연고가 있는 사람을 배치하는 것이 상례이지만, 그는 의도적으로 연고 지역을 바꿔서 관리하게 했다. 예를 들어 충남에 연고가 있는 김성식은 전북을 맡고, 전남 나주 출신의 김장곤은 거꾸로 충남을 맡는 식이었다. 자기 연고 지역이면 형님, 동생하고 적당히 하게 되지만, 지역에 연고가 없으면 연고가 있는 사람보다 더 열심히 뛰게 된다는 판단이었다. 김상현의 아이디어였다. 이렇게 경기에 서호석, 부산에 한화갑, 경북에 김원식, 박문수를 배치했다.

또 하나 특이한 점은 매일 1일 보고를 하는데, 서면으로 하는 방식은 일절 없었고, 오로지 전화로만 보고하라는 것이었다. 그래야 묻고 대답하여가며 유불리 상황을 정확하게 판단할 수 있다는 것이었다. 그리고 전당대회 한 달 전부터는 각 지역을 할당해 아예 그곳에 상주하면서 대의원들과 철저히 밀착하도록 했다. 박문수의 회고는 당시 김상현이 어떤 방식으로 조직을 가동했는지 잘 보여준다.

> 1970년 신민당 대통령선거 후보지명 전당대회 날짜가 9월 29일인가 돼요. 그때가 8월 추석과 맞물렸어요. 추석 조금 지나고 한 열흘 후에 전당대회를 하는데, 후농이 나에게 김천의 조필호, 예천의 반형식, 대구의 한병채 등 위원장 명단을 적어주더라고요. 우리하고 가까운 우호세력인데, 거기가 아주 중요한 곳이니 추석 쇠러 서울로 올라오지 말라는 거야. 그래서 어떻게 하라는 얘기요, 그러니까, 하얀 버선 두 켤레 하고 추석이니까 정종 한 병씩을 사서 추석날 아침에 위원장 집에 인사 가라는 거야. 그래서 추석에 김천 한일여관에 방을 하나 얻어서 있다가 추석날 아침인데, 비가 억수같이 쏟아져 버리는 거야. 김천에서 지프 타고 예천을 들어가는데 논두렁길이 나와서 차가 갈 수가 없어요. 바람이 엄청 거세게 부는데, 우산을 펴니까 확 까져버리더

라고요.

그때 '사람을 만나면 어느 누가 됐건 소중하게 간직하고 간다'는 후농의 얘기가 생각나더라고요. 어차피 비 맞은 거 우산을 확 접어 버리고 가는데, 몸에서는 마구 물이 줄줄 흘러. 그렇게 반형식이라고, 예천 위원장 집에를 갔어요. 당시 반 위원장이 어머니를 모시고 살았는데, 온 식구가 다들 깜짝 놀라는 거야. 거기서 아침을 얻어먹고 올라왔는데, 반 위원장이 서울에 왔을 때 후농에게 전화로, 자기가 다른 건 다 몰라도 추석날 내 집에 온 그 사람을 봐서라도 꼭 김대중에게 한 표 확실하게 찍겠다고 했다는 거예요. 자기 어머님이 서울 가면 추석날 온 사람을 생각해서 꼭 김대중 씨 한 표를 찍어야 할 거 아니냐고 했다는 거예요. 그렇게 후농이 순간순간의 순발력을 발휘하고 조직원들을 일일이 관리해서 김대중 씨가 대통령 후보가 되었지, 그냥 된 것이 아니었어요. 정식으로 신민당의 대통령 후보가 되어 엄창록 씨가 조직을 맡기 전까지는 거의 후농이 모든 걸 관리했어요.

극적인 대역전승

전당대회 전날 김상현은 김대중과 함께 대의원들이 투숙하고 있는 여관을 돌아다니면서 지지를 호소했다. "대의원 여러분들이 우리 당 대통령 후보를 뽑기 위해 서울에 올라올 수 있었던 것은 유진산의 후보 지명권 요구를 거부한 김대중 후보의 덕이며, 국민 지지를 못 받는 진산의 바짓가랑이에서 나온 사람은 박정희와 싸워서 이길 수 없다"는 논리로 대의원들을 설득하였다.

1970년 9월 29일, 전당대회 날에는 김상현의 옛 지역구인 서대문갑

김대중과 김상현(1970. 4)

지구당 청년 당원 2백여 명에게 피켓과 플래카드를 들고 대회장인 시민 회관 앞에 모이게 했다. 김상현은 김대중의 얼굴 사진이 담긴 피켓과 '민주 승리의 기수 김대중', '김대중 대통령 후보로 군사독재 끝내자' 등의 구호가 적힌 플래카드를 들고 대회장 입구와 옆 골목 등을 돌아다 니며 구호를 외치게 했다. 김상현은 그 행렬의 맨 앞에 서서 '김대중!' '김대중!'을 목이 터져라, 외쳤다. 대회장에 들어가는 대의원들에게는 김대중의 정치철학과 국회연설문이 담긴 소책자를 나누어 주었다.

그런 방식의 운동은 우리 선거운동사 최초로 김대중 후보만이 유일 했다. 2002년 노무현 돌풍을 불러온 '노사모'를 연상케 하는 선거운동 모습이었다. 또 몇 달 전 김대중이 대통령 후보 경선 참여 기자회견을 하는 자리에는 허장강, 신영균, 구봉서, 김희갑, 김지미, 신성일, 최지희, 패티김, 김상희 등 당대의 스타 연예인들을 동석하게 하고, 그들로부터 꽃다발을 받게 함으로써 분위기를 고조시켰다. 그렇게 정치적인 자리에 연예인을 참여시킨 것도 처음 있는 일이었다. 이런 '최초'는 대부분 김상현에게서 나온 아이디어였다.

1970년 신민당 전당대회는 한국정치사상 가장 흥미진진했던 경선이었다. 애초 요식행위에 지나지 않을 것으로 생각됐던 경선이 대역전의 결과를 가져온 데는 김대중 진영의 치밀한 득표 전략이 적중했기 때문이었다. 그에 반해 김영삼 진영은 대통령 후보를 '따놓은 당상'으로 생각하고 대비에 허술함을 보였다. 나중에 김영삼의 최측근이 되었던 김덕룡의 증언이다.

> 유진산 총재는 전당대회 전날에 YS를 신민당의 대통령 후보로 지명한다고 선언했어요. 당시 신민당의 당내 세력 분포로 볼 때 YS가 후보가 될 것은 누구도 의심하지 않았죠. 26세에 초선 국회의원이 되었고, 원내총무도 여러 번 지냈고. 더구나 당에 절대 세력을 갖고 있었던 진산이 YS를 후보로 지명한다고 했으니, 떨어지래야 떨어질 수가 없다고 상도동계 누구나 생각했어요. YS는 그날 저녁에 후보 수락 연설을 쓰고 있었답니다. DJ의 당선은 조금도 생각하지 않은 것이지요. 당시는 내가 YS 진영에 몸담고 있지 않았기 때문에 나중에 들은 이야기입니다.

김대중 후보 진영은 국회의원이나 지구당 위원장을 포섭하는 통상적 방식이 아닌, 개개 대의원들을 집요하게 조직적으로 공략해 들어갔다. 앞에서 소개한 박문수의 증언처럼, 대의원 한 사람 한 사람에게 모든 정성을 다해 대한다는 김상현의 철학과 일치되는 전략이었다. 김상현은 이철승계 등 비주류파 대의원들을 설득하는 데도 집중적으로 공을 들였다. 유진산이 김영삼을 지지 후보로 지명하자 이철승계 대의원들은 배신감에서 벗어나지 못하고 있었다. 당연히 그들 사이에서는 유진산에 대한 거부감이 강했다. 김대중 후보 진영은 이 틈을 놓치지 않고 전당대회 전날 이철승계 대의원들을 밤새도록 찾아다니며 김대중 지지를 호소한 것이다.

경선은 1차 투표에서 과반 득표자가 나오면 그것으로 확정이고, 과반수 표를 얻는 후보가 나오지 않으면 득표 1, 2위 후보를 놓고 마지막 결선 투표를 하는 방식이었다. 최종 개표 결과를 발표하기도 전에 경향신문은 '김영삼 압승'이라는 제목의 호외를 발행하기도 했다. 김영삼 후보 진영에서는 '후보지명 승리 축하 파티'를 위해 대량의 음식을 장만하는 등 미리부터 승리감에 취해 있었다.

한편 이철승은 유진산이 김영삼을 지지 후보로 지명하는 바람에 경선 무대에도 올라가지 못하게 되었다. 이철승은 전당대회 시작 무렵 잠깐 참석한 뒤, 뒷일을 자기 계보인 조연하에게 부탁하고는 퇴장해버린 상태였다. 이철승계는, 지역구에서 올라온 자파 대의원들은 자유의사에 따라 투표하고, 중앙 대의원들은 자파의 존재감을 드러내는 차원에서 백지투표를 하도록 지침을 내리고 있었다. 김상현은 그런 정보를 파악하고 재빠르게 움직였다. 그는 이철승의 참모장 격인 조연하에게 다가가 급히 할 말이 있다며 그를 화장실로 끌고 갔다. 김상현은 화장실 문을 안에서 걸어 잠그고는 조연하에게 단도적으로 협상안을 제시했다.

"형님, 내년 당 대표는 소석(이철승의 호)을 밀어줄 테니, 만약에 1차 투표에서 확정이 안 되면 2차 투표에서 우리를 지원해 주쇼."

한참 이야기를 나누다가 조연하가 받아쳤다.

"말로 약속하고 나중에 아니면 그만인데, 무엇으로 믿으라는 얘긴가?"

"그러니까 형님, 내가 믿게끔 할 테니 걱정하지 마소. 김대중 후보가

김상현과 신민당의 제7대
대통령선거 후보로 확정된 김대중

자필로 사인해서 형님이 갖고 있으면 될 것 아니요?"

화장실에서 나온 김상현은 조연하와 함께 이철승의 핵심참모인 송원영을 찾아가 조연하와 했던 내용을 다시 제의했다. 그리고는 잠시 후 김상현은 단상 앞쪽으로 걸어가 김대중의 손을 잡고 대회장 뒤쪽 이철승계 대의원들이 모여 있는 자리로 안내했다. 김상현은 거기에 앉아있는 대의원들의 자리를 양보받아 잠시 조연하, 김대중, 송원영을 나란히 앉게 했다. 그리고 김대중에게 그의 선거용 명함을 내밀면서 말했다. "형님, 이 명함에다 형님이 자필로 사인을 하쇼." 김대중은 자필로 명함에 '내년 당 대표는 이철승'이라고 쓰고는 건네주었다.

하지만 여전히 2차 투표까지 갈 것이라고 예상하는 사람은 거의 없었다. 1차 투표의 결과가 발표되었다. 총 재적 대의원 885명에서 김영삼 421표, 김대중 382표, 무효표 78표, 기타 4표였다. 무효표 78표는 이철승계 중앙 대의원들의 집단적 항의 표시로 나온 것이었다. 김영삼 47.6%, 김대중 43.2%의 득표율이었다. 그래서 누구도 예상치 못했던 2차 투표를 하게 되었다. 예상치 못한 1차 투표 결과에 충격을 받은 김영삼 후보 진영은 2차 투표를 앞두고 우왕좌왕했다. 반면에 2차 투표를 목표로 계획을 세웠던 김대중 후보 진영은 기민하게 움직였다.

이제 남은 일은 이철승계 대의원들이 김영삼 쪽으로 넘어가지 못하도록 표 단속을 하는 일이었다. 이철승계 대의원들은 유진산이 자기들을 배신했다며 극도로 격앙된 상태였다. 이철승 지지자인 역도선수 출신의 황호동은 "유진산, 이놈을 죽여야 해!"라고 악을 써대기도 했다. 김상현은 이철승계 중앙 대의원들이 있는 곳으로 가 일일이 손을 잡으며 읍소를 했다. 황호동에게는 특별히 오래 손을 잡고 부탁했다. 그러자 황호동은 더욱 악에 받쳐 고래고래 소리를 질렀다.

2차 투표가 끝나고, 마침내 김홍일 전당대회 의장의 발표가 나왔다. "2차 투표 결과를 말씀드리겠습니다. 김영삼 410표, 김대중 458표, 기타 16표. 1971년 신민당 대통령 후보는 김대중 후보로 선출되었음을 선포합니다." 땅 땅 땅. 김대중 51.8%, 김영삼 47.6%로 김대중이 신민당의 대통령 후보로 결정된 것이다.

이철승계 대의원의 표가 거의 모두 이탈 없이 김대중 후보에게 옮겨왔다고 볼 수 있는 결과였다. 기적과도 같은 대역전승이었다. 이날의 승리는 김상현의 동물적 감각과 기민한 움직임이 아니었다면 도저히 불가능했을 결과였다. 그 과정을 현장 가까이에서 지켜본 박문수의 증언이다.

정말로 대단한 테크닉이었지요. 후농의 그 순발력은 순간순간 아무도 추종을 불허한다니까요. 김대중 선생은 소심해서 순간적으로 명함을 써주고 하는 그런 생각을 할 수가 없었죠. 정말 일반 사람들은 감히 상상하기 어려운 아이디어를 후농이 생각해 와서 DJ가 얼굴이 발개져서 그 명함에다 사인을 하게 한 거예요.

김영삼의 탄식

김영삼은 경선 패배로 엄청난 충격을 받았다. 여러 면에서 당내 위치가 김대중보다 훨씬 앞서 있었는데 일격에 나가떨어진 꼴이 되었기 때문이다. 그 충격으로 애연가였던 김영삼은 그날부로 아예 담배를 끊어버렸다고 한다. 그러면서 김영삼은 자신의 패인이 무엇인지 오랫동안 생각했다. 결국, 그가 결론을 낸 중대한 패인은 바로 자신의 손발이 되어 알아서 척척 일을 처리해 줄 참모가 없었다는 점이었다. 다시 말해 김상현 같은 인물이 자기에게는 없다는 것이었다. 그 후 김영삼은 자기 아래에 유능한 참모를 두기 위해 백방의 노력을 기울이게 된다. 이때 발탁된 인물 중의 하나가 서울대 문리대 학생회장으로 6·3사태 때 대일굴욕외교반대투쟁 위원장을 지낸 김덕룡이었다. 김덕룡의 증언이다.

> 내가 들었더니 YS 조직에는 모두 다 정치꾼만 모여 정치만 하지, 실무라든가 조직이라든가 그런 거 하는 사람이 하나도 없었어요. 그날 밤, 대의원들이 주로 청진동 주변 여관에 투숙해 있었단 말입니다. 그런데 DJ 쪽에서는 김상현을 중심으로 대의원들을 전부 만나면서 술 한잔 사주고 끌고 나가서 '내일 우리 좀 도와달라'고 그랬다고요. 그런데 그때 대의원들도 뭐 DJ가 될 리도 없는 거고 이래 생각을 했는데, 1차 투표를 딱 깨고 나니까 YS가 과반수에서 21표가 부족했어요. 그당시 소석과 YS는 진산이 지명하면 누가 지명받더라도 승복해서 그 사람 밀어주기로 약속을 했으니까, 당연히 그 표가 YS에게 올 것으로 생각했는데, 말하자면 소석이 배신한 거죠. DJ 쪽에서 기민하게 빨리 파고든 겁니다.
> 그래서 YS는 나중에 "우리는 김상현처럼 그런 실무적이고 조직적인

일을 하는 참모가 없어서 졌다", 그렇게 한탄했다는 거예요. 그때 내가 6·3사태 때 구속되고 나와서 공부에는 별로 관심이 없고 정치인들을 좀 만났는데, YS가 어떤 사람인가 해서 우리가 만나러 가면 대환영이에요. 일종의 김상현 같은 인재를 구한 것이지요. 그런 인연으로 내가 YS와 인연을 맺게 되었지요.

1970년 신민당의 대통령 후보를 뽑는 경선은 한국정치사에 하나의 이정표를 세웠다. 정당 행사에 이처럼 여론의 비상한 관심이 쏠린 적이 없었다. '40대 기수론'의 부상과 세대교체, 폭력사태 같은 파행 없이 전당대회가 순조롭게 치러진 점 등이 대중의 호기심을 자극했다. 거기에다 치열한 역전의 드라마는 한 편의 영화처럼 사람들에게 짜릿한 정치 경험을 맛보게 했다. 그 과정에서 선보인 다양한 캠페인 전술들도 대중들에게는 신선한 모습이었다.

신민당 경선은 미국 정가에서도 상당한 관심의 대상이 되었다. 그들은 한국 야당 정치의 전면에 젊은 지도층이 등장했을 뿐만 아니라, 발전도상국에서 예가 많지 않은 민주적 절차가 준수되었다는 사실에 주목하였다. 워싱턴 DC의 양대 신문의 하나로 꼽히는 〈워싱턴 스타〉는 박정희 대통령에 도전할 김대중 후보가 45세라는 점을 제목으로 부각하고, 신민당 지명대회 2차 투표까지의 전개 과정을 3단 기사로 상세히 보도했다. 대통령 후보 확정 직후 김대중은 동아일보와 가진 인터뷰에서 이렇게 자평했다.

우선 정보정치의 손길을 물리치고 자율적으로 후보를 뽑은 당원들의 양식을 통해 민주정당의 자질을 보여주었고, 국민의 열화와 같은 여망에 부응했다고 본다. 또한, 40대를 내세웠다는 점에서 신민당은 하나의 조용한 혁명을 성취했다고 할 수 있다.

제7대 대통령 선거전

신민당의 대통령 후보 경선이 끝나고 대통령선거까지는 약 7개월이 남았다. 김대중 후보가 대통령선거를 치르기 위해 제일 먼저 취해야 할 조치는 당을 단합시키고 자신을 굳게 지지해줄 사람들을 확보하는 일이었다. 당의 단합 문제는 예상보다 순조롭게 풀려나갔다. 1970년 11월로 예정된 전당대회에서 새 당수를 뽑는 문제로 주류와 비주류 측이 신경전을 벌이기도 했으나, 김대중 후보와 유진산 당수 간의 회동에서 전당대회를 1971년 대선 및 총선 후로 연기하기로 큰 진통 없이 합의했다.

유진산 당수는 전당대회 직후 전국의 대의원들에게 서신을 보내 "이번 지명대회에서의 후보 선출은 민주적 선택의 능력과 표결 결과에 승복하는 모습을 내외에 과시함으로써 민주정권의 담당 능력을 훌륭히 증명했다"고 치하하고, "각자가 선 자리에서 김대중 후보가 내년 선거에서 승리할 수 있도록 최선을 다해 달라"고 당부했다. 40대 기수론을 선창하고 줄곧 경선에서 우위를 지켜오다 역전패를 당한 김영삼 또한 경선 결과에 대한 승복과 협력을 약속했다.

우리 신민당은 이번에 선의의 경쟁을 통해 대통령 후보를 지명했다는 영광스러운 역사를 창조했다. 김대중 동지는 자랑스러운 페어플레이를 통해 71년도의 역사적 기수로 선택된 만큼 그에게 행운이 있기를 진심으로 바란다. 나는 앞서 국민과 당원동지들에게 40대 세 사람 중 누가 돼도 밀겠다고 약속한 이상 가벼운 마음으로 김대중 동지를 앞장세워 방방곡곡을 누비며 적극적으로 돕겠다.

그런데 문제는 김대중 후보에게는 대통령 선거운동을 앞장서서 이끌고 갈 자기 계보라고 할 만한 사람이 별로 없다는 점이었다. 경선 초기만 해도 그를 지지하는 현역 의원은 김상현 한 사람이었기 때문이다. 김대중 후보 자신은 모두가 능력이 출중하다고 인정하고 있지만, 약간 소심하고 친화력이 약한 것이 흠이었다. 김상현은 그런 김대중 후보의 약점을 완화시키는 더할 나위 없는 보완재였다. 김상현은 조연하, 김녹영, 송원영 등 중진급 의원들을 김대중 후보에게 묶어주는 데 결정적 역할을 했다. 그들은 주로 이철승과 가까운 사람들이었는데, 그 후 김대중 후보를 돕는 역할을 하게 된다. 그런 관계로 해서 나중에 이철승 쪽의 반발이 심했다. 정대철의 증언이다.

> 조연하 씨는 DJ하고 가까운 동갑내기들이거든. 이중재, 조연하 모두 24년생 동갑이야. 예춘호 씨같이 더 넘어가는 사람들도 있지. 박종태는 2, 3년 더 많고, 박영록 씨도 그렇고 23, 4년생이야. 그렇게 나이가 비슷한 사람들은 DJ를 별로 존경 안 했어. 가까운 사람끼리의 경쟁심리도 있고, '제까짓 게 뭐!' 하는 분위기가 있었어. 그걸 후농이 많이 무마시킨 것은 사실이야.

김상현은 경선과 본선 과정에서 자신의 모든 것을 걸고 김대중을 헌신적으로 도왔다. 아내 정희원의 증언이다.

> 그때 DJ가 대통령 후보로 나오려고 안 하셨는데, 김 의원이 지금이 기회라면서 나가게끔 했어요. 정치인들과 기자들 술 사 먹이느라 결혼

때 자기가 해준 것도 아니고, 내가 장만한 다이아몬드 반지, 다이아몬드 목걸이 다 팔아먹었어요. 시계고 뭐고 다 그랬죠. 오죽하면 우리 집에서 해준 여행용 트렁크하고 자기 옷까지 다 팔아먹었어요.

김대중은 선거대책본부장으로 정일형 의원을 모시고 싶었다. 정일형은 원래 김대중과 같은 계보인 신파의 원로였지만, 경선 과정에서는 중립을 지키고 있었다. 그것은 김대중이 워낙 세가 약한 처지이기도 했지만, 당시 정일형의 김대중 개인에 대한 평가가 썩 호의적이지 못한 탓도 있었다. 그러나 정일형·이태영 부부는 이 선거를 계기로 김대중의 강력한 후원자가 된다. 정대철의 회고다.

우리 아버지도 DJ가 감옥 가기 전까지는 '저 사람은 투명하지 않고, 수단과 방법을 안 가리는 꾼'이라는 식으로 얘기하시더라고. 그 얘길 꽤 많이 들었어. 1971년 DJ가 대통령 나올 때 우리 어머니(이태영) 아니었으면 아버지가 선거대책본부장을 안 해주셨을 거야. 우리 어머니가 "이철승 씨는 노선이 불투명해서 김대중을 돕는 게 낫다. 이철승은 고집스러워서 말도 안 듣는다. 그런데 김대중 씨는 플렉시블flexible한 데가 있다," 우리 어머니랑 아버지가 그렇게 얘기를 하시더라고. 그런데 박정희가 김대중을 감옥 보내고, 전두환이 사형 구형하니까 DJ가 달라져요. 그런 사람이 아니었거든. 박정희가 DJ를 다른 사람으로 만들어 놨지. 그게 훌륭한 점으로 국민에게 투영되니까, DJ의 단점이 다 덮어지더라고.

김대중 바람

　제7대 대통령선거의 후보는 민주공화당의 박정희, 신민당의 김대중, 국민당의 박기출, 자민당의 이종윤, 정의당의 진복기 등 5명이었다. 민주공화당 박정희 후보 선거 벽보의 주 슬로건은 '보다 밝고 안정된 내일을 약속합니다!'였다. 박정희는 주요 공약으로 공산주의 추방, 가난과 빈곤의 추방, 부정부패의 추방 등 '3대 추방'을 내세웠다. 반면에 신민당 김대중 후보의 선거 벽보의 주 슬로건은 '10년 세도 썩은 정치, 못 살겠다 갈아치자!'였다. 김대중은 사람 잡으다 간첩 만드는 중앙정보부 폐지, 3년 전 1.21사태로 만들어진 향토예비군 폐지, 4대국 안전보장론, 3단계 통일론과 서민들을 위해 갑근세를 내리고 부유세를 거두어 골고루 잘 사는 세상을 만들겠다는 '대중경제론'을 주요 공약으로 내세웠다.

　김대중 후보의 정책공약이 발표되자 여야 간에 거센 공방이 벌어졌다. 논란의 대상은 주로 김대중 후보가 제시한 향토예비군 폐지 공약이었다. 김대중 후보는 정책공약 발표에서 "정치적 도구화와 비능률은 물론 국민의 생업에 큰 지장을 주는 예비군을 폐지하되, 그 대안으로 민주적이고 능률적인 예비전력의 확보책을 곧 밝히겠다"고 선언했다. 이에 대해 정부와 공화당은 "망언을 취소하라"며 거세게 공세를 퍼부었다. 신민당도 예비군 폐지가 당론임을 재확인하면서 강경하게 맞섰다.

　김대중 후보는 1970년 10월 하순부터 강연회라는 형식을 빌려 대전, 부산을 시작으로 전국을 돌며 유세를 개시했다. 당내 일부에서는 선거를 반년이나 앞두고 야당에 호의적인 유권자집단을 노출하는 것이 전략상 이롭지 못하다는 반론도 있었다. 그러나 조직이 약한 야당으로서는 농한기인 겨울에 안방이나 사랑방에서 회자될 수 있는 얘깃거리를 만드는 것이 유리하다는 판단에서 유세를 강행하기로 했다. 유세에는 유진산 당수와 김영삼, 이철승 등 40대 기수들도 동참함으로써 제법 화려한 모양새를 갖추었다.

1차 유세에서 나타난 대중의 반응은 아직 명확하지 않았다. 이때 유세 동정을 보도한 동아일보 기사는 신민당 강연회에 모인 청중을 대전 5천 명, 부산 5만 명, 인천 3만 명, 광주 7만 명, 대구 4만 5천 명, 춘천 5천 명, 서울 4만 명, 전주 3만 명, 청주 7천 명 등 연인원 약 28만여 명 정도로 추산하고 있다. 청중들의 전반적 반응에 대해서는 이렇게 기술하고 있다.

> 청중들의 반향은 일부 지역이 냉담했고, 열기를 띠었던 경우 외에는 대체로 진지한 편이었고, 어느 강연회에서나 부정부패에 대한 비판이 있을 때는 박수가 크게 터져 나왔다. 특히 김 후보가 "장관의 한 달 봉급이 십만 원인데 이를 고스란히 일백 년을 모아야 일억 원이 되는데 그런 자리에 1~2년 만에 무슨 재주로 2~3억 원짜리 집을 살 수 있느냐?"고 반문할 때면 예외 없이 공감을 불러일으켰다. … 붐이란 기복이 있기 마련, 신민당의 이번 대도시 유세도 처음에 보여줬던 열도가 후반에 들어서면서 서서히 식어가는 듯한 경향이 없지 않았던 것은 이번 유세의 성공 여부를 저울질하는 데 좋은 참고가 되지 않을까 생각되며, 두고두고 음미해볼 만한 일일 것 같다.

신민당은 1971년 새해 벽두에 선거대책위원회를 구성하고 인선 명단을 발표하였다. 선거대책위원회 본부장에는 정일형 고문을 선출하였다. 그리고 당의 핵이라 할 수 있는 정무위원들을 포함, 30명의 선거대책위원회 운영위원들을 선임하였다. 이어서 집행부 인선이 발표되었는데, 김상현은 김대중 후보의 비서실장에 임명되었고, 얼마 후에는 선거운동의 전략을 총괄하고 기획을 책임지는 기획 담당 특별보좌역으로 겸직 임명되기도 했다. 김상현은 김대중 후보 선거운동을 지휘하는 사실상의 핵심 역할을 하게 된 것이다.

지역주의의 등장

박정희 정권은 신민당의 선거운동에 대해 방해 공작을 가해 오기 시작했다. 1월 24일 김포와 강화에서는 경찰이 선거운동을 과잉 제지하는 가운데, 신민당원과 충돌이 빚어져 열 명이 구속되는 사태가 벌어졌다. 1월 25일에는 김대중 후보의 동교동 자택 앞마당에서 사제폭발물이 터지는 사건이 발생했다. 이 폭발로 인명피해나 가옥 손괴는 없었으나, 100m가량 떨어진 곳에서도 폭음을 들을 수 있을 만큼 요란한 소리를 내는 큰 소동이 벌어졌다. 2월 1일에는 김대중 후보의 자택 가정부와 의원회관 사무원을 연행해 가기도 했다. 또 정일형 선거대책본부장의 집에 원인 모를 화재가 발생하기도 했다.

김상현은 김대중 후보의 최측근이자 선거운동의 지휘부에 있었기 때문에 선거 방해 공작의 첫 번째 목표물이 될 수밖에 없었다. 1971년 2월 11일, 김상현이 실질적으로 오너인 월간지 《다리》의 편집인 윤형두 등 세 명이 반공법 위반혐의로 입건된다. 일명 '《다리》지 필화사건'이 터진 것이다. 3월 14일에는 김상현의 집에 협박 편지가 배달되었는데, 거기에는 '의원 입후보 포기 안 하면 몰살'이라고 적혀 있었다. 3월 19일에는 "김상현, 너는 기어이 경찰에 신고했구나. 전번 보낸 편지와 같이 맘을 고쳐먹지 않으면 암살해 버리겠다"는 내용이 적힌 협박 편지가 다시 배달되기도 했다.

박정희 정권의 야당 선거운동 탄압은 오히려 여론의 분노를 부채질하여 야당 후보 붐을 일으키는 데 크게 기여했다. 역풍이 분 것이다. 4월에 접어들자 선거 열기가 뜨겁게 달아오르기 시작했다. 김대중 후보의 선거운동이 마침내 바람을 일으키기 시작한 것이다. 신민당은 주로 박정희 정권의 장기집권 음모와 부정부패에 초점을 맞춰 공세를 강화했다. 전국 각지의 유세장에 모인 청중들의 뜨거운 열기가 뚜렷이 감지되기 시작했다.

　4월 18일에 열린 김대중 후보의 장충단공원 유세장은 선거운동의 결정적 분기점이 되었다. 이 유세에는 30만 명이나 되는 인파가 몰려들었다. 신민당은 백만 명이 훨씬 넘는 인파라고 자평했으나, 동아일보는 나름의 계산법을 적용하여 30만 명이라고 추산했다. 김대중 후보는 "이번에 정권교체를 이루지 못하면 박정희 후보가 종신 대통령을 위해 총통제를 실시할 것"이라고 예언하여 국민 사이에 뜨거운 이슈가 되었다.

　선거가 심상치 않은 방향으로 흘러가자 위기감을 느낀 박정희 정권은 더욱 노골적으로 부정선거를 획책하기 시작했다. 중앙정보부는 김대중 후보의 지지 열기가 부각 되지 않도록 언론을 통제하였다. 김대중 후보에 대한 악선전의 도구로 박정희 측이 꺼내 든 것은 주로 색깔론과 지역감정이었다. 김대중 후보의 남북교류, 4대국 안전보장, 향토예비군 폐지 공약을 북한이 지지했다고 발표했고, 예비군 폐지는 김일성의 남침을 촉진하는 이적행위라고 공격했다.

　제7대 대통령선거부터 처음으로 지역주의가 강하게 작동하기 시작했다. 박정희 후보 진영의 선거 전략의 일환이었다. 이효상 국회의장을 비롯한 공화당 의원들은 경상도에 내려가 "신라 천년 만에 나타난 경상도 정권을 지켜야 한다" "박 대통령이 경상도 대통령 아이가?" "문둥이가 문둥이를 안 찍으모 우짤끼고?" "경상도 사람으로 박 대통령 안

찍는 놈은 미친놈이다""천만 영남인이 뭉치모 선거는 무조건 이긴데이""우리가 단합 안 하면 저쪽 몰표 몬 이긴다" 등의 자극적인 언사로 지역감정을 부추겼다.

그리고 그때부터 경상도 지역에 정체 모를 플래카드가 나붙기 시작했다. '호남인이여 단결하라!' '경상도 정권, 전라도가 뺏어오자!' 등등의 플래카드가 정체불명의 '호남향우회' 명의로 붙은 것이다. 극도의 지역감정을 조장한 이 공작은, 선거 종반에 중앙정보부에 회유를 당해 사라진 김대중의 선거 참모 엄창록의 작품이라는 설이 있으나 확인되지는 않았다.

공화당과 중앙정보부 요원들은 김대중이 정권을 잡으면 경상도에 피의 보복이 있을 거라며, 경상도 사람들의 공포심을 유발하는 여론공작을 벌이기도 했다. 경상도 지역의 공무원들에게는 "김대중이가 정권 잡으면 니들은 다 모가지가 날아갈 것"이라고 위협하기도 했다.

김대중, 선거에서 이기고 개표에서 지다

박정희 정권은 천문학적 불법자금을 살포하였다. 선거자금의 규모는, 김종필 말로는 600억 원, 강창성 당시 보안사령관의 말로는 700억 원을 썼다고 했다. 이는 당시 대한민국 예산 5,242억 원의 약 8분의 1에 해당하는 규모였다. 지금의 돈 가치로 치면 약 50조 원 넘는 돈이 선거자금으로 뿌려졌다는 뜻이다. 관권선거도 조직적으로 자행되었는데, 특히 경상도를 중심으로 대규모 개표 부정이 의심되는 정황이 다수 발견되었다. 군대에서도 대규모 부정선거가 진행되었다. 당시 군대 내의 부정선거를 목격한 김학민의 증언이다.

나는 1971년 4월의 제7대 대통령선거 때 군에 복무 중이었다. 선거일 한 달 전부터 훈련도 없고, 매일 이런저런 명목으로 막걸리 판이었다. 병사들은 당시 우편으로 부재자 투표를 했는데, 책상 앞에 중대장이 앉아있었고, 병사들은 한 명씩 불려 들어가 중대장이 개봉하여 건네 준 투표용지의 박정희 이름 아래에 붓 뚜껑을 찍게 했다. 조금이라도 항의하면 병사들로 하여금 투표한 후 반송 봉투에 넣기 전에 자기에 게 보여 달라고 했다. 민주주의 선거의 4대 원칙인 보통·평등·직접· 비밀투표를 정반대로 적용한 선거였다. 당시 사병들은 김대중의 군복 무기간 단축, 예비군 폐지 공약에 크게 호응했다. 최소한 군대에서 김 대중을 찍었을 40~50만 표가 박정희 표로 둔갑했으니, 실제로 김대 중은 마이너스, 박정희는 플러스 하면 1백만여 표가 도둑질당한 셈이 니, 94만 표차를 상쇄하고도 남는 수치다. 나는 제7대 대통령선거는 김대중이 당선되었을 것이라고 지금도 확신한다.

결국, 제7대 대통령선거는 박정희의 승리로 끝났다. 박정희 후보는 634만 2,828표, 김대중 후보는 539만 5,900표를 얻어 두 사람 사이의 표차는 94만 7천여 표였다. 득표율로는 박정희 53.2%, 김대중 45.2%였 다. 대대적인 부정선거로 나온 결과였다. 사실상 김대중 후보는 당선을 도둑맞은 것이나 다름없었다.

투표 결과가 확정된 후 김상현은 김대중에게 선거 승복 성명을 내고 박정희 대통령에게 축하 화분을 보내주라고 권했다. 처음에 김대중은 그러겠다고 했으나, 그 후 아무런 반응을 보이지 않았다. 김대중에게 전 화를 걸어 어떻게 된 일이냐고 물었더니. 화를 벌컥 냈다.

"이 사람아, 자네 말을 들었으면 큰일 날 뻔했네. 전국 곳곳에서 부정 선거라며 들고 일어나 아우성을 치는데, 박정희 당선을 인정하면 어떻게 하나?"

　얼마 후 김상현은 김대중에게 대통령 취임식에라도 꼭 참석하라고 권했다. 이번에도 김대중은 처음에는 그러겠다고 했으나, 막상 취임식 당일이 돼서는 가지 않았다. 김상현은 그러면 자기라도 가봐야겠다는 생각에 택시를 타고 대통령 취임식장으로 달려갔다. 공화당의 중진 길재호와 김성곤이 반색을 했다.

　"어이쿠, 김 의원이라도 와줘서 정말 고맙소."

07

3선의 중진의원 :
더 넓은
정치의 바다로

07
3선의 중진의원 : 더 넓은 정치의 바다로

'사쿠라 야당'의 환골탈태

1971년의 대통령선거는 한국의 야당사는 물론이고 정치사에 커다란 의미를 남겼다. 이 선거는 보수 여당과 보수 야당의 대결 구도로 짜인 정치지형이 독재와 민주로 전환되는 계기가 되었다. 항상 '사쿠라 논쟁'에 휩싸였던 야당은 '40대 기수론'을 제창한 김대중, 김영삼의 리더십을 매개로 세대교체를 이루어 반독재 민주정당으로 거듭날 수 있었다.

또한, 야당의 체질과 활동 방식을 크게 쇄신시키는 계기가 되었다. 그때까지만 해도 야당은 명사들의 느슨한 연합체에 불과했고, 늘 파벌 보스들 간의 뒷거래를 통해 운영되어왔다. 하지만 이 선거를 거치면서 민주적 절차에 입각, 일반 대의원·당원들이 참여하여 당의 의사결정에서 중요한 역할을 하는 대중정당으로 거듭나는 계기가 되었다. 나아가 정치홍보도 내용 없는 구호에 의존했던 모습에서 탈피해, 정책공약을 제시하고 이를 통해 여당과 경쟁하는 모습을 보여주기 시작했다.

선거 캠페인도 대중들의 일상적인 감성에 쉽게 다가갈 수 있도록 참신한 아이디어들이 동원되었다. 30대 중반의 나이에 불과했던 김상현은 김대중 후보를 도와 신선한 발상들을 제시하면서 선거운동을 지휘했다. 그해 3월 27일자 동아일보는 야당의 일신된 모습을 '정치 매너 바뀌어 가는 야당'이라는 제목으로 이렇게 전하고 있다.

신민당은 새로운 정치 매너를 보이기 시작했다. 흔히 여당이 컴퓨터 정당이고 야당은 주먹구구식 정당이라고 비유해 왔지만, 신민당이 앞서 집권 공약 발표대회 때 보여준 생동하는 모습은 과거의 야당으로선 일찍이 볼 수 없었던 색다른 것으로서 외형이나마 차츰 무언가 변모돼 가고 있음을 분명히 보여줬다. 또 과거 선거전의 양상이 특히 야당 후보의 경우 정책공약의 제시보다는 다분히 인신공격 내지는 전투적 용어 구사로 시종하는 듯한 인상이 짙었던 것과는 달리, 이번 선거에서 신민당이 제시한 갖가지의 정책공약은 그 실현성 여부는 차치하고라도 이 역시 '변모하는 야당의 정치 매너'의 한 단면으로 봐도 대과가 없을 것 같다.

지난 24일 서울 타워호텔 해피 룸에서 1천 명이 넘는 당원이 모인 가운데 열린 대회는 밴드와 보컬까지 동원되어 신민당가歌와 〈대중행진곡〉을 부르고, 청년기동대의 캡 섹션과 발을 구르며 외친 구호 제창 등은 수공업적 정당이라 일컬어진 야당으로선 색다른 모습의 속출이었다. 청년기동대 111명이 신민당기旗를 상징하는 적·청·백 3색 모자를 쓰고 카드섹션 '아! 김대중' 하는 구호를 외친 것으로 절정을 이뤘고, '김대중은 새 역사의 참다운 일꾼'으로 시작되는 〈대중행진곡〉과 〈승리의 노래〉, 시인 박지수의 〈출사표〉 시 낭독, '싸우면 이기는 김대중' '권불십년 정권교체' 등의 구호 제창 등은 몇 년 전의 야당으로선 상상할 수도 없었던 기발한 단합대회의 모습이었다.

특히 당 청년국이 작사한 동요 〈산토끼〉에 곡을 맞춘 〈대중의 노래〉 (대중아 대중아 / 어디로 가느냐 / 꾸역꾸역 모여서 / 어디로 가느냐 /

대중 대중 김대중 찍고서 올 테야)와 유행가요 〈대머리 총각〉에 맞춘 〈미남 대통령 후보〉(신민당 강연장에 김대중 후보 / 오늘도 만나려나 기다려지네 / 미남인 그 얼굴에 연설도 잘해 / 행여나 나를 보나 발돋움했지 / 신민당 강연장에 김대중 후보 / 이번에 2번 찍어 승리하겠네 / 이번에 2번 찍어 승리하겠네)라는 노래를 기동대가 합창해 눈길을 끌었다.

대회는 또 부정선거 폭로규탄 유공자 7명에게 상장과 부상을 줬으며, 민주화 투쟁 중 희생자 원호를 위한 '민주금고' 모금을 결의, 현장에서 오백만 원이 모이기도 했는데, 당의 어느 간부는 "이번 공약 발표대회에서 무엇보다 큰 수확은 파벌의식을 초월한 것이었다"고 흐뭇해했다.

이에 앞서 지난 22일 서울 대성 빌딩에서 3백여 부녀당원들이 모여 궐기대회를 열고 결속을 다짐했는데, 김 후보는 '행주치마'의 고사를 인용, "나라를 지키는 민족의 어머니로서 오는 선거에 승리의 원천이돼 달라"고 호소했으며, 대회는 "박 정권은 바람난 여인처럼 빚을 얻어다가 화장하느라고 정신이 없다"는 줄거리의 상당히 매서운 '여성 유권자에게 보내는 메시지'를 채택하기도.

김대중을 향한 헌신

김상현은 김대중을 위해서 자신의 모든 것을 쏟아부었다. 그는 김대중이야말로 불세출의 탁월한 지도자감이라고 굳게 믿고 있었다. 그는 대통령선거에서도 김대중이 당선될 것이라는 확신에 차 있었다. 선거운동 조직원들에게도 그런 확신을 끊임없이 불어넣어 주었다. 당시 선거운동본부의 조직원이었던 박문수는 "후농은 DJ가 꼭 대통령이 된다는 확신을 가졌지. 자신감에 차서 우리한테 하는 얘기가 '어떤 일이 있어도 김대중은 대통령이 된다, 할 수 있다'고 조직원들을 독려했다"고 증언한다.

김상현의 열정과 헌신은 김대중에 대한 깊은 존경심에서 나온 것이었다. 그가 김대중을 대하는 태도는 다른 정치인과는 차원이 다른 것이었다. 그는 심지어 유진산 같은 거물에게도 때로는 면전에서 비판을 날릴 정도로 거침없는 사람이었다. 그러나 유독 김대중에게만은 맹목적일 정도로 그를 떠받들고 따랐다. 경향신문에서 발행하는 〈주간경향〉에 근무하다가 김상현이 주도한 월간지 《다리》의 기획부장으로 자리를 옮겨 나중에 주간까지 맡은 임헌영은 당시 두 사람의 모습을 이렇게 증언한다.

> 《다리》지 창간 1주년 기념으로 지방 순회강연을 다닐 때였다. 대구에서 하룻밤 같이 자는데, DJ, 김상현, 한승헌 등 일행들이 다 같이 저녁을 먹었어요. DJ는 완전히 김상현을, 그냥 그 뭐랄까 새까만 정치 후배로 보는 것 같았어요. 그때 김상현 의원은 딴 사람에게는 다 말대꾸를 하는데 DJ한테는 전혀 말대꾸를 안 해요. 형님, 형님 하면서 완전히 '오야붕' 대하듯 했어요. 김 의원의 그런 자세를 난 처음 봤어요. 유일하게 죽는 게 DJ 앞이야. 우리가 볼 때 저렇게 안 해도 되는데, 싶을 정도로 DJ가 뭐라고 말하면 그냥 "형님 말씀이 옳아요" 하는 거예요.

김대중을 향한 김상현의 헌신과 존경, 그리고 충성의 자세는 그 후로도 평생에 걸쳐 일관되게 지켜졌다. 김대중으로부터 핍박이라 할 정도의 대접을 받았던 시기에도 그는 그런 자세를 절대 깨지 않았다. 소위 동교동 가신들이 김상현을 절대 키우면 안 된다는 말을 공공연히 하고 다니고, 그의 측근들이 불평불만을 토로할 때도, 그는 주변 사람들에게 절대 김대중을 나쁘게 말하지 말라고 입단속을 시켰다. 그는 평생을 두고 이 원칙을 지켜냈다. 이는 마음에서 진정성을 갖고 우러나오지 않으면 불가능한 모습이었다.

신민당의 후보 경선과 대선을 거치면서 이제 김상현도 제법 유명한 정치인이 되어 있었다. 김대중의 유일한 원내 참모이자 측근으로서, 특히 김대중의 지지자들에게 김상현은 이미 절반은 영웅이 되어 있었다. 그전까지만 해도 김상현에 대한 세간의 평가는 한일협정 반대 때문에 의원직을 버린 정치인의 빈자리에 들어간 사쿠라, 자격도 없는 사람이 운 좋게 국회의원이 됐다는 인식이 강했다. 특히 재야인사들의 인식이 그러했다.

임헌영은 자신이 《다리》지로 옮겼을 때, 천관우, 백기완 등 재야인사들로부터 "왜 김상현이가 하는 그런 데를 갔느냐?"며 핀잔을 많이 들었다고 한다. 하지만 김상현과 술자리를 한두 번 가진 사람은 예외 없이 그의 팬이 되더라고 했다. 백기완도 그런 인물이었다. 임헌영 자신도 《다리》지로 옮겨가긴 했으나 별 기대는 안 했다고 한다. 그런데 겪어보니 김상현이 생각보다 훨씬 좋은 인물이라는 것을 알게 됐다고 했다.

그런데 함석헌 선생만은 예외적으로 처음부터 김상현이라는 인물을 높게 평가했다. 함석헌 선생을 오랫동안 가까이서 보필했던 문대골 목사는 함석헌 선생이 김대중에 관한 이야기에 미치면 반드시 김상현 이야기를 했고, 김상현을 "사람 그릇이 큰 것 같다"고 평했다고 한다. 어쨌든 1970~71년에 당내 경선과 본 선거를 거치면서 그는 사람들로부터 널리 인정을 받는 정치인으로 자리를 잡았다.

《다리》지 창간

《다리》지의 아이디어는 김대중이 냈지만, 창간 이후 운영자금을 거의 김상현이 충당하였고, 필진이나 편집진도 대부분 김상현의 측근이었던 것으로 보아 그가 《다리》지 발간의 중심에 있었던 것은 확실하다. 《다리》지 발간이 김대중의 대권 도전에 도움을 주기 위해서라는 숨은 뜻이 있을지라도, 당대의 저명한 인사들을 필진으로 동원하여 단숨에 지식인과 대학생들을 휘어잡은 것은 김상현의 현실감각과 순발력이 없었다면 불가능했을 것이다. 김상현은 이 잡지를 매개로 당대의 '한다 하는' 지식인들과 활발하게 교류하면서 자신의 의식세계를 확장하는 계기로 만들었다.

《다리》지 이전에는 《사상계》가 있었다. 1953년 장준하가 창간한 종합월간지 《사상계》는 지식인과 대학생층으로부터 열광적인 호응을 받아 한때 20여 만의 발간 부수를 자랑할 정도였다. 그러나 《사상계》는 5·16쿠데타 이후 군정 연장, 굴욕적 대일외교, 부정부패 등을 격렬하게 비판해 박정희 군사정권의 미움을 사게 되었다. 특히 《사상계》에 실린 함석헌의 〈5·16을 어떻게 볼까?〉, 〈생각하는 백성이라야 산다〉 등의 논설은 지식인과 대학생들에게 큰 깨달음을 주었고, 이를 간파한 박정희 정권은 《사상계》에 대해 항시 감시체제에 들어갔다.

《사상계》 1970년 5월호에 박정희 정권의 부정부패를 통렬히 풍자 비판하는 김지하의 담시 〈오적〉이 실리자, 검찰은 필자는 물론 발행인도 반공법 위반혐의로 구속 기소했다. 그리고 정부는 그 후속 조치로 '인쇄시설 미비'를 이유로 잡지사 등록을 취소, 끝내 《사상계》는 폐간되고 말았다. 《사상계》 폐간 이후 정론 시사지의 부재를 아쉬워하던 지식인 사회에서는 《사상계》를 대체할 만한 잡지의 창간을 기대하는 여론이 일어났다. 그러한 여론에 부응하고자 한 몇 사람의 노력으로 창간된 잡지가 바로 월간 《다리》였던 것이다.

《다리》지는 《사상계》의 자유와 민권을 향한 민주정신을 이어가겠다는 다짐 아래, 이어령 교수가 '너와 나의 대화의 가교'라는 의미에서 잡지 이름을 '다리'라고 지었다. 《다리》는 1970년 9월 창간호가 나오자마자 지식인과 대학생 사회에 큰 반향을 일으켜 유료부수가 2만여 부에 달했고, 한때 7만 부를 찍은 적도 있었다. 필진도 《사상계》에 기고하던 인사들이 거의 그대로 옮겨왔고, 여기에 더하여 소장 학자들을 참여시킴으로써 필진은 더욱 탄탄해졌다. 당시 필진으로는 함석헌, 김재준, 이병린, 박순천, 유진오, 천관우, 안병욱, 장준하, 김동길, 황성모, 리영희, 박현채, 조용범, 장을병 등 민족·민중·민주에 대한 신념이 확고한 인사들이었다.

당시 《다리》지가 대학생들에게 어떻게 받아들여졌는지를 보여주는, 이상돈 전 국회의원을 인터뷰한 지문기사가 있다(한겨레 2021. 7. 10자).

> 그(이상돈 전 의원)는 고교(경기고등학교) 때부터 시사 월간지 《신동아》를 정기구독하였으며, 1970년 대학(서울대 법대)에 입학해서는 미국 시사주간지 〈타임〉과 김상현 전 의원이 발간했던 국내 진보적 월간지 《다리》를 빼놓지 않고 읽었다. 그가 보관했던 《다리》지 12권은 지금까지 발견된 유일한 실물이며, 현재 민주화운동기념사업회에 보관돼 있다.

《다리》지를 창간하면서 김상현이 발행인이 되고, 출판경력이 많은 범우사 사장 윤형두가 주간을 맡아 운영하기로 결정했지만, 김상현의 오랜 친구 윤재식으로 발행인을 바꾸었다. 당시 윤재식이 정계 진출을 모색하고 있어서 그에게 경력을 만들어주기 위해서였다. 김상현은 고문으로 이름을 올려놓았다. 그러다가 《다리》와 범우사를 함께 운영하기가 벅차 윤형두가 상징적인 위치인 발행인으로 옮겨가고, 문학평론가 구중서가 주간으로 영입되었다. 그러나 구중서는 3개월을 근무하고는 1971년 천주교 서울대교구에서 월간지 발간을 계획하자 김수환 추기경의 요청으로 《창조》의 주간으로 옮겨갔다. 구중서의 회고다.

> 1971년 봄인가, 범우사 윤형두 사장이 만나자고 하여 갔더니 《다리》지 주간을 맡아달라고 하여 3개월 정도 그 일을 했어요. 내가 있는 동안 김지하 시인의 희곡 〈구리 이순신〉, 담시 〈앵적가〉도 실었고, 김지하 시인에게 삽화도 그리게 했어요. 그런데 어느 날 중앙일보 논설위원인 최종률 씨가 김수환 추기경이 월간지를 내려고 하는데, 내가 주간을 맡았으면 하신다는 거예요. 홍윤숙 시인의 부군인 양한모 씨가 창간 준비를 다 해놓았고요. 교회 관련 직장은 좀 내키지 않았지만, 추기경의 간청이라 거절하기도 부담이 되어 결국 《창조》의 주간으로 옮기게 되었지요. 김상현 의원에게 자초지종을 이야기하니 "추기경이 그렇게 사람을 빼가면 되냐?"고 농담을 하며, 대신 나에게 추기경을 소개해 달라고 하여 두 분을 만나게 해주었지요.

구중서의 후임으로는 문학평론가 임헌영이 왔다. 임헌영은 경향신문에서 발간하는 〈주간경향〉의 기자로 근무하던 시절, '술잔 주고받지 않기' 캠페인을 펼치고 있었던 김상현 의원을 인터뷰하면서 알게 되었는데, 윤형두의 권유로 《다리》지로 옮겨 기획부장으로 잠시 있다가 주간이 되었다. 임헌영의 증언이다.

'술잔 주고받지 않기 추진회'
행사에서의 김상현 의원
(1971)

《다리》에 가보니까 완전히 물주는 김상현이고, 잡지를 만드는 목적은
DJ를 대통령 만드는 거였어요. 딱 그거예요, 그런데 그걸 비밀로 해야
해. DJ는 표면에 나타나면 안 돼. 이런 식이었죠. DJ와 김동길 교수의
대담을 한번 붙여보자고 했어요. 그런데 당시는 DJ도, 김동길 교수도,
우리도 감시당하는 상태였어요. 그래서 김동길 교수가 DJ를 초청해서
점심을 먹는데, 우리가 지나가다가 우연히 들어갔다가 두 분이 이야기
하는 것을 녹음해 잡지에 실었다고 짰지요. 그런 엉성한 거짓말에 중앙
정보부 사람들이 넘어가겠어요? 윤형두 사장이 끌려가 혼났을 거예요.

한번은 천관우 선생한테 인사를 갔더니 왜 그런 데를 갔느냐고 하시데요. 당시 재야에서 김상현을 보는 눈이 그랬어요. 아마 굴욕적인 한일회담에 저항하여 의원직을 사퇴한 자리에 김상현이 보궐선거로 당선되었으니 '사쿠라'로 여긴 거지요. 내가 주간이 되어서는 잡지의 캐치프레이즈도 '민족 활로의 가교'로 바꾸고, 필진으로 박현채, 리영희, 조용범 같은 반골 논객들을 끌어들였어요. 그전에는 《샘터》 같은 잡지였지요. 야당 의원들의 원내 발언도 싣고, 광주대단지 사건 르포도 싣고, 국회 프락치 사건 판결문도 연재했지요. 나중에 잡지 자체도 제대로 평가를 받고, 김상현을 겪어보니 천관우, 백기완 선생 모두 팬이 되셨죠.

잡지의 실질적 오너인 김상현에게 항상 떨어지는 임무는 돈을 구해 오는 일이었다. 자금원은 크게 두 가지였다. 하나는 재일교포들의 후원이었고, 그것도 모자라면 국내의 지인들을 통해 조달하는 것이었다. 김상현은 잡지 발간에 필요한 돈은 어떻게든 구해 왔지만, 가끔 김상현다운 해프닝을 벌여 사무실 사람들을 난처하게 만들었다. 언젠가 리영희 교수의 원고료를 지급하기로 약속한 날이었다. 그때만 해도 필자가 잡지사에 전화 약속을 하고 직접 원고료를 받으러 왔는데, 그 돈을 김상현이 오후 4시까지 구해 오기로 했다. 그런데 4시가 지나서도 김상현이 나타나지 않는 것이었다. 나중에 밝혀진 사연은, 원고료로 지급할 돈을 구해서 갖고 오다가 아는 사람을 만났는데, 그 사람의 사정이 너무나 딱해서 그냥 올 수가 없었다는 것이다. 그래서 그 사람에게 주머니를 탈탈 털어 줘버려서 사무실에 올 면목이 없었다는 것이다.

김상현은 항시적으로 《다리》지의 운영자금 마련에 골머리를 앓았지만, 그 골머리는 《다리》지를 중심으로 형성된 당대의 최고 지성들과 어울리는 호사로 충분히 상쇄되었다. 그는 의사당을 둘러싸고 벌어지는 허장성세의 담론과는 거리가 먼, 이들의 이론적 깊이와 넓은 세계관을 스펀지처럼 빨아들여 자신의 부족함을 채우는데 활용하는 한편, 자기의 정치적 꿈을 실현하기 위해서는 스스로 노력해야 함도 절감했다. 그런 생각에서 나중에 자신의 정치적 자립을 모색하면서 김상현이 가장 심혈을 기울였던 것이 바로 각계의 유명 교수와 전문가들을 모아 정책 싱크 탱크를 만드는 일이었다.

《다리》지 필화사건

김대중은 《다리》지가 창간되던 즈음인 1970년 9월 29일에 개최된 전당대회에서 제7대 대통령선거의 신민당 후보로 선출되었다. 예상 밖의 사태에 당황한 박정희 정권은 김대중 진영에 대한 감시를 더욱 강화하기 시작했고, 월간 《다리》가 전위가 되어 '박정희 반대, 김대중 지지'를 선전 선동하고 있다고 의심했다. 박정희의 중앙정보부가 《다리》지의 창간이 사실상 김대중의 대통령선거 참여 일정과 거의 겹치고 있고, 잡지의 논조도 박정희 정권에 지극히 비판적이기 때문에 이 잡지가 김대중의 싱크 탱크와 기관지 역할을 하고 있다고 여긴 것도 틀리지는 않은 것이다.

김대중의 최측근인 김상현이 전적으로 잡지 발행의 운영자금을 대고 있고, 김대중도 가끔 기고하기도 하고, 잡지 주최로 김동길 등 《다리》지 필자와 대담도 하였다. 더구나 주간을 맡았던 윤형두는 잡지 발간을 총괄하는 한편 김대중의 선거홍보물을 제작하고, 자기가 대표로 있는 범우사를 통해 『내가 걷는 70년대』 등 김대중 관련 출판물을 발행하고 있었으니, 결국 김상현은 '박정희가 만들어 준 자금' 6백만 원을 박정희 정권을 공격하고 김대중의 대통령 당선을 위하는 데 사용한 것이다. 전후 사정이 이러하니, 얼마 안 있어 필화사건으로 필자, 편집자 모두 구속되고, 급기야는 폐간될 수밖에 없었던 《다리》지의 운명은 이미 그 창간부터 예견되어 있었다고 할 것이다.

《다리》지는 창간 후 얼마가 지나자 종합시사지로 성격을 바꾸어 나가게 된다. 자유·민권의 수호와 민족 활로 개척을 위한 정론지를 표방했다. 이와 함께 필진도 다수가 바뀌게 되어, 박현채, 리영희, 조용범, 장을병 등 박정희 정권에 비판적인 지식인들이 대거 참여하였다. 《다리》가 민족정신과 민주주의에 대한 확고한 지향성을 보이자, 박정희 정권의 장기독재에 비판적인 지식인들과 대학생들의 뜨거운 호응에 비례하여 독재정권 쪽의 감시와 탄압도 점차 노골화되었다.

《다리》지를 예의주시하고 있었던 박정희 정권은 드디어 칼을 빼 들었다. 1971년 2월 12일, 중앙정보부는 그 전해 11월호에 실린 글 〈사회참여를 통한 학생운동〉을 문제 삼아, 필자인 문학평론가 임중빈과 발행인 윤재식을 반공법(제4조 1항 반국가단체의 찬양 고무 등) 위반혐의로 구속하였다. 서울형사지방법원 유태홍 부장판사가 발부한 구속영장에는 문제가 된 임중빈의 글에 대한 평가를 이렇게 요약해 놓았다.

프랑스의 극좌파 학생운동인 1968년의 '파리 5월혁명'에 의한 드골 정권의 타도와 미국의 극좌파인 '뉴 레프트'의 타당성을 전제하면서 우리나라 학생운동도 그들과 같은 방법으로 하되, 문화혁명을 통한 정치혁명으로써의 길만이 학생운동의 정도이며, 무엇보다도 능동적 참여를 통한 변혁이 필수의 것으로 요청된다고 논단하여, 임중빈은 은연중 우리 정부 타도를 암시, 반국가단체인 북괴를 이롭게 했고, 윤형두, 윤재식은 이를 알면서도 잡지에 게재했다.

필자 임중빈과 발행인 윤재식이 구속된 다음 날, 주간인 윤형두도 구속되었다. 당시 상황에 대한 윤형두의 증언이다.

연행당하기 이틀 전에 중앙정보부에 있다는 사람이 출판사로 나를 찾아왔다. 그는 위협적인 언사로 "임중빈이 집필하고 있는 「김대중 회고록」을 출판하지 마라. 이미 발간한 김대중의 『내가 걷는 70년대』를 더 찍지 마라. 그 밖에 김대중의 이름이 들어있는 간행물을 일절 내지 마라. 월간 《다리》의 판권을 우리들이 정하는 출판사에 넘기라"고 요구하였다. 물론 나는 그런 요구를 거부했다. 직감했던 대로 이번 사건이 바로 김대중과 관련된 탄압이라는 것을 확인할 수 있었다.

사실 이 필화사건 관련자들은 모두 김대중과 관련이 있었다. 임중빈은 김대중의 전기를 집필 중이었고, 윤형두가 운영하는 범우사에서는 김대중 후보의 선거용 홍보물을 제작하고 있었다. 또 《다리》의 발행인 윤재식은 김대중 후보의 공보비서를 지냈고, 그 잡지의 고문이자 자금원이기도 한 김상현 의원이 김대중 후보의 핵심참모인 것은 세상 모두가 알고 있으니, 이 사건은 대통령선거를 앞둔 상황에서 상대 후보에 대한 탄압이라는 것이 명백했다.

사건 당시 김상현은 민단의 초청으로 일본에 머물고 있었다. 사건 발생 소식을 접한 김상현은 서둘러 귀국하려 했으나, 신민당 지도부의 만류로 국회가 개원한 후에 귀국하였다. 국회 회기가 아닐 때 귀국하면 불체포특권을 적용받을 수 없어 구속될 수 있다는 우려 때문이었다. 임중빈,

윤재식, 윤형두는 1심 재판에서 바로 무죄를 선고받았다. 무죄를 선고한 판사는 훗날 야당 국회의원이 된 목요상이었다. 판결 주문은 다음과 같았다.

> 위 논문 내용을 통틀어 살펴볼 때 다소 현 정부에 대하여 비판적이고 도전적인 대목이 없지 않은 바는 아니나, 헌법상 보장된 언론의 자유 테두리 안에서 전근대적인 낡은 요소를 완전청산하고, 민족복지사회의 이념을 확립하는 방향으로 학생운동의 진로를 개척해 나가자고 주장한 데 지나지 않는 것으로서, 반공법 제4조 제1항에 저촉되지 아니한다고 보아 마땅하다.

당시 박정희 정권하에서는 찾아보기 힘든, 반공법이 적용된 사건의 무죄판결이었다. 이 사건은 항소심에서도 무죄판결을 받았고, 1974년 5월 대법원에서 무죄가 확정되었다. 《다리》지는 이 사건 뒤에도 박정희 정권에 대한 비판적인 논조를 계속 펴나가다가 1972년 10월 박정희의 유신 선포로 끝내 문을 닫고 말았다. 《다리》지는 그렇게 짧은 생명을 마감했지만, 《사상계》, 《씨올의소리》, 《창조》, 《대화》, 《창작과비평》 등과 함께 한국 지성사에 중요한 족적을 남긴 잡지로 평가되고 있는 바, 이는 정치인 김상현의 또 다른 차원의 공헌이라 할 수 있다.

한참 후인 1988년 4월의 제13대 총선에서 낙선하자 김상현은 정치적으로 무척이나 곤궁한 처지가 되었다. 그는 타개책으로 《다리》지의 복간을 준비하여, 1989년 국민대학교 교수 김영작 등을 주요 필진으로 하는 복간호를 선보였으나, 독자들의 관심을 끌지 못해 실패하고 말았다. 매일매일 양산되는 엄청난 정보를 월간지가 감당하기에는 벅찬 시대가

도래한 상황이었다.

'으악새' 클럽

1972년 10월 유신체제가 들어서고, 이어《다리》지가 폐간되면서 사실상의 발행인이었던 김상현도 구속되어 감옥으로 가고, 잡지의 편집 방향을 세우고 발간 실무를 총괄했던 임헌영도《한양》지 사건으로 구속되었다. 그에 앞서 필화사건으로 발행인 윤재식, 편집주간 윤형두, 필자 임중빈이 투옥되었고, 1970년대 중반에 들어서서는 단골 필자인 김동길, 한완상, 리영희, 장을병 교수 등이 대학에서 쫓겨나거나 반독재운동으로 구속되어《다리》지는 잡지 운영진에서 필자에 이르기까지 극한의 탄압을 받았다.

심지어는 감옥에 간《다리》지 식구들의 단골 변호인이었던 한승헌 변호사까지도 수년 전 한 여성지에 발표한〈어떤 조사〉라는 수필을 반공법 위반으로 몰아 구속하였다. 한 변호사의 구속은《다리》지 관련 구속자들은 물론 반독재 민주화운동을 벌이다가 구속된 대학생들에 대한 변호인의 조력 자체를 봉쇄하려 한 박정희 정권의 간계라 할 수 있다. 그렇게 사람들이 수시로 구속되고 석방되는 일이 빈번하니, 그때마다 구속대책을 의논하기 위해, 감옥에서 풀려난 사람을 환영하기 위해 여럿이 모이다가 1974년 김상현의 석방을 계기로 '으악새' 클럽으로 발전하였다. 문학평론가 임헌영의 회고다.

1974년 12월 20일, 김상현 의원이 형집행정지로 석방되고 며칠 후《다리》지를 매개로 친하게 지내던 사람들이 김 의원 환영모임을 열었습니다. 리영희, 장을병 교수, 한승헌 변호사, 이상두 중앙일보 논설위원, 윤형두 사장, 윤현 목사, 김 의원 등이 그 자리에 있었지요. 자리가 무르익자 한 변호사가, "기왕이면 이 모임을 한 달에 한 번 정례적으로 하자"고 제안하여 모임 이름을 일제하의 가수 고복수의 노래 〈짝사랑〉의 가사로 나오는 '으악새'로 지었지요. 그리고 이 모임에서는 정치나 시국 이야기는 하지 말고 술 마시고, 웃고, 이야기만 하자고 했어요. 그 다음 해의 어느 정기모임에서 나와 한완상 교수, 김중배 동아일보 논설위원도 멤버로 들어갔지요. 모임의 비용은 대부분 김 의원이 냈고요.

'으악새' 모임은 폐회할 때면 항상 〈짝사랑〉을 합창했는데, 그 노래의 가사 '아아~ / 으악새 슬피 우니 / 가을인 가요 / 지나친 그 세월이 / 나를 울립니다 / 여울에 아롱져진 / 이즈러진 조각달 / 강물도 출렁출렁 / 목이 멥니다'는 당시 유신 폭압 체제에 대한 저항운동으로 고통을 당하고 있는 지식인들과 학생들의 처지를 묘사하는 것 같아 그 노래를 부르고는 모두 비장한 심정으로 헤어졌다고 한다. 한승헌 변호사의 칠순기념 출판기념회에서도 '으악새' 회원들이 축가로 이 노래를 불렀다.

이렇게 《다리》지로 맺어진 '으악새' 멤버들은 서로가 서로를 격려하고 위로하는 마음으로 70년대 후반의 박정희 유신체제와 80년대 전두환 폭압 체제의 긴 터널을 지나왔다. 그러나 1987년 12월의 대통령선거 국면에서 모임의 구심이었던 김상현이 김영삼 진영에 몸을 담게 되자 '으악새'는 느슨해진 조직으로 변모했다. 당시 '으악새' 멤버 대부분이 김대중을 지지하고 있었기 때문이다.

1970, 80년대에 이렇게 장안의 한다 하는 지식인들과 교류하면서 김상현은 호號를 두 개 받았다. 고은 시인은 김상현에게, 강퍅하게 살았던 청년기를 보내고 인생 후반기에는 좀 풍성하게 살라는 뜻으로 '후

농後農'을 호로 지어 주었다. 김상현과 비슷한 연배의 정치인인 김윤환의 호 '허주虛舟'도 잘 알려졌지만, 기자들이나 정치계에서는 김대중의 호 '후광後廣'과 연계하여 '후농後農'도 많이 불리었다. 그러나 고은 시인은 '후농'은 '후광'과는 전혀 관련이 없다고 단언했다. 또, 한완상 전 부총리는 진영이나 사람을 가리지 않고 마당발처럼 교류하는 김상현의 성격을 들어 '무경無境'이라는 호를 지어 주었다. 한완상의 회고다.

> 원래 '무경無境'은 내 호號로 생각하고 있었다. 그런데 80년대 들어 김상현 씨와 이런저런 자리에서 만나면서, 그가 남녀, 노소, 빈부, 고하, 여야, 좌우 따지지 않고 스스럼 없이 어울리는 것을 보고는 나보다 이 사람이야말로 더 '무경'에 어울린다고 생각하여 그의 호로 지어 준 것이나, 실상은 내 호를 넘겨준 것이다. 1993년 내가 통일원 장관이던 시절, 김상현 의원과 함께 재일교포 유지들과 회동하는 자리가 있었는데, 그가 민단 인사, 조총련 인사 구별 없이 두루두루 친분을 과시하는 것을 보고 정말 '무경'의 인간이구나 생각했다.

서승 – 서준식 형제 간첩 조작사건

1971년 제7대 대통령선거를 일주일 앞둔 4월 20일, 보안사는 당시 서울대학교에 유학 중이던 일본 교토 출신의 교포 2세인 서승·서준식 형제 등 재일교포 출신 대학생 4명을 포함한 북괴 간첩 10명과 이들을 중심으로 한 4개 망의 간첩 관련자 41명 등 51명을 서울, 부산, 제주 등지에서 일망타진했다고 발표했다. 보안사는 이들이 "선거기를 틈타 민중봉기를 일으켜 정부를 전복시키려고 암약해 왔다"고 했다.

보안사는 난수표 4조와 육성 녹음테이프, 공작금 350만 원 등을 압수했다고 밝혔으나, 이들이 북괴 간첩의 지령에 따라 움직였는지는 아직 증거가 나타나지 않았다고 했다. 서승·서준식 형제가 1970년 7박 8일 동안 북한 여행을 다녀온 것은 사실이었으나, 간첩 사건으로 엮기에는 결정적 증거가 부족했던 것이다.

　이 증거 부족을 보안사는 가혹한 고문에 의한 자백으로 채우려 했다. 당시 서승은 혹독한 고문을 받다가 더는 견딜 수가 없어서 조사실 난로의 기름을 끼얹고 분신을 시도하다 치명적인 화상을 입었다. 이 사건으로 서승은 사형 판결을 받고는 나중에 무기징역으로 감형되었고, 동생 서준식은 7년 형을 선고받았다.

　그런데 이 사건의 여파는 김상현에게도 매우 민감한 사항이었다. 국회 의정활동 중 김상현은 자신이 운영하던 해외교포문제연구소의 일을 도와줄, 재주가 있는 재일교포 유학생을 소개받아 자기 집에서 2년 가까이 숙식을 하게 했는데, 그가 바로 서승이었기 때문이다. 뉴스를 접하는 순간 김상현은 모골이 송연해 왔다.

　'아, 이 자들이 김대중과 나를 엮기 위해 사건을 조작하는구나.'

　김상현은 김대중을 만나 그 상황을 보고했다. 김대중은 침통한 얼굴로 묵묵히 듣고 앉아만 있었고, 달리 뚜렷한 대책을 모색하지 않았다. 며칠 후 김상현에게 보안사 관계자로부터 만나자는 연락이 와서 서린호텔로 갔다. 간부 1명과 수사관 1명이 기다리고 있었다. 당연히 그들은 김상현과 서승 사이의 관련성을 캐고자 했다. 김상현은 버럭 고함을 쳤다.

　"당신들, 선거가 불리하니까 한 건 하자는 건데, 나를 간첩으로 몰아 죽이고 김대중 선생도 같이 엮어 보겠다는 거 아니요? 이 정권이 꼭 희생양이 필요하다면 차라리 나를 휴전선에 데려다 놓고 월북하려 해서 사살했다고 총을 쏘시오!"

결국, 그들은 김상현과 김대중이 서승 형제의 사건과 관련이 있다는 사실은 밝혀내지 못해 '혐의없음'으로 끝났다. 그러나 서승 형제 간첩단 사건은 박정희 정권의 다중적 음모가 깔린 것이었다. 박정희 정권은 《다리》지 필화사건이 그들의 의도대로 움직여주지 않자, 국민의 '레드콤프렉스'를 자극할만한 다른 소재가 필요했다. 거기에는 코앞으로 다가온 대통령선거를 유리하게 이끌어 보겠다는 계산도 함께 작용하고 있었다. 그러나 선거 결과가 박정희의 승리로 끝남에 따라 그 공작을 더 진척시킬 필요가 없어 흐지부지 끝난 것이 아니었을까 싶다.

진산 파동

제7대 대통령선거가 끝나고 제8대 국회의원 선거가 코앞에 다가왔다. 학생들과 종교계, 그리고 재야민주세력은 박정희 정권의 부정선거 결과를 도저히 받아들일 수 없다며 국회의원 선거 보이콧을 주장했다. 제도권 정당인 신민당도 처음에는 재야인사들과 함께 총선 거부 투쟁을 전개하기로 뜻을 모았다. 그런데 신민당 총재 유진산이 총선 참여로 태도를 돌변하면서 야권은 격렬한 내홍과 분열에 휩싸였다.

거기에다 유진산은 후보 등록 마감 전날에 자신의 선거구인 서울 영등포갑구를 박정훈이라는 청년에게 물려주고, 자신은 전국구 1번으로 등록함으로써 소위 '진산 파동'이 일어나게 된 것이다. 이에 유진산의 금품 수수설이 파다하게 떠돌면서 불만을 가진 청년 당원들이 상도동의 진산 집으로 몰려가 격렬하게 항의했고, 결국 유진산은 5월 10일 총재직을 사퇴하고 말았다.

이때 유진산에 얽힌 김상현의 일화가 하나 있다. 당시 신민당의 의

사결정의 핵심에는 각 계파의 주요 인물들이 배치된, 21명으로 구성된 정무회의라는 기구가 있었다. 그러던 어느 날 정무회의가 개최되었는데, 이날의 주제는 주로 유진산에 대한 성토였다. 김상현은 이 회의 석상에 비주류 대표로 나서서 유진산의 잘못된 점을 조목조목 적나라하게 따져나갔다. 그것도 좌중이 무안할 정도로 거침이 없었고, 발언 수위도 여과 없이 유진산을 까댔다.

바야흐로 회의가 끝나고 사람들이 회의장을 빠져나가고 있었다. 당시 신민당사는 관훈동 130번지에 있는 목조 건물이었다. 2층에서 회의를 하고 1층으로 내려오는 계단은 아주 비좁아 겨우 두 사람이 내려올 수 있는 정도였다. 그런데 어느새 유진산 대표 옆을 김상현이 찰싹 달라붙어 팔을 끼고 부축하며 내려오는 것이 아닌가? 바로 뒤에는 고흥문 사무총장과 그 밖에 거물 중진들이 따라 내려오고 있었다. 김상현은 유진산을 일으켜세우다가 그의 양복 안주머니로 손을 쑥 집어넣더니 지갑을 꺼내 가져가는 것이었다. 이에 유진산도 허허 웃고 말았고, 이를 지켜본 주변 사람들도 모두 할 말을 잃었다.

김상현은 정치적 이견으로 상대방을 비판할 때도 인간관계를 망가뜨릴 정도의 극단적인 구석으로 몰고 가지는 않았다. 그는 특유의 넉살로 당혹스러운 상황을 빠져나갔다. 그래서 누구도 그를 끝까지 미워할 수가 없었다. 어쩔 수 없이 비판했을 때도 그는 나중에 개별적으로 찾아가 사과를 하여 관계를 풀었다. 그렇다고 그가 원칙을 버리고 야합을 한 경우는 한 번도 없었다. 바로 신민당의 그 날의 정무회의에서 이 장면을 먼발치에서 지켜봤던 박문수의 증언이다.

> 정무회의에서 유진산 선생이 바로 앞에 있는데, 후농이 도저히 감내
> 하기 힘들 정도로 공격을 해요. 그런데 회의가 끝나고 후농이 유진산

선생 팔을 딱 끼고 계단을 내려오면서 한 손으로는 진산 선생의 지갑을 딱 빼서 손에 들고 '탁탁' 하는 거야. 뒤에 따라오던 고흥문 씨나 양일동 씨, 그때 거물들 아니야? 모두 넋이 나가는 거야. 아무도 미워할 사람도 없고, 유머 감각이나 순간순간의 순발력은 일반 사람이라면 도저히 저런 테크닉으로 할 수 있는 일이 아니다 싶죠. 그뿐 아니라 정무회의에서 유진산 선생을 그렇게 비판을 해놓고, 개별적으로는 "대표님, 우리 모두를 위해서 하신 말씀 저희한테 더 책망해 주십시오" 하고 꼭 전화를 드리고 그랬어요. 그러니까 미워할 수가 없지요.

이순자도 도운 제8대 국회의원 선거

신민당은 극심한 내분의 진통 속에서 김홍일 총재권한대행 체제로 제8대 국회의원 선거를 치르게 되었다. 반면에 공화당은 박정희 대통령이 깊숙이 개입하여 그의 친위대를 선거 전면에 포진시켰다. 제7대 국회에서 비례대표의원이었던 김상현은 무난하게 신민당의 공천을 받아 서대문갑구에 출마하게 되었다. 서대문갑구에는 모두 5명이 출마하였는데, 그중 강적은 공화당 후보로 나선 유명 아나운서 출신의 문화방송 전무 임택근이었다. 임택근은 대중들에게 잘 알려진 사람이어서 그가 유세장에 나타나면 사람들이 수십 명씩 따라다니며 연호를 하곤 했다.

김상현은 이번 선거는 참으로 어려운 싸움이라는 생각이 들었다. 그는 이리저리 돌려 말하기보다는 정면 돌파하기로 마음을 먹었다. 그래서 우선 신민당의 내분으로 실망한 유권자들에게 솔직히 잘못을 시인하고 용서를 구했다. 그리고 자신은 임택근 후보에 비해 찢어지게 가난하게 태어난 사람이며, 그래서 어려운 서민의 고통을 함께하고 이를 해결할 수 있는 사람이라고 호소했다.

그러나 김상현의 절절한 외침에도 불구하고 판세는 크게 나아지는 것 같지 않았다. 그렇다고 그냥 주저앉을 수는 없는 법. 서대문갑구 지역을 구두가 닳도록 돌아다니고, 골목골목을 목이 쉬게 외치며 유권자들을 만나고 다녔다. 정희원의 회고다.

> 임택근 씨가 워낙 강적이라 우리도 선거를 참 어렵게 했어요. 우리 쪽도 학연, 혈연, 사돈의 8촌까지 찾아 선거운동을 했지요. 특히 제 친정 쪽이 서대문 일대에 연고자가 많아 큰 도움이 되었지요. 친정아버지가 수원 지역에서 적십자병원장, 양조장 사장 등 유지 다섯 명과 의형제를 맺어 친하게 지내고 계셨는데, 그 의형제의 한 사람이 이순자 여사의 친정아버지 이규동 씨였어요. 친정아버지의 부탁으로 이규동 씨가 자기 딸에게 말했는지, 이순자 여사도 우리 선거운동을 도와주었다고 해요. 전두환 씨가 우리 선거구인 연희동에 주소를 두고 있었거든요.

김상현은 선거운동 마지막 날인 5월 24일, 신촌 기차역 앞에서 있을 김대중의 지원 유세에 큰 기대를 걸었다. 그러나 신촌역 앞에서의 마지막 유세가 예정되었던 시간, 아무리 기다려도 찬조 연사 김대중이 나타나지 않는 것이었다. 이리저리 시간을 끌면서 김대중을 기다리고 있는데, 밤늦게야 김대중이 목에 붕대를 감고 팔을 늘어뜨리고는 나타난 것이다.

김대중은 그날 전라남도 지역 지원 유세를 끝내고 수원과 서울의 지원 유세를 하기 위해 승용차 편으로 올라오고 있었는데, 목포와 광주 사이의 무안 부근에서 갑자기 앞을 가로막은 트럭을 피하려다 차가 전복되어 팔의 동맥 두 군데가 손상되는 큰 사고를 당한 것이다. 김대중이 탄 승용차는 순간적으로 속도를 올려 차체 뒤 5분의 1 정도만 들이 받혔지만 뒤따라오던 택시는 승객 3명이 그 자리에서 즉사했다.

여러 정황으로 보아 정보기관의 공작이 의심되는 사건이었지만, 선거 마지막 날인지라 김대중은 간신히 응급치료만을 받고는 바로 기차 편으로 서울로 올라와 그러한 몸으로 신촌역에 나타난 것이다. 그날 밤 신촌역에 운집한 유권자들이 김대중의 연설 한 마디 한 마디에 환호하고 열광했음은 당연했다. 서대문구 곳곳에서 모여든 유권자들을 통해 이날 밤 김대중의 유세 내용이 전해지고, 이튿날 조간신문에 김대중이 당한 의문의 교통사고 소식이 보도되면서 서울의 선거 판세는 크게 요동쳤다. 그날 김대중은 유권자들이 이해하기 쉬운 몇 마디로 단숨에 서대문갑구의 분위기를 바꾸어 놓았다.

김상현 후보는 저와 어머니의 배만 다를 뿐 친형제나 다름없습니다. 김대중이 하면 김상현이요, 김상현이 하면 김대중입니다. 김상현의 승리는 김대중의 승리이고, 김대중의 승리는 김상현의 승리인 것입니다. … 여러분 임택근 씨 잘 아시죠? 그런데 요즘 라디오 들으면 들을 것 별로 없죠? 사회 잘 보는 아나운서가 없고, 중계 잘하는 아나운서가 없어서 그래요. 왜 없느냐? 임택근 같은 아나운서가 없어서 그래요. 이런 사람은 절대 정치하면 안 됩니다. 더 중요한 아나운서를 시켜야 합니다. (열광적인 박수) 그런데 김상현 이 사람은 아무 일도 못 하는 사람입니다. 국회 안 가면 할 일이 없는 사람입니다. 안 그러면 굶어 죽는 사람입니다. 이 사람을 살려주십시오!

서대문갑구의 선거 결과는 김상현 63,575표, 임택근 37,210표, 윤형남 575표, 주만진 337표, 계성범 136표로 김상현의 압도적인 승리였다. 김상현의 집요함과 부지런함, 김대중의 대중을 휘어잡는 연설의 호소력과 승부사적 기질이 합작하여 이룬 결과였지만, 김상현으로서는 새삼 정치 거목 김대중의 '힘'을 확인한 장면이었을 것이다. 어찌 되었든 김상현은 이 선거 당선으로 3선 중진의 반열에 들 수 있어 본격적으로 자기 정치를 해 나갈 수 있는 기반을 다지게 된 것이다.

김대중의 당권 도전 실패

신민당은 5월 25일 제8대 국회의원 선거의 153개 지역구 모두에서 크게 약진했다. 이 선거에서는 공화당 86명, 신민당 65명, 국민당 1명, 민중당 1명이 각각 당선되었다. 비례대표에서는 공화당이 27석, 신민당이 24석을 얻어 총 공화당 113석, 신민당 89석으로 의회 사상 거의 최초의 팽팽한 양당 대결 구도가 성립되었다. 특히 여촌야도與村野都의 추세가 뚜렷하여 서울에서는 공화당이 17개 지역구에서 단 1석만을 건질 정도였다.

이로써 바로 직전의 대통령선거에 이어 국회의원 선거에서도 민심이 박정희 정권과 집권 공화당으로부터 크게 이탈하는 현상이 뚜렷이 확인된 것이다. 박정희 정권이 더 이상 헌법적 틀 안의 선거 절차를 통해 집권을 지속할 수 없음이 백일하에 드러나기 시작한 것이다. 그리하여 박정희 정권은 계속 집권하기 위해서는 특단의 조치가 필요하다는 판단을 하기 시작했고, 그 판단은 민주적 헌정질서를 파괴하는 것 외에는 달리 선택의 여지가 없었다. 제8대 국회의원 선거가 끝나자마자 바로 대한민국 현대사를 질곡으로 몰아넣게 되는 유신체제의 음모가 싹트고 있었던 것이다.

당권 도전에 나선 김대중(1971)

'진산 파동' 이후 유진산이 대표직을 사퇴하자 신민당은 김홍일 권한 대행체제로 운영되고 있었는데, 이를 정상화하기 위한 전당대회가 1971년 7월 20일에 열리게 되었다. 김대중은 당 대표 출마를 선언하였다. 범주류 측에서는 김홍일을 밀었고, 진산계로부터 독립을 선언한 양일동도 출마를 선언하였다. 현역 의원들의 판도는 김홍일이 진산계와 김영삼·고흥문계, 이철승계 등 43명의 지지를 받고 있었고, 김대중은 홍익표, 윤제술, 김응주 등 14명의 지지를 받고 있었다. 양일동을 지지하는 의원은 단 3명에 그치고 있었다.

현역 의원들 사이에서는 김홍일과 김대중의 격차가 컸지만, 대의원들 사이에서는 대통령선거에서 바람을 일으킨 김대중에 대한 지지가 뜨거웠다. 당 총재를 뽑는 1차 투표에서 김홍일은 407표, 김대중은 302표,

양일동은 172표를 얻었다. 2차 투표에서는 김홍일 425표, 김대중 340표, 양일동 111표를 얻었다. 양일동을 뺀 3차 투표에서는 김홍일 444표, 김대중 370표, 무효 61표가 나왔다. 결국, 김대중의 당권 도전은 실패로 끝나고 말았다.

김대중은 1967년 원내총무 경선에 나갔다가 참패한 적은 있었지만, 당권 도전은 그의 정치 인생에서 이때가 '유일'했다. 더 정확히 말하면 그는, 제13대 대통령선거에 출마하기 위해 자신의 계보 정치인들을 모아 창당한 평민당 이래 재야를 끌어들여 평민당을 '신장개업'한 신민주연합당, 1990년 3당 야합 때 김영삼을 따라가지 않은 이기택 등이 창당한 '꼬마 민주당'과 신민주연합당이 합당하여 출범한 민주당, 정계 은퇴하였다가 복귀하여 민주당 내의 자파 정치인들을 탈당시켜 창당한 새정치국민회의에서만 추대, 또는 '형식적 선거'로 당 총재가 되었다.

그것은 전통 야당에서 도전과 치열한 경쟁을 통해 당권을 틀어쥔 일이 없었기 때문에 당내 세력분포에서 항상 김영삼에 뒤졌다는 이야기이고, 1971년 대통령선거를 앞두고 김영삼, 이철승이 40대 기수론의 기치를 내걸고 출마를 선언할 때 김대중이 주저한 것도 그 이유였다. 그는 후보 경선에서 고전한 것도, 대통령선거에서 당의 지원을 제대로 받지 못한 것도 당내 세력이 약한 이유라고 판단했다. 그래서 절치부심 1971년 7월 20일의 전당대회에 당 대표 후보로 출마했지만, 김홍일에 밀려 실패한 것이다.

그리고 1972년 10월, 유신체제가 들어서고부터 1987년 전두환의 6·29선언까지는 투옥과 미국 망명, 가택 연금의 연속으로 당 대표는 물론 정치활동도 금지된 상태였으니, 더욱 야당 내 그의 세력은 취약해졌다. 1987년 통일민주당 대통령 후보 경선을 보이콧 한 것도 그 때문이고, 이후 평민당 등의 정당에서 대통령 후보와 당 총재를 겸해야 한다는 그의 집요한 주장도 그러한 과거의 피해의식 때문이라 할 것이다.

김상현은 김대중의 이러한 고정관념과 피해의식에 유탄을 맞은 사람이다. 그는 1993년 김대중이 정계를 은퇴한 상황에서 치러진 민주당 전당대회에 대표최고위원에 출마했지만, 김대중의 지시를 받은 동교동계의 이기택 지원으로 쓴잔을 마셔야 했다. 또 1997년 민주당 전당대회에서 김대중에 맞서 당 총재 후보로 출마했지만, 김대중의 "대통령 후보가 당권을 장악해야 효율적인 선거운동을 할 수 있다"는 논리에 가로막혔다. 김상현으로서는 참으로 아쉬운 장면들이다.

전당대회가 끝나고 대의원들이 퇴장하면서 대회장은 아수라장이 되었다. 김대중의 지지자 수백 명은 울분을 이기지 못해 대회장 정문 위에 걸려 있는 김홍일의 사진을 찢어 불태웠다. 피켓과 몽둥이로 주류 측 사람들을 구타하기도 하였다. 김상현은 이래서는 안 되겠다는 생각에 메가폰을 들고 흥분된 분위기를 가라앉히기 위해 진력했다.

"여러분, 진정합시다. 이것은 김대중 선생을 위한 일도 아니고, 신민당을 위한 일도 아닙니다. 나라를 위한 일도 아닙니다. 여러분, 훗날을 기약하고 해산합시다."

그런데 며칠 뒤 당의 정무회의에서는 '전당대회 난동의 주동자는 김상현'이라고 공격하는 비난들이 쏟아져 나왔다. 그들이 '김상현의 정치'를 조금이라도 아는 사람들이었다면 있을 수 없는 일이었다. 1970년 전당대회와 1971년 대통령선거를 경험하면서 신민당의 체질이 많이 변화하였다고 하지만, 여전히 당내 파벌에 의한 고질적인 갈등과 분열, 비민주적 관행의 잔재들이 뿌리 깊게 남아 있었다.

08

유신 선포 :
암흑의 시대를 열다

08
유신 선포 : 암흑의 시대를 열다

1972년 10월 17일, 유신 정변이 일어나고 김상현은 곧 보안사 서빙고 분실로 끌려가 참혹한 고문을 받고는 구속되었다. 파출소 근처에도 가본 적이 없었던 그에게 감옥살이는 인생의 전혀 다른 국면의 시작이었다. 이때의 사건으로 인해 중단된 정치활동은 그 후 20여 년이나 이어졌다. 그러나 끊임없는 무두질로 강철이 단련되듯이, 제도정치에서 축출된 그 20년은 김상현의 인생관과 세계관의 새 지평을 열어주었고, 이에 따라 정치를 보는 안목도 크게 변하는 계기가 되었다.

김상현은 이전까지만 해도 상황을 읽어내는 본능적 감각이 뛰어났고, 아이디어가 반짝거리기는 했지만, 큰판을 읽어내고 실행하는 능력을 체계적으로 갖추지는 못하고 있었다. 곧 김상현은 순발력과 친화력, 그리고 아이디어로 국회, 정당, 정부라는 제도권 정치 안에서의 자기 역할을 확대해 나갔지만, 그것은 그의 정치공학적 스킬의 성장일 뿐이었다. 그런 그가 유신 정변의 모진 시련을 겪으면서 판을 넓고 크게 보며 움직이는 전략가로서의 내공을 다져 나간 것이다.

그는 우선 유신독재와 맞서 투쟁하다가 투옥된 대학생, 종교인, 재야민주인사들과 자연스레 교유하면서 협애한 정당정치의 판을 넘어 조국의 민주화와 민중 생존권 보장, 남북의 평화적 통일이라는 국가적 어젠다agenda에 눈을 뜨게 된 것이다. 그에게 있어 1970년대의 삶은 모진 시련과 좌절의 나날들이었지만, 1980년대의 민주화라는 거대한 역사의 수레바퀴를 돌리는 작업을 수행할 내적 역량이 충전되는 과정이었다.

유신의 전조

1970년대 들어 박정희 정권은 장기집권을 위한 독재체제의 강화에 더욱 열을 올렸다. 박정희는 자신의 명령과 지시를 충실히 따르지 않으면, 공화당 국회의원들일지라도 가차 없이 응징하였다. 1971년, 이른바 10.2 항명 파동으로 공화당 의원 김성곤, 길재호, 김진만, 백남억 등 4인방을 비롯한 23명이 중앙정보부에 연행되어 극심한 고문을 당했다. 이들은 보자기에 씌워져 발길로 채이고, 몽둥이로 무차별 두들겨 맞는 고문을 당했다.

박정희는 친정체제를 강화하면서 본격적으로 강권 통치에 들어갔다. 제7대 대통령선거가 끝나고 난 후 대학가에서는 선거무효 투쟁에 이어 교련 반대 투쟁, 부정부패 규탄 투쟁이 고조되고 있었다. 각 대학에서는 교수들의 대학자주화선언이 나오기도 했다. 이러한 분위기에서 수도경비사령관 윤필용이 헌병대 병력 30여 명을 고려대학교에 난입시켜 농성 학생들을 구타하고 불법 연행해 가는 사건이 발생했다.

곧이어 박정희 정권은 10월 15일, 서울 일원에 위수령을 발동하고 서울 시내 8개 대학에 무기한 휴업령을 내렸다. 서울의 주요 대학에는 군인들이 진주하여 1천 889명의 학생을 연행해 갔다. 10월 16일에는 고려대 무장군인 난입 사건에 항의한 리영희, 천관우 등의 언론인들이 신문사에서 쫓겨났다. 11월 12일에는 조영래, 이신범, 장기표, 심재권 등

서울대생 4명을 내란예비음모 혐의로 구속하였다. 12월 6일에는 국가비
상사태를 선포하고 대통령 박정희에게 광범위한 비상대권을 부여하는
소위 '국가보위에 관한 특별조치법'을 내놓았다.

1970년대에 접어들면서 국제정세는 급변하고 있었다. 미국의 닉슨 대
통령은 1969년 7월 25일 괌에서 "아시아의 방위는 아시아인의 힘으로
한다"는 내용을 담은 '닉슨 독트린'을 발표했다. 이런 선상에서 1971년
2월 6일 한·미 양국 정부는 공동성명을 통해 주한미군을 6만 3천여 명
에서 4만 3천여 명으로 줄이기로 했다고 발표했다. 1971년 7월 16일에
는 닉슨 대통령이 '중공'을 방문한다고 발표해 세상을 놀라게 했고, 바
로 이어 10월 26일 유엔총회에서 자유중국이 축출되고 중국이 가입하
는 사건도 벌어졌다.

이런 일련의 흐름은 박정희 정권에게는 엄청난 충격이었으며, 고도의
위기의식을 갖게 했다. 데탕트détente라는 국제사회의 새로운 변화들이
자칫 박정희 정권의 희생으로 연결될 수 있다고 판단했기 때문이다. 이
런 상황에서 '코리아게이트'라는 유명한 사건이 터지는데, 이는 한국 정
부가 박동선이라는 로비스트를 내세워 미국 의회 의원들과 공무원들에
게 거액의 뇌물을 제공하였다는 의혹으로 미국 정가가 발칵 뒤집힌 사
건이었다. 이로 인해 인권문제와 함께 한미관계가 최악의 상황으로 치닫
게 되었다.

박정희 정권은 이러한 급변하는 국제정세에 직면하여 자주국방을 천
명하고, 다른 한편으로는 북한과의 접촉을 모색하였다. 북한도 겉으로
는 주체 노선을 천명하고 있었지만, 중소분쟁과 냉전체제의 균열을 보면
서 남한과의 접촉 필요성을 감지하고 있었다. 그 같은 남북 간의 움직임
은 1971년 8월 20일 남북적십자회담의 성사로 수면 위로 드러났다.

1972년 7월 4일에는 중앙정보부장 이후락이 내외신 기자회견을 열어,

자신이 5월 2일부터 5일간 평양을 방문하여 김일성과 두 차례 회담했고, 이에 답하여 북한의 박성철 부수상이 5월 29일부터 6월 1일까지 서울에 와서 박정희 대통령과 한 차례 회담했다면서, 남북이 합의한 "첫째, 통일은 외세에 의존하거나 외세의 간섭 없이 자주적으로 해결해야 한다. 둘째, 통일은 상대방을 반대하는 무력행사에 의하지 않고 평화적 방법으로 실현해야 한다. 셋째, 사상과 이념, 제도의 차이를 초월하여 우선 하나의 민족으로서 민족적 대단결을 도모해야 한다"라는 평화통일 3원칙이 천명된 남북공동성명을 발표했다.

그러나 이러한 국제정세의 변화와 남북의 유화적 대화 분위기를 박정희는 유신독재체제 선포의 도구로 악용하였다. 박정희는 국제적 냉전질서의 해체와 남북의 평화적 대화 상황을 '민족사 미증유의 위기' 내지 '비상한 국난 상황'이라고 설파하면서, 이 위기를 극복하기 위해서는 지도자를 중심으로 국가의 에너지를 강력하게 결집해야 한다고 주장하였다. 하지만 그가 강조한 소위 '국민 총화단결'은 자신의 1인 장기집권을 위한 길을 여는 것 그 이상도 이하도 아니었다.

유신체제의 등장

1972년 10월 17일 오후 7시, 박정희는 전격적으로 전국에 비상계엄령을 선포하고는 '대통령 특별선언'을 통해 국회해산과 정당 및 정치활동의 중지 등 헌법의 일부 기능을 정지시키겠다고 발표하였다. 곧 계엄사령부가 설치되었고, 광화문과 주요 대학들에는 탱크를 앞세운 군이 진주하였다. 계엄사령부는 포고를 통하여 정치활동 목적의 옥내외 집회 및 시위를 모두 금지했다. 언론, 출판, 보도 및 방송은 사전 검열을 받도록 하였으며, 전국의 대학들도 모두 문을 닫게 했다. 이후 대한민국은 1979년 10월 박정희가 김재규의 권총에 피살되기까지 암흑의 세월을 보내게 된다.

소위 10월 유신은 이전까지와는 전혀 성격이 다른 1인 중심의 초헌법적 폭압 체제의 등장이었다. 유신이 선포되자마자 민주세력에 대한 대대적인 탄압 조치들이 가해졌는데, 그 첫 번째 대상은 정권에 밉보인 야당 정치인들이었다. 박정희는 평소 눈엣가시로 여겨온 15명의 야당 의원 명단을 보안사령관 강창성에게 건네고는 이들을 혼내주라고 지시했다. 김상현, 이세규, 조윤형, 조연하, 이종남, 강근호, 최형우, 박종률, 김한수, 김녹영, 김경인, 나석호, 홍영기 등의 의원이 줄줄이 정보부나 보안사에 끌려가 구속되었다. 나머지 의원들도 가택연금을 당하였다. 그리고는 야당 의원들을 중앙정보부로 한 명씩 불러 협박과 회유를 통해 유신을 인정하고 협력하겠다는 각서를 받아냈다.

구속된 국회의원들은 보안사에서 발가벗긴 채 야수와 같은 고문을 당하게 된다. 이들이 당한 일명 '통닭구이'라는 고문은 알몸이 된 사람의 팔과 다리를 교차하여 묶고, 그 사이로 굵은 막대기를 끼워 두 개의 책상 사이에 걸어 놓은 다음 얼굴에 수건을 씌우고는 주전자로 물을 붓는 수법이다. 그리고는 숨을 못 쉬고, 거의 질식 상태가 되기까지 사정없이 각목으로 구타를 하는 무자비한 고문이었다. 일제 강점기 고등경찰이 독립운동가들에게 가한 비인간적 고문 수법이었다.

이들 가운데 이세규 의원은 '통닭구이' 고문 중에 자결하려고 혀를 깨물었으나 의치가 부러지는 바람에 미수에 그치고 말았다. 당시 신민당의 유일한 군 장성 출신 의원인 이세규는 집 한 채 없이 사는, 청렴하기로 소문난 사람이었다. 1971년 대통령선거 때 김대중 신민당 후보의 안보특보로 정계에 입문한 후, 그는 실미도 사건 등을 폭로하여 박정희에게 완전히 눈 밖에 나 있었다.

엄청난 고문으로 피투성이가 된 이세규는 보안사 요원들에게 "적군의 포로가 되어도 장군에게는 이렇게 대하지 않는다! 네놈들은 군인도, 인간도 아니다!"라고 소리쳤다. 이세규는 군부 내의 김대중 인맥과 실미도 사건 제보자 명단을 대라는 협박과 함께 '유신 지지 성명'을 내달라는 강요를 받았으나 끝까지 응하지 않았다. 서빙고분실에서 풀려난 이후 그는 정계를 떠나 여생을 고문의 여파로 지팡이를 짚으며 살다가, 생활고와 지병에 시달린 끝에 1993년 향년 67세로 별세했다.

유신 전야의 김상현

10월 17일 비상계엄령이 선포되기 전날인 10월 16일, 김상현은 국회 내무위원회 소속으로 전라남도 도청의 국정감사를 하고 있었다. 이날부터 기자들 사이에서는 청와대와 정부를 둘러싸고 수상한 분위기가 감돌고 있음을 감지했다. 국회가 해산될 것 같다는 밑도 끝도 없는 소문들도 떠돌았다. 공화당의 오치성 내무위원장과 내무위원들에게 혹시 파악하고 있는 정보가 있느냐고 물어봐도 '말도 안 되는 소리'라며 정색을 했다.

김상현은 10월 17일 오후 4~5시경에 서울로 올라와 《다리》지 사무실에 들렀다. 김상현은 직원들과 함께 17일 오후 7시를 기해 전국에 비상계엄령이 선포되고, 국회가 해산되며 정당 활동이 중지된다는 청천벽력과 같은 소식을 라디오로 들었다. 순간 비통함과 함께 극도의 불안감이 파도처럼 밀려왔다. 평소 교분이 있는 밀튼 브라질 대사에게 전화를 거니, 자기네 공관으로 빨리 오라고 했다. 밀튼 대사는 김상현이 구속될 거라면서 망명을 권유했다. 당시 그 자리에 함께 있었던 임헌영의 증언이다.

충남도청 국정감사에서
질의하는 김상현 의원
(1972년 10월, 유신 선포 직전)

10월 17일에 중대발표가 있다는 것은 하루 전인가 예고했어요. 그러나 기자도, 누구도 그게 무슨 내용인지를 몰랐어요. 일간지 기자들도 우리에게 물어요. 대충 남북관계 이야기인가 보다 했지요. 그날 라디오로 국회해산 뉴스가 나오니까 김 의원이 바로 국회의원 배지를 떼더군요. 그리고는 주머니에서 부석부석 돈을 꺼내더니 자기, 나, 윤형두에게 대충 3등분하여 나눠주고는 빨리 도망치라는 거야. 김 의원은 혼자 알아서 가고, 나와 윤형두는 해인사로 도망을 갔지요. 거기서 1주일 정도 있다가 올라와 보니, 이미 김 의원은 정보부에 잡혀갔더라고요.

10월 17일, 김상현은 불안하기도 하고 초조하기도 했지만, 명색이 한 나라의 국회의원인데 범죄자처럼 몰래 도망칠 수는 없었다. 그리고 책잡힐 일도 없다고 생각하고 임헌영, 윤형두와 헤어져 일단 집으로 들어갔다. 집에는 정보부 요원들이 이미 와 있었다. 그 시간부터 바로 가택연금에 들어갔다.

11월 5일, 강창성 보안사령관으로부터 만나자는 연락이 왔다. 강창성은, 김대중은 영원히 귀국하기 힘들 것이라고 했다. 김대중은 유신 선포 1주일 전에 일본으로 갔다. 강창성은, 유신에 대해 비판적인 발언을 하지 말고 협조하라고 했다. 이세규, 최형우, 조연하 의원 등의 이름을 들먹이며 그들처럼 고문으로 병신 되기 싫으면 조용히 있으라고 협박했다.

온갖 상념이 머리를 스쳤고, 마음은 갈팡질팡했다. 1965년 보궐선거로 간신히 국회의원에 입성한 지 7년여, 그동안 집권세력의 부정부패에 맞서 누구보다 용감하게 싸웠고, 그래서 국민의 주목을 받기도 하였다. 하지만 지금과 같은 극단적인 궁지에 몰려본 적이 없었다. 배고픔과 추위에 떨던 시절 남산의 밤에 자신에게 했던 약속, 정의와 약자의 편에 서서 꿋꿋이 살아가겠다고 했던 그 약속이 심하게 흔들리고 있었다.

변절의 유혹

11월 19일, 중앙정보부 3국장이라는 조일제가 찾아왔다. 조일제는 이후락 중앙정보부장의 전언이라며 얘기를 꺼냈다.

"김대중 씨는 이 정권이 존속하는 한 한국에 못 돌아옵니다. 박정희 대통령 각하와 이후락 부장, 그리고 강창성 사령관은 김 의원을 살리고자 합니다. 그러니 유신에 협조해 주십시오. 김 의원은 다시 국회의원을 하시오."

그러면서 박 대통령과 이후락 부장, 그리고 자기 조일제 세 사람만 아는 일로 할 테니 협조문에 사인하라고 했다. 김상현은 단호하게 거부했다.

"나는 협상은 어디까지나 자유롭게 하지만, 원칙만큼은 절대로 협상하지 않는 사람입니다. 이번 경우는 원칙입니다. 자유민주주의 원칙을 부정하는 유신에는 지지하지도 않고, 협력할 수도 없습니다."

김상현이 사인을 거부하자, 조일제는 몇몇 야당 정치인들의 이름을 대면서 이들 모두 서명하였고 유신에 협력하고 있다고 회유했다. 그러면서 유신 지지 연설을 해달라고는 안 할 테니 가만히 있으면서 국회의원만 하라고 했다. 대신 지구당 부위원장 중에서 누구 하나 유신을 지지하게 하라고 대안을 제시했다. 그러나 김상현이 이마저 거부하자 조일제는 최후통첩을 하고는 돌아갔다.

"강하면 부러집니다. 김 의원의 정치생명은 이제 종말이 옵니다. 이틀 간의 여유를 주겠소. 이틀 안으로 내게 전화를 해주면 조용히 있는 것으로 알고 그대로 둘 것이고, 전화가 없으면 구속입니다."

조일제가 최후통첩을 남기고 떠나자, 김상현은 순간 극심한 공포감에 휩싸였다. 고립무원의 까마득한 저 밑바닥에 굴러떨어진 것 같았다. 마음이 한없이 나약해지는 순간이었다. 나 혼자 버틴다고 세상이 달라지나? 세상이 나의 희생을 알아주기나 할까? 별별 생각이 시시각각 밀려왔다. 가정이 박살 나고 가족은 알거지가 되어 뿔뿔이 흩어져 살 것을 생각하니 눈앞이 아득했다. 집도 절도 없이 떠돌던 어린 시절이 파노라마처럼 스쳐 갔다. 온갖 상념으로 새벽이 되기까지 한숨도 자지 못했다. 옆에 누워있던 아내 정희원이 걱정스러운 말투로 물었다.

"당신이 잠도 안 자고 한숨만 쉬는 바람에 나도 한잠도 못 잤어요. 도대체 무슨 일인지 나도 좀 압시다. 그리고 잠 좀 잡시다."

"유신에 협조하든지, 감옥에 가든지 양자택일을 하라는데, 유신을 지지하거나 협조는 못 한다고 했소. 그러면 감옥행이오. 그런데 나 때문에 가족들까지 핍박을 받을 생각을 하니 잠이 오질 않소."

정희원은 김상현의 말이 끝나자마자 단호하게 되물었다.

"당신이 변절자가 되면 창피하고 부끄러워서 어떻게 얼굴을 들고 다니며, 우리 애들은 변절자의 자식이라는 꼬리표를 달고 어떻게 살 수가 있겠어요?"

아내의 대답을 듣는 순간 김상현은 칠흑 같은 어둠 속에서 번쩍 빛나는 불꽃을 보는듯했다. '다들 꺾였는데, 당신이 무슨 통뼈라고 혼자 강하게 나가면 뭐해요? 우리 집 빚이랑 아이들 거지꼴 되면 어떻게 살란 말이에요?'라고 말해주면 슬그머니 못 이긴 척 유신에 협조할 요량이었다. 그런데 아내의 단호한 대답을 들으니, 김상현은 마음속에 서려 있던 어둠의 장막이 확 걷어지면서 불끈 힘이 솟아올랐다. 그리고는 평화롭게 잠 속으로 빠져들었다. 정희원의 회고다.

중앙정보부 조일제 그 사람이 다녀가고 나서 밤에 잠을 못 자는 거예요. 왜 그러냐고 했더니, 박정희, 이후락, 자기 세 명만 알고 아무도 모르게 하는 일이라며 유신을 지지하라는데, 이걸 찍어야 하는지? 이걸 안 찍으면 큰일이 있을 거라 해요. 그때가 새벽 두세 시쯤 됐는데, 내가 "그러면 정치하지 마서. 정치 안 하고 편하게 사는 게 낫지, 유신 지지하면 안 돼요. 유신 지지해서 변절자 되면 자식들도 변절자 자식이 되는 거요. 아이들 변절자의 자식 만들려면 나랑 이혼하자"고 그랬죠. "지지는 절대 하지 마세요. 정상배나 변절자가 되면 안 돼요." 김 의원이 벌떡 일어나더니 "고맙소. 당신 아니었으면 내일 도장 찍으려고 했는데 고맙소"라고 하는 거예요.

사흘 후에 조일제가 다시 찾아왔다. 김상현은 유신 지지 협조문에 서명할 수 없다고 단호히 잘라 말했다. "만약 나를 죽이려면 광화문 네거리에서 사람들이 다 알아보게 공개적으로 죽이지, 은밀하게 죽이지 마시오!" 조일제는 굳은 얼굴로 김상현과 그의 아내를 번갈아 쳐다보다가 일어섰다. 그는 가면서 애들 간식이나 사주라며 돈 5만 원을 건네주었다. 적은 돈이 아니었다. 그러나 그 돈이 중정에서 나온 돈이라 생각하니 받을 수가 없어 거절하자, 조일제는 퉁명스레 "그건 내 개인 돈이요!"하고는 나가 버렸다.

이렇게 해서 김상현은 유신의 협조냐, 감옥행이냐의 갈림길에서 비굴한 타협에의 유혹을 이겨낼 수 있었다. 이후 그는 오랜 세월 독재정권의 갖은 박해로 끊임없이 시련을 겪었지만, 이 시련은 그를 정의와 자유, 민주주의를 위해 싸우는 정치인으로 만들었다. 만약 이때 유신세력의 회유와 유혹에 굴복했더라면, 그는 얼마 못 가 누구도 기억 못 하는 그저 그런 정치인으로 사라지고 말았을 것이다. 다행히도 그의 곁에는 흔들리는 마음을 다잡아준 기개 넘치는 아내 정희원이 있었다.

보안사 서빙고분실

1972년 11월 21일, 유신헌법에 대한 찬반을 묻는 국민투표가 있던 날 저녁 무렵 김상현이 윤제술 국회부의장의 자택을 방문하고 나오는데 보안사 요원들이 기다리고 있었다. 이들은 강제로 김상현을 어디론가 끌고 갔다. 김상현의 아내 정희원의 증언이다.

김 의원이 보안사 요원들에게 연행되어 갔다는데, 어디로 갔는지 그 행방을 모르겠는 거예요. 여기저기 수소문해보니 중앙청 옆 팔판동에 있는 보안사 분실에 있다고 하데요, 그때 제 사촌 여동생(작은아버지의 딸)의 남편이 '김 대령'이라고 보안사에 근무하고 있었는데, 동생을 통해 알아보니 서빙고분실에서 엄청난 고문을 받고 있다는 거예요. 사촌 동생 집이 북악산 '곰의 집' 아래인가 있었는데, 내가 거기를 찾아가 "현직 국회의원을 그렇게 고문할 수 있느냐?"고 난리를 벌였지요. 며칠 후 김 의원이 귀가했을 때 "너무 그러지 마라. 그 사람 때문에 내가 덜 맞았다"고 하더라고요. 이야기인즉 할아버지가 고무 공장 하실 때 총무 비슷한 업무를 하던 사람이 당시 서빙고분실에서 김 의원 조사를 담당하고 있었는데, '김 대령'이 그에게 '김 의원은 고무공장 둘째 집의 사위'라고 귀띔해줘, 처음에는 고문을 심하게 받았지만, 그 후로는 많이 봐주었다는 거예요.

보안사 서빙고분실의 지하 조사실로 끌려간 김상현에게 그들은 옷을 모두 벗게 하고는 손발을 묶어 막대기를 끼우더니 거꾸로 매달았다. 그리고 각목으로 발바닥을 때리며 '통닭구이' 고문이라는 것을 시작했다. 그들은 김대중의 대선 때 쓴 정치자금의 조달처, 김대중과 김상현의 군부 내 인맥, 정부 비판 활동 등에 대해 캐물었다. 모른다고 하면 각목으로 사정없이 구타하고, 정신을 잃으면 찬물을 끼얹어 돌아오게 한 다음 다시 심문하였다.

김상현으로부터 원하는 진술을 얻지 못하자, 그들은 무엇 하나라도 성과를 내야 했기에 더욱 잔인하고 집요하게 고문했다. 수시로 발길질과 주먹질이 이어졌다. 의자에 앉아 묶인 채로 2층에서 아래로 밀어버리는 '사우나'라는 고문을 가하기도 했다. 나중에는 전기고문까지 가했다. 그들이 집중해서 캐물은 것은 정치자금이었다. 그렇게 고문이 계속되자 도저히 견딜 수가 없었다. 고문을 모면하기 위해 여러 사람에게서 몇만 원씩 받은 사실을 털어놓았다. 그러나 그들은 그 정도로는 성이 차지 않았다. 문득 제8대 국회의원 시절 추석 때 '떡값'을 받은 사실이 떠올랐다.

제8대 국회에서 김상현은 내무위원회의 신민당 측 간사였다. 공화당 간사는 김용진 의원이었고, 같은 당의 오치성 의원이 내무위원장이었다. 당시는 연말이나 명절이 되면 소위 '떡값'이라는 명목으로 국회 상임위원장이 분과위원들에게 20, 30만 원 정도를 나누어 주는 것이 관례였다. 그런데 추석이 되었는데도 오치성 위원장이 도통 떡값을 돌리지 않는 것이었다. 내무위원들 사이에서 불만이 쏟아지기 시작했다.

김상현이 오치성 위원장, 김용진 공화당 간사와 상의하여 김현옥 서울시장에게 부탁해서 5백만 원 정도라도 만들어 보기로 했다. 김현옥 시장에게 점심을 먹자고 만나 그 부탁을 하자, 건설공사를 하나 줄 테니 업자에게서 갖다 쓰라고 했다. 김상현은 평소 도움을 받고 있었던 한 건설회사의 임원으로 있는 친구에게 부탁해 5백만 원을 조달했다. 그렇게 해서 내무위원들에게 각각 20만 원씩 배분하고, 김용진·김상현 두 간사는 각기 10만 원씩 가져갔다.

김상현은 서빙고분실 수사 과정에서 오치성 내무위원장, 김용진 공화당 간사와 의논한 사실은 일절 말하지 않고, 자신이 모두 주선해서 한 일로 진술했다. 수사관들은 사실관계가 그렇지 않다는 것을 알면서도 그 진술을 묵인해 주었다. 집권당인 공화당 의원들이 끼어봤자 사건만 복잡해지기 때문이었다. 이후 김상현은 그 사건으로 재판을 받는 사이 김용진 의원이 교통사고로 사망한 사실을 알게 되어 괜히 자기 혼자 뒤집어쓴 것을 몹시 후회하기도 하였다고 한다. 그러나 한참이나 지난 상황에서 진술을 뒤집자니 자신의 모습만 비굴해지는 것 같아 모든 것을 포기하였다.

김상현은 이렇게 혹독한 고문을 받고도 김대중의 정치자금에까지 수

사가 미치지는 않도록 자기 선에서 정리하여 일단 서빙고분실에서 풀려
나 집으로 돌아왔다. 그러나 그의 몸은 고문과 구타로 만신창이가 되어
양쪽에서 두 사람의 부축을 받고서야 집안으로 발을 디딜 수 있을 정도
였다.

서빙고분실과 맞선 정희원

김상현이 고문 수사를 받았던 보안사 서빙고분실에서 아내 정희원도
친정아버지와 함께 고초를 당했다. 이 두 사람은 주로 김상현의 정치자
금 조달과 관련해 조사를 받았는데, 이는 김상현이 보안사 조사과정에
서 김대중에게 제공한 자금은 아내 정희원이 친정에서 조달해 왔다고
진술했기 때문이었다. 사실 그 자금은 다른 사람이 제공한 것인데, 그
사람을 밝힐 수가 없어서 아내가 친정에서 가져온 돈이라고 둘러댄 것
이다. 그러자 보안사는 김상현을 귀가시키고는 바로 그의 아내와 장인
을 연행해 갔다.

처음 정희원은 친정아버지와 같이 한 방에서 조사를 받았다. 쉰 살
전후의 수사관이 큰 책상 저쪽에 앉아있었고 친정아버지는 책상 건너편
에 정희원과 함께 앉아있는데, 수사관이 친정아버지에게 돈 얼마를 어
떻게 딸에게 주었냐고 반말로 물었다. 난생처음 당해 보는 인격적 모독
에다가 공포심에 질려 친정아버지는 백지장처럼 얼굴이 하얗게 되어 몸
을 바들바들 떨었다.

친정아버지가 돈을 준 일이 없다고 하자 수사관이 정희원에게 다그쳐
물었다. 그래서 친목계에서 곗돈을 타서 남편에게 줬다고 대답했다. 그
러자 수사관은 다시 친목계원들의 이름을 대라고 윽박질렀다. 정희원은

"내가 계를 여러 개 해서 계를 타고는 곗돈을 제대로 내지 못했는데, 그 사람들 이름을 어떻게 이야기하냐?"고 버텼다. 그러저러하다가 감정이 격해진 정희원이 쌍욕을 하며 수사관에게 대들었다.

"이 새끼야! 너는 부모도 없냐? 하늘에서 떨어졌냐? 일흔 넘은 노인네한테 반말 지거리를 하는데, 네 부모한테도 그렇게 하냐?"

예상치 못한 반격을 당한 수사관이 두 눈을 부릅뜨고 위협하자, 정희원은 조금도 지지 않고 책상을 엎고 의자를 던지며 더 난리를 쳤다.

"이 새끼야! 동방예의지국에서 그것도 모르고 살았냐? 유관순 열사는 독립을 위해서 죽었지만, 난 민주주의를 위해서 죽어주마! 노인네한테 어디서 난리야?"

그러자 그들은 정희원을 바로 옆 별도의 조그만 방으로 끌고 가 조사를 계속했다. 옆방에서는 친정아버지의 거의 쓰러져가는 듯한 신음이 들렸다. 정희원은 복도로 뛰쳐나가서 다시 소리를 질렀다.

"여기가 사람 죽이는 곳이냐! 짐승 잡는 곳이냐?"

얼마 지난 후 그들은 정희원에 대한 조사를 포기하고는 두 사람 모두 그냥 가라고 내보냈다. 친정아버지를 부축하고 나오는데, 뒤에서 수사관들의 "독사 같은 년!"이라는 소리가 들렸다. 친정아버지는 딸과 함께 저녁을 먹고는 정희원을 집에 태워다준 후 화성으로 내려갔다. 정희원의 회고다.

> 김 의원이 보안사에 끌려가고 나서 1971년 대통령선거 때의 조직서류, 선거 자금 서류 등을 모두 쓰레기통 밑에 숨겨놓았지요. 그리고는 곧 가택을 수색당했는데, 다행히 그들이 그 서류들을 찾지 못했어요. 틈을 보아 이 서류들을 제가 잘 알고 있었던 청파동 성당의 최치규 프란치스코 신부님께 맡겼거든요. 나중에 이 서류들이 김수환 추기경님을

통해 미국으로 보내졌다고 들었어요. 제가 서빙고분실에서 강하게 나갈 수 있었던 것은 우리 집이나 보안사나 선거 자금 관련 서류가 없었으니까요. 처음부터 사즉생死即生이라고 생각했어요. 그래서 당시 72세인 아버지에게 아들뻘인 놈이 반말하는 것을 꼬투리 잡아 쌍욕을 하며 대들었지요. 내가 부들부들 떨며 무서워하면 그것은 그들이 바라는 것이잖아요? 김 의원과 함께 구속된 어느 의원의 부인은 거기서 발가벗겨지기도 했다는 이야기를 나중에 들었어요.

정희원의 기억은 일부 착오가 있는 것 같다. 함세웅 신부에 따르면, 정희원으로부터 서류뭉치를 넘겨받은 최치규 신부는 그 몇 주일 후 갑자기 서울대교구 김철규 총대리 신부로부터 미국 파송 명령을 받아, 미국의 작은 도시에서 유배된 사람처럼 체류하다가 1979년 박정희가 피살되고 나서야 귀국했다고 한다. 정보기관에서 무언가 낌새를 알아채고 최 신부를 닦달하자, 보호 차원에서 서울교구에서 최 신부를 미국으로 보낸 것으로 짐작되지만, 그 서류 자체가 미국으로 보내진 것 같지는 않다. 함세웅 신부는 최근 최치규 신부로부터 다음과 같이 그 자초지종을 들었다.

1972년 10월 계엄령이 내리고 얼마 지나지 않아 정희원 소피아 자매가 서류 보따리 하나를 들고 청파동 성당으로 찾아와 그것을 좀 보관해 달라고 하더라고요. 언뜻 서류 봉투와 녹음테이프가 들어있는 것을 보았지만, 내가 일일이 확인하지는 않았어요. 그런데 소피아 자매가 돌아가고 며칠이 지나 중앙정보부, 보안사 등의 요원들이 성당으로 들이닥쳤어요. 그들은 소피아 자매와 내가 뭔가 긴박한 일을 꾸미고 있는 것으로 추측하고 두어 달가량 오라 가라 나를 압박했어요. 나중에 알게 되었지만, 김상현 의원 집을 드나들던 천주교 신자인 중앙정보부 요원이 그 정보를 상부에 보고했다고 하더군요.

서슬 퍼런 유신 정권과 문제가 벌어지자, 교구에서는 나를 청파동 성당 주임에서 해촉하였고, 나는 사제관을 나와 청파동 근처에 셋방을 얻어 한 달을 지냈어요. 그리고는 얼마 더 지나니 나를 미국으로 보내더군요. 좀 잠잠해질 때까지 피해 있으라는 배려였겠지만, 갑작스러웠고 이유도 없는 미국 발령에 동창 신부들조차 석연찮은 눈초리로 나를 보는 것 같았어요. '저 친구, 여자 문제 아냐?' 그런 의심이었겠죠. 나는 아무 말도 하지 못하는 처지였고. 단돈 백 달러를 갖고 미국에 가 고생고생하며 미니애폴리스 한인 성당을 창설하는 등으로 7년여를 보내고 한국으로 돌아왔어요. 그 서류뭉치는 내가 청파동 성당에서 나와 미국으로 떠나기 전에 소피아 자매 측 사람이 찾아와 다시 가져간 것으로 기억합니다.

정희원 부녀가 보안사 서빙고분실에서 풀려나온 며칠 뒤 친정어머니가 와서 "네 아버지가 나에게, 임자도 그렇지 않고 나도 그렇지 않은데 딸 하나는 수사관의 말대로 '독사 같았다'고 하시더라. 그러면서 네가 아들이었으면 좋았을 것 같다고 하시더라"고 했다. 그 후 친정아버지가 서울로 올라와서 같이 밥을 먹자고 하면서 택시를 타고 중앙청 쪽으로 가다가 "네가 아들이었으면 내가 얼마나 좋겠냐?"고 하면서 5백만 원이 든 봉투를 건네줬다. 친정아버지는 그 일이 있었던 뒤부터 딸과 사위에 대한 태도를 많이 바꿨다. 전에는 친정에라도 오면 까칠하게 "너 또 돈 뜯으러 왔냐?"고 했던 아버지였다. 정희원은 '인간극장' 같았던 그때 그 광경을 담담하게 돌아본다.

아버지는 내가 애 아빠에 대해 불평을 막 하고 그러면 참으라면서, "부모 없이 자랐는데 도둑놈, 깡패, 강도 안된 것만 해도 잘 자란 거다, 속 썩이는 건, 없어 그런 거니까 네가 참으라"고 해요. 우리 어머니도 김 의원에 대해서 참으로 마음 아파했어요. 조실부모해서 저만큼 자랐는데 올바르게 자랐다고. 나중에는 어머니, 아버지가 애 아버지 좋게 봤어요. 아버지는 김 의원이 바르게 사는 걸 더 좋아하셨어요. 나중에는 나보다 어머니, 아버지가 김 의원에 대해 더 좋게 봤죠.

첫 번째 감옥살이

김상현은 며칠 집에 있다가 다시 보안사로 연행되어 조사를 받았다. 새로운 '범죄사실'의 수사가 아니라 기소를 하기 위한 절차였다. 내무위원회 소속 국회의원 여럿이 함께 조사를 받았는데, 구속영장이 떨어진 사람은 김상현, 조연하, 조윤형 셋이었고, 다른 혐의로 김한수 의원이 이들과 함께 구속되었다. 1973년 1월 1일 12시, 새해가 되자마자 세 사람은 서대문구치소로 끌려갔다. 구치소의 육중한 철문 앞에는 수십 명의 기자가 모여들어 네 국회의원의 구속을 취재하기 위해 진을 치고 있었다.

정희원은 남편 김상현이 서대문구치소에 수감 되자 바로 면회를 갔다. 쇠창살 너머 김상현의 모습은 수염이 더부룩한 데다가 빼빼 말라 정희원이 울음을 터트렸다. 김상현은 "당신이 절대로 유신을 지지하면 안 된다고 해서 내가 그 말을 따르다가 여기까지 왔는데, 울기는 왜 우서? 하하!"하며 고난도의 수법으로 아내를 달랬다. 얼마 후 1심 재판이 열렸다. 재판은 일사천리로 진행되었다. 검찰은 뇌물알선과 뇌물수수,

대통령선거법 위반, 국회의원선거법 위반의 죄목으로 김상현에게 징역 7년을 구형했다. 김상현의 최후진술은 비장했다.

민주주의는 누가 거저 가져다주는 것이 아닙니다. 우리가 타는 목마름으로 그리워해 마지 않는 나라의 민주화와 민중의 해방, 민족의 통일은 누가 거저 가져다주는 것이 아닙니다. 싸워서 피 흘려 얻은 민주주의만이 참된 민주주의입니다, 저는 또다시 발가벗겨 거꾸로 매달려 고문을 당하는 한이 있어도 싸울 것입니다. 이것은 국민과 저의 약속입니다. 그러기 위해서는 감옥 안에서나마 최선을 다할 작정입니다.

감옥살이는 처음이었지만, 이에 적응하기는 그리 어렵지 않았다. 워낙 어려서부터 집도 절도 없이 굶기를 밥 먹듯이 해 온 경험에 비춰보면 감옥살이는 호강이었다. 마음대로 돌아다닐 수 있는 자유가 없다는 것만 빼고는 적어도 먹고 자는 일은 걱정 안 해도 되는 것 아닌가, 스스로 위안으로 삼으니 그런대로 지낼만했다. 그런 낙천적 성격 때문인지 감옥살이를 하는 사람치고는 김상현의 표정은 늘 밝았다. 천성이 그런데다가 어려서부터 모진 고생을 하며 단련된 생활습관 때문이었을 것이다. 그래서 함께 수감 되었던 의원들은 김상현의 그런 모습을 보고 '빵잽이 체질'이라고 놀리기도 했다. 임헌영의 회고다.

김상현 의원이 구속되어서 윤형두 씨와 몇 번 면회를 갔어요. 윤형두 씨는 영치금도 자주 넣어주고 그랬어요. 김 의원은 담배를 어찌나 좋아하는지, 면회 중에도 교도관을 구워삶아 담배를 피우곤 했어요. 그러다가 1974년 초에 몇몇 문인들과 함께 내가 《한양》지 사건으로 구속되었지요. 그런데 그 사건은 내가 김 의원을 따라 일본에 갔을 때 김 의원은 미국으로 떠나고 나는 일본에 남아 재일교포 문인들과 접촉한 데서 시발이 되었거든요. 그래서 우리 변호인이 수감 중인 김 의원을 증인으로 불렀나 봐요. 어느 날 재판에 김 의원이 퍼런 수의를 입고 교도관에 이끌려 들어오더군요. 교도관이 김 의원을 붙잡고 증언대로 가려 하니, 김 의원이 불쾌한 표정으로 손으로 탁 치더군요. 그러더니 배짱 좋게 증언을 하고는 교도관들이 저지하든 말든 우리와 일일이 악수를 하고 끌려갔어요. 움츠러들었던 우리들의 사기가 꽤 올랐지요.

어찌 보면 김상현에게 있어 감옥생활은 모처럼의 자기 충전의 시간일 수 있었다. 국회의원의 삶이라는 것이 국정 외에도 매일매일 잡다한 사람들을 만나 잡다한 이야기로 시간을 보내는 소모적 삶이었다. 김상현이 항상 마음에 걸려 하던 것은 자신의 지식기반이 매우 얇다는 것이었다. 그는 '자유는 없지만, 시간은 많은' 감옥에서 역사, 경제, 사회, 문화 분야 등의 도서를 열심히 읽었다. 사마천의 『사기』, 폴 사무엘슨의 『경제학원론』, 그리고 역사 이래의 전쟁사에 관한 책들을 집중하여 읽었다. 독서만으로 하는 공부라서 한계가 있었지만, 그는 역사를 보는 자기의 시각이 확실히 달라졌음을 느낄 수 있었다.

김상현은 서대문구치소에 수감 되어 있을 때 김대중이 일본에서 납치되었다는 소식을 들었다. 1971년 대통령선거에서 신민당의 대통령 후보로 박정희의 간담을 서늘하게 했던 김대중은 1972년 10월 17일 계엄령 선포 당시 제8대 총선 때 의문의 교통사고로 다친 고관절 치료를 위해 일본에 머무르고 있었는데, 유신체제가 들어서자 그는 귀국을 포기하고 해외에서 반유신 활동을 전개하였다. 그러던 그가 1973년 8월

8일, 도쿄의 그랜드 팔레스 호텔에서 괴한들에 의해 납치된 것이다.

김상현에게 있어 김대중은 자신의 정치적 지주였으므로 그의 피납 소식은 하늘이 무너지는 것 같은 커다란 충격이었다. 김상현이 김대중의 무사 귀환을 애타게 기다리던 중, 그가 '용금호'라는 괴선박에 감금되어 수장 위기까지 갔다가 피납 129시간 만인 8월 13일 동교동 자택 부근에서 풀려났다는 소식을 전해 들었다. 나중에 밝혀졌지만, 이 사건은 이후락 중앙정보부장의 지시로 이루어진 일이었다. 김대중이 살아서 돌아왔다는 소식을 들은 김상현은 마치 자신이 십년감수를 한 기분이었다.

김상현은 구속된 지 1년쯤 뒤인 1973년 말 안양교도소로 이감을 갔다. 안양교도소에서는 기결수였기 때문에 약간 자유롭게 감옥살이를 할 수 있어, 박정희의 폭압 통치로 구속된 수많은 양심수를 만날 수 있었다. 1974년 여름에는 민청학련사건으로 구속된 김동길 연세대 교수 등과 그 사건 관련 대학생들이 대거 이감을 왔다. 김상현은 안양교도소의 고참 수감자로 이미 그 특유의 정치력으로 교도소 측과 관계를 터서 비교적 운신이 자유로웠다. 김상현은 어떻게 교도관들을 구워삶았는지 신문을 구해 넣어주기도 하고, 교도소의 최대 금지품목인 담배도 몰래 던져주었다. 당시 민청학련사건으로 구속되어 안양교도소에서 복역하였던 김학민의 회고다.

> 1974년 10월 초인가, 서대문구치소에서 안양교도소로 이감을 갔어요. 교도소 운동장에 잠시 대기하고 있다가 감방 배정을 받고 들어가 기존 수감자들과 인사를 트고 있는데, 푸른 수의를 말쑥하게 다려 입은 김상현 씨가 찾아왔어요. 우리 집이 자기의 지역구인 서대문구에 있었던 데다가 선거 때면 아버지가 도와주었기 때문에 김 의원이 고마워했죠. 철창을 맞대고 이런저런 이야기를 하며 위로를 하더니, 당시

로는 고급담배인 '한산도' 한 갑을 불쑥 감방 안으로 떨어트려요. 담배 한 갑이면 당시 감옥 내의 물물교환 시세로 밍크 담요 한 장과 바꿀 수 있었지요. 나는 그때나 지금이나 담배를 피우지 않아 관심이 없었지만, 우리 감방 사람들이 무척 좋아했던 게 기억납니다.

당시 안양교도소에는 1965년 박정희 권력에 도전했던 소위 '5·7 반혁명사건'의 주모자인 원충연 대령, 이인수 중령 등도 복역 중이었고, 박정희에게 밉보여 '쿠데타 혐의'로 몰려 구속된 수도경비사령관 윤필용 소장과 그의 참모장 손영길 준장 등도 수감 되어 있었다. 김상현은 교도소의 운동시간에 조연하, 조윤형, 김한수 전 의원, 그리고 윤필용 등 군 장성들과 함께 테니스를 치기도 했다. 윤필용은 본래 '하나회'의 리더였으나, 쿠데타 모의 혐의로 군법회의에서 징역 15년형을 선고받고 복역 중이었다.

한번은 김상현이 윤필용에게 이런 질문을 슬쩍 던져 보았다. "만약에 1971년도 대통령선거에서 김대중 후보가 당선되었다면 군부의 반응은 어땠을까요?" 윤필용은 대답 대신 손을 들어 올리며 자동소총을 쏘는 시늉을 했다. 한마디로 군부가 선거 결과를 인정하지 않고 총칼로 뒤집어엎었을 거라는 뜻이었다. 김상현은 우연찮은 이들과의 교류로 김대중과 야당에 대한 군부의 철저한 적대의식을 확인할 수 있었다.

정희원의 고군분투 옥바라지

김상현은 1972년 10월의 유신 정변으로 의원직을 상실하고는 1974년 12월까지 2년여 동안 감옥살이를 했다. 그리고 74년 12월에 감옥에서 나온 후 1992년 14대 국회에 입성하기까지 줄곧 백수로 지냈으니 총합 '20년 백수 생활'이다. 현역 국회의원 시절이었다고 해서 그가 자식들의 학비나 생활비를 아내에게 살갑게 건넸을 가능성은 전혀 없을 터인데, 가족을 위해 돈 버는 데는 젬병이고 남을 위해 돈 쓰는 데는 귀신같은 그가 '20년 백수 생활'을 어떻게 버텨낼 수 있었을까?

김상현은 감옥살이 이전에도 이미 큰 빚을 진 상태였다. 아내 정희원은 김상현이 감옥살이를 하는 동안 서울시청 부근에 문방구를 차려 생계를 이어갔다. 하지만 문방구로는 늘어나는 빚더미를 어떻게 해 볼 도리가 없었다. 그래서 정희원은 새벽에 동대문시장에서 옷을 떼어다가 멀리 시흥의 양품점들에 대주는 장사를 하고, 낮에는 박종률 의원의 포니 승용차를 빌려 연희동에 있는 한국도자기에서 구절판을 떼어다가 파는 장사를 했다. 강화도에서 화문석을 사다가 팔아보기도 했다. 82평 대지에 2층으로 올린 집의 아래층은 세를 주고, 식구들은 나무마루로 되어 있는 2층에서 살았는데, 겨울에도 불을 땔 수가 없었다. 정희원의 회고다.

> 김 의원이 감옥 가기 전에 빚을 엄청 많이 졌어요. 을지로 서울운동장 앞 오륜체육사 친구한테 어음을 빌려서 쓰고, 라사라 양재학원 사장님한테도 빌리고. 한두 푼도 아니고 어음을 빌려 할인해 썼으니 날짜가 되면 어음을 막아줘야 하는데, 난 몰랐잖아요? 처음에는 달러 빚을 끌어다 다 막았죠.

그러다가 고철 장사를 하게 되었는데, 이것으로 큰돈을 벌게 되었다고 한다. 영등포에서 고철 장사를 하는 '백 여사'라는 사람이 있었는데, 정희원과 친한 사이였다. 그런데 어찌해서 사업이 어렵게 되어 자금이 부족해지자 정희원에게 동업을 제안해서 시작한 일이었다. 그런데 수억 원이 들어가는 사업자금의 조달이 문제였다. 처음에는 달러 빚을 얻고, 다음엔 돈 많은 대학 친구에게서 빌렸다. 그런데도 고철 입찰을 받으려면 돈이 부족했다. 그래서 김대중의 부인인 이희호 여사에게 2천만 원을 이자를 주기로 하고 빌리기도 했다. 한 번은 이자를 제날에 못 준 일이 있었는데, 이희호 여사가 원금을 다 갚으라고 해서 무척 서운했었다고 했다. 그런 일들이 겹치면서 정희원은 이희호 여사와 소원해지게 되었다고 한다.

고철 장사는 무척 잘 되었다. 당시 정종구라고, '정인숙 피살사건'의 바로 그 정인숙의 둘째 오빠가 브라질에서 큰 중고기계를 수입해서 고철로 팔았는데, 정희원이 그걸 사서 분해해 상고철, 중고철, 경철, 비철로 팔아 떼돈을 벌 수 있었다. 그뿐만 아니라 오산 미군 부대에서 나온 고철을 입찰 받아 되팔기도 했다. 정희원은 "돈을 무진장 벌었죠. 그냥 번 정도가 아니라 그 시대에 닷새 지나면 오백, 칠백만 원을 벌었어요"라고 했다. 그렇게 해서 김상현이 진 빚을 모두 갚을 수 있었다.

정희원은 고철 사업을 하는 중에도 이 장사, 저 장사 닥치는 대로 했다. 승용차를 사서 세브란스병원 영안실의 상주들을 태워 장지에 하루 갔다 오면 10만 원씩 받는 '나라시 택시' 영업도 했다. 수동윤전기(수동 윤전 등사기)를 파는 사업도 했는데, 다른 사람의 이름으로 중앙정보부에 10대를 납품하기도 했다고 한다. 의사협회를 통해 병원이나 의사들의 집에서 나오는 중고 수입 냉장고, 에어컨 등을 사서 팔기도 했다. 그런데 한번은 동교동계의 어떤 사람이 김상현이 아내를 시켜 의사협회를 끼고 중고냉장고까지 사서 팔게 했다는 험담을 퍼뜨리는 바람에 부부싸움을 심하게 하기도 했다고 한다.

석방된 후 명동성당에서
열린 '구속자 석방
기도회'에 참석한
김대중과 김상현

애 아버지가 뭐 장사할 게 없어서 그런 걸 한다며 난리를 쳤어요. 그
래서 "빚만 져놓고 당신이 먹여 살렸냐?" 하면서 싸움이 났죠. 맨날
돈은 빼다 쓰면서 말이에요. 홍제동 성당의 김승훈 신부님이 토요일이
면 우리 집에 오셔서, 김 의원이 없어도 찌개 끓여서 약주 좋아하니까
술을 드셨어요. 한 번은 우리 실정을 아시고는 화가 나서, 김승훈 신부
님이 성지순례로 외국 갈 때 "김상현 씨, 시켜만 먹지 말고 이번에 내
가 데려갈 테니까 휴가 줘라!"고 말씀하시고는 나를 데리고 갔죠.

석 방

1974년 12월 20일, 김상현은 1년여의 잔여형기를 남겨놓고 형집행정
지로 안양교도소에서 석방되었다. 김상현과 함께 구속되었던 조연하, 조
윤형 두 사람도 함께 풀려났지만, 1971년 대통령선거 유세에서 박정희

후보를 비난한 것을 이적행위로 몰아 반공법 위반으로 구속된 김한수 의원은 석방에서 제외되었다. 교도소에 김한수 의원 혼자만을 두고 나오는 김상현의 마음은 한없이 무거웠다. 감옥을 나오자 김상현은 제일 먼저 김대중, 김영삼 등 야당 지도자를 만나고, 이어 종교계, 언론계의 원로들을 찾아뵈었다.

1972년 김상현 등이 구속되어 감옥에 가 있는 동안, 1973년 4월 남산 부활절 연합예배에서 박형규 목사 등이 주동이 되어 유신을 비판하는 전단을 살포, 박 목사 등 여러 명이 내란예비음모로 구속되었고, 10월 2일에는 서울대학교 학생들이 유신 이후 최초로 유신헌법 철폐시위를 벌였다. 10월 24일에는 동아일보 기자들이 '자유 언론 수호 선언문'을 채택하였고, 이는 조선일보 등의 언론사로 확산되었다. 11월에는 계훈제, 법정, 지학순, 함석헌, 천관우. 백기완 등 각계 원로들의 시국 선언이 있었고, 경북대, 전남대, 연세대, 고려대, 이화여대 등 전국의 대학으로 유신헌법 철폐시위가 번져나갔다. 12월 24일에는 김수환, 함석헌, 천관우, 장준하, 백기완, 김찬국 등 각계 원로 30여 명이 발기한 '개헌청원 100만인 서명운동'이 시작되어 전국으로 들불처럼 번져갔다.

새해가 되자 박정희 정권은 긴급조치 1호를 발동해 유신반대 투쟁을 억누르려 했다. 긴급조치 1호는 유신헌법을 부정·반대·왜곡·비방하는 행위와 이를 권유·선동·선전하거나 타인에게 알리는 언동을 금지하고, 이를 위반할 때는 군법회의에서 15년의 징역형을 선고할 수 있도록 한 초법적 조치였다. 첫 번째 긴급조치 1호 위반자로 장준하, 백기완이 구속되고, 이어서 같은 혐의로 도시산업선교회의 목회자들과 서울대 의대, 연세대 의대생들이 구속되었다.

박정희 정권은 4월 3일 긴급조치 4호를 발동해 민청학련 관련자 1천여 명을 입건, 구속하였다. 민청학련사건에는 불구속으로 기소된 윤보선

전 대통령을 비롯하여 지학순 천주교 원주교구장, 박형규 목사, 김찬국 연세대 신과대학장, 김동길 교수, 김지하 시인 등과 일본인 하야카와 요시하루早川嘉春, 다치카와 마사키太刀川正樹 2명도 구속되어 세계의 이목을 끌었다. 박정희 정권은 군법회의 재판을 통해 사건관련자 14명에게 사형, 13명에게 무기징역을 선고하였고, 나머지 2백여 명에게도 10년에서 20년까지의 중형을 선고했다.

1974년 11월 27일, 종교계, 학계, 정계, 언론계, 법조계 등 각계 인사 71명이 발기인이 되어 '민주회복국민회의' 결성을 선언했다. 민주회복국민회의는 함석헌, 이병린, 천관우, 김홍일, 강원용, 이희승, 이태영 등으로 7인 위원회를 구성, 12월 25일에 창립총회를 열고 구속자 석방과 유신헌법 개정 투쟁을 이끌었다. 박정희 정권은 민주회복국민회의에 참여한 대학교수들을 해직시키거나, 특정 참여자의 비위를 캐내어 협박하였다. 또한, 소속 기자들이 자유 언론 실천 운동에 앞장선 동아일보의 광고주들에게 압력을 가해 광고 없이 신문이 발행되는 사태도 야기했다.

대학가와 재야의 투쟁에 힘입어 제1야당인 신민당도 유신정권에 대한 투쟁의 강도를 높여갔다. 1974년 8월 22일, 신민당은 전당대회를 열고 '선명 야당'을 제창한 김영삼을 당 총재로 선출하였다. 김영삼은 유신헌법 개정을 총재 선거의 공약으로 내세웠는데, 박정희는 김영삼의 총재 선출을 막고자 조직폭력배를 동원하는 등 방해 공작을 펼쳤으나 실패로 돌아갔다. 12월 5일, 신민당 의원들은 국회 본회의장에서 유신헌법 개정과 구속자 석방을 요구하며 철야농성을 벌였다.

김상현은 감옥에서 나오자마자 직감적으로 브레이크 없이 열차가 마주 보고 치달아 오는 것과 같은 그런 상황이 해소되지 않으면, 결국 집권세력이 계엄령을 선포하게 되고, 이에 맞서 민주세력 또한 극한투쟁을

1974년 겨울 재야인사들과 함께

할 것이니 엄청난 비극이 벌어질 것은 뻔하다고 판단했다. 김상현은
1968년 박정희와 청와대에서 회동했을 때, 언제든 찾아오라는 그의 말
을 일단 믿고 싶었다. 그래서 박정희 대통령을 다시 만나 꼬일 대로 꼬
여버린 정국을 풀 방법을 의논하고 싶었다.

주위에 그런 구상을 밝히자 대부분이 사쿠라로 오해받기 딱 십상이
라며 강하게 만류했다. 그러나 김상현은 자기의 결심을 굽히지 않았다.
김수환 추기경을 찾아가 박정희 대통령과 만날 수 있도록 주선해 달라
고 요청했으나, 추기경으로서도 달리 연결할 통로가 없다는 대답만 들
었다. 어찌어찌하여 류혁인 청와대 정무수석을 통해 대통령 면담 요청
을 넣었으나 몇 날 며칠을 기다려도 청와대로부터는 어떤 대답도 들을
수 없었다.

김상현으로서는 박정희 대통령과의 면담이 성사된다면 꼬여버린

정국을 푸는 과정에서 한 역할을 하여 투옥으로 인한 2년여의 정치 공백기를 일거에 만회할 수 있을 것이라는 초조감도 있었을 것이나, 그러한 제안은 당시의 정세로 볼 때 현실성이 전혀 없는 공염불이었다. 더구나 당시의 박정희는 김상현이 1968년에 만난 박정희가 아니었다.

1968년의 박정희는 그런대로 국가발전을 위해 고심과 노력을 하면서 국민 여론에도 귀를 기울였다면, 1975년의 박정희는 개인적으로는 황음에 빠져 있었고, 정치적으로는 영구집권을 위해 야당 등 비판세력과 언론에 재갈을 물리고 무자비하게 탄압하는 독재자일 뿐이었다. 그러하니 '박정희 면담' 해프닝은 박정희에게나 재야 세력에게나 김상현이 정세를 객관화하지 못하고 자기의 위상과 역할을 무모하게 상정하는 모습으로 비쳤을 것이다.

고문 폭로 기자회견

박정희 대통령 면담을 신청했지만, 청와대로부터 아무런 답변도 듣지 못하자 김상현은 크게 실망했다. 좋은 뜻으로 한 제안을 무시하니 이제는 싸울 수밖에 없다는 생각을 하였다. 김상현은 1972년 10월 유신 선포 직후 보안사 서빙고실에 끌려가 받았던 고문 수사를 폭로하기로 했다. 당시 김상현과 함께 구속된 세 의원 외에도, 풀려났지만 보안사에 있는 동안 혹독한 고문을 받았던 야당 의원도 십수 명에 달했다. 김상현은 이들을 한 자리에 모아 각자 받은 고문을 폭로하는 식으로 기자회견을 하기로 했다.

1975년 봄, 중앙정보부, 보안사 등 정보기관에서의 고문 수사가 크게 문제가 된 것은 그해 2월 15일 민청학련사건 관련 학생들이 석방되면서,

그들과 인혁당 재건위 사건 관계자들이 받은 참혹한 고문 수사를 동아일보에 폭로하면서였다. 특히 민청학련을 배후조종했다는 혐의로 구속된 인혁당 관련자들에 대한 고문은 필설로 옮기기도 어려울 정도로 참혹했는데, 이를 시인 김지하가 동아일보 연재 수기에서 밝혀 엄청난 반향을 일으켰다.

민청학련사건 관련자들에 대한 고문 수사는 자국민 2명이 그 사건과 관련되어 구속된 일본에서도 크게 여론이 일어났고, 급기야 한국 중앙정보부의 고문 수사를 비롯한 인권유린을 조사하기 위해 미 하원이 소위원회를 구성, 그 위원장인 프레이저 의원이 내한하기도 했다. 김상현이 야당 의원들에 대한 정보기관의 고문 수사를 폭로하기로 한 것은 당시의 그런 분위기에 크게 고무된 결과였다.

사실 국민의 대표인 국회의원이 정보기관에 끌려가 무참하게 고문을 당한 것은 박정희 정권의 집권당이었던 소위 '공화당 4인 항명 파동' 때였다. 1971년, 야당이 제기한 오치성 내무부 장관에 대한 해임건의안이 국회에서 통과되었다. 당시 국회의 의석 분포는 공화당 113석, 신민당 89석, 기타 2석이었는데, 총투표 203표 중 찬성 107표, 반대 90표, 무효 6표로 공화당에서 최소한 20표 이상이 이탈한 것이다.

이 항명 사태는 김성곤 당 중앙위원장, 길재호 사무총장, 백남억 당의장, 김진만 재정위원장 등 4명이 주도했는데, 이들은 곧 중앙정보부로 끌려가 모진 고문을 당하고 공화당을 탈당하는 등 큰 파문이 일었다. 길재호는 고문의 후유증으로 이후 지팡이에 의지해 살 수밖에 없었고, 김성곤은 중앙정보부에서 그의 트레이드 마크와 같았던 콧수염을 모두 강제로 뽑히는 수모를 당했는데, 그 충격으로 얼마 지나지 않아 타계했다.

집권당의 실세 국회의원까지도 그런 대접을 받았으니 계엄령 하의 야당 의원들에 대한 고문이 어떠하였으리라는 것은 더 이야기할 필요가 없을 것이다. 김상현은 12명의 의원으로부터 각기 구술받은 고문 내용을 수집하여 정리, '고문 폭로 선언문'을 만들었다. 이 유인물은 극도의 보안을 유지해야 했으므로 당시 가택연금 중이었던 동교동 김대중의 자택에서 작성하고 등사하였다. 임헌영의 증언이다.

> 김상현 의원이 "이럴 때는 오히려 가택연금 중인 김대중 선생 댁이 안전하니 거기에서 선언문을 작성해 등사해 오라"고 해 살짝 김 선생 댁에 들어가 종일 선언문을 쓰고 '가리방' 긁고 등사기로 밀고해서 끝냈어요. 물론 김대중 선생도 읽어보았고, 맨 끝에는 김상현 의원을 첫째로 해서 고문당한 의원 12명의 이름을 죽 불러주어서 그렇게 마무리했지요. 그런데 저녁에 김상현 의원이 들어와 완성된 유인물을 보더니, "이거 말이 안 된다. 나를 뒤로 돌리고 조윤형 의원을 맨 앞으로 하라"는 거예요. 내가 김대중 선생께서 정해준 거라 하니까, 김대중 선생께도 강력히 자기주장을 하더군요. 당시 김대중 선생은 조윤형 의원이 당신 말을 잘 따르지 않아 별로 좋아하지 않았다고 해요. 결국, 조윤형 의원의 이름을 앞으로 옮겨야 하니 애써 만든 유인물을 모두 폐기하고, 밤을 새워가며 내가 처음부터 다시 작업했어요. 김상현이라는 사람, 그런 사람이에요.

김상현은 시간에 맞춰 고문 폭로 기자회견장인 뉴서울호텔로 갔는데, 사복형사들이 그를 끌어내는 바람에 결국 회견장으로 들어가지는 못하고 선언문은 김녹영 의원이 발표하였다. 김상현은 바로 서대문경찰서로 끌려가 조사를 받았다. 그는 구속까지 각오하였지만, 당시 박 정권이 국내외 여론에 밀려 있었던지라 다행히 이틀 만에 풀려났다.

09

박정희의 죽음과
유신체제의 붕괴

09
박정희의 죽음과 유신체제의 붕괴

김대중의 대리인

1976년 3월 1일, '명동성당 구국선언사건'이 터졌다. 재야 정치인, 지식인, 종교인 등이 명동성당에 모여 '민주구국선언문'을 발표하고 '국민연합'을 결성한 것이다. 여기에 참여한 인사는 윤보선 전 대통령을 비롯하여 함석헌, 정일형, 김대중, 윤반웅, 안병무, 이문영, 서남동, 문익환, 문동환, 이해동, 이우정, 함세웅, 문정현, 신현봉 등이었다.

이들은 선언문에서 "첫째 독재정권의 쇠사슬에 국민이 묶여 있고 국가안보의 구실 아래 사상·양심의 자유가 위축되며 언론의 자유, 학원의 자주성이 암살되고 있으며, 둘째 한국경제를 일본경제에 완전히 예속시키고 모든 산업·노동력을 일본경제의 침략에 희생시켰고, 셋째 제3세계에 눈을 돌리지 않은 결과 국제적으로 고아가 되어 서방사회로부터도 버림받고 있다"고 박정희 정권을 비판하였다. 선언문은 또한 긴급조치의 철폐, 구속 인사 석방, 언론·출판·집회의 자유 보장, 국회 기능 회복, 사법부 독립 등 5개 항을 실행할 것과 박정희 정권의 퇴진을 요구했다.

이 사건으로 김대중, 문익환, 함세웅, 신현봉, 문정현, 문동환, 이해동, 서남동 등이 대통령 긴급조치 9호 위반 혐의로 구속되었다. 김대중이

명동성당 구국 선언으로 김대중이 구속되었을 때 석방요구 농성(1976)

구속되자, 김상현은 자연스럽게 그의 대리인 역할을 해야 했다. 김대중의 김상현에 대한 신뢰가 깊었기도 했지만, 김상현 또한 얼마 전에 감옥에서 나와 정치활동은 물론 사회활동에 제약이 있었음에도 동교동계 인사 중 김상현만큼 김대중의 의중을 살펴 막후의 일을 해낼 사람이 없었기 때문이었다.

　김대중이 구속된 상황에서 그에게 닥친 시급한 임무는 동교동계를 추슬러 1976년 9월 15~16 양일에 걸쳐 열릴 신민당 전당대회에 대처하는 일이었는데, 그 구체적인 사항은 김영삼의 총재 재선을 무산시키는 일이었다. 동교동계가 이런 결정을 하게 된 데는 김영삼이 당 총재로 있으면서 보여준 거듭된 미심쩍은 행동 때문이었다. 이 중에서도 김영삼의 선명성을 의심하게 된 결정적인 사건은 1975년 5월 21일에 열린 김영삼과 박정희의 청와대 영수회담이었다.

1975년 4월, 북베트남군에 의한 월남의 함락이 예견되면서 박정희 정권은 극도로 긴장하게 된다. 월남군은 천문학적인 미국의 군사원조를 받고도 베트콩과 북베트남군의 공격에 제대로 힘 한 번 쓰지 못하고 두 손을 들어버렸으니, 국가안보를 이유로 유신독재체제를 출범시켰던 박정희로서는 크게 당황할 수밖에 없었다. 박정희는 우선 전가의 보도와 같은 안보위기를 내세워 민주화 세력과 야당을 압박했다.

박정희 - 김영삼 영수회담

국제정세와 국내 상황이 여의치 않자 4월 23일 김영삼은 박정희에게 영수회담을 제의, 5월 21일 그 회담이 열렸다. 이날 청와대에서 오전 10시 30분부터 2시간가량 배석자 없이 회담을 끝내고 나온 두 사람의 표정은 무척 밝았다. 박정희는 현관까지 나와 김영삼을 배웅하기도 했다. 당사로 돌아온 김영삼은 박정희와 회담 내용을 공개하지 않기로 약속했다는 이유를 들어 함구했다. 청와대 김성진 대변인도 "난국 극복을 위해 여야가 힘을 모으기로 의견을 같이했다"는 정도의 내용만을 발표해 의구심은 더욱 증폭됐다.

그런데 여야영수회담이 끝나고 난 후부터 김영삼은 박정희 정권에 대한 이전의 비판적 태도에서 돌변하여 유화적 태도를 보이기 시작했다. 신민당 의원들이 박정희 정권을 비판하는 발언을 할 때마다 이를 제지하는가 하면, 당보 〈민주전선〉의 편집 방향에까지 일일이 간여하기도 했다. 그러하니 '김영삼이 박정희의 함정에 빠졌다', '수억 원의 돈을 받았다'라는 소문들까지 나돌았다. 회담이 끝난 뒤 상도동계 사람들과 만난 자리에서 만면에 웃음을 띠고 "김대중이는 끝났어!"라고 말했다는 사실도 전해졌다.

당시 청와대에서 박정희와 두 시간가량 나눈 이야기가 모두 공개되지는 않았지만, 김영삼은 자신의 회고록 『민주주의를 위한 나의 투쟁』(백산서당, 2015)에서 이 영수회담에 대해 아래와 같이 밝히고 있어, 당시 밀약설의 소문이 어느 정도 근거가 있었던 것으로 드러났다.

> 박정희는 창밖의 새를 가리키며 "김 총재, 내 신세가 저 새 같습니다"라고 하고는 손수건으로 눈물을 닦는 것이었다. 그 모습을 보니 인간적으로 안 됐다는 생각이 들었다. 나는 박정희에게 "민주주의 하자, 대통령 직선제 하자"고 말을 꺼냈다. 그러자 박정희는 "김 총재, 나 욕심 없습니다. 집사람은 공산당 총 맞아 죽고 이런 절간 같은 데서 오래 할 생각 없습니다. 민주주의 하겠습니다. 조금만 시간을 주십시오"라고 답했다. 그러면서 박정희는 "김 총재, 이 이야기는 절대 우리 둘만의 비밀로 합시다. 내가 정권을 내려놓는다고 하면 대통령으로 일하는 데 여러 가지 문제가 생깁니다"라고 말했다. 나는 그의 말을 일단 진심으로 믿어 보기로 했다.

1975년 10월 8일, '김옥선 파동'이 일어났다. 정기국회 회기 중인 이날, 신민당의 김옥선 의원은 대정부 질의에서 "인도차이나반도의 공산화 이후 전국적으로 파급되는 안보궐기대회, 민방위대 편성, 학도호국단 결성, 정부의 끊임없는 전쟁 위협 발언 등은 국가안보를 빙자한 정권 연장의 수단"이라고 일갈했다. 김옥선의 발언에 여당 의원들이 일제히 들고 일어나 아우성을 쳤고, 민주공화당과 유정회는 긴급 합동의원총회를 열어 김옥선의 발언을 이적행위로 규정, 국회에서 제명하기로 결의했다.

이에 신민당은 김옥선 의원을 제명하면 당 소속 의원 전원이 운명을 같이하기로 결의하였다. 그러나 막상 정일권 국회의장이 "김옥선의 발언은 안보를 위태롭게 하고 국회의 품위를 손상시키는 이적행위"라며 징계안을 회부시켜 제명절차를 진행했으나 신민당 지도부는 적극적으로 행동에 나서지 않았고, 심지어 김영삼 총재는 김옥선 의원에게 의원직을 사퇴하라고 종용했다. 결국, 김옥선은 국회의원직을 사퇴하였고, 피선거권도 10년간 박탈되었다.

이러한 일련의 사건을 계기로 신민당 내에서는 반유신 투쟁의 수위를 놓고 선명성 논쟁이 벌어졌다. 특히 주류 상도동계에 반발하여 고흥문계, 신도환계, 정일형의 화요회, 이철승계, 동교동계 등의 비주류가 연대하여 김영삼의 퇴진을 압박했다. 더욱이 김영삼과 박정희의 영수회담에서 두 사람이 '김대중 배제'에 합의한 듯한 이야기까지 흘러나왔으니, 김대중 측으로서는 더 이상 김영삼을 총재로 지지할 수 없는 일이었다.

김상현은 전당대회에서 김영삼의 당 총재 재선을 저지하기 위해 백방으로 움직였다. 김상현은 당 중진인 송원영, 조연하, 조윤형 등과 협의하여 김영삼을 불신임 퇴진시키기로 했다. 그리고 이번 전당대회에서 집단지도체제를 채택해 총재제를 폐지하고 당대표 격인 대표최고위원과 최고위원을 선출하기로 뜻을 모았다.

드디어 대표최고위원을 선출하는 날, 1차 투표 결과는 김영삼 349표, 이철승 263표, 정일형 134표, 박용만 12표 등이었다. 누구도 과반의 득표를 하지 못해 결선투표로 가게 되었다. 김상현은 평소 자기와도 가까우면서 김대중의 제1 후원자인 정일형에게, 결선투표로 갈 경우 이철승을 지지하도록 작업을 미리 해놓았다. 이철승의 정치적 성향이 문제가 없지는 않으나 김영삼의 대여 유화 책동을 막기 위해서는 다른 대안이 없다고 생각했다.

대의원들이 2차 투표를 시작하기 직전, 김상현은 정일형 의원을 모시고 연단 위로 올라갔다. 정일형은 조금도 주저하지 않고 "저를 지지하는 대의원님들은 이철승 의원에게 표를 몰아주십시오"라고 선언했다. 결국, 2차 투표에서 이철승이 출석 대의원의 과반 이상을 득표해 대표최고위원으로 선출되었다.

김대중의 신민당 탈당

1977년 4월, 유신체제의 폭압이 날로 기승을 더해 갈 즈음, 김대중은 징역 5년에 자격정지 5년을 선고받고 진주교도소에서 복역 중이었다. 그런데 김대중이 교도소 안에서 처우 개선 등을 요구하며 단식투쟁을 시작했다는 소식이 전해졌다. 옥중의 김대중을 대신하여 여러 가지 정치적 역할들을 수행하고 있는 김상현에게 또 한 가지 일이 떨어진 것이다.

무엇보다 김대중의 단식투쟁을 국민에게 알리는 것이 중요했다. 김상현은 단식투쟁의 파장을 더 확산시키기 위해서는 김수환 추기경과 같은 존경받는 원로가 관심을 표명해 주는 것이 좋겠다고 생각했다. 그래서 김수환 추기경을 찾아가 김대중에게 단식 중단을 바란다는 간곡한 서신을 받아냈다. 그리고 이를 50장가량 복사하여 김대중의 부인 이희호와 동지들에게 건네주고는 주변에 전달할 것을 요청했다. 그리고 진주로 내려갔다. 진주교도소 앞에는 문익환 목사 등 재야인사들과 수백여명의 지지자들이 모여들어 김대중의 석방을 외치고 있었다.

진주교도소에서 단식투쟁을 벌이던 김대중은 1977년 12월 19일,

제7대 대통령선거 때 당한 의문의 교통사고로 인한 지병이 악화하여 서울대학교병원으로 이송되었다. 가족과 변호인에게만 면회가 허용되었으므로 김대중을 만나기는 불가능했다. 그로부터 석 달여가 지난 어느 날, 이택돈 변호사가 만나자는 연락을 해왔다. 이택돈은 김대중의 변호인이었기에 김상현은 서둘러 그를 만나러 갔다. 이택돈은 김대중을 만나고 오는 길인데, 김대중이 김상현에게만 전달하라고 했다면서 그의 뜻을 전해 주었다. 김대중이 신민당을 탈당하겠다는 것이었다.

김상현은 순간적으로 서운함과 불안감이 교차하였다. 우선 그의 분신처럼 바깥에서 모든 것을 바쳐 일하고 있는데, 김대중이 탈당에 대해 자신과 상의 한번 없이 혼자서 결정해 버린 것이 몹시 서운했다. 다음으로는 그 시점에서의 김대중의 탈당은 좋은 선택이 아니라는 판단에서였다. 김대중은 신민당의 핵심 지도자 중 한 명이고, 더구나 대통령 후보였던 사람이다. 그런 그가 신민당을 탈당해 버리면 명분상으로 옳지 않다고 보았다.

설령 신민당이 국민에게 불신을 받고 있다 할지라도 딱히 다른 대안이 없는 한 신민당을 바로잡기 위해 최선을 다하는 것이 올바른 선택이라고 보았다. 게다가 신민당은 김대중이 당원 및 지지자들과 소통할 수 있는 유일한 창구인데, 탈당해 버리면 스스로 자신의 대문을 걸어 잠그는 것이나 다를 것이 없어 실리적으로도 맞지 않다고 보았다.

신민당의 탈당을 둘러싸고 김대중과 김상현의 정치적 판단은 서로 엇갈렸다. 정치적 동지이자 참모로서 오랜 세월을 함께해 왔지만, 중요한 문제에서 판단이 엇갈리는 첫 경험이었다. 하지만 김상현과 김대중은 어떤 경우라도 결코 뗄 수 없는 관계였다. 그는 내키지 않았지만 김대중을 대신하여 신민당 당사에서 기자회견을 열고 김대중의 탈당 성명서를 읽었다.

김대중이 감옥에서 나온 다음 김상현은, 그때 탈당하겠다는 이유가 무엇이었느냐고 물었다. 사전에 상의하지 않아 서운했다는 얘기와 함께 탈당은 정치적으로 잘못된 결정이라는 것을 말씀드렸다. 그러자 김대중은 자신이 탈당계를 제출하면 이를 당에서 수리하지 않을 것이라고 생각했다고 답했다고 한다.

파국을 향하는 유신체제

1970년대 후반이 되자 박정희 정권의 파국을 향한 질주는 가속화되었다. 박정희는 차지철 같은 극소수 강경 충성파들에게 둘러싸여 시국이 어떤 방향으로 흘러가고 있는지 판단할 수 있는 능력을 상실해 가고 있었다. 더구나 그는 1974년 8월 15일 영부인 육영수가 문세광의 저격으로 사망하자, 연예인을 비롯한 젊은 여성들을 자주 청와대 부근 안가에 불러들여 질펀한 연회를 여는 등 황음荒淫에 빠져 있었다.

그러한 상황에서도 박정희는 1978년 7월 6일, 장충체육관에서 통일주체국민회의 대의원들이 뽑는 선거를 통해 제9대 대통령에 다시 당선되었다. 박정희는 출석 대의원 2,578명 중 2,577표를 얻어 99.96%의 득표율로 대통령에 당선된 것이다. 1972년 '유신헌법'이 제정되고 나서의 첫 선거인 12월 23일의 제8대 대통령선거에서도 박정희는 통일주체국민회의 대의원 2,359명 중 2,357표를 얻어 득표율 99.9%로 당선되었으니, 국민이 보기에 참으로 괴기스러운 광경이 반복된 것이다.

1978년, 긴급조치 9호의 공포를 극복하고 민주화 세력의 저항은 더욱 격렬해지고 있었다. 박정희 정권은 체제저항 세력을 억압하기 위해 각종 반공법 위반 조직사건을 양산했다. 1979년 4월 20일, 치안본부는

"북괴의 지령에 따라 통일혁명당을 재건하여 통일전선을 형성하고, 결정적 시기에 봉기하여 대한민국의 적화를 기도했다"는 혐의로 7명을 구속했다고 발표했다. 1979년 10월에는 해방 후 최대 조직사건으로 불리는 '남조선민족해방전선준비위원회(남민전)' 사건을 발표하였는데, 이 사건으로 84명이 검거되었다.

박정희 정권은 온건 노선의 시민운동가에 대해서까지 고문과 투옥을 남발하였다. 1979년 4월 16일, 대대적으로 언론에 보도된 크리스챤 아카데미 사건이 대표적인 사례였다. 크리스챤 아카데미는 강원용 목사의 주도하에 민民과 지식인 사이를 매개하는 중간집단을 사회적 자유와 정의를 실천하는 개혁 주체로 양성하자는 온건 노선의 사회운동이었다. 박정희 정권은 유신 말기 노동, 농민, 여성운동 등이 활성화되기 시작하자 그 배후로 크리스챤 아카데미를 지목하고 한명숙, 이우재, 장상환, 김세균 등 이 단체의 간사들을 대거 구속하였다. 이들은 법정에서 중앙정보부에 끌려가 가혹한 고문을 당했음을 폭로하였다. 한명숙은 구둣발로 짓밟히고 야전침대 각목으로 온몸을 두들겨 맞아 걷지도 못할 정도였다.

1978년 12월 12일의 제10대 총선은 유신체제가 종말에 와있음을 보여주는 일대 사건이었다. 이 선거에서 공화당은 68석, 신민당은 61석을 획득하였지만, 신민당은 총 득표율에서 32.3%를 얻어 31.2%를 얻은 공화당을 앞질렀다. 국민이 표로써 박정희 정권을 심판한 것이다. '닭의 목을 비틀어도 새벽은 오고' 있었지만, 박정희 유신체제는 더욱더 짙은 어둠을 향해 돌진하고 있었다.

의심스러운 이철승의 중도통합론

1978년 12·12 총선은 민심이 박정희 정권을 떠났음을 보여주었다. 그런데 문제는 신민당이었다. 당시 신민당은 이철승 대표최고위원이 이끄는 체제였는데, 이철승은 사쿠라 중에서도 '왕사쿠라'로 불릴 만큼 당을 거의 어용 집단으로 운영하고 있었다. 이철승은 '중도통합 노선'을 표방했다. 이는 사실상 박정희 유신정권과 정면으로 투쟁하기보다는 대충 타협하면서 만년 야당의 길을 가겠다는 것이었다. 곧 주장은 그럴듯했지만, 그 노선은 국민의 자유와 민주주의를 폭력적으로 억압하는 박정희 독재정권에 대한 투쟁을 외면하고 포기하겠다는 것이나 다름없었다.

이철승은 1976년 정일형 의원이 3·1 명동성당 구국선언문 사건으로 의원직을 박탈당할 때도 철저히 침묵했다. 이철승은 국정의 한 축인 제1야당 대표인데도 불구하고 일개 청와대 경호실장인 차지철이 만남을 요청하면 득달같이 차지철의 안가를 방문했고, 이를 '참여 속의 개혁'이라는 얼토당토않은 명분으로 합리화시켰다.

1979년 3월, 백두진을 국회의장으로 뽑는 과정에서도 이철승은 여지없이 '사쿠라 정치'의 표본을 보여주었다. 백두진은 국민의 직접 선거로 뽑힌 국회의원이 아닌, 유신헌법에 의해 박정희가 임명한 유정회 소속 국회의원이었다. 그런 사람이 국회의장이 된다는 것은 관례로 보나 법리로 보나 국회와 국민에 대한 모독이 아닐 수 없었다. 그래서 신민당 의원들은 국회의장 선출 때 본회의장에서 퇴장하기로 결의했는데, 공화당과 유정회는 "신민당 의원들의 퇴장은 유신체제에 대한 도전"이라고 겁박했고, 이철승은 이에 굴복하여 백두진의 국회의장 선출을 수수방관하였다.

김상현과 이철승의 한때
(1970년대)

당 지도부의 이러한 행태가 반복되자 신민당 내에서 이철승 체제에 대한 비판의 분위기가 거세게 달아오르기 시작했다. 그런 가운데 1979년 5월 30일 새로운 당 대표를 뽑는 전당대회가 열릴 예정이었다. 전당대회를 2개월여 앞두고 4월부터 전국에서 지구당 개편대회가 열렸는데, 김영삼은 여러 개편대회에 참석하여 '백두진 파동'에서 드러난 이철승 체제의 참담한 굴종을 맹렬히 비난했다.

당시 신민당의 세력 분포는 김대중, 이철승, 김영삼 계보가 엇비슷하게 분점하고 있는 상태였다. 이런 조건에서 세력균형의 추는 한 계보를 끌어들여 두 계보가 연대에 성공하는 쪽으로 기울게 돼 있었다. 김대중이 이철승을 끌어들인 1970년 신민당 대선 후보지명 전당대회가 그랬고, 이철승이 김대중을 끌어들인 1976년의 당 대표 선출 전당대회가 그랬다.

1979년의 전당대회를 앞둔 세력 판도는 이철승이 김영삼을 앞서고 있었지만, 김상현은 '이번 전당대회에서 계파 간의 연횡합종連衡合縱으로 뭔가 판을 만들어 볼 수 있겠구나' 하는 생각을 본능적으로 떠올렸다. 김대중이 몇 개월 전에 김상현과 함께 신민당을 탈당해 있는 상황이라 그 전당대회에 간여하기는 다소 애매했지만, 김상현은 김영삼이 총재 선거에서 이철승을 누를 유일한 방법은 김대중의 지지를 끌어내는 데 있다고 보았다. 박정훈의 증언이다.

> 1979년 5월 초 무교동의 뉴서울호텔에서 후농과 만나 이런저런 이야기를 나누고 있었는데, 후농이 나에게 "우리 신민당 전당대회에 한번 개입해 보자"며 툭 던졌다. 나는 "김대중 선생이나 우리 모두 신민당에서 탈당한 상태인데 어떻게 전당대회에 개입합니까?" 하고 반문했다. 후농은 "그런 거는 상관없어. 내가 김대중 선생을 움직여 볼 터이니 김영삼 씨를 당수로 만들어 보자. 우선 내가 먼저 와이에스를 찾아가서 그런 얘기를 할 수는 없으니, 자네가 김덕룡에게 얘기해서 YS가 '나를 보자'고 하라고 해" 하는 거야. 사실 김덕룡에게는 훨씬 전부터 YS가 다시 당권을 잡으려면 김대중 선생의 지지를 받아야 한다고 여러 번 이야기했지.

김영삼의 신민당 총재 복귀

김상현이 이런 구상을 하게 된 것은 나름의 확신이 있어서였다. 1978년 6월 즈음의 김대중은 가택연금 상태여서 외부와의 연락이 일절 차단되었다. 그러던 어느 날 김대중이 김상현에게 엽서 한 장 크기에 빽빽하게 적은 서신을 은밀하게 보내왔다. 요지는, '지금 김영삼에게 불만이 있더라도 그가 민주회복 투쟁을 계속하는 한 적극적으로 밀어주는 것이 도리이며, 국가에 대한 책임이다. 그러니 지금은 불만이 있더라도 김영삼을 정치적으로 공격할 때가 아니니, 주위 사람들도 잘 설득해주길 바란다'는 것이었다. 그러면서 '당분간은 김영삼을 만나거나 재야인사 입당 문제를 논할 일이 없을 테니 유유자적하면서 후일을 구상해 주기 바란다'는 내용으로 결론을 맺었다. 김상현은 김대중의 이 서신에 크게 감명을 받은 바 있었다.

박정훈은 김상현의 제안대로 김덕룡에게 연락을 보냈는데도 답이 오지 않아, 자기와 가까이 지내고 있는 김영삼의 비서 박병환에게 다시 그 내용을 김영삼에게 전달해달라고 요청했다. 그러자 김영삼에게서 바로 김상현과 만나자는 연락이 왔다. 김상현은 김영삼을 만나 전당대회와 관련한 얘기를 나누고는 바로 김대중을 찾아갔다. 김상현은 김대중에게 "지금 국민 사이에서는 유신에 대한 반감이 급속히 고조되고 있는데, 야당은 아무것도 못 하고 있다. 야당이 변화되어야 하고, 그러자면 이번 전당대회가 무엇보다 중요하다. 김영삼과 연합해서 그를 당수로 세우자"고 제안했다. 김대중을 만나고 온 김상현은 박정훈에게, 2~3일 내로 김대중을 찾아가 '김영삼 지지'의 필요성을 말씀드리라고 했다. 박정훈의 증언이다.

그날 비가 주룩주룩 오는데 동교동을 갔지. 그때 집을 수리한다고 하여 집안에는 들어가지 못하고 마당에 쳐놓은 천막 같은 데에 김대중 선생과 둘이 앉아 "지금 국민이 유신에 대해 염증을 보인 것은 지난 국회의원 선거에서 야당이 1% 더 득표한 것이 증명하지 않습니까? 지금 유신정권과 전쟁을 해야 하는데, 선생님은 못하시니까 김영삼을 내세워야 되지 않습니까?"라고 하며 나름 김대중 선생을 설득했지. 김대중 선생은 가타부타 말없이 내 말을 듣고만 있더라고.

김상현이 다시 김대중을 찾아갔다. 김상현의 설득에 마침내 김대중은, 자기와 윤보선, 함석헌 세 사람이 공동대표인 '민주회복국민회의'에서 허락하면 자신도 움직이겠다는 조건을 달아 수락했다. 드디어 돌파구가 열리기 시작했다. 김상현은 박정훈에게 김영삼을 찾아가 진전 상황을 설명해 주도록 부탁했다. 박정훈으로부터 상황을 전해 들은 김영삼은, 먼저 자신이 직접 김대중을 찾아가 지지를 부탁하겠다고 했다. 김영삼이 김대중을 찾아가 합의를 이루어 냈다는 소식을 들은 윤보선과 함석헌은, 두 사람의 연대를 흔쾌히 받아들였다. 박정훈의 증언이다.

김덕룡에게 전화하여 "내일 새벽 6시에 내가 김영삼 씨 댁을 찾아가마" 그랬더니 알았다고 해. 나는 김영삼 씨에게 세배도 가봤지만, 늘 사랑채에 이렇게 앉아 있잖아. 응접실에 쭉. 근데 2층에 가니까 자기 방이 따로 있더라고. 김영삼 씨가 거기로 올라오라고 해서 올라갔어. 근데 이 양반이 말이야, 청바지를 떡 입고 시원한 분홍색 남방을 입고 있어, 아주 멋져 보여. 나이가 몇인데 청바지를 입고, 이렇게 찻잔을 들어서 중국 차 있잖아? 그걸 이렇게 따라서 주는 거야. 그걸 마시고 나면 또 이렇게 따라주면서 얘기를 하는 거야. 그래서 내가 그 얘기를 했지. "김대중 선생님이 총재님을 밀어야 하는데, 국민회의가 승낙하면 부담 없이 민다고 그렇게 얘기를 했습니다," "아, 그랬어?" 그러더라고. 한참 얘기를 하다가, "그러면 말이야. 내가 바로 동교동 김대중 선생 집에 찾아가면 어때?" 그러시더라고. 그래서 내가 "그건 더 좋지요" 그랬어. 그래서 그날 YS가 DJ를 찾아간 거야.

이렇게 해서 김상현은, 이철승을 퇴진시키고 김영삼을 당 총재로 밀자는 데에 김대중과 의견 일치를 보았다. 그런데 문제는 조직력이었다. 이철승은 당 대표를 지내면서 막강한 조직력을 구축하고 있었고, 박정희 정권의 측면 지원까지 받고 있었다. 게다가 총재 선거에 후보들이 난립함으로써 이철승은 더욱 유리한 고지를 점하고 있었다. 총재 선거에는 이철승, 김영삼, 신도환, 조윤형, 박영록, 김재광, 이기택 7명이 출마하였다. 이철승을 꺾으려면 김영삼과 지지세력이 겹치는 조윤형, 박영록, 김재광, 이기택을 사퇴시켜야 했다. 김대중은 이를 회의적으로 보았지만, 김상현이 총대를 메고 나서기로 했다.

　우선 조연하를 만났다. 조연하는 1971년 대통령 후보 경선대회에서 의기투합한 적도 있었고, 유신 정변으로 감옥에 갈 때 한 포승줄에 묶였던 사이여서 일종의 동지적 관계였다. 조연하는 조윤형을 밀고 있었다. 김상현은 조연하에게 "박영록도 대의를 위해 사퇴하기로 했다"고 거짓말을 하면서 조윤형을 사퇴하게 해달라고 요청해, 조연하와 합의를 보았다. 그다음에는 박영록을 만나 "조윤형이 민주화의 대의를 위해 사퇴키로 했다"고 말해 박영록의 사퇴를 받아냈다. 그리고는 김재광 측의 노승환을 만나 "조윤형, 박영록도 사퇴하기로 했는데, 망신당하지 말고 사퇴하라"고 종용해 김재광의 사퇴를 끌어냈다. 그러나 이기택은 후보 사퇴를 완강하게 거부해 성사되지 못했다.

　김상현은 마지막으로 김영삼을 만났다. 김영삼이 총재로 당선되면 모든 당직 인선을 김대중과 합의해서 결정하고, 김대중을 상임고문으로 추대한다는 약속을 받아냈다. 김상현의 탁월한 협상력과 조정 스타일을 잘 보여주는 장면이었다. 필요하다면 '선의의' 거짓말도 해가면서 공통분모를 점차 넓혀가고, 다시 이를 합의의 압력판으로 활용하여 최종 목표를 향해 포위망을 좁혀 나아가는 방식이었다.

신민당의
지구당 개편대회에서
반이철승으로 뭉친
김상현, 조연하, 조윤형
(1979)

전당대회 전날, 김상현은 김대중을 수행하여 김영삼 지지자들이 모인
중국집 아서원의 단합대회장으로 갔다. 거기에서는 조윤형과 박영록이
먼저 도착하여 사퇴의 변을 발표하고 있었다. 김대중은 8백여 명의 지지
자 앞에서 김영삼을 지지해야 하는 이유에 대해 한 시간에 걸친 긴 연
설을 하였다. 김대중의 열변에 환호의 박수가 터져 나왔다. 이날 저녁
김대중의 연설 요지는 다음과 같았다.

반독재 운동의 선두에서, 박정희 정권뿐만 아니라 이철승의 당권파로
부터도 온갖 박해를 받고 있는 김영삼 동지가 이번 경선에서 당선되
는 것이 신민당을 살리는 길이고, 국민을 살리는 길이기 때문에 나는
김영삼 동지를 지지합니다.

전당대회는 이철승이 주선하여 새로 입주한 신민당의 마포당사에서 열렸다. 1차 투표 결과 이철승 292표, 김영삼 267표, 이기택 92표, 신도환 87표, 김옥선 11표였다. 김영삼이 총재로 당선되는 길은 오로지 이기택의 사퇴밖에 없었다. 김상현은 이기택에게 "사퇴하면 부총재를 보장한다"는 김대중의 편지를 전해 주었고, 이기택은 김영삼 지지를 선언하면서 사퇴하였다. 그러나 신도환은 이철승 지지를 선언하면서 사퇴하여 결과는 예측불허였다.

5·30 신민당 전당대회는 신민당원들을 넘어 전국의 시민과 학생들에게도 비상한 관심거리였다. 거리 전파상의 라디오에서는 매시간 신민당의 전당대회 뉴스를 알렸고, 지나가던 행인들이 발걸음을 멈추고 귀를 기울일 정도였다. 당일 신민당사 앞에는 3천여 명의 시민, 학생들이 모여 애국가를 열창하고 '김영삼!' '김영삼!'을 연호했다. 박정희 독재정치에 종지부를 찍기 위해서는 신민당이 야당성을 회복해야 한다는 민심의 열망은 회의장 안의 신민당 대의원들의 가슴을 뜨겁게 달구고 있었다. 결국, 2차 투표 결과 김영삼 378표, 이철승 367표! 대역전의 짜릿한 드라마였다.

김대중과 김영삼의 갈등

이제 김대중과 김영삼 두 사람은 이 땅의 민주화를 이끄는 두 개의 수레바퀴로 자리매김하게 되었다. 이 과정에서 김상현도 결코 빠져서는 안 될 명품 조연의 역할을 해냈다. 김상현의 예민한 후각과 기민한 순발력, 그리고 집요하고 거침없는 실행력이 없었다면 그런 대 서사극이 펼쳐질 수 있었을까? 그날의 전당대회는, 역사는 한 사람의 영웅적 행동만으로 이루어질 수 없다는 점에서 주연과 조연의 조화로운 역할 나눔과 가치 창조의 중요함을 확인한 대 서사극이었으니, 당연히 '명품 조연' 김상현이 차지할 자리도 있었다.

그럼 1979년의 전당대회 이후 김대중과 김영삼의 합의는 잘 지켜졌을까? 처음에는 약속이 지켜지기도 했지만, 얼마 지나지 않아 조금씩 균열이 일어나기 시작했다. 우선 중앙상무위원회 의장 선출을 둘러싸고는 세대결까지 벌어졌는데, 김영삼의 지원을 받은 박용만 의원이 당선되었다. 당내 세력균형의 추는 점차 김영삼 쪽으로 기우는 듯했다. 당권이 얼마나 중요한지를 보여주는 대목이었다. 김대중이 신민당 탈당 선언을 했을 때 김상현이 못내 아쉬워했던 것도 이런 상황이 예측되기 때문이었다.

물론 김대중이 형집행정지로 석방되어 가택연금 상태였으므로 활동에 제약을 많이 받은 이유도 있었지만, 김대중의 판단 착오는 그 후유증이 오래갔다. 1987년 대선에서 김대중이 통일민주당에서 뛰쳐나와 평민당을 창당한 것도, 표면적 이유야 어찌 되었든 당내 세력균형에서 김영삼에게 뒤진 것이 그 배경이었다.

김대중이 김영삼과 당내에서 세력균형을 유지할 방법은 재야인사들을 대거 신민당으로 입당시키는 것이었다. 그래서 김대중은 김영삼에게 양 계파에서 두 명씩 뽑아 협의하여 이 문제를 조정해보자고 제안했으나 거부당한 상태였다. 이에 김상현이 윤보선을 찾아갔다.

"선생님, 양김의 관계가 불편해지면 민주화 추진 운동에 지장이 옵니다. 김대중 씨가 제시하는 재야의 입당 조건을 놓고 논란이 되면 결국 두 사람의 관계는 파경에 이르고 맙니다. 선생님께서 재야인사 입당 문제를 주도하셔서 김영삼 총재에게 제안하셔야 합니다."

윤보선에게 이런 제안을 한 이면에는 김상현 나름의 꾀가 숨어 있었다. 윤보선이 현실정치의 야망은 접었지만, 야당의 두 수레바퀴인 김대중과 김영삼에게 영향력을 행사하고 싶은 열망마저 접지는 않았음을 김상현이 간파한 것이다. 만약 윤보선의 중재 제안을 김영삼이 수락하면 수락한 대로 김대중의 입장에서는 의미가 있는 것이고, 반대로 김영삼이 거부하면 싸움은 '윤보선 대 김영삼'으로 옮겨갈 것이기 때문이었다. 김상현의 스타일이 잘 드러나는 꽃놀이패 전략이었다.

예측한 대로 윤보선은 그 제안을 받아들였고, 김상현은 윤보선의 뜻을 담아 '재야인사 입당 3원칙'을 만들었다. 하지만 이 제안은 김영삼에게 운도 떼지 못하였다. 바로 다음 날 아침 김대중과 김영삼이 신라호텔에서 만나기로 했다는 소식이 들려왔기 때문이다. 그러나 그 만남은 김대중으로는 벼랑 끝 전술이나 마찬가지였다. 이 만남에서 합의가 이루어지지 않으면 결국 두 사람의 갈등은 깊어지고, 당권에서 멀리 떨어져 있는 김대중의 처지에서는 조금의 성과도 얻지 못할 판이었다.

언론 발표대로 김대중과 김영삼은 만났지만, 줄곧 각자의 주장이 평행선을 그은 채 헤어져 윤보선이 중재할 여지는 아예 사라지고 말았다. 김대중이 김영삼과의 만남을 사전에 김상현과 협의했다면 국면은 다르게 진행되었을 수도 있었다. 김상현으로서는 김대중을 위해 모처럼 자신이 세운 계책이 무산되어 못내 아쉽고 답답했다.

박정희의 피살과 유신체제의 붕괴

1979년, 유신 말기의 박정희 정권은 정치, 외교, 경제, 사회 모든 면에서 고립되어 갔다. 박정희 유신체제는 학생과 재야, 그리고 김영삼이 이끄는 선명 야당의 거센 저항과 도전에 직면하고 있었고, 외교면에서는 동맹국인 미국과의 갈등이 극단으로 치닫고 있었다. 1979년 6월 29일 미국 대통령 지미 카터의 한국 방문을 계기로 화해 분위기로의 전환을 기대했지만, 한미정상회담은 아무 성과 없이 썰렁한 분위기로 끝나고 말았다.

경제면에서도 중화학공업화정책의 무리한 추진에 따른 중복투자와 수출시장 확보의 어려움으로 중화학공업의 가동률이 1970년대 말 들어 현저히 떨어지면서 심각한 부실 상태에 빠져들고 있었다. 게다가 1978년부터 불어닥친 제2차 석유파동으로 인해 경기침체가 더욱 본격화되고 있었다.

이런 사회 분위기 속에서 'YH 사건'이 터지게 된다. 1966년에 설립된 YH무역은 가발제조업체로, 당시 사주가 외화를 빼돌리고 무리하게 사업을 확장하고 있었는데, 제2차 석유파동을 맞아 더 이상 버티지 못하고 일방적으로 폐업을 단행했다. 이에 YH무역 노동조합원들은 1979년 8월 9일 마포의 신민당사에서 농성을 시작해, 8월 11일 새벽 2시 경찰이 농성장에 투입되면서 23분 만에 강제진압 해산되었는데, 이 과정에서 조합원들이 대거 연행되고, 여성 조합원 김경숙이 당사 4층에서 떨어져 숨지는 사건이 발생했다.

"여러분들이 마지막으로 우리 신민당사를 찾아 준 것을 눈물겹게 생각한다"며 당사 4층을 농성장으로 내어주고 보살펴온 김영삼 총재도 그날 강제로 자택으로 끌려갔다. 유신정권으로서는 이제 김대중 이외에 김영삼이라는 또 하나의 강적을 만난 것이다. 이 사건을 계기로 박정희 정권은 김영삼을 아예 정치권에서 축출하기 위한 공작을 추진했다. 중앙정보부는 신민당의 원외지구당 위원장 유기준, 윤완중, 조일환 등 3명을 사주하여 김영삼의 총재직 직무 정지 가처분 신청을 제기하도록 했다. 1979년 9월 8일, 법원은 이 신청을 받아들였고, 신민당은 전당대회 의장인 정운갑을 총재 직무대행으로 선임했다.

이에 맞서 김영삼은 9월 10일 기자회견을 열고 '박 정권 타도를 위한 범국민적 항쟁'을 선언했다. 또 〈뉴욕타임스〉와의 기자회견에서 김영삼은 "카터 미국 행정부는 박정희 정권에 대한 지지를 철회해야 한다"고 주장했다. 이에 반발하여 9월 22일, 박정희 정권은 공화당과 유정회 소속 국회의원 160명 전원의 이름으로 국회에 김영삼 의원에 대한 '징계동의안'을 제출했다. 그 사유는 "국회의원 김영삼은 국회법 제26조에 의한 국회의원으로서의 신분을 일탈하여 국헌을 위배하고, 국가 안위와 국리민복을 현저히 저해하는 허위사실을 유포하는 등 반국가적 언동을 함으로써 스스로 주권을 모독하여 국회의 위신을 실추시키고 국회의원으로서의 품위를 손상시켰다"는 것이었다.

10월 4일, 드디어 공화당과 유정회 주도로 김영삼의 국회의원직 제명이 의결되었다. 그러나 이는 불구덩이에 기름을 붓는 격이었다. 김영삼의 의원직 제명을 기화로 박정희 정권에 대한 저항의 봇물이 터지기 시작했다. 이는 부산 및 마산 지역의 민심을 크게 자극하게 되었는데, 10월 16일에는 5만여 명의 학생과 시민들이 부산시청 앞과 광복동 일대에서 시위를 벌였다. 10월 17일에는 17개 공공기관이 습격당해 파괴되는 사태에까지 이르게 되었다. 마침내 10월 18일 새벽 0시를 기하여 부산 일원에 비상계엄령이 선포되었다. 그러나 시위는 18일 밤에도 계속되었고, 마산·창원으로 확대되었다. 10월 20일에는 마산·창원에 위수령이 발동되었다.

1979년 10월 26일 밤, 마침내 유신독재체제는 박정희의 심복 김재규 중앙정보부장이 쏜 총탄 몇 발로 단번에 무너졌다. 독재자 박정희가 죽은 것이다. 그날 박정희는 KBS 당진송신소 개소식과 삽교천 방조제 준공식에 참석한 후 궁정동 안가에서 경호실장 차지철, 비서실장 김계원, 중앙정보부장 김재규와 함께 여성 연예인을 동반한 연회를 가졌다. 그

연회에서 차지철과 언쟁을 벌이던 김재규가 차지철과 박정희에게 권총을 발사하였고, 박정희는 곧 국군 서울지구병원으로 이송되던 중 숨을 거두고 말았다. 김재규는 박정희를 격살한 이유에 대해 1심 최후진술에서 다음과 같이 주장했다.

> 저의 10월 26일 혁명의 목적을 말씀드리자면 다섯 가지입니다. 첫 번째가 자유민주주의를 회복하는 것이요, 두 번째는 이 나라 국민의 보다 많은 희생을 막는 것입니다. 또 세 번째는 우리나라를 적화로부터 방지하는 것입니다. 네 번째는 혈맹의 우방인 미국과의 관계가 건국 이래 가장 나쁜 상태이므로 이 관계를 완전히 회복해서 돈독한 관계를 가지고 국방을 위시해서 외교·경제까지 보다 적극적인 협력을 통해서 국익을 도모하자는 데 있었던 것입니다. 마지막 다섯 번째로 국제적으로 우리가 독재 국가로서 나쁜 이미지를 갖고 있습니다. 이것을 씻고 이 나라 국민과 국가가 국제사회에서 명예를 회복하는 것입니다. 이 다섯 가지가 저의 혁명의 목적이었습니다.

박정희 대통령 상가 조문

박정희가 사망하자 김상현은 조문을 갈 생각을 했다. 그는 신민당의 김제만 의원을 통해 청와대에 조문 의사를 전달했다. 그러나 청와대 관계자들은 김상현의 존재를 잘 알지 못했다. 그도 그럴 것이 7년여 가까이 정치활동을 박탈당한 채 막후에서만 활동해 온 그를 모르는 것도 당연했다. 그들은 김상현이 3선 국회의원을 지낸 사람이라는 것을 전해 듣고는 조문을 와도 좋다는 전갈을 해왔다.

김상현은 박정희의 영정 앞으로 가서 추모의 묵념을 했다. 10여 년 전 박정희와의 면담을 요청해 청와대에서 그와 만났던 일부터 7년 전 유신에 협조하지 않는다는 이유로 혹독한 고문을 당하고 옥살이를 해야만 했던 일들이 주마등처럼 스쳐 지나가면서 만감이 교차했다. 개인적 원한보다는 그와 국민이 겪은 불행한 이 사태가 조속히 수습되기를 염원하며 그렇게 두 눈을 감고 2분가량 묵념을 했다.

그렇게 조문을 마치고 나오는데, 신범식, 남재희 등 아는 얼굴들을 만났다. 김종필도 마주쳤다. 모두 김상현을 보고는 깜짝 놀라는 표정이었다. 순간 스치는 생각이 있었다. 가택연금 중인 김대중 선생이 조문한다면 모두를 위해 좋은 일이지 않겠는가, 하는 생각이었다. 그 혼자만의 생각이었지만, 청와대 측에 의사를 타진해 보기로 했다. 남재희를 통해 김대중의 조문 가능 여부를 타진했는데, 당장 결정할 수 없으니 나중에 연락을 주겠다고 했다. 그 후 청와대에서 김대중의 조문은 곤란하다는 전갈이 왔다. 설사 청와대 측에서 김대중의 조문을 받겠다고 했더라도 김대중이 조문을 갔을는지는 모를 일이었다.

조문 후 문익환 목사 등 재야인사 몇 분을 만났는데 "어떻게 박정희 같은 독재자의 상가에 조문을 갈 수 있느냐?"며 김상현을 힐난했다. 김상현은 "죽은 사람 개인의 공과와는 상관없이 그 죽음 자체가 불행한 일입니다. 저는 박정희 대통령의 비참한 최후가 저의 영광이요, 기쁨이라고 여겨본 적이 한 번도 없습니다"라며 자기의 생각을 밝혔다. 이 말을 들은 문익환 목사가 그의 손을 잡으며 말했다.

"당신은 참 훌륭한 사람이오."

10

전두환의 등장 :
더 쎈 놈이 왔다!

10
전두환의 등장 : 더 쎈 놈이 왔다!

민주화 세력 사이의 이견

박정희의 갑작스러운 죽음으로 초래된 유신체제의 붕괴 상황에서 민주화 세력은 어떤 진로를 밟아가야 하는가? 당시 헌법에 따라 대통령권한대행을 맡은 이는 국무총리 최규하였다. 민주화 세력 내에서는 최규하 권한대행이 조속히 퇴진하고 민주헌법이 제정되어 민선 민주 정부가 들어서야 한다는 여론이 우세했다.

이런 상황에서 김상현은 무조건 강경 투쟁 일변도로 나가는 것은 대단히 위험하다고 생각하고 있었다. 강경 투쟁으로 정국이 혼란해지고 민심이 불안해지면 국민은 민주화 세력에 대해 불신과 두려움을 갖게되고, 이를 틈타 군부가 다시 등장할 우려가 있다고 보았기 때문이다. 이는 쿠데타를 겪은 대부분의 나라에서 공통으로 나타나는 현상이기도 했다. 4월혁명이 좌절되고, 이어서 5·16쿠데타가 일어난 것도 같은 맥락이었다.

그런 면에서는 김대중도 김상현과 생각이 일치하고 있었다. 가택연금 중이던 김대중은 장남 김홍일을 통하여 깨알같이 쓴 편지를 몇 번 그에게 보내왔다. 그 내용은 지금 가장 중요한 것은 국가안보이며, 그러기 위해서는 정치적 안정이 중요하고, 그래야만 민주화가 이룩될 수 있다는 것이었다. 그러면서 자신의 정치 참모이자 대리인 역할을 해온 김상현에게 자기 대신 재야인사들과 접촉해 강경 투쟁 일변도로 나가는 것을 설득해달라고 당부하고 있었다.

김상현은 김대중의 전갈을 갖고 윤보선을 방문하여 김대중과 자기의 생각을 강하게 설파했다. 윤보선을 설득하여 재야인사들이 유연한 상황 인식을 언론에 공표하도록 유도할 작정이었다. 그러나 김상현의 예측과는 달리 윤보선은 강경 주장을 펼쳤다. 윤보선은, 최규하 과도정권은 즉각 퇴진해야 하며, 바로 유신헌법을 철폐하고 새로운 헌법을 제정하여 민주적 정부를 수립해야 한다고 주장하였다.

이 과제를 논의하기 위해 윤보선의 안국동 집에 재야인사들이 모였다. 윤보선, 예춘호, 양순직, 박종태, 김윤식, 백기완, 김관석, 조승혁, 조성우 등의 재야인사와 김상현이 함께 한 것이다. 박종태, 백기완, 양순직 등 그 자리에 모인 대다수 인사가 윤보선의 의견에 동의를 표했다. 그러나 김상현은 그들과 다른 의견을 폈다.

"지금 단계에서는 최규하 과도정권에 힘을 실어줘야 합니다. 최 정권이 퇴진하고 나면 누가 들어옵니까? 최규하 과도정권이 흔들리면, 그것은 군부가 나설 수 있는 빌미를 주는 것입니다"

김상현은 박정희는 죽었으나 그 정권을 떠받쳐온 군부는 여전히 건재하다고 봤다. 1972년 유신 선포 후 안양교도소에서 조우한 윤필용 소장이, 1971년 대통령선거에서 김대중이 당선됐다면 군부가 '드르륵' 기관총으로 갈겨버렸을 것이라고 했던 기억이 떠올랐다. 김관석 목사만이 유일하게 김상현의 의견에 공감을 표했다. 3시간 넘게 격렬한 토론을 전개했지만, 단연 강경론이 대세였다. 그리고 그 강경 입장을 기자회견을 열어 발표하자는 데로 의견이 모여지고 있었다.

김상현은 현실감각이 떨어지는 재야인사들과는 더 이상의 말이 통하지 않는다고 판단해 자리에서 일어나며 자신은 그런 입장에 결코 동의할 수 없다고 선언했다. 그리고는 기자회견에도 참여할 수 없다고 통고했다. 재야인사들은 김상현이 김대중의 생각을 대변하고 있음을 알고 있었으므로 그의 기자회견 참여를 계속 요청했으나, 김상현은 단호하게 선을 긋고 그 자리를 빠져나왔다. 그 후 김상현은 재야인사들의 논의에서 배제되었다.

김대중의 연금해제

1979년 12월 8일, 마침내 김대중이 연금에서 해제되었다. 이제 김상현은 김대중과 자주 만날 수 있게 되었고, 그와 향후 정국에 대해 많은 이야기를 나누었다. 김대중과 협의하면서 가장 중요한 현안은 김대중의 재야 및 신민당과의 관계 설정 문제였다. 김상현은 김대중의 정체성은 어디까지나 '현실정치인'이어야 하지, 재야인사로 자리매김 되어서는 안 된다는 것을 강조했다. 김대중이 재야인사로 분류되기 시작하면 시위를 조장하여 정국을 불안하게 만들어가는 사람으로 그 인식이 고착되기 쉽다는 점을 역설했다. 그렇게 되면 유신잔당과 군부의 반발을 불러올 위험성이 커지게 된다는 것이었다.

물론 재야 세력과 우호적 관계를 유지하는 것은 중요하지만, 그것은 어디까지나 연대 관계여야 하며, 재야 쪽에 무게중심을 두고 신민당과의 관계를 가볍게 하면 안 된다는 것이었다. 하지만 김대중은 그 점에서는 김상현과는 약간 의견을 달리하고 있었다. 김대중은 연금해제 이후 신민당과의 관계를 밀접히 하기보다는 재야 쪽과의 관계 맺기에 좀 더 중

한승헌 변호사 사무실 개소식(좌부터 김상현, 이어령, 한승헌, 1980)

심을 두고 행보를 하였다. 그 결과 나온 김대중의 결정은 신민당 입당을 보류하겠다는 발표였다. 김대중의 그런 생각은 당내 기반이 탄탄하지 못한 상태에서 신민당에 입당했을 때 주도권을 잡지 못하고 김영삼에게 끌려다니기만 할 가능성을 우려해서 나온 것이었다.

　　김대중은 신민당 입당 보류를 발표하면서도 김상현과는 일언반구 상의를 하지 않았다. 김상현이 그 발표를 전해 듣고 동교동으로 달려갔지만, 기자회견은 이미 끝나 있었다. 김상현은 젊어서부터 김대중을 하늘같이 여기고 충심을 다해 보좌해 온 사이였지만, 그런 김대중의 결정이 못내 아쉽고 걱정스러웠다. 가장 가까운 참모인 자신과 한마디 상의도 없이 신민당 입당 보류를 발표해 버린 그에게 서운한 마음이 들기도 했다. 그러나 김상현은 이에 대해 일언반구 불만을 표시하지 않았다. 다소 이견이 있더라도 이미 결정된 일이라면 일단 따르고 그 일이 잘 되도록 노력하는 것이 참모의 도리라고 생각했기 때문이다.

김상현은 김대중을 정치적으로 보좌할 때 단순한 심부름꾼 참모가 아니었다. 그는 참모였지만 자기 나름의 의견과 계획을 갖고 김대중을 보좌했다. 그러다 보니 가끔은 김대중과 의견의 불일치가 발생하기도 했다. 그러나 김대중의 의견을 공개적으로 반박하거나 자기의 이견을 선명하게 표출한 적은 없었다. 그는 언제나 자신의 기준을 버리지 않으면서도 김대중을 최대한 움직여 보려고 했다.

이런 김상현의 생각과 행보는 이후에도 김대중과의 관계에서 줄곧 잠복해 있는 균열과 갈등의 불씨로 남았다. 그것은 김상현이 김대중으로부터 소외와 견제를 받는 한 원인이 되기도 했지만, 다른 한편으로는 1980년대 전반기에 김대중과의 이견에도 불구하고 민추협 결성과 신민당 창당을 통해 이 땅의 민주화를 앞당기는 데 중요한 역할을 하게 만든 계기로 작용하기도 했다. 민추협의 출범은 미국 망명이라는 '김대중의 부재' 속에서 나온 '김상현의 독자성'의 발현이라 할 것이다.

명동 YWCA 위장결혼식 사건

1979년 11월 24일, 청년 학생들과 윤보선 등 재야인사들을 주축으로 한 큰 사건이 벌어졌다. 함석헌, 김병걸, 백기완, 임채정, 박종태, 김승훈, 양순직 등 재야인사들과 재야 청년단체인 민주청년협의회의 조성우, 양관수, 홍성엽 등 회원 4백여 명이 명동 YWCA 강당에서 결혼식으로 위장하여 시국 성명을 발표한 것이다.

이들은 성명에서, 통일주체국민회의 대의원의 간선제로 최규하를 대통령으로 선출하려는 움직임을 규탄하고, 대통령 직선제, 유신헌법 폐지, 양심수 석방 등을 촉구했다. 이 집회는 계엄령 하의 포고령을 위반하였으므로 계엄 당국에 의해 폭력적으로 진압 당했다. 참석자 중 거의 절반에 육박하는 2백여 명이 대거 중부경찰서로 연행되었다.

YWCA 위장결혼식 사건이 일어날 즈음 전국의 대학들은 휴교령이 해제되어 문을 열고 있었다. 그런 분위기 속에서 11월 22일 서울대에서는 '조기 개헌'과 '조기 총선'을 요구하는 시위가 벌어지기도 했다. 그러나 YWCA 위장결혼식 사건을 계기로 서서히 신군부가 마수를 드러내고 있었다. 이 사건 관련자들은 계엄사령부 합동수사본부에 의해 구속되어 참혹한 고문을 당하고 군사재판에 넘겨져 모두 유죄판결을 받았다.

계엄사는 YWCA 위장결혼식 사건에 대해 "전직 대통령과 구정치인이 배후에 숨어 순수한 일부 청년들을 선동, 전위대로 삼아 그들의 야망을 달성하려던 정치적 욕망이 깔린 사건"이라고 규정하고는, "이들이 그대로 방치되면 국가 안위에 지대한 영향을 미칠 우려가 있는 사건"이될 것이라고 발표하였다.

이때부터 신군부의 움직임이 감지되기 시작했다. 외신은 신군부의 출현을 예고하는 기사를 타전하고 있었다. 신군부는 마침내 육군참모총장이자 계엄사령관인 정승화를 김재규와 공모하여 박정희를 살해했다는 혐의로 강제 연행함으로써 군부 내 실권을 잡게 되었다. 이른바 12·12 쿠데타였다. 이와 함께 신군부는 민주인사들에 대한 탄압을 대대적으로 가하기 시작했다. 그들은 YWCA 위장결혼식 사건의 중심인물들에게 가혹한 고문을 가하여 이 사건을 내란음모와 국가반역죄로 몰아갔다.

김상현도 11월 하순 어느 날 집으로 찾아온 보안사 요원들에 의해 다짜고짜 끌려가, 가공할 만한 고문을 당하였다. 그들은 김상현에게

'YWCA에 갔었느냐?'고 물었다. "가지 않았다"고 대답했지만, 그들은 다짜고짜 달려들어 야구방망이로 김상현을 무차별 두들겨 팼다. 그들은 YWCA 위장결혼식 사건을, 김대중이 뒤에서 조종하고, 김상현이 중간고리가 되어 윤보선 및 재야인사들과 접촉해서 벌인 사건으로 파악하고 있었다. 김상현이 보안사 서빙고분실에서 그 사건 주동자들보다 더 극심한 고문을 받은 것도 김대중의 혐의를 밝혀내려는, 아니면 김대중의 혐의로 조작해 보려는 그들의 '과욕' 때문이었다.

그러나 이는 전혀 사실이 아니었다. 김대중과 김상현은 YWCA 위장결혼식 선언문에서 주장한 유신헌법의 즉각 철폐와 대통령 직선제의 즉각 시행이 아니라, 최규하 과도체제의 안착을 도와 점진적으로 민주체제를 회복해 가자는 온건론을 펴고 있었다. 김상현이 안국동 윤보선 가에서 있었던 재야인사들의 모임에 참석한 것도 이를 설득하기 위해서였고, 재야인사들이 이를 받아들이지 않자 김상현은 이후 그 모임에 다시는 참석하지 않았다.

결국, YWCA 위장결혼식 사건이 김대중과 관계없이 윤보선을 중심으로 한 재야인사들의 합의로 이루어진 것임이 밝혀지자 고문과 구타는 다소 줄어들었지만, 얼마나 많이 맞았던지 김상현의 몸은 온통 시커멓게 멍이 들어있는 상태였다. 그로 인해 왼쪽 눈조차 잘 보이지 않게 되었다. 병원에서는 타박성 백내장이라고 진단했다. 김상현은 1주일 만에 보안사 요원들에 의해 차에 태워져 집으로 돌아왔다. 정희원의 증언이다.

김 의원이 보안사 요원 두 사람의 부축을 받고 들어오는데, 숨을 내쉬기는 하지만 들이쉬지는 못하는 거예요. 일단 현관에 들어와 2층에 침실이 있어 올라가야 하는데, 나에게 마실 물 좀 떠 오라는 거예요. 내가 물을 가지러 간 사이에 계단으로 걸어가지 못하고 엉덩이로 기어서 가는 거예요. 침실에서 살펴보니 몸의 딱 반쪽이 시커멓게 변해 있더라고요. 그 사람들의 고문기술인지 계속 한쪽만 때렸더군요. 수원의 박왕식 위원장인가로부터 웅담을 사둔 것이 기억나 웅담을 소주에 풀어 마시게 했지요. 제가 거의 매일 지압을 해 주었고, 한동안 한성당한의원이라는 데를 다녔어요.

보안사 요원들은 자기들도 그 광경을 보는 것이 민망했는지 몸도 제대로 가눌 수 없게 된 김상현을 짐짝처럼 내려놓고는 도망치듯 빠져나가려고 했다. 그러자 김상현이 그들의 옷자락을 붙잡고 말했다.

"자, 다들 들어와서 차도 한잔 하고 식사도 좀 하고 가시오."

보안사 요원들은 멋쩍은 표정으로 극구 사양하며 돌아가려 했지만, 김상현은 그들을 놔주지 않고 집안으로 끌어들였다.

"당신들이 무슨 죄가 있겠소? 죄가 있다면 정권과 정치인들에게 있는 것이지. 그러지 말고 들어오시오."

그 사람들은 훗날 김상현의 열렬한 팬이 되었다고 한다. 적을 친구로 만들어내는 일은 노력한다고 해서 되는 것이 아니다. 김상현만이 그 친화력과 너그러움으로 할 수 있는 일이었다. 야당 주변에서는 공천을 못 받았다고 칼을 품고 쳐들어온 사람도 그와 10분만 함께 있으면 웃으며 나오게 만든다는 말이 떠돌기도 하였다. 오랜 친구이자 정치적 동반자였던 신순범은 김상현을 "어떤 상황에서도 상대의 처지와 입장을 이해해 주고 제3의 해결책을 함께 찾아주는 능력의 소유자"라고 평하였다.

당시 장영달은 김상현이 보안사 서빙고분실에서 혹독하게 고문을 당했다는 소식을 듣고 문병차 찾아간 적이 있었다. 장영달은, 그때 지켜본 김상현의 모습이 너무나 참혹해서 눈을 뜨고 보기 어려울 정도였다고 회고했다. 그런데도 김상현은 치를 떨며 분노를 금치 못하는 장영달에게, 고문한 그 사람들을 가능하면 이해하고 용서해야 한다고 다독이더라는 것이다.

많이 당하셨다는 얘기를 듣고 내가 후농 자택을 방문했죠. 진짜로 고문을 어떻게 해서 그렇게 됐는지 몰라도 얼굴은 괜찮은데 목 밑으로 온몸이 그냥 새까맣게 멍이 들었어요. 침대에 그냥 누워 계시더라고. 그래서 "이놈들을 언젠가 정권을 잡으면 능지처참해야겠네요." 이런 식으로 내가 얘기를 했더니 그분 하는 말씀이, "아, 이 사람아 그게 아니네, 그래도 나를 두드려 팬 놈들이 사람이 좋아서 이 정도지, 나쁜 놈들이었으면 뼈가 모두 부러졌지 멍만 들었겠는가?" 하면서 웃으시더라고. 그 말을 들으니 내가 참 기가 막히더라고. 그러면서 덧붙여서 말씀하셔요. "나중에 내가 정권을 잡으면 고문한 애들 능지처참해야지, 그렇게 생각하면 내가 괴로워서 먼저 암에 걸려 죽네. 그놈들이 참 선한 놈들이어서 내가 멍만 들었다고 생각해야 나를 위해서 편하네." 정치하다 보면 하루에 열두 번도 더 패 죽일 놈들이 많은데, 내가 마음이 편해져야 적이 최소화된다, 그래야 호감 가진 사람이 많아지고 내 편이 넓어져서 내가 정치를 할 수 있기 때문에 가능하면 이해하고 양해하고 용서하고 그러는 게 자기 건강을 위해서도 좋다고 그러셨어요. 평생 그렇게 사셨어요.

전두환을 만나다

김상현은 1979년 11월 보안사령부에서 조사를 받을 때 전두환을 만나게 된다. 조사 엿새째 되던 날 보안사 수사국장 이학봉 대령이 찾아와 전두환 사령관을 만나보겠느냐고 물었다. 김상현은 두말없이 그러겠노라고 했다. 9시 넘어 밤이 깊어갈 무렵 김상현은 군복 차림에 고무신을 신고 이학봉의 방으로 가, 그 방에 이미 와 있었던 야전 점퍼 차림의 전두환과 인사를 나누고는 탁자를 사이에 두고 마주 앉았다. 양주와 마른안주가 나왔다.

전두환은 술이나 한잔 나누려고 뵙자고 했다며 말문을 열었다. 이야기가 진행되면서 전두환은 자신은 국군보안사령관 직책을 맡게 된 것을 생애 최고의 영광이자 명예로 생각하고 있으며, 그 외 다른 야심이 없는 사람이라는 것을 누누이 강조했다. 지금은 국가안보가 대단히 위험한 상황이며, YWCA 위장결혼식 사건 같은 사태가 일어난 것은 대단히 불행한 일이라고 말하기도 했다. 그러면서 "윤보선 씨가 이번 사태의 배후 인물인데, 그를 연행해 철저히 조사할 것"이라고 말했다. 김상현은 전두환의 그 말에 다음과 같은 이유로 반대한다는 견해를 밝혔다.

"박 대통령이 살아 계실 시절에도 김지하 시인이 사형선고까지 받은 민청학련사건에 윤보선 전 대통령이 자금을 대준 것으로 밝혀졌습니다. 그랬지만 그때도 수사관이 윤보선 전 대통령의 자택으로 가서 예우를 갖춰 조사했을 뿐 연행하지 않았습니다. 사령관께서 잘못 생각하시는 겁니다."

그러자 전두환은 "알겠습니다"라는 한마디를 하고는 다시 그 문제를 꺼내지 않았다. 전두환은 꼬여버린 정국을 수습하는 방안이 무엇인지 김상현의 의견을 묻기도 하였다. 김상현은 평소 소신대로 정치적 반대세력이 서로 화해하고 대타협을 하는 길밖에 없으며, 그렇지 않고는 어느 쪽도 불행한 사태를 피할 수 없을 것이라는 점을 강조했다. 그러면서 구체적 방안으로, 군이 정치에 개입해서는 안 되며, 각계각층으로 원로자문회의를 구성하여 최규하 정권을 안정시키면서 점진적으로 민주화를 이루어 나가야 한다고 설파했다.

전두환은 상당히 진지하게 김상현의 견해를 경청하는 듯했고, 술자리는 12시가 넘어서야 끝났다. 다음 날 아침 이학봉 수사국장이 전두환에게 보고할 시국 수습 방안을 서면으로 정리해 달라는 요구를 해왔다. 김상현은 자기의 평소 소신을 정리한 시국 수습 방안을 건네주었다.

전두환은 왜 김상현을 만났을까? 그는 육군 내 사조직인 하나회 출신으로 중견 장교 때부터 '정치군인'으로서의 끼를 유감없이 발휘해 온 사람이었다. 그는 청와대 경호실 근무 시절부터 하나회의 리더로 활동하면서 항시 정치권력의 흐름에 민감하게 반응하며 처신한 사람이었다. 그런 그가 12·12 쿠데타 즈음 갑자기 대한민국의 실력자로 부상하면서 자신의 정치적 거취에 관해 고민하는 것은 그로서는 어쩌면 자연스러운 일이었다.

다만 전두환이 김상현을 만나 자신은 아무런 야망이 없다고 거듭 강조한 것은 당시 자신이 권력을 잡을 수 있는 여건이 되는지 확실한 판단이 서지 않았다는 정도로 해석할 수 있겠다. 그래서 집권 가능성이 있다면 정치에 본격적으로 개입해 보고 싶은데, 이러저러한 고민이 교차하는 상황에서 '정치 5단' 이상 정도는 되는 김상현이라는 정치인이 보안사에 잡혀 들어왔으니 한번 그의 판단이나 들어보자는 생각이었을 것이다.

양김과 신군부의 수 싸움

1980년 봄이 되자 전두환은 자신이 국가권력을 탈취해야겠다고 마음을 먹은 듯했다. 당시의 정국은 박정희 피살사건 이후 한국 사회 전체가 갑자기 독재자가 사라진 공황 상태에서 벗어나 점차 해빙 무드로 들어서고 있었다. 새 학기를 맞아 전국의 대학가는 일제히 문을 열었고, 김대중의 기나긴 연금 상태도 풀렸다. 바야흐로 '서울의 봄'이라 불리는 상황이 펼쳐지고 있었다.

그러나 최규하 과도정부는 짙은 안개 속을 걸어가듯 불안정하게 하루하루를 넘기고 있었다. 무엇보다 최대의 과제는 헌정 체제를 조속히 정상화하여 민주화 일정을 확정하는 일이었다. 아울러 그동안 억눌려 왔던 사회 각층의 욕구가 분출하려고 하는 상황에서, 이를 잘 조절 관리함으로써 사회질서를 안정시키는 일도 중요했다. 그런데 신군부의 노골적 압박을 받고 있었던 최규하 과도정부가 그러한 과제들을 수행하기에는 한계가 있었다. 더구나 대통령직을 이어받은 최규하는 민주화 의지도 없었고, 내각을 이끌어 난국을 수습해나갈 지도력도 없었으며, 여야의 갈등이나 이견을 조율해나갈 정치력조차 없는 사람이었다.

이런 상황에서 김영삼, 김대중 등 이른바 양김의 경쟁과 분열은 10·26 사건 이후의 정국을 주도해 나가는 데 있어 중요한 장애물로 작용하기 시작했다. 김영삼과 김대중은 김대중의 신민당 입당, 신민당과 재야의 통합 문제를 놓고 소모적인 신경전을 벌이고 있었다. 두 사람은 1980년 4월 4일에 만나 협상을 벌였지만, 결국 협상 결렬을 선언하고 말았다.

김영삼은 YH 사건과 뒤이은 자신의 국회의원 제명, 그리고 부마항쟁과 10·26 박정희 피살에 이르기까지 자신과 직간접으로 관련된 사건들로 인해 유신체제가 무너졌다고 판단하여 자신의 집권이 역사적 순리라는 확신에 사로잡혀 있었다. 그리고 신민당 총재라는 자리를 이용해 '역사적 순리'라는 이 기득권을 굳히고자 했다. 그는 신군부의 12·12 쿠데타 직후에도 군이 정치의 전면에 다시 등장하는 것은 불가능하다고 확신하면서 과도한 낙관주의에 기울어 있었다.

반면 김대중은 1971년 대통령선거 때 일대 바람을 일으켰던 대통령 후보였지만, 이후 박정희 정권의 갖은 박해와 탄압으로 자신에 대한 최소한의 보도조차 통제받고 있는 상황에 대해 심히 불만을 품고 있었다. 또 김영삼이 그 같은 불공정 구조를 은근히 방임하고 있다고도 생각하고 있었다. 협상 결렬 후 두 사람의 갈등과 경쟁은 더욱 심화되었다. 김영삼이 신민당 당직자들을 대동하고 아산 현충사를 방문하면, 김대중은 같은 날 자기 계보 의원들을 대동하고 인근의 윤봉길 의사 생가를 방문하는 식이었다.

 10·26 사건 이후 권력의 절대 축이었던 박정희가 사라지자 공황 상태에 빠져 있던 기득권 세력들도 새로운 지배 질서를 창출하기 위한 반전을 모색하기 시작했다. 이를 위해서는 야당 지도자들에 대한 불만을 부추기고 이를 사회에 확산시켜야 했다. 〈뉴스위크〉 4월 3일자는 한 외교관의 말을 인용하여 "김영삼은 능력이 부족하고, 김대중은 너무 과격하며, 김종필은 너무 때가 묻었다"는 기사를 게재했는데, 조선일보 4월 11일자는 이 기사를 그대로 전재했다.

 그런데 기득권 세력의 치명적인 약점은 그들을 보호해줄 '유신잔당'을 결집할 구심점이 없다는 것이었다. 그런 역할을 하기에 최규하 정권은 너무 유약하고 무능하다고 보았다. 그렇다고 3김에 의지하기에는 이들 또한 위험한 요소가 너무 많다고 생각했다. 그리하여 그들은 신군부 집단의 대두와 그 움직임에 막연하게나마 기대감을 품고 상황을 예의주시하고 있었다. 신군부는 사회 저변의 이러한 흐름을 감지하면서 자신들에게도 기회가 오고 있음을 직감하고 있었다.

 권력 찬탈을 위해 신군부가 본격적으로 추진한 공작은 여론조작이었다. 여론조작을 위해서는 무엇보다도 언론공작이 필수적이었다. 그들은 1980년 3월, 보안사에 언론대책반을 만들어 'K공작'을 입안하였다.

여기서 K는 'king'을 뜻하는 것으로 '전두환 대통령 만들기' 프로젝트 임을 의미했다. 이는 전두환이 그 시점에서 스스로 권력을 장악하기로 결심을 굳혔다는 것을 시사한다.

K공작의 기본 구도는 대학생들의 시위와 노동쟁의는 사회 혼란으로, 3김의 경쟁 양상은 구태의연하고 추악한 정치작태이자 파벌싸움으로 규정하는 한편, 신군부 자신들을 안정구축 세력으로 상징화하는 것이 었다. 그리고 언론계 간부 중에서 자신들에게 협조할 만한 사람들을 포 섭하여 언론을 통해 자기들의 구상을 실현해 나간다는 시나리오였다. 신군부는 그런 구상을 도와줄 지식인들의 포섭에도 심혈을 기울였는데, 그들은 포섭한 지식인들로 하여금 각종 언론매체에 안보 불안과 안정 희구에 대한 글을 기고하게 했다.

이런 공작들을 배경으로 신군부는 한발 더 나아가 주요 권력기관을 확고히 장악해 나가기 위한 행동도 병행했다. 전두환은 보안사령관이라 는 직책과 함께 스스로 중앙정보부장을 겸직하고자 하였다. 정부 안에 서도 많은 반대가 있었지만, 전두환은 이를 막무가내로 밀어붙였다. 그 가 중앙정보부장을 겸직하려 했던 이유는, 군부에 이어 민간까지 확실 하게 장악할 수 있는 위치에 설 수 있기 때문이었다. 더불어 막대한 중 앙정보부 예산을 정권 장악을 위한 자금으로 활용할 수 있으니, 더욱 적극적일 수밖에 없었다.

신군부의 이런 움직임에도 불구하고 3김은 이에 대해 아무런 대응도 하지 못했다. 김영삼은 전두환의 중앙정보부장 겸직이 민주화 일정과 아무런 관련이 없다고 언급했고, 심지어는 군부의 그러한 움직임이 사 회 혼란을 수습하는 데 도움이 되기를 기대한다고까지 했다. 김종필 역 시 "문제가 아닌 것을 문제 삼는 것이 문제"라는 말장난으로 신군부의 동향을 평가절하했다. 다만 김대중만이 자세한 배경 설명 없이 '전두환의 중앙정보부장 겸직은 상당히 우려스러운 현상'이라고만 경고했다.

1980년 봄, 3김의 이러한 비현실적 정세 인식, 정치 노선을 둘러싼 파당적 갈등과 분열, 패권주의적 정치행태는 신군부의 권력 장악을 위한 음모와 공작이 버젓이 추진되고 있었음에도 이에 전혀 대응하지 못하고 방임하는 결과를 낳았다. 그런 점에서 3김은 전두환 집권 기간에 수많은 학생과 시민들이 희생되고, 우리의 민주주의 역사가 그만큼 지체된 데 대해 무한책임이 있다고 할 것이다.

김상현의 정세 인식

박정희의 피살로 어렵사리 도래한 '민주화의 봄'은 극도의 혼미 속으로 빠져들고 있었다. 김상현은 짙은 안개 속을 헤쳐 나가려면 투쟁 일변도의 전략만으로는 안 된다는 확고한 생각을 하고 있었다. 불안하고 불투명한 정국을 이용해 야당이 정권을 잡겠다고 나서는 전략은 당시의 시대적 여건과 세력 관계로 보아 어렵기도 하거니와 아주 위험한 일이라 생각하고 있었다. 그는 '정권 타도'니, '유신헌법 철폐'니 하는 극한적 용어를 쓰는 것에 대해서도 강한 거부감을 가지고 있었다.

그런 그의 판단은 일면 김대중과 일치하면서도 다른 면에서는 불일치하기도 했다. 김대중은 재야 세력을 자신의 핵심 정치기반으로 보고, 이를 축으로 해서 신민당에 대해 강한 협상력을 가지려고 했다. 하지만 김상현은 기본적으로 정치는 정치인이 주도해야 하며, 그런 점에서 김대중이 조속히 신민당에 입당하여 일단 당내에 자기 세력을 구축해야 한다고 판단했다.

김상현이 김대중의 신민당 입당을 촉구한 또 하나의 이유는, 신학기가 되면 대학가에서 당연히 시위가 벌어질 것이고, 자칫 시위가 과격화되면 김대중이 학생들을 자극 선동하여 사회 혼란을 부추겼다고 꼬투리 잡힐 수 있다는 염려였다. '서울의 봄' 시기, 김영삼이 정치적 일정 위주로 움직인 데 비해 김대중은 대학가 등 대중강연에 집중했다.

또 김상현은 재야인사들도 김대중과 함께 신민당에 입당하여 활동하는 것이 옳다고 생각해서 한승헌, 한완상, 백기완, 고은, 문동환 등에게 입당을 권유하기도 했다. 그러나 재야인사들은, 자신들은 정치인이 아니고, 앞으로도 정치할 생각이 없다며 입당을 완강히 거부했다. 이는 재야인사들이 신민당이라는 제도권 야당에 대해 심한 거부감이 있음을 보여주는 것이었고, 김대중은 특별히 재야인사들과 가까웠기 때문에 신민당에 대한 재야인사들의 인식에 일정 부분 영향을 받았다.

민주화 경로에 대한 김상현의 일관된 지론은 우선 최규하 과도정부를 안정시켜서 스스로 민주화 일정을 발표할 수 있게끔 분위기를 조성해 줘야 한다는 것이었다. 집권자가 독재에 집착하면 불행을 자초할 뿐이라는 것이 이승만, 박정희 정권을 통해 자명해진 이상 명예로운 퇴진의 길을 터주는 것은 집권자에게도 좋은 일이었다. 그래서 김영삼 총재를 통해 최규하 대통령권한대행에게 정계, 언론계, 종교계 등 각계인사들이 망라된 '국민화해협의회' 같은 모임을 구성하자는 제안을 하도록 권유하기도 했다. 한마디로 김상현이 구상하는 민주화 경로는 정치적 타협을 통한 제도권 안에서의 점진적이고 단계적인 이행이었다.

그러나 그의 정세와 전략에 대한 식견을 어떻게 평가할지는 간단한 문제가 아니다. 그가 당시 상황에서 민주화 세력이 독자적으로 정국을 관리하고 민주화 일정을 주도하기에는 역량이 미치지 못한다고 보고, 큰 틀에서 타협을 통한 점진적 이행을 제시한 것은 현실을 직시하는 정치인의 냉철한 면모를 엿보게 한다. 그는 김대중의 계보에 속해 있었지만, 김대중을 따르는 다른 인사들과는 달리 상대방의 수를 따져보고 위험을 회피하는 좀 더 유연한 전략을 채택하고자 하였다.

그런 점에서 그는 오랜 기간 김대중에게 누구보다 헌신적이었지만 단순한 추종자 이상의 독자성을 지닌 정치인이었다. 무엇보다 그는 당시 상황에서 양김의 분열이 민주화의 전도에 얼마나 치명적으로 작용할지를 꿰뚫어 보고, 이를 막아보기 위해 온몸을 던져 노력하던 몇 안 되는 정치인이었다. 양김과 그 추종자들은 과열된 권력 경쟁의 분위기에 몰입되어 사실상 이성적 판단이 마비되어 있었다. 전두환이 중앙정보부장 서리까지 꿰차고 권력 장악의 프로그램을 착착 진척시키고 있을 때, 양김은 이를 저지하기 위한 공동전선을 구축하기는커녕 세 불리기 경쟁에만 몰두하고 있었다. 이런 상황에서 김상현은 어떻게든 양김의 협력 체제를 구축하기 위해 그가 할 수 있는 모든 일을 해보려 한 것이다.

물론 당시 상황에서 김상현의 판단이 옳았다고 볼 수만은 없었다. 그의 정세관과 전략이 현실에서 가능한 수준으로 실현되려면 여러 가지 조건이 충족되어야만 했다. 무엇보다 대립하는 양대 세력 간에 타협하지 않으면 공멸할 수 있다는 위기의식이 팽배해 있어야 하고, 그 사이에 강력한 중간 조정자가 있어야 했다. 그러나 당시의 여러 정치 세력들은 정글 속에서 벌어지는 약육강식의 싸움처럼 모든 것을 쥐느냐, 아니면 모든 것을 잃느냐의 이분법적 대결에 몰두하고 있었다.

무엇보다도 양김의 중간에서 조정자 역할을 할 수 있는 세력이나 사람이 존재하지 않았거나 미미했다. 최규하 과도정부가 그런 역할을 담당하기에는 너무나도 의지와 능력이 부족했다. 최규하 정부는 12·12 신군부 쿠데타 이후 사실상 신군부의 볼모가 된 것이나 다름없는 상황이었다. 김상현 자신도 이미 김대중계로 분류되고 있어 그 역할을 감당하기는 적당하지 않았다. 김상현의 스타일은 여러 세력을 중재하고 조정하여 이들을 움직여서 일을 만들어나가는 방식이었는데, 그러한 세력이 부재하였으니 그 전략은 처음부터 한계가 있었다.

벼랑 끝을 향한 정국

1980년 4월, 강원도 정선군 사북읍에서 탄광 노동자들의 노동쟁의가 신군부의 공권력과 정면충돌로 치닫는 사건이 발생한다. 이곳에는 동원탄좌 사북영업소가 자리 잡고 있었다. 사북탄광은 당시 채탄량 연 160만 톤에 종업원 수가 3천 명이 넘는 국내 최대 민영 탄광이었다. 정부는 70년대 두 차례의 오일 쇼크로 인해 석탄산업 육성책을 실시하고 있어 사북읍은 상당한 호황을 누리고 있었다.

그러나 탄광 노동자들의 생활환경은 극도로 열악했다. 상수도 보급이 제대로 안 되어 세탁은 물론이고 작업을 끝내고 몸도 씻지 못할 정도였다. 방음이 안 되는 칸막이벽에 천장이 허물어진 사택에서 겨울에는 수돗물이, 휴일에는 전기가 끊긴 채 생활했다. 회사는 어용노조와 짜고 채탄량을 축소 계산해 임금을 낮췄다. 광부들 사이에서 어용노조에 대한 불만이 극에 달했다.

급기야 4월 16일 탄광 노동자들이 전국광산노동조합 위원장실을 점거해 노조 지부장 재선거 등을 요구하며 투쟁을 시작했다. 이런 가운데 조합원들과 경찰 사이에 충돌이 발생하여 흥분한 광부들이 사북지서 등 주요 관공서 건물들을 습격하고 기물을 파괴하였다. 경찰의 진압 과정에서 광부와 주민들이 던진 돌에 경찰관 1명이 사망하고 70여 명이 부상하는 유혈사태가 발생하였다.

계엄사령부 '사북 사건 합동수사단'은 200여 명의 광부와 주민들을 연행하여 31명을 구속 기소하고, 50명을 불구속 기소하는 등 81명을 군법회의에 송치했다. 이 사건은 독재정권과 어용노조 하에서 노동자들의 누적된 불만이 80년 민주화의 시대적 흐름 하에서 촉발된 것이다. 또한, 이 사건은 비록 노동쟁의에서 우발적으로 시작됐지만, 당시 신군부의 계엄 체제에 도전했다는 점에서 정치적으로도 민감하게 받아들일 수밖에 없었다.

1980년 봄이 되자 언론자유의 요구도 불길처럼 번져가기 시작하였다. 3월 17일 동아일보 편집국 기자 50여 명은 기자총회를 열고 '언론 검열 철폐와 자유 언론 실천'을 주장하는 결의문을 채택했다. 4월 17일에는 동아일보 편집국뿐만 아니라 출판국, 동아방송 보도국 기자 1백여 명이 모여 '자유언론 결의문'을 채택했다. 4월 28일에는 동양통신 기자들이 언론자유 확보를 위한 결의문을 채택했고, 5월 7일에는 중앙일보 기자와 동양방송 기자 2백여 명이 기자총회를 열고 사북 사건 때 탁경명 기자를 구타한 사건에 항의하고 자유언론 실천을 위한 5개 항의 결의문을 채택했다. 5월 9일에는 기독교방송, 합동통신, 부산 국제신문 기자들이, 5월 10일에는 경향신문 기자들이, 5월 13일에는 문화방송 기자들이 자유언론을 요구하는 결의문을 채택했다.

3월의 개강을 맞이하여 학원가에서도 학원 민주화의 열풍이 불고 있었다. 4월이 되면서 학원 민주화로 시위나 농성을 벌이는 대학이 우후죽순처럼 늘어나 있었다. 총학장 퇴진 요구가 21개 대학, 어용교수 퇴진 요구가 24개 대학, 재단 비리 척결 요구가 12개 대학, 학생회 인정 및 학내언론자유 요구가 20개 대학 등이었다.

학원 민주화 투쟁은 4월경부터 병영집체훈련 거부 투쟁으로 발전해

갔다. 4월 9일, 성균관대 학생들이 열흘간 군부대에 입소해 훈련을 받게 되어 있는 병영 집체교육을 거부하는 사건이 벌어진 것을 필두로 서울대와 서강대 등 여러 대학으로 번져 나갔다.

5월이 되면서 학생들의 투쟁은 본격적인 정치투쟁으로 변해 가고 있었다. 5월 2일, 서울대학교에서는 1만여 명의 학생들이 참석한 가운데 비상 학생총회가 열렸다. 학생들은 '계엄 해제', '유신잔당 퇴진', '정부 개헌 중단' 등의 구호를 내걸고 본격적으로 정치투쟁을 벌이는 것에 대해 치열한 토론을 벌였다. 이날의 비상 학생총회에서는 전두환과 국무총리 신현확의 허수아비 화형식을 하는 등 본격적인 정치투쟁을 예고했다.

5월 13일부터는 학생들이 거리로 뛰쳐나가기 시작했는데, 연세대 등 서울 시내 대학생들이 세종로 일대에서 야간 시위를 벌였고, 5월 14일에는 고려대 총학생회장실에 모인 서울지역 27개 대학의 대표들이 가두 진출을 놓고 토론한 끝에 거리로 나가 싸우기로 결의했다. 5월 15일에는 시위가 절정에 달했는데, 서울역 광장에 대학생 등 10만여 명이 모여 민주화 일정을 제시할 것을 요구했다. 그러나 시위 이후의 대책을 놓고 논의를 벌이던 총학생회장단은 저녁 8시 30분경 시위를 해산하고 일단 학원으로 돌아가기로 했다. 이른바 '서울역 회군'이었다.

각계각층에서 정치투쟁이 터져 나오자 실질적으로 정부를 장악하고 있었던 신군부는 사태를 더 이상 방관할 수 없다고 판단했다. 그 사태를 막지 못하면 신군부가 설 자리를 잃고 궁지에 몰릴 판이었다. 신군부는 언론을 통해 학생들의 시위를 불순분자의 책동으로 몰아갔다. 그들은 학생시위가 북한의 사주에 의한 것이라고 주장하면서 얼토당토않은 남침설을 퍼뜨렸다. 이는 5월 12일 국회가 소집되어 계엄령 해제를 결의하는 것을 막기 위한 공작의 일환이기도 했다.

한편 미국은 주한미군 순찰대가 5월 12일 밤 10시 30분 비무장지대 공동관리구역 남방에서 정체를 알 수 없는 사람들과 소규모 총격전을 벌였다고 발표했다. 그러나 이 사건은 진상을 밝히려는 어떤 시도도 없이 그냥 묻히고 말았다.

신군부는 철저한 언론 통제를 통해 야당의 움직임이나 학생들의 시위와 관련된 내용의 기사는 모조리 삭제하였다. 그리고는 학생들의 주장 중 일부 과격하고 급진적인 내용만을 보도케 함으로써 사회 혼란에 대한 국민의 공포심을 자극하였다. 이런 필사적 대응에도 불구하고 정치적 저항의 물결은 자꾸 퍼져나갈 기세였다.

결국, 신군부는 살아남기 위해 극단적 조치로 시위 확산의 흐름을 선제적으로 끊는 조치를 획책하였다. 그들은 5월 14일, 학생들의 총궐기 및 가두시위를 제압할 소요진압본부를 설치하여 군의 투입 태세를 갖췄다. 신군부는 학생들이 서울역 시위에서 철수하여 잠시 물러난 사이를 틈타 5월 17일 기습적으로 계엄령을 확대 선포하였다. 그 날 밤 '서울의 봄'은 사라졌지만, 저 남녘땅에서는 '광주의 비극'이 싹트고 있었다.

11

광주민주항쟁 :
민주주의에 바친
거룩한 피

11

광주민주항쟁 : 민주주의에 바친 거룩한 피

전두환, 돌아올 수 없는 다리를 건너다

1980년 5월 17일, 전국의 계엄령 확대 선포는 중앙청 국무회의장의 계단과 복도를 무장한 군인들이 도열한 가운데 이루어졌다. 계엄령 확대 선포는 신현확 총리 주재의 국무회의에서 아무런 토론도 없이 단 10분 만에 의결되고 말았다. 그러는 사이 신군부는 비상계엄 전국 확대 이후 취해야 할 조치들을 입안하고 있었다. 이들은 국회해산, 예비검속, 정치 활동 금지, 재산몰수 대상자 선정, 비상대책기구 설치 등 치밀한 계획들을 짜고 있었다. 사실상 '국가 변란'에 들어간 것이다.

5월 17일의 비상계엄 확대와 함께 6백여 명이 체포되었는데, 그중 김대중을 비롯한 37명이 내란음모 혐의로 연행되었다. 계엄사는 "김대중은 해방 직후부터 좌익 활동에 가담한 열성 공산주의자였고, 해외에서 북괴의 노선에 동조하는 반국가단체인 '한민통'을 만들어 불순분자들과 접촉해 왔다"고 발표, 조사와 재판도 없이 처음부터 결론을 내린듯 했다. 그들은 김대중 외에 많은 지식인과 민주화 지도자들을 체포하여 중앙정보부와 보안사에서 혹독한 고문을 가했다. 요지는 김대중의 내란 음모 혐의를 시인하라는 것이었다.

이 사건에는 당연히 김상현도 포함되어 있었다. 당시 김상현은 '한국 정치문화연구소'의 전국 조직결성에 박차를 가하고 있었다. 한국정치문화연구소는 그해 3월에 만들었는데, 당시는 군 단위로 지부조직을 발족해 가고 있었다. 한국정치문화연구소는 매주 토요일에 시국 강연회를 열었는데, 매회 150여 명이 모이는 등 열기가 뜨거웠다.

5월 16일, 김상현은 한국정치문화연구소 제주지부를 결성하기 위해 제주도에 내려가 있었다. 그날 저녁 김상현은 제주도의 창립 회원들과 저녁을 먹고 있었는데, 김대중의 동교동 자택에 전화를 걸고 있었던 일행 중 한 명이 사색이 되어 "계엄군이 동교동 자택에 난입하여 김대중을 체포해 갔다"고 전하는 것이었다. 기어이 신군부가 일을 저지른 것이다. 눈앞이 캄캄해졌다. 허둥지둥 식사를 마치고 숙소로 돌아와 잠을 못 이루고 뒤척이는데, 새벽녘에 중앙정보부 요원이 들이닥쳤다. 그들을 따라 잠시 중앙정보부 제주분실로 갔다가 아침 8시 비행기에 태워져 서울로 연행되었다.

김상현은 남산 중앙정보부 조사실로 끌려가 그날부터 무려 54일간 조사를 받았다. 처음에는 한국정치문화연구소에서 김대중 관련 책자와 유인물을 배포한 것, 토요강좌를 연 것, 김대중의 강연 때 플래카드를 들고 만세를 외친 것 등 사소한 것들을 물어보았다. 그러다가 어느 날 수사관이 여러 사람의 이름표와 사진을 붙인 서류를 들고 오더니 그중 아는 사람을 대라고 했다. 그리고는 "정동년을 몇 번 만났소?" 물었다. 정동년이 누구냐고 반문하자, 전남대 복학생인데 모르냐고 물었다. 전혀 모르는 사이라고 했더니 그때부터 혹독한 고문이 시작되었다. 만났다는 기억이라도 있으면 좋겠지만, 도무지 떠오르는 얼굴이 아니었다.

중정 수사관은, 정동년이 박정훈의 소개로 김상현을 두어 번 만났고, 김상현이 그를 김대중에게 데리고 가서 인사를 시켰다고 진술했다며 윽박질렀다. 그리고 정동년이 전남대학교 학생들을 선봉으로 민중봉기를 일으키겠다며 자금지원을 부탁해서 김대중에게 5백만 원을 받아 옆 방에서 기다리고 있는 그에게 전달했다는 것이다. 그러면서 정동년에게 파출소에 불을 지르고, 일명 '몰로토프 칵테일'이라 불리는 화염병을 만들어 던지고 해서 민중봉기를 일으키라고 지시했다는 것이다. 기가 막혔지만, 수사관의 윽박은 막무가내였다. 김상현이 광주에서 무언가 큰 변고가 발생한 사실을 안 것은 연행되고 나서 며칠이 지난 후였다.

5·18 광주민주항쟁의 발발

1979년 10월 26일, 박정희가 피살되고 유신체제가 붕괴하면서 한국은 민주화를 향한 정치적 격변의 시기로 접어들었다. 유신체제의 전 기간을 통해 억압받아온 민주주의와 생존권에 대한 열망은 기존의 집권세력을 위협하면서 급격하게 고조되어갔다. 그러나 그해 12월 12일 친위쿠데타를 일으켜 군부 권력의 핵심을 장악한 전두환 보안사령관이 중심이 된 신군부세력은 최규하 과도정부를 무력화시키고, 국민이 요구하는 민주화와 이를 위한 명확한 정치일정을 제시하지 않으면서 자기들이 권력을 틀어쥘 기회만을 호시탐탐 노리고 있었다.

이에 대한 국민의 저항은 학생운동을 중심으로 전국적으로 다양하게 표출되다가 사북사태 등 노동자의 생존권 문제로까지 급격히 확산되었다. 특히 1980년 5월 15일의 서울역 시위 등 학생운동이 전국적으로 확대되자, 신군부세력은 5월 17일을 기하여 '비상계엄 전국 확대조치'를 발표했다. 신군부세력은 그들의 권력 탈취 구상이 뜨겁게 분출되는 국민의 저항에 부딪히자 이를 군사적 물리력으로 대응하면서 민주인사들에 대한 광범위한 체포와 투옥을 시작했다.

5월 18일, 신군부의 폭력진압은 바로 전남대 학생들의 저항에 부딪혔다. 학생들의 저항은 곧 광주 시민들의 광범위한 호응으로 이어졌다. 특히 광주 시민들은 한국의 민주주의 발전을 위해 헌신해 온 지역 출신의 김대중을 신군부가 체포한 사태에 대해 크게 분노, 전 시민적 저항으로의 확산에 불을 붙였다. 광주 시민들은 집권세력에 의해 폭도로 매도당한 채 고립 속에서 신군부의 잔악한 진압과 학살에 대응하기 위한 최소한의 자위적 무장을 갖추고 10여 일 동안 투쟁을 이어갔다.

신군부의 계엄군은 광주와 전남 지역의 통행을 막아 고립시켰지만, 광주의 전남도청 앞에서는 매일 수만 명이 모인 시민궐기대회가 개최되었다. 그러나 5월 27일, 탱크를 앞세워 다시 시민군의 본부 격인 전남도청으로 향한 계엄군은 1시간의 교전 끝에 수많은 시민의 생명을 빼앗고는 도청을 점령했다. 이렇게 하여 자유와 민주주의를 지키기 위한 시민들의 처절한 투쟁은 10일 만에 광주시를 피로 물들이고 끝났다.

1980년 5월의 소위 김대중내란음모 사건은 '제2의 광주사태'라고 불리었다. 그해 5월 17일, 비상계엄의 전국확대가 발표되고 신군부는 병력을 동원해 미리 작성된 검거대상자들을 체포하려 나섰는데, 그중에는 김대중과 그와 가까운 인사들이 다수 포함되어 있었다. 김대중은 학생운동과 노동운동을 배후에서 조종한 혐의로 수경사 헌병단에 의해 체포되었다.

당초 신군부는 김대중이 북한의 사주를 받아 폭력시위를 조종했다는 혐의로 몰아가려 했으나 5월 18일 광주에서 대규모 시위가 벌어지자, 이를 이용해 내란음모를 획책했다는 혐의를 덮어씌웠다. 그러나 광주의 시위는 김대중이 신군부에 체포된 이후에 일어난 일이었으므로 김대중을 내란음모로 몰고 가기는 쉽지 않았다.

한편 전남대학교 복학생인 정동년은 5월 18일 광주 보안부대에 끌려갔다. 그는 4월 13일에 김대중의 동교동 자택을 방문했을 때 썼다는 방명록의 내용 때문에 고문을 받고 거짓 진술서를 써야 했다. 박정훈의 주선으로 김대중을 만나 인사를 한 후, 옆방에서 기다리다가 김상현이 김대중에게서 받아 온 폭력시위 자금 5백만 원을 갖고 광주로 내려왔다는 것이다. 중정 수사관들은 6월 3일, 정동년의 이 진술서를 들고 김상현을 고문해 이를 인정하도록 강요했다.

그러나 5·18 광주 민주항쟁에서 정동년 등 전남대 학생운동권의 복학생들은 예비검속으로 체포되어 아무런 역할도 하지 못하던 상황이었다. 게다가 김대중을 비롯하여 이 사건 관련자들은 대부분 5월 17, 18일에 구속되었기 때문에 '광주에서 무슨 일이 일어났다'는 사실조차 안(짐작한) 것은 광주항쟁이 한창 진행되던 5월 20일 이후였거나 심지어 항쟁이 진압된 27일이 지나서였으니, 도대체 광주에서 '내란'을 음모할 수가 없는 상황이었다.

이런 시차 상의 허점 때문에 신군부는 김대중이 정동년을 시켜 광주에서 폭력시위를 벌이도록 지시하고, 이를 이어 이해찬, 조성우, 이석표 등에게 서울에서 '제2의 광주사태'를 일으키도록 지시했다고 발표한 것이다. 결국, 신군부는 오직 고문으로 받은 조작된 자백만을 증거로 해서 김대중 등 20여 명을 내란음모로 기소했고, 재판부는 구체적 증거도 없이 그들 모두에게 유죄판결을 내린 것이다.

조작된 김대중내란음모 사건

  '김대중내란음모 사건'에 관련된 사람은 모두 37명이었다. 이들은 남한산성 인근에 있는 육군교도소에 수감되어 재판을 기다리고 있었다. 얼마 후 육군본부 계엄 보통군법회의로 재판을 받으러 군용버스로 호송되어 가는데, 사건 관련자들은 마주쳐도 인사를 나눌 수가 없을 만큼 분위기가 삼엄했다. 육군본부 대법정에서 37명이 함께 재판을 받았다. 재판정에서는 피고 한 사람당 두 명의 헌병이 양쪽에 끼어 앉았다. 모두 열아홉 차례 심리가 진행되었다.

  군 검찰은 김대중에게 한민통韓民統과의 관련성을 집중적으로 심문하였다. 한민통은 '한국민주회복통일촉진국민회의'의 약칭으로, 한국의 민주회복과 통일을 위해 노력하는 교포 지도자들의 구심체 역할을 하던 조직이었다. 박정희가 폭압적인 유신체제를 출범시키자, 당시 해외에 나가 있던 김대중은 귀국하지 않고 미국과 일본을 오가며 반유신 운동을 전개하고 있었다. 이런 활동을 기반으로 1973년 7월 6일, 워싱턴 DC의 메이플라워 호텔에서 김상돈, 이근팔, 문명자, 임창영 등 재미교포 지도자들이 주축이 되어 한민통을 결성하고 김대중을 명예 의장으로 추대하였다.

  김대중은 7월 10일 미국에서 일본으로 건너가게 되는데, 8월 15일 김재화, 정재준, 배동호, 조활준 등 민단계 지도층이 주축이 되어 독자적으로 '한민통 일본본부'가 결성되게 된다. 김대중은 한민통의 조직을 여러 나라로 확대해 나갈 구상을 하고 있었다. 그런데 군 검찰은 한민통 일본지부가 북한과 연계되어 있는 단체이고, 김대중은 이 단체의 지도부인 의장에 취임하여 활동했다고 주장하는 것이었다. 이에 대해 김대중은 한민통에서 서신을 통해 의장 추대를 알려왔을 때도 결단코 거부했다고 강력히 부인했다. 신군부 일당이 용공 조작을 통해 김대중을 공산주의자로 몰아 거세하자는 터무니없는 책동이었다.

신군부는 김대중의 혐의를 입증하기 위해 여러 사람을 내세워 증언을 조작하였다. 그중 같은 사건 관련자인 신민당 전 국회의원 이택돈과 서울대 총학생회장 심재철을 회유하여 김대중에게 불리한 증언을 하게 하였다. 이택돈은 김대중이 한민통의 배동호, 곽동의가 조총련계 인물임을 잘 알고 있었을 것이라고 진술했다. 심재철은 김대중 피고인이 집권하게 되면 문교부의 요직에 등용하겠다는 것과 거사 자금 50만 원을 주면서 폭력시위를 선동했느냐는 심문에 "그렇다"고 대답하였다.

김대중을 공산주의자로 몰기 위한 위증 조작은 재일교포 전향 간첩 윤모를 통해서도 이루어졌다. 그는 김대중이 일본에서 공산주의 활동을 벌인 사실에 대해 곽동의를 통하여 모두 보고받았다고 증언했다. 재판정에서 같은 사건의 공동 피고인으로서 김대중에 대한 터무니없는 위증 조작을 지켜보던 김상현은 도저히 참을 수가 없었다. 그는 벌떡 일어나 소리쳤다. 소설가 김성동이 쓴 『한국 정치 아리랑』은 그날의 법정에서 김상현의 모습을 이렇게 기술하고 있다.

"재판장! 전향 간첩을 내세워 절반에 육박하는 국민의 지지를 받은 대통령 후보를 공산주의자로 조작하려 한다면 대한민국의 신성함이 어디 있습니까?"

그러자 문익환, 고은, 이문영 등 그 법정에 같은 피고로 서 있던 사람들이 모두 일어나 외쳤다.

"엉터리 재판 집어치워라!"

법정은 순식간에 아수라장이 되어 버렸고, 재판장은 서둘러 휴정을 선포했다. 법정을 나오는데 김대중과 마주쳤다. 김대중은 김상현을 바라보며 고맙다는 듯 "자네가 한 건 했네"라며 씩 웃음을 지어 보였다. 그날의 일이 있은 뒤로 재판정은 살벌한 분위기가 싹 바뀌어 피고인들이 군 검찰과 재판장을 질타하기도 하는 등 한층 활기를 띠었다. 김상현의 의협심과 순발력이 빛을 발하는 순간이었다.

역사를 위한 법정 투쟁

계엄 보통군법회의는 1980년 9월 17일, 김대중에게 내란음모 및 국가보안법, 반공법, 계엄법, 외국환관리법 위반죄를 적용하여 사형을 선고했다. 또 문익환, 이문영은 내란음모와 계엄법 위반 등을 적용하여 징역 20년, 서남동 등 11명에게는 계엄법 위반을 적용하여 징역 4년을 선고했다. 그리고 계엄고등군법회의는 1980년 11월 3일, 김대중의 항소를 기각하고 1심과 같이 사형을 선고했다. 1981년 1월, 대법원은 김대중의 상고를 기각하여 군사법원 1, 2심의 선고대로 사형을 확정했다. 마지막 재판에서 김대중은 자신의 비장한 심정을 최후진술에서 이렇게 피력했다.

나는 아마도 사형 판결을 받고 또 틀림없이 처형당하겠지만, 내가 처형당한다는 것은 처음부터 각오하고 있는 것입니다. 나는 여기서 이 기회를 빌려 공동 피고인 여러분께 유언을 남기고 싶습니다. 내 판단으로 머지않아 1980년대에는 민주주의가 회복될 것입니다. 나는 그걸 확실히 믿고 있습니다. 그때가 되거든 먼저 죽어간 나를 위해서든, 또 다른 누구를 위해서든 정치적인 보복이 이 땅에서 다시는 행해지지 않도록 부탁하고 싶습니다. 이것이야말로 내 마지막 남은 소망이기도 하고, 또 하느님의 이름으로 하는 내 마지막 유언입니다.

방청석의 흐느낌은 애국가 합창으로 번져 나갔다. 애국가가 끝나자 〈우리 승리하리라〉가 제창되었다. 방청석의 가족들은 헌병들에 의해 끌려나가 차에 태워졌다. 김대중의 최후진술은 외신을 타고 국제사회에 큰 반향을 불러일으켰는데, 세계 각국의 지도자와 종교인, 인권단체들로부터 김대중의 사형 중단 압력이 거세어졌다.

해가 바뀐 뒤, 레이건 미국 대통령은 캐스퍼 와인버거 국방부 장관을 한국에 보내 대통령 자리에 오른 전두환을 상대로 김대중 구명 압력을 가했다. 이외에도 에드워드 케네디 상원의원, 앨 고어 상원의원, 빌리 브란트 독일 사민당 대표, 교황 요한 바오로 2세 등 많은 사람이 김대중의 구명운동에 나섰다. 미국의 압력과 전 세계 지도자들의 구명운동으로 1981년 1월 23일, 김대중은 사형에서 무기징역으로 감형되었고, 얼마 후에는 다시 20년형으로 감형되었다.

한편 '김대중 내란음모 사건'에서의 김상현에 대한 공소장의 요지는 다음과 같았다.

> 비상계엄이 장기화되고 개헌 작업이 정부의 주도하에 이루어지는 여건하에서는 합법적 정권교체가 불가능할 것으로 판단하고, 전국 대학교에서 어용교수 축출, 족벌체제 타파 등 학내 문제로 농성 중인 학생들을 선동 자극하여 그들을 교외 시위로 유도하고 종교계 및 청년 당원 등의 세력을 규합, 4·19 때와 같은 폭동을 일으켜 정부를 전복시킨 후 김대중을 대통령으로 옹립하여 새로운 정부를 수립할 것을 결심하고, 국헌을 문란하여 정부를 전복할 목적으로, 1980년 5월 5일 및 5월 8일에 걸쳐 정동년을 만나 민중봉기 자금으로 오백만 원을 김대중으로부터 받아 전달하여 '광주사태'를 유발케 했다.

김상현도 최후진술을 했다. 그는 재판장의 발언 중지 지시를 잇달아 받으면서도 끝까지 진술을 이어갔다.

> 10·26 후 3일이 지난 10월 29일, 김대중 선생은 장남인 김홍일 군을 통해 나한테 메모를 보내오셨습니다. 당시 나는 해위 윤보선 선생께서 유신을 철폐하고 최규하 정권은 즉각 물러나라는 내용의 기자회견을 하시려고 한다는 소식을 듣고 있었는데, 김대중 선생도 이 소식을 들었는지 그 메모 내용은 이렇습니다. "우리의 현 상황에서는 안보를 제일로 삼아야 한다. 당장 유신헌법을 철폐하고 최 정권이 물러갈 경우 힘의 공백 상태에 의한 혼란이 온다. 따라서 너무 성급해서는 안 되니, 이런 뜻을 해위 선생께 전해달라." 그래서 나는 여섯 번이나 해위 선생 댁을 방문했습니다. 김대중 선생은 해위 선생이 한일협정 비준 파동으로 의원직을 사퇴하자고 극한투쟁을 벌일 때도 '사쿠라' 소리를 들으면서까지 사퇴를 반대하고 원내 투쟁을 주장하셨던 분입니다. 굴욕외교는 물론 반대하지만, 의회 안에서 싸우자는 의회주의자인 것입니다. 이런 김대중 선생이 어떻게 공산주의자입니까?

김상현에게는 15년 구형에 10년형의 선고가 내려졌다.

두 번째 감옥살이

김상현은 구속되어 1심 재판 중에는 육군교도소에 있다가 이후 서대문구치소를 거쳐 안양교도소로 이감되었다. 그리고 재판이 끝나 형이 확정된 후에는 경주교도소로 이감되어, 거기에서 딱 1년 6개월을 살았다.

그는 감옥을 살면서 많은 생각을 하게 되었다. 정치·사회세력과 그 지도자 각각의 '주장'과 '선언'이 난무했던 지난 몇 개월을 차분히 복기하면서, 그는 일단 정치인으로서 스스로 주창했던 전략과 전술의 현실 접합성을 다시 확인히고, 기왕의 감옥 생활이라면 그 조건을 사기의 내적 성장의 기회로 삼기로 작정했다.

연초 '민주화의 봄' 시기에 있었던 일들을 돌아보니, 당시는 우리 사회에 민주주의를 꽃피울 소중한 기회였는데, 도대체 어떻게 해서 이런 지경까지 오게 됐는지 한스럽기 짝이 없었다. 그 이유를 신군부나 정치적 반대파의 탓만으로 돌릴 수는 없다고 생각했다. 무엇보다 신군부의 친위쿠데타가 착착 진행되는 것을 눈앞에서 보고도 민주화 세력이 단합하여 국민의 역량을 극대화하지 못한 일을 돌아보며 가슴을 쳤다. 허세에 찬 과격한 구호들이 신군부를 자극하고 국민의 안보 불안 심리를 부추겨 급기야는 쿠데타의 명분을 주기까지 했다는 회한이 밀려왔다. 민주화 세력의 판단 능력과 인식체계의 일대 쇄신이 있지 않고서는 과연 이 땅에 민주화의 기회가 다시 찾아온다 해도 이를 성공시킬 수 있을지 장담할 수 없다는 생각이 들었다.

김상현의 나이 마흔일곱이었다. 걸어온 삶을 돌아보니 지금까지는 혈기방장하여 정치를 위해 앞만 보고 달려온 세월이었다. 이제는 그가 겪고 있는 고난을 젊은 혈기만으로 헤쳐나갈 수는 없을 것 같았다. 정적들과의 충돌 속에서 진정으로 승리하는 길은 그를 핍박한 사람들을 넘어서는 삶의 태도와 정신세계를 보여줄 수 있어야 한다는 생각이 들었다. 그래서 그는 두 번째 징역살이를 자신의 내면을 충만 시키고 단련시키는 과정으로 삼자고 결심했다. 이는 청년 시절, 헤어날 수 없을 정도의 역경에 처해서도 그 상황을 긍정적으로 받아들여 이겨내는 그의 삶의 태도와 궤를 같이하는 것이었다.

그는 감옥에서 매일 아침 6시 반에는 기상하여 냉수 목욕을 하고, 7시에 아침밥을 먹은 뒤에는 온종일 책을 읽는 데 매진했다. 짧은 운동 시간을 제외하고는 흐트러진 모습을 보이지 않도록 감방 벽에 기대거나 눕지 않았다. 유신으로 감옥생활을 할 때는 교도관들과 '농담 따먹기' 도 하고, 일반 재소자들을 통해 몰래 담배도 얻어 피고 했지만, 이번에 는 일절 그런 행동을 삼갔다. 절체절명의 엄혹한 상황을 헤쳐가려면 우 선 자신과의 싸움에서 져서는 안 된다는 생각이었다. 한파가 몰아치는 겨울에도 그런 생활을 변함없이 이어갔다. 어느 날 자기의 그런 생각을 담아 아내에게 편지를 보냈다.

> 나는 지난 20여 년간 정치활동을 통해서 대립하는 사물 간의 조화를 창조하고, 상대방의 처지와 고민을 이해하려고 노력하는 끈기 있는 자 세가 없는 한 조화와 평화는 창조될 수 없다는 신념으로 살아왔지만, 아직 내 뜻은 이루어지지 않고 있습니다. 모든 사람이 자기 처지만 생 각하고 자기 고민만 생각하는 나머지 사물과 현상을 객관적으로 조 망하지 못하는 데서 개인이나 가정이나 국가에 불행이 있는 것입니 다. 개인이나 집단이 대화로서 화해가 이루어져야 발전이 옵니다.

감옥에서는 영어 공부를 많이 했다. 어려서는 가난과 전쟁이 겹쳐 중 고교를 다니는 둥 마는 둥 했고, 그 뒤에도 제대로 공부할 틈이 없었기 때문에 영어의 기본조차 알 턱이 없었다. 그가 영어 공부를 집중적으 로 하게 된 데에는 에피소드가 하나 있었다. 면회 온 아내에게 감옥이 답답하니 책을 넣어 달라고 했더니, 아내 왈 "당신은 이번에 이거나 읽 고 회개하세요!"하면서 성경만 딱 한 권 넣어주고 만 것이었다. 답답해 서 다른 책을 더 넣어 달라고 했더니, 이번에는 영어 성경 한 권을 넣어

주는 것이었다. 정치한다고 가정을 등한시하다가 두 번씩이나 감옥에 가서 가족들에게 고통을 준 것도 그렇지만, 밤마다 술집을 다니며 행한 절제 못한 생활에 아내가 열불이 난 것이다.

이렇게 김상현이 영어 공부를 하게 된 것은 영어 성경 때문이었다. 영어 성경을 사전을 찾아가며 겨우 읽어 내려가는데, 읽다 보니 공부를 하는 맛이 그런대로 괜찮았다. 하루 5시간 이상씩 영어 공부를 했는데, 문법의 기초도 몰랐던 그가 마침내 영어 성경을 그럭저럭 읽어 내려갈 수 있게 되었다. 그때 공부했던 영어 공부가 자산이 되어 출옥 후 미국에 갔을 때 미국인들과 웬만큼 영어로 대화할 수 있었고, 하버드대학에서 영어로 연설까지 했다.

감옥에서 신앙을 체험하다

김상현은 1982년 8월, 경주교도소에서 형집행정지로 출소하였다. 그는 감옥살이를 통해 인간적으로나 정신적으로 훨씬 더 성숙해져 있었다. 어려서부터 고아로 자라면서 온갖 밑바닥 삶이 몸에 배어 그는 1980년에 감옥 가기 전까지는 변화와 절제가 잘 되지 않았다. 그런 삶은 절제하지 못했던 음주 가무의 흐트러진 모습으로 표출되기도 했다. 그런데 1980년 그 격변의 소용돌이 속에서 온몸으로 고난과 시련을 겪으면서 그는 자신을 돌아보며 내면을 재조직할 수 있었다. 그가 가톨릭에 입문하게 된 것도 그 영향이 컸다. 아내 정희원은 "진짜 사람이 거듭났어요. 진짜 다른 사람이 되었어요"라고 했다. 김상현과 오랫동안 인연을 맺어온 함세웅 신부의 증언이다.

그분의 생애를 전기와 후기로 구분할 때 감옥살이 후 세례받기 전과 후가 크게 달라진 것 같아요. 전기는 정말 철부지, 정치인이긴 했으나 인성이 부족한 사람이었고, 1982년 감옥에서 나오고 세례를 받은 후에는 그래도 변화가 되는 삶을 살게 되는 것, 제 나름대로 그렇게 분기점을 나누었어요.

김상현은 출옥하고 나서 인사동의 한 식당에서 함세웅 등 두세 명의 신부들과 저녁을 같이 했다. 함세웅은 그의 아내가 다니던 연희동 성당의 보좌신부였다. 처음에는 초면이라 서로 예의를 갖추어 이야기를 나눴다. 그런데 김상현은 식사 자리인데도 밥은 안 먹고 마치 웅변하듯 시종 열변을 토했다. 정치인으로서 겨레와 공동체를 위해 목숨을 바친다는 결의를 말하기도 했고, 자기의 감옥 생활 얘기나, 심지어 감옥 가기 전에 자신이 한때 잘못된 길을 걸었다는 얘기도 했다.

1960, 70년대 유력 정치지도자들의 외도 문제는 공공연한 비밀이었다. 당시 정치인들은 서울 시내 곳곳의 고급요정에서 사람들을 만났다. 이들은 거기에서 당의 운영과 계보조직의 이합집산을 논의하였으며, 관리들과 국가의 예산 배분을 흥정하였고, 기업인들과 은밀하게 뇌물과 이권을 교환했다. 이른바 '밤의 정치'였다. 그런데 거기에서는 항시 아리따운 젊은 여성들이 술 시중을 들고 있어 그들과 유력 정치인 사이의 그렇고 그런 소문이 끊이지 않고 나돌았다.

박정희는 10·26 사건의 재판과정에서 김재규 부하들의 진술로 드러난 대로 상식에서 벗어날 정도로 여색에 탐닉했다. 본인 스스로가 그러하기 때문인지 그는 "남자의 허리 아래는 문제 삼지 말라"는 '명언'을 남길 정도로, '정인숙 사건'에 관련된 정일권 등 혁명 동지들의 외도에 대해서도 관대했다. 그러나 외도 문제에서는 박정희에 못지않게 야권 지도

천주교 영세를 받고 김수환 추기경께 인사를 드리는 김상현
(연희동 성당, 1982. 12. 18)

자들도 자유롭지 못했던 듯하다.

특이한 것은 대부분의 정치지도자는 자신의 외도 사실을 철저히 감추려 했지만, 김상현은 어떤 자리에서도 자신의 치부를 얼버무리거나 숨기려 하지 않았다. 물론 변명도 곁들여 있었겠지만, 그의 솔직 담백한 성격 때문이었다. 김상현은 동아일보 최일남 논설위원과의 《신동아》 (1985년 4월호) 대담에서도 자신의 치부를 솔직히 시인했다.

… 그러나 감옥에서 나온 후 내 생애를 전환시켜야 하겠다고 생각했습니다. 뭔가 착각 속에서 산 것 같은 뉘우침도 들었습니다. 우선 그런 일을 하다 보면 나 자신이 불행하다는 것도 깨달았습니다. 자식들

에게도 그런 얘기를 했습니다. 사람이 돈이나 색이나 욕심에 취하면 사물을 제대로 분별하지 못한다는 것도 알았습니다.

함세웅 신부 등과의 식사 자리에서 동석한 신부들에게 김상현이 강한 인상을 심어준 것은 아직 가톨릭 신자로 입문하지도 않은 사람이 성경을 해석하는 방식이었다. 함세웅 신부의 증언은 김상현의 인간적 변화가 성경의 가르침에 어떻게 이어지는가를 보여준다.

(김상현 씨가) 성경에서 감명을 받았다는 거예요. 신자도 아닌 사람이 무슨 감동을 받았냐고 신기해서 물어봤더니, 세례자 요한이 예수님보다 선배라는 거예요. 처음에는 세례자 요한이 메시아인 것처럼 환영받고 추앙받았는데, 후배인 예수님이 오시니까 모든 것을 물려주고 자기는 뒷전으로 사라졌다는 거예요. 이런 선배가 어디 있냐며, 우리 한국 정치권에서 이런 세례자 요한과 같은 모범이 실현되었으면 정치와 공동체가 얼마나 아름다워졌을까, 이런 얘기를 하는데, 저는 성서 속에서 그런 암시는 못 받았거든요. 근데 감옥 생활하신 분이 성경의 그런 얘길 하는 걸 보고, 그런 정치적인 해석은 들어본 적이 없는데, 그분의 해석이 참 신선하더라고요.

두 번째는 전두환을 위해서 기도했다는 거예요. 제가 "아니 김 선생님, 농담하세요? 전두환을 위해 무슨 기도를 해요? 저주를 해야지!"이랬더니, 정색하며 "신부님, 저 진심으로 기도했습니다."그러는 거예요. 그래서 "어떻게 기도하셨어요?" 그랬더니, 감옥에 갇혀있으니까 아무것도 할 수 없고, 자신이 무능한데 할 수 있는 건 기도밖에 없더라는 거예요. 그래서 '나쁜 사람이지만 어쨌든 전두환이 집권했으니 이 자가 정치를 잘해야 우리나라가 잘되지 않겠느냐? 전두환이 나쁜 방법으로 집권을 했지만, 권력자로서 정치를 잘하게 해주십시오, 하느님!' 이렇게 기도를 했다는 거예요. 그것에 다 동의는 하지 않지만 대단한 체험이라고 느꼈어요.

다음 이야기는, 본인이 세례받을 준비를 한다고 하면서 세례명을 베드로로 하겠다는 거예요. "왜 베드로예요?" 그랬더니 바오로 사도는 너무 완벽하고 너무 철저하고 너무 예수님을 따라가는 분이기 때문에 자기가 감히 흉내도 낼 수가 없고 겁나서도 못하고, 베드로 사도는 인간적으로 매력이 있다는 거예요. 큰소리 뻥뻥 치고. 자기하고 비슷하대. 본인 이야기야. "예수님, 사랑합니다. 절대로 배반하지 않겠습니다"하고 고백했다가 힘드니까 "난 모른다"고 배반도 하고, 또 와서 울고 회개하고. 마지막에 순교하셨는데, 베드로 사도가 인간적이고, 그 정도면 모범으로 따를 수 있겠다면서 세례를 받으면 본명을 베드로로 정하시겠다고 그랬어요. 실제로 베드로로 정했어요. 첫 번째 만남에서 정치 얘기도 많이 했지만, 저는 사제로서 그분의 성서적 체험, 신앙적 체험이 저한테는 아주 인상적으로 각인이 되었어요. 그 세 가지 이해를 늘 이렇게 되새기면서 제가 묵상도 하고 신부님들한테 전하기도 했었어요. 그게 김상현 의원하고 제가 아주 더 가까워진, 그분을 누가 욕해도 내가 인간적으로 김상현 의원을 옹호하면서 평가하게 된 근거인 것 같아요.

김대중의 석방과 미국 망명

김상현은 감옥에서 나오고 나서 이희호 여사와 함께 청주교도소로 김대중을 면회하러 갔다. 면회는 부인인 이희호에게만 허용되었고, 김상현은 김대중의 그림자도 볼 수 없었다. 청주교도소를 다녀온 다음 날, 안기부 요원이 김상현을 남산 지하실로 데리고 가 험악한 언사로 몰아 붙였다. "감옥에서 나왔으면 집에서 쉬면서 건강도 챙기고 자중해야지 나오자마자 김대중한테 면회 가다니 제정신이냐?"는 것이었다. 다시 경거망동하면 형집행정지를 취소하고 재수감하겠다는 협박도 이어졌다. 김상현은 "과거 동고동락했던 사람을 면회하러 가는 것은 정치 이전에 인간의 당연한 도리인 만큼 인간의 도리마저 저버리게 하지 말라!"고 단호하게 받아쳤다.

1982년 12월 16일, 김대중은 청주교도소에서 서울대학병원으로 옮겨졌다. 미국 정부가 김대중의 석방을 계속 압박하자, 전두환은 더 버티다가는 이 문제가 외교 마찰로 이어질 것을 우려하여 노신영 안기부장에게 김대중의 석방을 추진하라고 지시했다. 노신영은 이희호를 통해 김대중에게 미국으로 출국하여 병을 치료하고 오라는 사실상의 망명 권유를 했는데, 이때 석방 조건으로 정치활동을 하지 않겠다는 각서를 제출할 것을 요구하였다. 김대중은 처음에는 이를 거부하였으나 미국으로 떠나기만 하면 주변 사람들을 더 이상 압박하지 않겠다는 노신영의 제안을 받고 결국 이를 수락하여 형집행정지로 출소하게 된 것이다.

김상현은 김대중이 입원해 있는 서울대학병원 주변을 서성거리며 이희호와 그의 아들들, 그리고 김대중의 동생들을 통해 그의 소식을 들었다. 김대중계 인사들과도 만나 서로 안부를 묻고 정치 상황을 토론하기도 하였다. 김대중을 만날 기회를 학수고대하였으나 안기부의 철저한 통제로 도저히 기회가 오지 않았다. 다만 김대중이 장남 김홍일을 통해 안부를 전해 왔는데, 아버지가 어려운 일이 있으면 모두 김상현과 상의하라고 했다는 것이었다.

김대중은 1982년 12월 23일, 싸락눈이 을씨년스럽게 내리는 가운데 미국으로 떠났다. 그날 김상현은 만날 기약도 없이 김포공항으로 배웅을 나갔으나 안기부 요원과 경찰의 통제로 김대중의 그림자도 보지 못하고 쓸쓸히 발걸음을 돌려야 했다. 이날에 고착된 대한민국과 미국이라는 두 사람 사이의 물리적 거리가, 향후 현실정치 과정을 두고 둘 사이의 파열음을 예고하는 상징이 될 줄은 누구도 몰랐다.

12

민추협 :
그가 가장 빛나던
시절 I

12

민추협 : 그가 가장 빛나던 시절 I

기지개 펴는 민주화운동

1980년 5·17쿠데타와 광주학살로 국민의 민주화 염원을 짓밟고 권력을 찬탈한 전두환 신군부집단은 처음부터 강력한 철권통치를 자행하였다. 그들은 권력 기반을 공고히 하기 위해 우선 최규하 대통령을 압박하여 '국가보위비상대책위원회(국보위)'라는 초헌법적 기구를 설립, 국정을 자기들 마음대로 주물렀다. 국보위 설치 이후에는 안보태세 강화, 경제난국 타개, 사회 안정을 명분으로 공직자 숙정, 중화학공업 투자조정, 졸업정원제와 과외 금지, 출판 및 인쇄물 제한, 삼청교육 실시 등 권력 기반 구축을 위한 폭압적 조치들을 실행하였다.

사회정화와 삼청교육은 정치적 보복과 노동운동을 탄압하는 데 이용되기도 했다. 1980년 7월부터 12월까지 '노동계 정화'라는 명목으로 수많은 노동운동 지도자들이 체포되거나 직장에서 쫓겨났다. 1980년 초까지 민주노조운동의 선두에 섰던 원풍모방, 반도상사, 대한전선, 콘트롤데이타, 청계피복 등의 노동조합 지도자들은 대부분 해고되었고, 그중다수는 구속되어 감옥에 가거나 그 악명 높은 삼청교육대에 끌려가기도 했다.

신군부는 언론을 장악하기 위해 언론인 숙정과 언론사 통폐합을 감행했다. 이 조치로 동아방송과 동양방송이 폐쇄되어 KBS에 흡수되었고, 기독교방송은 뉴스 보도기능을 박탈당했다. 언론인 숙정은 국군보안사령부 소속 준위 이상재가 만든 소위 '언론대책반'이 '언론계 자체 정화계획서'를 작성하여 시행하였다. 이때 해직된 전국의 언론인은 933명이나 되었는데, 전체 기자의 30%에 해당하는 수치였다. 가히 언론 대학살이었다.

폭압적으로 진행된 각계에 대한 숙정 작업으로 권력 기반을 구축하는 데 성공한 신군부집단은 8월 16일 허수아비나 다름없었던 최규하 대통령을 하야시키고, 8월 27일 전두환을 대통령으로 옹립하였다. 유신헌법에 근거하여 만들어진 통일주체국민회의에서 간선으로 뽑는 대통령선거에서 전두환은 단독 출마하여 총투표자 2,525명 중 2,524표의 지지(99.96%, 무효 1표)를 받아 제11대 대통령에 '당선'되었으니, 사실상 대통령직 '탈취'였다.

전두환 정권은 곧이어 개헌 작업을 시작하였다. 그의 제11대 대통령 '당선'은 국민적 저항에 부딪혀 붕괴한 유신헌법 하에서 이루어진 것이었으므로 '새로운 시대, 새로운 정권'이라는 이미지를 만들기 위해 헌법을 개정할 필요가 있었다. 전두환 정권은 제5공화국 헌법 개정안을 만들어 공고했는데, 그 주요 내용은 대통령 임기를 7년 단임으로 하고 간선으로 선출한다는 것이었다. 굳이 유신헌법과 비교하면 조금 완화된 내용이 들어있었지만, 유신 시대의 대통령과 근본적으로 차이가 없었다. 개정된 제5공화국 헌법 절차에 따라 전두환은 1981년 3월 3일 다시 제12대 대통령에 '당선' 취임하였다.

전두환 정권은 신군부 체제에 도전하는 민주화운동에 대해 혹독한 탄압을 가했다. 그 탄압의 한 사례로 '녹화사업'이라는 것이 있었다.

'녹화사업'은 1981년부터 83년 사이에 진행되었는데, 민주화운동에 투신한 학생들을 강제로 군에 입영시켜 학생운동 경력을 반성하게 하고 체제에 순응하도록 역逆 의식화를 시킨 다음, 이들을 학원 프락치로 활용하는 공작이었다. 이 과정에서 강제로 징집된 학생들 가운데 정성희, 이윤성, 김두황, 한영현, 최온순, 한희철 등이 의문의 죽음을 당했다.

전두환 정권은 무림 사건, 학림 사건, 부림 사건, 아람회 사건 등 수많은 조직사건을 조작해 학생운동과 노동운동 활동가들을 대거 구속하였다. 반공 이데올로기를 정권 안보에 이용하기 위해 수많은 간첩 사건도 조작했다. 1980년대 초반의 '간첩단' 사건이나 조직사건의 상당수는 독재 권력이 집권의 명분을 선전하기 위해 조작해낸 허구에 지나지 않았다. 예를 들어 1982년 9월 10일 안기부가 발표한 '송씨 일가 간첩단 사건'은 116일 동안 불법구금과 고문을 통해 조작해낸 사건이었다. 이 사건은 대법원에서 무죄판결을 내려 파기 환송되었다가, 재상고심에서 다시 유죄판결로 뒤집히는 등 의문투성이였다.

그러나 전두환 정권의 폭력적 탄압 속에서도 민주화운동 진영은 수많은 광주시민을 살해한 권력의 원죄를 집요하게 공격하며 서서히 꿈틀거리고 있었다. 그리고 군부 통치의 시대적 역행과 권력의 취약한 정체성으로 인해 전두환 정권의 억압 조치들도 점점 한계점에 다다르고 있었다. 이에 전두환 정권은 유신체제처럼 일방적 탄압의 지속만으로는 한계가 있다는 것을 깨닫고 1983년 말부터 소위 학원 자율화 조치 등 부분적 유화정책을 시도하였다. 여기에는 1984년 5월로 예정된 교황 방한과 1986년 아시안게임을 앞두고 '쿠데타와 광주학살로 집권한 정권'이라는 이미지를 개선할 필요성도 작용했다.

민주화운동 진영은 조금 더 넓어진 합법 공간을 활용하면서 이전보다 훨씬 적극적으로 시위를 벌여나가는 등 전두환 정권을 공격해 나갔다.

그렇게 되자 전두환 정권은 유화책과 강경책 사이에서 우왕좌왕할 수밖에 없었다. 복학허용 조치로 대학으로 복귀한 제적 학생들은 전국적인 학생운동조직을 출범시켰고, 노동단체와 재야 민주화단체들도 속속 결성되었다. 게다가 1984년 11월 학도호국단이 폐지되고 1985년부터 학생들의 자율적 조직인 총학생회가 부활하면서 광주학살 문제가 본격적으로 대두되기 시작하였다.

김영삼의 단식투쟁

1983년 5월 18일, 광주 민주항쟁 3주년이 되던 날 전 신민당 총재 김영삼이 구속 인사 전원 석방, 정치활동규제자 전면해금, 해직 교수·해고 근로자 복직, 제적 학생 복교, 언론자유 보장, 대통령직선제 개헌 등 '5개 민주화 요구사항'을 내걸고 상도동 자택에서 단식투쟁에 들어가는 사건이 벌어졌다. 김영삼은 성명을 통해 자신이 단식에 들어가게 된 이유와 각오를 결연하게 밝혔다.

나의 이번 단식은 5·17 군사쿠데타에 의해 민주주의가 송두리째 파괴, 부정당함은 물론 민주화를 요구하던 수백 수천 명의 민주시민이 광주에서 무참히 살상당하는 사태에 이르게 된 데 대한 자책과 참회의 뜻을 표시하는 것이며, 비극적인 광주사태로 목숨을 잃은 영혼과 거기서 살상된 민주시민들과 그 가족이 겪고 있는 고통에 동참하는 기회이며, 동시에 반민주적인 독재 권력의 강화와 인권유린 및 정치적인 탄압에 대한 항의와 규탄의 표시이자 민주정치의 확립을 위한 최소한의 조치나마 시급히 강구되어야 한다는 나의 정치적 요구의 표시입니다. 또한, 나의 단식은 앞으로 우리가 전개해야 할 민주화 투쟁은 생명을 건 투쟁이어야 하며, 생명을 건 투쟁만이 민주화를 성취할 수 있다는 것을 국민 여러분께 알리면서 나의 투쟁 결의를 굳건히 다지기 위한 것입니다.

5월 19일에는 상도동계 인사들의 모임인 '민주산악회' 회원 70여 명이 '김영삼단식대책위원회'를 구성하고 동조 단식에 들어갔다. 김영삼의 단식 농성은 정부의 통제로 국내 언론에는 일절 보도가 나오지 않았다. 동아일보가 김영삼의 단식 농성을 '어느 재야인사의 식사 문제'라고 보도할 정도로 당시의 언론 통제는 극에 달했다. 김영삼의 부인 손명순과 측근들은 전화로 외신기자들에게 김영삼의 단식과 성명서 내용을 알렸고, 이는 곧바로 로이터, AP, UPI, 교토통신 등 외신을 타고 국제사회로 타전되었다.

단식이 길어지면서 김영삼의 몸무게가 14kg이나 빠지고 건강이 차츰 악화하기 시작했다. 그러자 1983년 5월 25일, 전두환 정권은 김영삼의 자택으로 사복경찰과 의료진을 투입하여 치료를 거부하는 김영삼을 서울대학교병원에 강제로 입원시켰다. 김영삼은 서울대학교병원에 입원하고서도 모든 치료 행위를 거부하며 단식투쟁 의지를 꺾지 않았다.

5월 27일과 28일에는 민정당 사무총장 권익현이 단식을 중단해줄 것을 촉구하는 전두환의 의사를 전달하기 위해 방문하였다. 혹시라도 김영삼이 잘못되면 미국 등 국제사회의 반응을 두려워한 전두환은 권익현을 통해 그에게 연금 해제와 해외 출국을 제안했다.

"총재님! 총재님께서 그동안 가택연금으로 얼마나 고생이 많으셨습니까? 80년 5월부터 가택연금을 당하셨으니까 벌써 만 2년이 지났네요. 오늘 밤 자정을 기해 총재님의 연금은 완전히 해제됩니다. 총재님! 이번

방한한 교황 바오로 2세께 인사하는 김영삼과 김상현(1984. 5)

기회에 저번에 말씀드린 것처럼 해외나 잠깐 돌고 오시죠? 경비는 저희가 다 부담하겠습니다."

그러나 김영삼은 해외 출국 제의를 뿌리치고 단식을 계속하였다. 김영삼의 단식이 촉매제가 되어 야당 정치인들이 모이기 시작했다. 6월 1일, 코리아나호텔에 전직 국회의원 50~60명이 모여 '김영삼 선생 단식 대책특별위원회'를 구성하였다. 예춘호, 조윤형, 박영록, 황낙주, 최형우, 김동영, 박용만 등이 주축이었다. '대책위원회'는 성명을 발표하고 김영삼이 입원해 있는 서울대학교병원으로 갔다. 김상현도 이들과 동행하였다. 대책위원들은 김영삼에게 단식을 중단할 것을 간곡히 요청하였다. 김상현도 한마디 거들었다.

"우리가 힘을 모아 조직을 만들고 정치를 해서 당당하게 싸워나갈 테니 총재님께서는 단식을 중단해주십시오."

김영삼의 단식 소식이 언론 통제를 뚫고 조금씩 퍼져나가기 시작하면서 재야인사들의 지지와 학생들의 시위가 이어졌다. 미국에 망명 중이던 김대중도 김영삼 총재의 단식투쟁 지지운동을 벌였다. 1983년 6월 4일, 김대중은 부인 이희호와 함께 워싱턴 DC에서 열린 집회를 마치고 김영삼을 구해달라고 쓰인 플래카드를 들고 주미 한국대사관 앞에서 출발하여 국무성을 거쳐 백악관까지 행진하였다. 이는 그대로 외신에 생중계되었다. 이외에도 김대중은 〈뉴욕타임스〉에 김영삼의 단식투쟁을 알리는 'Kim's Hunger Strike'라는 글을 기고하기도 했다.

김영삼의 단식 23일째 되는 6월 9일, 함석헌 선생, 윤보선 전 대통령, 김수환 추기경, 강원용 목사, 문익환 목사 등 재야 원로들의 간곡한 권유에 김영삼은 마침내 단식 중단을 선언했다. 김영삼은 단식을 중단하는 성명을 발표했다.

> 국민 여러분, 나는 부끄럽게 살기 위해 단식을 중단하는 것이 아닙니다. 앉아서 죽기보다 서서 싸우다 죽기 위해 단식을 중단하는 것입니다. 나의 투쟁은 끝난 것이 아니라 이제 겨우 시작을 알렸을 뿐입니다.

김영삼의 단식투쟁은 전두환 정권의 독재정치를 세계언론에 알려 국제적으로 여론을 고조시켰고, 국내적으로는 1980년 5월 이래 신군부의 군홧발에 짓밟혀 침묵하고 있었던 민주화의 열망을 다시금 불러일으키게 만든 계기가 되었다. 또한, 그것은 전두환 독재정권에 대한 무한저항의 개시를 알리는 선언이 되었고, 숨죽이고 있었던 야당 세력의 결집을 이루는 데 결정적인 역할을 하게 되었다.

민주화추진협의회 결성 전야

김영삼의 단식을 계기로 민주화 투쟁을 위한 본격적인 조직결성 논의가 정치권에서 시작되었다. 동교동계 정치인들도 1983년 6월 초순부터 모임을 하기 시작했지만, 동교동계는 김대중의 투옥과 미국 망명으로 박살이 난 거나 다름이 없었다. 이런 상황에서 김상현은 동교동계의 흩어진 인사들을 모아야 할 때가 왔다고 생각했다. 김상현은 동교동계 중진들과 상의하여 자리를 만들었다. 조연하, 김녹영, 박성철, 예춘호, 박종태, 양순직, 박종률, 김창환, 최영근, 김윤식 등이 참석하였다. 연락은 주로 김창환이 담당하였다.

논의에서 쟁점이 되었던 문제는 김영삼 측과의 관계 설정이었다. 김상현을 비롯한 예춘호, 박종률, 김녹영, 조연하 등은 양김의 신뢰 회복과 결속만이 민주 회복을 가져올 수 있고, 현재는 김대중이 미국에 있는 상황이므로 김영삼을 간판으로 해서 싸워나가자고 주장했다. 그러나 다른 사람들은 김영삼의 과거 전력을 들어 반대의견을 피력하였다.

1975년 김영삼이 박정희와 밀실 회담을 한 후 석연치 않은 행보를 보인 것이나, 1979년 전당대회 때 약속했던 당직 배분을 지키지 않은 점, 김대중의 사형선고와 광주항쟁에 대해 침묵을 지킨 사실 때문에 큰 반감이 있었다. 박영록, 양순직, 박종태, 김윤식, 김종완 등은 "선장이 없는데 어떻게 남의 배를 탈 수 있는가?"라며 소극적 입장을 피력했다. 김영삼에게 속아 넘어가는 길이라고 의심하는 시각들도 많았다.

그러나 김상현은 "민주화 투쟁을 안 하자면 모르겠지만, 하려고 한다면 현실적으로 김영삼을 빼고 하자는 것은 말이 안 되고, 게다가 김영삼이 목숨을 걸고 단식투쟁을 하는 모습을 외면할 수는 없지 않은가?"라고 반대의견을 설득하였다. 그러나 다수 의견은 여전히 요지부동이었다. 그러던 중 미국의 김대중이 김영삼과의 합작에 참여하라는 메시지를 전해 왔다. 김대중과 김영삼은 1983년 8·15 광복절에 공동선언을 발표하였는데, 이들은 선언문에서 '서울의 봄' 시기 자신들의 처신에 대해 참회의 뜻을 밝혔다.

> 1980년 봄, 온 국민이 열망하던 민주화의 길에서 당시 야당 정치인으로서 하나 되는 데 실패함으로써 수백 수천의 민주 국민이 무참히 살상당하는 사태에 이르고, 계속 국민의 수난이 연속됨은 물론 민주화의 길을 더욱 멀게 한 사태를 막지 못한 데 대한 책임을 면할 길이 없습니다. 이제 국민의 민주화에 대한 열망 앞에서 우리 두 사람은 백의종군하는 자세로 하나가 되어 손잡고 우리 민족사의 지상과제를 향하여 함께 나아가려 합니다.

그러나 양김의 성명 발표 이후에도 동교동계의 의견 통일은 이루어지지 못했다. 김대중 스스로가 여전히 김영삼과의 연합전선 구축에 의구심을 버리지 못한 것도 하나의 장애물이었고, 김영삼 본인의 미심쩍은 행동이 계속되고 있는 것도 영향을 미쳤다. 김영삼이 《파 이스턴 이코노믹 리뷰》라는 싱가포르 월간지와 인터뷰하면서 "전두환 씨가 민주회복을 공약하는 조건이라면 광주사태를 제쳐놓을 용의가 있다"고 언급함으로써 정치권과 재야가 발칵 뒤집힌 일도 있었다. 동교동계는 물론이고, 무엇보다 광주 지역 재야인사들이 들고일어나 김영삼을 거세게 비난했다. 동교동과 상도동의 합작이 파탄 날 처지에 몰리게 되었다.

김상현은 돌발한 이 문제를 수습하기 위하여 김영삼 측과 광주를 오가며 진땀을 흘려야 했다. 김상현은 김영삼과 문익환 목사를 묶어 광주로 내려가게 해서 그런 일이 없음을 확인시켜 주도록 했다. 이렇게 해서 겨우 사태를 수습하여 합작 논의를 재개할 수 있었다. 하지만 동교동계의 의견 통일은 여전히 요원했다. 결국, 박영록, 양순직, 박종태 등은 합작에 불참하겠다는 뜻을 굽히지 않았고, 그래서 나머지 사람들만 합작에 참여하기로 했다. 당시 두 진영이 합작하여 민추협을 출범시키기 전후의 상황을 김덕룡은 이렇게 증언한다.

나는 민추협이 없었다면 신민당 창당도, 6월항쟁도 없었다고 봅니다. 민추협 조직의 1등 공신은 후농이라고 생각합니다. 그가 아니면 상도동계와 동교동계를 하나의 정치조직으로 묶지 못했을 것입니다. YS와 후농은 최종적으로 민추협과 신민당의 조직을 상도동계와 동교동계가 50대 50의 지분으로 나누기로 약속했지만, 상도동계는 1983년에 이미 민주산악회를 결성하여 물밑에서 조직을 가동하고 있었기 때문에 참여할 사람이 많았습니다. 그러나 동교동계는 구심점인 DJ가 미국에 있었기 때문에 참여 인사가 부족해 사실 후농이 민추협의 규모를 좀 줄이자는 주장도 했습니다. 그때까지는 DJ와 인연이 거의 없었던 한광옥 같은 사람이 동교동계 몫으로 민추협의 중책인 대변인을 맡은 것도 그 때문이지요. 그러나 이 모두가 후농이 소심해서나 의지가 없어서가 아니라 늘 DJ를 의식했기 때문이란 걸 우린 알고 있었지요. DJ는 '이러다가 야당 조직이 모두 YS 쪽으로 가면 어쩌나?' 하는 걱정에 가능한 한 속도를 늦추고 조직도 너무 키우지 말라는 지침을 내리는 것 같아, 우리는 후농이 참 고생하는구나, 생각했죠. DJ가 미국에서 돌아왔을 때 동교동계 조직이 온전하게 유지된 것은 모두 후농의 노력 때문입니다.

민추협 결성에 대한 재야의 동의 합의서

김영삼과의 '밀당'

김영삼이 먼저 김상현에게 만나자는 연락을 해왔다. 김영삼은 국민연합 같은 것을 만들어서 민주화 투쟁을 시작하자고 했다. 김영삼의 단식중에 상도동계 정치인들이 주축이 되어 만든 '민주국민회의'를 말하는 것 같았다. '민주국민회의'는 회장에 이민우를 앉혔고, 동교동계인 조연하, 김녹영, 김상현을 본인들의 의사와는 상관없이 이사로 끼워 넣었다.

'민주국민회의'는 김상현도 잘 모르는 상태에서 일방적으로 만들어진 조직이었다.

김상현은 김영삼에게 따졌다. 1975, 79년에 김영삼이 석연치 않은 행보를 했던 것에 대해 동교동계를 비롯한 많은 사람이 아직도 불신하고 있다고 직설적으로 들이댔다. 그리고 민주화 세력의 단합이 절대적으로 중요한 마당에 '민주국민회의'는 상도동계의 일방적 주도로 만들어져 동교동계의 의심과 불신을 초래할 수밖에 없는 것 아니냐고 따졌다. 그러므로 먼저 '민주국민회의'부터 해체하고 연대와 균형의 원칙을 따라 원점에서부터 조직을 다시 구성해야 한다고 주장했다. 김영삼은 무거운 침묵을 이어갔다. 긴 시간이 흘러 김영삼이 마침내 입을 열었다.

"민주국민회의를 해체하도록 하겠소."

김상현은 김영삼이 민주국민회의를 해체하기로 했다는 소식을 갖고 동교동계 정치인들을 만났다. 동교동계 사람들은 전혀 뜻밖이라는 반응이었다. 그리하여 이날 동교동계 모임에서 상도동계와 합작을 하자는 결정이 이뤄지게 되었다. 김상현은 다시 상도동 쪽을 만나 합작 방안을 논의하였다. 자연스럽게 김상현은 양쪽을 연결하는 고리 역할을 맡게 된 것이다. 양측의 협상대표가 동수로 구성되었다. 상도동계 대표로는 김영삼, 이민우, 최형우, 김동영이었고, 동교동계 대표로는 조연하, 김녹영, 예춘호, 김상현이었다. 양측 8인이 모여 앞으로 민주화 투쟁의 방향을 놓고 본격적인 논의를 시작하기로 했다.

조직결성 논의의 첫 번째 과제는 정치계와 재야 사이의 관계 설정이었다. 김영삼은 정치인과 재야가 연대하는 국민연합을 만들자고 했다. 그러나 동교동계의 입장은 정치인과 재야를 분리해서 구성하자는 것이었다. 동교동계의 이러한 입장은 문익환 목사 등 재야인사들과도 이미 조율을 마쳐놓은 상태였다. 그리하여 결국은 정치인 중심으로 조직을 결성하자는 쪽으로 의견이 모여지게 되었다.

조직의 명칭을 정하는 문제를 놓고도 잠시 논쟁이 벌어졌다. 상도동 측은 '민주구국투쟁동지회'라는 이름을 제안했고, 동교동 측의 김상현은 '민주화추진간담회'를 제시했다. 상도동 측이 '민주화추진간담회'는 너무 허약한 느낌이라고 반대하자 김상현은 "행동이 중요하지 이름이 뭐가 중요한가?"라고 맞섰다. 갑론을박 끝에 김상현이 '민주화추진협의회'라는 수정안을 내놓아 결국 그 이름이 채택되었다. 1980년대 중반 전두환 독재정권에 일격을 가한 '민추협'이라는 이름이 역사의 현장에 그 모습을 드러내는 순간이었다.

민주화추진협의회(민추협) 발족

민추협은 광주 민주항쟁 4주기가 되는 1984년 5월 18일, 서울 외교구락부에서 100여 명이 모여 발기인 총회를 열고 민주화 투쟁 선언문을 발표하였다.

전두환 정권은 소수의 부패한 특권층만을 위해 절대다수 국민을 핍박하고 수탈해오고 있다. 우리는 국민의 긍지와 자존심을 회복시키고 국가의 존엄을 해치는 군부독재를 청산해서 국민이 자신의 정부를 선택할 수 있고, 시민의 참여가 보장되는 민주 정부의 수립을 위하여 민주화는 더 이상 지체할 수 없다는 판단 아래 민추협을 발족한다.

민추협은 전·현직 정치인과 정치지망생 등 정치계 인사들만을 회원으로 하여 조직되었다. 동교동계와 상도동계 외에도 공화당 출신의

민추협 운영소위원회 회의(1984)

김창근, 박찬종, 김수, 유정회 출신의 조홍래, 사회주의정당 계열의 김철, 무소속 현역의원인 황명수 등이 참여하였다. 구성원 대부분은 전두환 정권에 의해 정치활동 규제를 받는 대상자들이었다. 이렇게 민추협이 정치인으로만 한정하여 구성된 것은 애초부터 제도정치권 진입을 목표로 한 조직이었기 때문이다. 이는 1985년 봄에 있을 제12대 총선을 염두에 두었음을 의미한다.

　지도부 선임을 놓고는 몇 차례 내홍과 반전이 있었다. 민추협의 결성을 주도해 온 김상현은 원래 미국에 있는 김대중이 형식상의 위원장을 맡고, 김영삼이 부위원장을 맡아 실제로는 위원장 대행을 할 것을 김영삼에게 제안하였다. 이에 김영삼은 자파 인사들의 반발 등 여러 문제를 이유로 난색을 표하며 대신 공동의장제를 제안했다. 하지만 그 제안을 받아들이면 김대중이 미국에 있는 상황에서 김영삼의 독주로 흐를 가능성이 컸다. 그렇게 되면 사사건건 갈등과 대립이 일어나고, 결국엔

다시 결별할 수밖에 없는 상황이 벌어져 합작하지 않은 것만 못한 결과가 될 수도 있었다.

김상현은 김대중을 고문으로 하고, 김영삼과 동교동 측 한 명을 공동의장으로 하자고 수정 제안했다. 이 안에 대해 김영삼은 그렇게 하면 자신의 격이 너무 떨어져 자파 내부에서 수용하지 않을 것이라고 완곡히 거부했다. 이에 김상현은 다시 김대중과 김영삼을 공동의장으로 하고, 동교동 측의 한 명이 '공동의장 권한대행'을 맡는 것으로 하자고 수정 제안을 했지만, 그날은 합의에 이르지 못하고 헤어졌다.

이틀 뒤에 김영삼 쪽으로부터 '공동의장 권한대행' 안도 수용하기가 곤란하다는 통지가 왔다. 김상현은 그렇다면 민추협을 깰 수밖에 없노라고 엄포를 놓았다. 사실 동교동계의 입장에서 보면, 김영삼의 태도는 양 계파의 균형을 무너뜨리는 것으로 결국 동교동을 껍데기로만 이용하겠다는 것이어서 도저히 받아들일 수가 없었다. 김영삼은 이틀의 말미를 달라고 했다. 이틀 뒤 다시 김영삼을 만났는데, 동교동 측의 '공동의장 권한대행' 안을 수락하겠다고 선언했다.

이제 문제는 동교동 측에서 누구를 공동의장 권한대행으로 내보내느냐 하는 것만 남았다. 조연하가 지금까지 민추협을 결성하는 데 주도적인 역할을 해온 김상현을 추천했고, 김녹영, 박종률, 예춘호 등이 그 안에 찬성했다. 박성철은 김상현의 나이가 너무 어려 김영삼과 격을 맞추기가 힘들다는 이유로 반대했다. 결국은 여러 논의 끝에 다수 의견에 따라 김상현을 '공동의장 권한대행'으로 추천하기로 했다.

1984년 5월 18일 발족을 선언한 민추협은 준비 작업을 거쳐 6월 14일 결성대회를 개최했다. 민추협의 지도부는 김대중을 고문으로 하고, 김영삼 공동의장, 김상현 공동의장 권한대행으로 출범하되, 김대중이 귀국하면 공동의장을 맡기로 정했다. 최고의결기구인 10인 운영소위원회는 조연하·김녹영·박종률·박성철·김윤식(이상 동교동계), 김명윤·이민우·윤혁표·김동영·최형우(이상 상도동계)로 구성됐다.

민추협은 적당한 시기 정당으로의 전환을 그 목표로 했기 때문에 조직도 부의장 19명, 운영위원 452명에 16개 국, 32개 분과를 설치하고, 헌법, 통일·안보, 인권 등 5개 특별위원회를 두는 등 방대하게 편제하였다. 사무처에는 총무, 조직, 홍보, 훈련, 노동, 농어민, 청년, 부녀 등의 국을 설치하였고, 또 십 수 명으로 구성된 대변인단도 두어 정당과 유사한 기능을 행하게 했다.

초기의 민추협은 주로 언론을 통해 반독재 활동을 전개해 나갔다. 이를테면 현실 정치 현안에 대해 성명을 발표하고, 기자회견을 여는 등의 방식으로 민주화운동의 테제를 확산해 나가는 형식이었다. 민추협은 소속 변호사들로 '인권옹호위원회'를 꾸려 무료변론을 통해 우회적으로 민주화 투쟁을 지원하기도 했다. 이들은 대구 택시기사 시위사건, 대학생들의 민정당사 점거사건, 서울대 프락치 사건 등의 관련자들에 대한 변론을 맡았다. 민추협의 존재는 이런 활동과 김대중·김영삼 양김의 후광을 배경으로 점차 대중들에게 널리 알려지게 되었다.

전두환 정권은 민추협의 출범과 활동을 억압하기 위해 철저한 탄압과 방해 공작을 벌였다. 민추협이 발족하던 날에는 회의장 주변을 전투경찰들이 둘러싸 위협적인 분위기를 조성하였다. 또 일부 참여 인사들은 정보기관에 불려가 협박을 당하고 탈퇴를 강요받았다. 이 때문에 여러 사람이 입회를 번복하고 탈퇴하기도 했다.

민추협은 사무실을 종로구 관철동 대왕빌딩에 얻었는데, 정보기관이 건물주에게 여러 경로로 압력을 가해 결국 입주를 못 하였다. 김상현에게도 안기부 간부가 찾아와 민추협 활동을 계속하면 형집행정지를 취소하고 즉각 재수감하겠다고 협박했다. 또 앞으로 정치규제에서도 풀어

주지 않겠다고 했다. 그 때문인지 김상현은 마지막까지 정치규제에서 해금되지 않은 15명의 한 사람으로 남았다.

민추협의 합의제 운영

민추협의 운영은 처음부터 어려움이 많았다. 우선 사무실 문제가 컸다. 전두환 정권이 민추협의 활동을 원천적으로 봉쇄하기 위해 서울 시내 건물주들에게 사무실을 내주지 말라고 압력을 넣은 것이다. 6월 초 비밀리에 관철동 대왕빌딩 13층에 어렵게 사무실을 냈는데, 곧 세입자가 민추협임이 들통나고 말았다. 건물주는 일방적으로 해약을 통보하고 책상, 의자, 전화 등 집기들을 모두 건물 밖으로 들어내고 사무실을 폐쇄해 버렸다.

민추협 사무처 관계자들이 사무실 출입문의 자물쇠를 뜯어내고 안으로 들어가자, 건물주는 한밤중에 또다시 집기들을 끌어내 숨겨버렸다. 그런 숨바꼭질 같은 일들이 몇 차례나 반복되었다. 그래서 처음에는 텅 빈 사무실 바닥에 비닐 매트를 깔고 둘러앉아 회의를 진행하기도 했다.

민추협은 두 계보의 합의 정신에 따라 업무를 처리해 나갔다. 김영삼 공동의장은 매사에 동교동과 상도동의 1대 1 약속을 잘 지켜주었다. 그래서 기자회견이나 회의를 할 때도 김영삼과 김상현이 번갈아 가면서 주재하거나 사회를 보았다. 그러나 김영삼은 김상현과 대등하게 회의가 운영되는 것이 영 격에 안 맞는다고 생각했는지 마뜩잖은 표정을 짓곤 했다. 발언할 때도 김대중을 대리해서 김상현이 권한대행을 한다는 구절을 꼭 집어넣곤 했다.

김상현도 김영삼의 그런 모습을 보고 있노라니 마음이 영 편치가 않

정부 당국의 사무집기 압수로 돗자리에서 회의하는 풍경
(좌로부터 김윤식, 김상현, 김영삼, 이민우)

았다. 그래서 어느 날 김영삼을 만나 조용히 "앞으로는 공동의장께서
단독으로 회의 주재도 하고, 기자회견도 진행하시라"고 진언했다. 동교
동계 사람들이 이를 알고 따졌으나, 김상현은 "민추협이 그런 사소한 일
로 불화가 일어나면 나중에 큰일을 그르치게 될 수도 있으니 너그럽게
받아들이자"고 다독였다. 이런 김상현에 대해 김영삼의 평가가 후할 수
밖에 없었다. 김덕룡의 증언이다.

> YS는 후농에 대해 진짜 애정을 갖고 있었어요. YS는 "그 사람(김상
> 현)은 거짓말을 해도 도저히 미워할 수가 없다. 진짜 미워할 수 없는
> 사람, 참 능수능란하고, 무슨 일을 맡기든 무조건 잘한다"고 칭찬했
> 어요. 경쟁하는 진영의 사람이지만 YS는 후농에 대한 믿음이 강했어
> 요. 1971년 대통령 후보 경선에서 패배하고 YS는 후농을 가리키며

"저런 사람이 있어야 하는데, 우리 쪽 사람들은 죄다 정치만 하려고 해. 조직이나 참모를 할 생각은 안 하고 모두 지도자만 하려고 해"라며 아쉬움을 토로했어요.

[추록 : '민추협 창립과정'에 대한 김상현의 육필 증언]

1988년 4월, 민주화추진협의회가 발행한 『민추사』(책임 편찬 구자호)에는 민추와 관련하여 많은 사람의 증언이 실려 있지만, 대부분 증언자 개인과 관련된 역할과 사건에 국한한 기술들이라 민추협 창립과 그 운영체계에 대한 전모를 보여주고 있지는 않다. 이는 민추협 창립의 한 축이었던 상도동계 주요 인사들의 증언에서도 마찬가지였다. 그런 점에서 『민추사』에 실린 김상현의 글 「민추협 창립과정」은 민추협의 전모를 살피는데 중요한 자료이다. 이 책의 일부와 다소 중복되는 부분도 있으나, 문맥과 오탈자 등을 정리하여 그 전문을 소개한다.

김영삼 총재의 단식투쟁

민추협은 1983년 5월 18일, 김영삼 총재께서 민주화를 요구하면서 단식투쟁에 돌입한 것이 계기가 되었다. 1980년 이후 정치정화법에 묶여 정치활동이 금지되었던 진짜 야당 정치인들, 재야 정치인들, 또 감옥에 갔다 와서 정치활동이 금지되었던 분들이 김영삼 선생 단식에 대해 정치인으로서 치켜볼 수만은 없다고 해서 코리아나 호텔에 모여 대책을 세우기로 했다. 사실 김영삼 총재가 단식에 들어가기 전까지는 정치인들의 정치활동이란 것은 친목회 정도로 해서 모임은 했지만, 정치회동을 한 바는 없다.

동교동계만 해도 김대중 선생이 미국에 계셨기 때문에 동교동계에 가까운 조연하, 김녹영, 예춘호, 박영록, 김창환, 최영근, 박성철, 이협, 김윤식, 이재걸, 김충섭 이런 분들이 친목 형태로 한 달에 한 번씩 모임을 열고 민주화가 절망적인 상황에서 어떠한 여건과 환경을 조성해 민주화를 위한 투쟁을 전개할 것인가를 토론하는 등 정치활동 대책을 세워야 한다는 논의 정도가 있었을 뿐이었다. 나는 1982년 형집행정지로 감옥에서 나온 후 재야의 문익환, 이해동, 한승헌, 장을병 등 각계인사, 젊은 동지로는 김근태, 장기표, 장영달, 한경남 등을 자주 만나면서 토론도 하고 민주화 투쟁을 어떻게 어떤 방법으로 추진할 것인가를 논의했다.

당시 이와 같은 모임이 산발적으로 있었던 차에 김영삼 총재가 23일간의 장기간 단식을 시작하였고, 이때 전직 국회의원을 중심으로 12인의 정치인이 코리아나 호텔에 모여 '김영삼 선생 단식투쟁 대책 특별위원회'를 구성한 것이다. '대책위'는 상도동계, 동교동계 각 6인으로 구성하였으며, 바로 그날 '대책위'는 전두환 정권의 군사독재에 대한 반박과 민주화를 제도화해야 한다는 성명을 발표했다. 그리고는 당시 서울대병원에 입원해 있던 김영삼 총재를 방문해서, 단식투쟁을 중지할 것을 요청하고, 건강한 몸으로 민주화 투쟁 대열에 앞장서서 군사독재를 종식 시켜야 한다는 것을 말씀드렸다.

상도동의 '민주국민회의' 조직과 동교동의 반발

'대책위'가 김영삼 총재를 방문하고 나서 며칠 후, 김덕룡 비서실장이 서울대병원 식당에서 회의가 있으니 나와달라는 연락이 왔다. 나는 그날 아침에 다른 약속이 잡혀있었기 때문에 늦더라도 그 회의에 참석하겠다고 하고는 11시 가까이 되어 서울대병원을 찾아갔다. 그러나 이미 회의는 끝나고 김녹영, 박용만 씨 등이 있어 회의내용이 무엇인가 물었더니, '12인 대책위'에서 '민주국민회의'라는 민주화 투쟁기구를 만들어 임시회장에 이민우, 대변인에 김덕룡 씨를 선임했고, 앞으로 재야와 연합해서 민주화 투쟁을 하기로 했다는 것이다.

나는 김녹영 선생에게 그런 모임은 승복할 수 없다고 했다. 그리고는 민주화 투쟁단체를 만들기 위해서는 사전에 진지하게 토의하여 참가 범위, 조직의 성격 등을 신중히 검토해야 할 터인데 하루아침에 '12인 대책위'가 '민주국민회의'라는 민주화 투쟁단체를 구성할 수 있느냐고 이의를 제기했다. 다음 날 동교동계 정치인 15인이 모여 이 문제에 대해 논의를 했다. 이 회의에서는 "김영삼 총재 단식에 대한 '12인 대책위'는 인정하지만, 이 대책위가 '민주국민회의'를 만들어 이민우 씨를 회장으로 선임하는 일 등은 승복할 수 없다"는 결론을 내리고, 동교동계는 거기에 참여하지 않는다고 결의했다.

그즈음 김영삼 총재께서 내외신 기자회견에서 '민주국민회의'를 발족해 앞으로 민주 투쟁을 한다는 내용이 아사히 신문 등에 보도된 사실이 있었다. 이로써 상도동계와 동교동계 관계가 미묘하게 되었는데, 사실상 대립 관계라고 할 수 있었다. 동교동계 내부에서는 김영삼 씨와 연합을 해서 조직을 만드는 것은 절대 바람직하지 않다는 의견이 지배

적이었다. 미국에 계신 김대중 선생이 귀국해서 그런 연합조직을 만들어야 한다는 것이었다. 또 연합조직을 만들어도 김대중 선생의 지시가 있어야 만들 수 있는 것이지, 지시 없이는 상도동과의 연합조직에 반대한다는 의견이 지배적이었다.

그러나 나의 의견은, "김대중 선생 자신이 민주화를 바라고 있고, 또 민주화를 요구하다가 군사정권에 희생되신 분이기 때문에 선생에게 이런 문제까지 일일이 지시를 받아야 한다는 것은 모든 여건과 환경상 어려운 일이며, 그것이 민주화에 반하는 것은 아니다. 반민주 군사독재에 투쟁하고 민주화에 도움이 되는 일이라면 우리는 누구와도 함께 협조해야 한다"는 것이었다.

또 내 입장은, "80년 초 국민연합이나 70년대 중반 민주회복국민회의 등 재야와 정치인이 연합조직을 결성하여 투쟁할 때, 그 조직이 경직성을 띠고 유연하지 못해서 오히려 재야와 정치인 간에 갈등과 대립이 노출됨으로써 바람직하지 못하게 되었다. 내가 생각하고 있는 민주화 투쟁은, 역할분담을 해서 재야는 자기 입장에서 민주화 투쟁을 전개하는 것이 바람직하고, 정치는 정치인이 주도권을 쥐고 리더십도 발휘하고 조직력을 강화해 각계의 의견을 수렴해서 단계적으로 발전시키고 민주 투쟁을 전개하는 것이 전술·전략적으로 바람직하다"는 것이다.

김영삼 총재의 양보
이런 동교동계의 분위기가 설왕설래할 즈음 김영삼 총재가 단식을 마치고 상도동 자택에 있으면서 6월경 김덕룡 실장을 보내 집에서 만났으면 한다는 연락이 왔다. 내가 상도동을 방문하자 김영삼 총재는 "민주국민회의를 발족해 회원을 1천 5백 명 정도 확보했다. 국민회의를 중심으로 해서 강력한 반독재투쟁을 전개하고, 또 재야와 연합해서 조직을 확산시키는 것이 바람직하다"고 주장했다. 나는 당시 동교동계의 분위기를 전하면서 "이민우 씨를 회장으로 선임한 민주국민회의에는 참여할 수 없다. 과거의 경험으로 볼 때 정치인만의 조직에는 참여할 수 있어도 재야와 정치인의 연합조직에는 반대하므로 참여할 수 없다"고 대답했다.

나는 김 총재에게, "상도동과 동교동 간의 불신과 갈등을 극복, 상호 신뢰회복이 절실한 문제"라고 전제했다. 또한, 동교동계 안에는 김 총재와의 대화 자체를 반대하는 사람도 있다는 사실을 전하고, "서로 간에 화해와 신뢰를 회복하기 위해서는 우선 김 총재께서 현재 1천 5백 명을 확보한 민주국민회의를 해체하고 처음부터 새로 출발하는 결단이 없는 한 우리가 다시 만나 대화하기는 어렵다"고 말하자, 김영삼 총재는 "신뢰회복과 힘을 모을 수 있다면 민주국민회의를 해체하겠다. 바로 민주국민회의를 해체하고 새로이 민주 투쟁기구 결성을 논의해 보자"고 받았다.

그러나 나는 과거의 국민연합과 같은 연합조직을 만드는 것은 반대한다고 주장했고, 김 총재는 재야와의 연합조직을 하자는 주장을 포기하지 않았다. 이 문제로 근 1년 가까이 서로 의견을 달리했으나, 결국 김영삼 총재가 양보해 정치인만의 조직을 만든다는 데 합의, 동교동계 4인, 상도동계 4인 합하여 '8인회의'를 구성하자고 합의했다.

민추협의 탄생과 탄압

'8인회의'는 예춘호 선생의 기자촌 자택에서 첫 모임을 가졌다. 동교동에서는 조연하, 예춘호, 김상현, 김녹영이 참석했고, 상도동계 4인은 김영삼, 이민우, 최형우, 김동영(또는 홍영기)였다. 일부 동교동계 인사 중에서는 상도동계와 같이하는 데 대해 비방과 중상모략도 나왔다.

조직의 명칭에 대해서도 갑론을박했다. 김영삼 총재는 '민주구국동지회'를 주장했고, 나는 '민주화추진간담회'와 '민주화추진협의회' 두 명칭을 제안했다. 결국 '민주화추진간담회'는 좀 약하고 '민주화추진협의회'가 적당하다 해서 역사적인 '민주화추진협의회(민추협)'가 탄생한 것이다. 그다음으로 우리 민주 투쟁사에 기록되고 기억될 만한 것은 민추협 설립에 따른 정관과 회칙에 관한 문제였다. 보통의 친목 모임이나 계 모임만 해도 나름의 정관이나 회칙은 있게 마련인데, 민주 투쟁사에 있어 국내외적으로 널리 알려져 있고 역사적으로도 그 역할이 막중했던 민추협이 정관과 회칙 없이 선언문만으로 운영해 왔다는 점은 참으로 특이하다.

나는 "민주화 투쟁에 있어 우리가 동지애와 신뢰로써, 더구나 민주화를 위해 십자가를 지고 희생하자는 것인데 정보정치의 상황에서 정관과 회칙을 만들어 거기에 얽매이기보다는 왜 민주화를 추진해야 하는가, 군사독재정권을 왜 종식시켜야 하는가 하는 우리의 입장과 투쟁이념을 설정하고 선언하며 행동방침을 정할 때 합의와 관례에 따라 조직을 운영해 나가는 것이 바람직하다"고 주장했다. 다시 말하면 회칙이나 정관 없이 선언문만으로 민추협을 운영하자는데 내 의견에 합의했다.

이렇게 해서 김영삼 총재 단식투쟁이 있은 지 1년 만에 민추협이 출범하였다. 1984년 5월 18일, 남산 외교구락부에서 민주화 추진 선언식을 개최하고 공동의장에 김영삼 총재, 공동의장대행에 나, 고문에 김대중 선생을 추대했다. 그러나 상도동계는 전원이 참여했지만, 동교동계는 참여파와 불참파로 나뉘었다. 나와 김녹영, 조연하, 박종률, 박성철, 예춘호 씨 등과 이협, 함윤식, 이재걸, 정균환 등의 젊은 분들이 참여했다. 이때 이상돈 선생도 같이했다.

공안기관은 민추협 추진과정에서 발족에 이르기까지 참여자에 대해서 많은 위협과 탄압을 가해왔다. 나도 어느 날 고위 관리가 만나자고 하더니, "정치활동 규제로 정치활동을 못 하게 되어 있는데, 만일 민추협 참여를 계속한다면 형집행정지를 취소하여 재수감하겠다"고 협박하기도 했다. 그러나 나는 "정부는 그런 입장일지 모르지만, 나의 입장은 이 나라 민주화를 위해 민주화를 추진하는 조직기구가 필요하고, 이것이 장차 통일을 위해서도 불가결하므로 비록 내가 희생되더라도 어쩔 수 없다"고 밝혔다. 민추협은 공안기관의 탄압으로 때로는 연행되고, 때로는 50명이 모이면 기관원들이 2, 3백 명이 달려들어 우리들의 활동을 방해했다. 이 같은 어려움 속에서 민추협이 발족했다.

신한민주당(신민당) 창당

1984년 12월 6일, 민추협에서 신당 문제가 거론되었다. 1985년 2·12 총선을 앞두고 신당 창당에 대해 그동안 김 총재와 내가 여러 차례의 협의를 해 온 차였다. 나는 12월 3일 무소속의 신순범, 조순형, 김정수 의원을 초치하여 3일간 숙의한 끝에 세 의원이 민추협에 입회하고 신당 창당에 참여하겠다는 것을 결의, 성명을 발표하게 하고는 민추협에서 그분들의 환영회를 열었다. 이 사건은 정국에 큰 충격을 주었다.

당시 민추협 국회의원으로는 황명수 의원 한 분뿐이었고, 민한당이

제1야당으로서 완전히 제도권에 참여하고 상호 협력 관계에 있을 때여서 이 네 분이 민추협에 참여한 것은 정국에 충격적이었다. 당시 발표한 성명은 동아일보가 1면에 4단으로 크게 보도했으나, 그 후부터는 사진을 빼버리고 보도통제를 했다. 엄청난 탄압 속에서 이 네 분이 자기 정치생명을 걸고 민추협에 참여한 것은 참으로 높이 평가할 만한 역사적 의의가 있다고 생각한다.

민추협 상임위는, 신당 창당에 민추협이 참여 또는 지원하려면 당시 3백여 명에 달하는 민추협 전체 운영위에서 토의 결정되어야 한다는 것을 결의, 12월 7일 12시 종로 한일관에서 전체 운영위가 소집되어 신당 참여 문제를 토의했다. 당시 장경순, 한영애 씨 등이 신당 창당은 독재 정권을 인정하는 결과가 되므로 이에 반대한다는 의견을 내고 있었으나, 나는 그들에게 "나는 신당 창당에 적극적이기 때문에 반대할 수가 없어 입장이 곤란하므로, 당신들이 운영위에 출석해서 그 의견을 개진하라. 그래서 신당 창당에 있을 수 있는 오류를 지적하여 사전에 그 오류를 제거할 수 있도록 하자"고 설득했다.

이날 운영위는 신당 창당 문제는 공동의장단에 위임하기로 결의, 김영삼 총재와 나는 신당 창당에 대한 필요성과 이유를 피력했다. 당시 나는, "민한당이 제1야당으로서 국민의 민주화 의지를 대변하고 있지 못하고 있으므로 자유와 인권을 대변하는 민주화의 대체세력이 긴요하며, 군사독재의 종식을 위해서는 선거투쟁을 전개해야 한다"는 점을 들어 각계인사들을 설득해 왔었다.

12월 8일, 나는 민추협의 이협 대변인과 최기선 부대변인을 집으로 불러 "군사독재의 종식을 위해 선거투쟁을 전개한다"는 것을 골자로 하는 기자회견 문안을 작성하게 했다. 그리고 선명·통합 신당의 '창당 3원칙'을 정하고는, 이 원칙을 지켜 이 나라의 민주화와 통일을 위해 신당 창당을 적극 지원하고 참여한다는 내용을 넣었다.

(신당 창당의 3원칙은 다음과 같다 : 1. 군사독재의 종식과 민주 정부 수립을 향한 민주화 투쟁에서 투옥 혹은 정치 규제된 인사를 비롯한 민주세력이 중심되는 정당이어야 한다. 2. 모든 민주 인사들이 통합·단결하고 선명한 민주 투쟁을 전개하는 야당으로 그 성격을 분명히 하며, 타력이 아닌 자생적으로 결성되어 당원의 순수한 의지에 의해 운영되는 민주정당이어야 한다. 3. 민주화추진협의회 등 반독재 민주세력의 투쟁이 평가되고 그 정신이 계승되며, 노동자·농민, 청년·학생, 종교인, 지식인 및 민주·통일 운동권과의 민주화 투쟁을 위한 연대를 지속·강화하며 대변하는 정당이어야 한다. - 김학민)

12월 9일에는 문익환 목사, 김 총재를 나의 창천동 집으로 초치하여 이 3원칙을 설명하고 군사독재의 종식을 위해 신당이 필요하다는 점을 피력했다. 문 목사도 그러한 3원칙에 입각한 신당이라면 재야도 지원할 수 있다는 데 합의를 해서, 드디어 12월 12일 민추협에서 '신당 창당' 기자회견을 하게 되었다.

12월 14일, 김 총재와 나는 신당 창당을 민추협 단독으로 할 것인가, 아니면 비민추 세력인 재야 정치인들과 공동으로 할 것인가를 논의하였는데, 결론은 공동창당으로 의견이 모여졌다. 그리하여 민추협의 이민우, 최형우, 김동영, 박종률, 김녹영, 조연하와 비민추의 신도환, 이기택, 송원영, 박용만, 노승환, 김수한 등 12명으로 구성된 '신당추진 실무위원회'가 도렴동의 박종률 씨 사무실에서 출범하였다.

이렇게 신당 창당이 추진되었으나 그 과정에는 애로가 참 많았다. 특히 민추협과 비민추 세력 간에 대립과 갈등이 컸다. 민추협은 자기들이 당권의 7할을 갖고 비민추 세력에게 3할을 할애하겠다고 제의했으나, 쉽게 조정이 되지 않았다. 비민추는 창당준비위원장을 공동 위원장으로 하자며 '김재광·이민우 안'을 제시했다. 흥사단 강당에서 오전 10시에 발기인대회를 열기로 했는데, 밤을 새워 조정한 끝에 그날 새벽에 비민추에서 공동 위원장을 철회하고 상도동계에서 이민우 위원장 1인, 동교동계에서 부위원장 2인, 비민추에서 부위원장 3인으로 결정되었다.

12월 27일, 민추협 상임위는 '총선대책 특별위원회'를 구성했다. 김윤식 씨를 위원장으로 하여 25명으로 구성된 이 대책위는 선거 과정에서 부정, 관권, 행정선거 등을 철저히 감시하는 역할을 했다.

아무튼 이렇게 신당이 창당되어 2·12 총선 돌풍을 일으켜 제1야당이던 민한당을 붕괴시키고 신민당이 제1야당이 되었다. 민추협 소속 당선자가 40명이나 되었던 점에 비추어보면 민추협의 역할과 영향이야말로 신당 돌풍의 원동력이 되었다고 할 수 있다.

김대중 선생의 귀국

미국에 있는 김대중 선생이 귀국하겠다는 보도가 외신을 통해 들어왔다. 1984년 9월 17일, 민추협 상임위는 이민우, 김녹영, 김윤식, 최형우, 박찬종, 문부식, 박성철, 김철 씨 등 8명으로 '김대중 선생 귀국 안전 특별위원회'를 조직하고 대대적으로 범국민적 환영회를 준비하기로 결의했다. 이후 김대중 선생의 귀국에 따른 환영과 안전대책을 위해 김영삼 총재를 위원장으로 하고 각계 재야인사들을 고문과 지도위원으로 추대하여 범국민적 위원회를 만들자고 제의하였다.

그런데 예춘호 의원이 "민추협이 주관하기보다는 재야가 주관해서 민추협과 공동기구를 만드는 게 어떤가?"라는 의견을 냈다. 그러나 재야와 의견일치가 되지 않아 민추협이 주관하기로 했다. 이 문제를 내가 김 총재와 의논하여, 외교구락부에 각계인사들을 초청하여 김대중 선생 귀국 환영대회에 참여해야 할 명분과 입장을 밝혔다. 그 자리에는 문익환, 계훈제, 백기완 씨 등 원로인사들과 젊은 분으로는 장영달, 한경남 씨 등이 참석했다.

나는 그분들에게 민추협 상임위에서 결의된 내용을 전하고 "김대중 선생 귀국 환영의 범국민적 참여를 유도하기 위해 민주대열에 참여하고 있는 여러분이 고문 또는 위원으로 적극적인 동참을 권유 드리며, 사전에 일일이 승낙서를 받는 것이 어려우므로 여러분들을 추대할 터이니 양해해 주기를 바란다"고 말했다.

이에 민청련의 한경남 씨가 "우리들은 제적되고 감옥에 갔다 와 법적으로 학생 신분은 아니지만, 정치인들이 주도하는 환영대회에 참여하는 것은 어려운 일이니 그 명단에서 빼 달라"고 요청했다. 백기완 씨는 해학적인 표현으로 나에 대해 '독재자'라고 하면서 "기왕 고문이나 위원으로 명단에 넣었으니 어쩔 도리가 없고, 참여하는 게 도리가 아니겠느냐?"며 화기애애한 분위기에서 재야인사들의 참여에 동의하였다.

민추협에서는 팜프렛과 전단을 만들어 지역별로 보내기로 했고, 나는 신민당 창당대회 전날 '김대중 선생 귀국에 즈음하여 귀국환영대책위원회' 구성 결의안을 작성하여 창당대회에 상정, 통과시켰다. 나는 전당대회 전날 앰버서더 호텔에 사람을 보내 대의원들에게 나누어줄 봉투에 김대중 선생 귀국 환영대회를 알리는 결의안과 전단을 일일이 집어넣었다.

이날 송원영 의원의 제안으로 환영대책위원회 위원장은 이민우 총재가 맡고, 김재광 씨가 사무총장이 되어 전국 92개 지구당에서 각 300~500명 이상의 당원을 김포공항에 동원하며, 각 지구당은 3개 이상의 플래카드를 걸고, 중앙당은 신문 제작, 깃발, 팜프렛 등을 준비하는 안을 통과시켰다. 신민당이 이를 위해 쓴 비용이 무려 3천 8백만 원이었다는 것, 그리고 이 모두가 당의 공식비용으로 치러졌다는 점은 기록되어야 할 사항이다.

이렇게 해서 1985년 2월 8일 김포공항에 범국민적인 환영 인원을 동원했지만, 실제 김대중 선생과의 면담은커녕 얼굴조차 보지 못하였고, 김대중 선생은 강제 귀가조치 되어 그날로 연금되었다. 그러나 김대중 선생 귀국 환영대회에서 한 민추협의 역할은 지대한 것이었다.

2·12 총선 이후

총선이 끝나고 3월 2일 김대중 선생의 연금이 해제되었다. 김대중 선생이 휴양을 위해 수안보온천에 내려가 나를 불러서 3월 9일 오후 7~9시와 다음날 오전 7~9시 사이 그동안 민추협의 창립과 운영과정, 전국구 후보 선정과정, 정치자금 배분 과정 등을 얘기한 후 김대중 선생에게 민추협 공동의장직에 취임해 줄 것을 요청하자 선생이 이를 수락하였다. 그리고 나는 부의장으로 남기로 했다. 그 후 3월 15일, 창천동 우리 집에서 김대중 선생, 김영삼 총재 그리고 내가 만나, 김대중 선생이 공동의장직을 수락하고 나는 부의장, 그리고 최형우 씨가 간사장을 수행하기로 했다.

그날 빼놓을 수 없는 중요한 문제는 민한당의 전당대회를 앞두고 언급한 내용이었다. 두 공동의장은 "민한당 전당대회는 군사정권을 종식시키고 민주화를 이룩하는 환경조성을 위해 신민당과 통합할 수 있는 전당대회가 되는 것이 바람직하다"고 발표했는데, 이 문안은 내가 정리했다. 이후 두 공동의장이 적극적으로 나서서 민한당을 신민당과 통합시키려고 노력했다. 그 결과 완전통합은 못 이루었지만, 흡수통합이 되어 민한당은 이름만의 당이 되고, 신민당은 103석이라는 사상 최대 의석을 갖는 제1야당이 되었다.

1985년 5월 2일, 나는 미국 하원의 민주당 원내총무(나중에 하원의장 역임) 짐 라이트 의원의 초청을 받아 14년 만에 미국을 방문했다. 그때 뉴욕타임스와 기자회견을 했는데, 그 내용이 국내외에서 문제가 되었다. 나는 귀국 후 수사기관으로부터 조사를 받고 여러 차례 고통을 받았다. 조사 내용은 내가 민추협 부의장으로 한 활동이었다.

13

2·12 총선 :
그가 가장 빛나던
시절 II

13
2·12 총선 : 그가 가장 빛나던 시절 II

민중의 잠을 깨우다 - 2·12 총선

1984년 11월 30일, 정치활동 규제 인사들에 대한 3차 해금이 발표되었다. 1983년 2월 25일의 1차 해금, 1984년 2월 25일의 2차 해금에 이은 전두환 정권의 세 번째 조치였다. 3차 해금에서는 그때까지 규제대상으로 남은 99명 가운데 84명이 해금되었다. 이날 조치로 이철승, 신도환, 김재광, 정해영, 이민우, 조윤형, 이기택, 박한상, 송원영, 김녹영, 김동영 등이 정치활동을 할 수 있게 되었다.

3차 해금에서도 여전히 15명의 정치인은 제외되었는데, 야권 인사는 김대중, 김영삼, 김상현, 김명윤, 김윤식, 김창근, 윤혁표, 박성철, 홍영기, 김덕룡 등 10명이었다. 이중 김창근은 원래 공화당 의원이었으나 민추협에 참여한 인물이었다. 나머지 5명은 김종필 전 공화당 총재, 오치성 전 내무장관, 이후락 전 중앙정보부장, 이철희 전 중앙정보부 차장, 성낙현 전 공화당 의원 등 구여권 인사들이었다.

전두환 정권이 선거를 두 달 남짓 남겨놓은 시점에서 3차 해금을 단행한 것은 신당 창당으로 야권이 둘로 분열하여 민정당이 압승할 것이라는 정치적 계산 때문이었다. '해금 정치인들은 공천수요 때문에 당연히 신당을 창당할 것이고, 그 당은 민한당에 이어 제3당 정도의 의석을 얻게 될 것이다. 그렇게 되면 총선 후 신당은 민한당에 흡수되고, 따라서 그들의 강경노선이 힘을 잃을 것'으로 본 것이다. 신당이 제2야당 정도가 될 것이라는 전망은 당시 민정당과 민한당에 몸담은 정치인이나 대다수 정치학자와 언론, 심지어 신당 창당에 적극적인 정치인들까지도 비슷하게 갖고 있었다.

3차 해금으로 야권과 재야에서는 1985년 2월에 있을 제12대 총선에 대한 대처 논의가 본격적으로 시작되었다. 당시 민주화운동 세력 내에서는 총선 보이콧을 주장하는 기류가 강했다. 재야에서는, 총선에 참여한다는 것은 광주를 피로 물들이고 집권한 전두환 정권에 합법성과 정당성을 부여해 주는 꼴이 된다는 인식이 강했다. 민주화운동 진영이 그런 인식을 하고 총선 참여에 부정적 반응을 보이자, 민추협도 총선에 어떻게 대처할 것인가를 두고 신중하게 논의를 전개하였다.

그러나 김상현은 총선 보이콧보다는 선거 공간을 잘 활용해야 한다는 인식을 하고 있었고, 그것은 총선에 전면적으로 참여해야 한다는 결론이었다. 그리고 총선 참여를 위해서는 정당이 필요한데, 그 당이 당시 국민으로부터 어용으로 취급되는 민한당일 수는 없다고 생각했다. 민한당은 전두환 집권 초 중앙정보부가 직접 개입하여 만들어진 '관제 야당'이었기 때문에 민주세력으로부터 집권당인 민정당 외곽의 '사쿠라 정당'으로 취급받고 있었다. 그러하니 국민 대중과 민주화 세력의 지지를 받기 위해서는 새로운 정당을 만들어야 한다는 김상현의 판단은 정확했다.

한국정치사에서 신당을 창당할 때는 항상 당의 간판이 어떤 인물인지가 중요했다. 그런데 김대중, 김영삼은 정치규제에서 해금이 되지 않은 데다가, 당시 김대중은 미국에 망명해 있었기 때문에 두 사람 모두 당의 간판이 될 수 없었다. 김상현이 조연하를 만나 이 문제를 의논하자, 그는 조윤형을 당 대표로 밀자는 의견을 냈다. 조윤형은 원래 상도동계에 속한 중진이었지만, 1972년 유신 때 동교동계인 조연하, 김상현 등과 함께 옥살이한 것을 계기로 70년대 중반 이후에는 김대중계 정치인들과 가깝게 지냈다. 김상현은 조연하의 제의에 흔쾌히 동의했고, 조연하가 직접 조윤형을 만나 의중을 타진하기로 했다.

그러나 조윤형은, 자기는 "민한당에 입당할 생각이었는데, 그런 제안이 왔으니 한번 생각해 보겠다"고 답했다는 것이다. 며칠이 지나도 답이 없어 조연하가 다시 찾아가니, 조윤형은 민한당 입당을 굳혔다고 통첩했다. 김상현은 맥이 탁 풀렸다. 믿었던 도끼에 발등이 찍힌 느낌이었다. 김상현은 조윤형의 소재를 수소문하여 그가 자주 가는 무교동 서린호텔의 식당으로 다짜고짜 쳐들어갔다. 조윤형은 그곳에서 이기택과 식사를 하는 중이었다. 김상현은 이기택에게 양해를 구하고는 단도직입적으로 조윤형을 몰아세웠다.

"조 의원, 민한당으로 가지 마세요! 민한당으로 출마하는 것은 대의명분으로 보나 선거 전략으로 보나 옳지 않은 일입니다. 신당은 역사의 요청이올시다. 신당에 오셔서 총재 역할을 해주세요!"

그러나 조윤형은 "그것은 이미 끝난 얘기니까 더 이상 재론하지 말아 달라"며 자기의 생각을 고집했다. 신당 창당이 첫걸음부터 제대로 풀려가지 않았다. 낙천적 성격 탓에 웬만한 일로는 의기소침하지 않는 그였지만, 거대한 장벽 앞에 마주 선 것 같은 느낌이 들어 눈물이 왈칵 쏟아졌다. 나중에 알고 보니 조윤형이 그렇게 나온 데는 이유가 있었다. 당시 미국에 망명 중이던 김대중의 입김이 작용한 것이다. 이와 관련하여 정대철도 "미국의 김대중으로부터 신당이 아니라 민한당으로 출마하라"는 전갈이 왔다고 증언하고 있다. 2·12 총선을 앞두고 신당 창당에 대한 김대중의 생각을 전달받은 상황에 대해, 김상현 자신이 여러 자리에서 피력한 내용을 정리하면 아래와 같다.

> 그즈음 김대중 선생의 비서라는 심기섭이라는 사람이 미국에서 들어와 나를 만나자는 연락이 왔다. 그래서 약속을 잡아 북악파크호텔에서 식사를 했는데, 그 자리에는 김대중 선생의 장남 김홍일도 함께 있었다. 심기섭 씨는 선생님의 전언이라고 하며, "민추협은 절대 신당에 참여해서는 안 된다"고 했다. 이런저런 얘기를 더 나누면서 나는 "국내 현장에서 정세를 읽는다면 김대중 선생도 신당 창당에 동의하실 것이라 본다. 지금 민심은 물밑에서 거대하게 요동치고 있다. 신당 창당은 역사의 필연이자 엄청난 기회이다. 김대중 선생이 말씀하시는 것은 아마 당을 만든다고 해서 민추협을 해소해서는 안 된다는 말씀인 것 같다"라고 완곡하게 상황을 정리했다.

김대중이 밀서를 보내오다

후일 김상현은 한 언론과의 인터뷰에서, 1984년 말에 있었던 심기섭과의 북악파크호텔 회동 상황을 좀 더 구체적으로 밝혔다(《시사 오늘》 2009. 11. 8).

> (동교동계인) 이협과 (상도동계인) 최기선이 저의 집에 와서 신당 창당 발기문을 검토했고, (민추협의) 김영삼·김상현 공동의장 명의로 발표했습니다. 그 당시 김 전 대통령은 미국에서 인권문제연구소를 운영하고

있었는데, 그 연구소에 몸담고 있던 심기섭 동지를 밀사로 한국에 보냈습니다. 심기섭 동지와 평창동에 있는 어느 호텔에서 만났습니다. 김홍일도 같이 왔더군요. 그때 김홍일은 의원이 아니었습니다. (심기섭이 전하길) "DJ가 신당에 반대한다"며, "신당에 참여하면 절교를 선언하겠다"고 하더군요. 그러나 저는 민주화를 앞당기기 위해서는 이 길밖에 없다고 생각했습니다. 그런 후 김 전 대통령이 1985년 2월 8일 국내에 돌아와 연금 상태에 있다가 3월 1일 연금에서 해제됐고, 김 전 대통령을 동교동 자택에서 만났습니다. 신민당이 총선에서 돌풍을 일으킨 직후입니다. 저는 (김 전 대통령이 총선 전에 한국에 돌아왔기 때문에) "형님의 승리!"라고 말씀드렸고, 김 전 대통령은 "자네한테 사과하네"라고 말했습니다. 그렇지만 (김 전 대통령은 사과하고도) 1985년 총선 후부터 사사건건 나를 견제했습니다.

심기섭은 1969년 미국으로 이민을 떠나 버지니아주에 살면서 조그마한 교포언론의 기자 일을 하고 있었는데, 1982년 12월 김대중이 미국으로 추방되어 입국하자 문동환 목사의 권유로 김대중의 미국 체류 동안 비서로 일했다. 김대중의 미국 체류 기간에 가끔은 정대철 등 옛 신민당 국회의원들도 찾아와 국내 소식을 전하곤 했지만, 김대중은 정확한 국내 정보를 빨리 접하지 못해 답답해했다고 한다. 심기섭의 증언이다.

당시 나는 그래도 기자 신분이라 가끔 한국을 드나들었어요. 1984년 겨울 어느 날, 선생님이 중요한 일인데 안전하게 한국에 갔다가 올 수 있느냐고 물으셨어요. 1주일쯤 후에 항공권을 구해 놓았다고 하니, A4 반장에 앞뒤 빼곡하게 편지를 써서 김상현 의장대행에게 전하라고 하시더라고요. 그것을 아주 작게 접어 양말에 넣고 비행기를 탔는데, 내용이 궁금하기도 하고, 만일에 훼손, 분실도 우려되어 비행기에서 읽어보아 사전에 무슨 내용인지는 알았지요. 그런데 김포공항에 내리니 평소답지 않게 몸 검사, 짐 검사를 엄청나게 하는 거예요. 그래서 들킬까 봐 그 쪽지를 꺼내 발기발기 찢어 쓰레기통에 버렸지요.

심기섭은, 김상현을 처음 만난 것은 예춘호, 김덕룡 등 민추협 간부 15명 정도가 모인 자리에서였으며, 거기에서 전달한 김대중의 밀지는 첫째, 2·12 총선 투쟁에 적극적으로 임할 것, 둘째, 투표일 전에 꼭 귀국하겠다는 내용이라고 증언했으나, 나중에 김상현의 주장대로 김상현을 처음으로 만난 것은 북악파크호텔이었고, 거기에 김홍일도 동석했었다고 정정해 주었다.

사실 밀지 형식의 그 내용으로 보아 이 편지가 개인 김상현에게, 넓게 보아 동교동계 정치인들에게 보낸 것이라는 점으로 보면 동교동계와 상도동계 여러 사람이 뒤섞여 있는 민추협 회동자리에서 그 내용을 발표했다는 것은 자연스럽지 않다. 아마도 민추협에서의 그 회동은 이미 신당 창당이 기정사실화된 후였을 것이며, 이를 판단하여 심기섭이 김대중의 밀지 내용을 약간 '마사지하여' 전했을 것으로 보인다.

김영삼을 설득하고 재야의 동의를 받다

창당의 길은 멀고도 험했다. 신당 창당에 대해서는 김상현이 처음부터 김영삼 민추협 공동의장과 논의를 했지만, 김영삼 역시 확고한 결정을 못 내리고 있었다. 2월 12일 치러질 총선에 맞춰 창당하기 위해서는 엄청나게 시간이 촉박한 데다가 혹독하게 권력의 핍박을 받는 상황에서 그 짧은 기간 내에 조직을 만들고 선거자금을 확보한다는 것은 천하의 김영삼이라도 엄두가 나지 않은 것이다. 김상현은 김영삼을 설득하기 위해 온 힘을 쏟았다.

또 하나, 신당을 창당하여 총선에 뛰어들기 위해서는 민주화 세력의 동의와 지원이 필요했다. 그러나 민주화 운동권과 재야 원로들은 선거가 2개월여 남은 1984년 12월까지도 총선 보이콧 노선에서 크게 벗어나지 못하고 있었다. 정치권 쪽과 민주화운동 세력이 총선전략에 통일된 방침을 세우지 못하고 보이콧과 참여로 분리되어 나가는 식이라면 최악의 결과를 가져올 것이 명백했다.

다행히 연말이 되면서 민주화 운동권과 재야 내부에서 선거 보이콧을 주장하는 목소리가 약해지고, 선거 공간을 활용해 전두환 정권의 본질을 폭로하는 민주 연합전선을 구축하는 계기로 삼아야 한다는 주장이 조금씩 힘을 받기 시작했다. 신당 창당 및 2·12 총선 참여 문제에 대해 당시 김영삼의 최측근 참모였던 김덕룡의 증언이다.

무교동의 다동호텔 사장이 내 친구인데 호텔 베란다에 골프연습실이 있었어요. 그때 후농이 골프를 거기서 배우고 있었고, 나도 가끔 거기에 가서 쉬고 해서 만나자 했지요. 연습을 끝내고 막걸리를 마시면서 총선 얘기를 했어요. 후농에게 "나나 김 의원이나 전두환이 정치규제를 해금시켜줄 리는 없고, 우리 한번 총선 문제 생각해 봅시다"하고 제안했지요. 내가 YS에게도 총선 이야기를 했지만, YS는 재야 사람들이 자기를 미워한다며 처음엔 소극적이었어요. 내가 후농에게, "나도 지금 YS를 설득하고 있지만, 당신도 좀 YS를 설득하시오." 그랬죠. 그래서 결국 후농이 거꾸로 YS를 설득하는 단계까지 간 것입니다. 사실 YS도 기본적으로는 의회 중심으로 투쟁하자는 주의거든요. YS는 당시 재야 사람들이 자꾸 '총선 거부' 주장을 하니까, 박형규 목사를 주 타겟으로 해서 재야를 설득해나갔습니다. 이때 후농이 양쪽을 오가며 그런 역할을 많이 했습니다.

김상현은 동교동계의 이협 민추협 대변인, 상도동계의 최기선 부대변인과 함께 논의하여 '선거투쟁 선언문'을 작성하였다. 이 선언문 초안을 기초로 김상현의 집에서 김영삼, 김상현, 문익환이 만나 총선 상황에 대해 전반적인 의견을 나누었다. 선언문은 현 정세와 선거투쟁의 시대적 요청, 선명·통합신당 창당의 원칙을 담고 있었다. 선언문을 세세하게 읽어본 문익환 목사는 "이런 정신으로 신당 창당을 한다면 재야에서도 충분히 공감할 수 있습니다"며 크게 만족해했다. 신당 창당 선언문의 요지는 다음과 같다.

이번 총선이 본래의 진정한 의미를 갖기 위해서는 김대중, 김영삼 씨를 비롯한 정치규제의 완전 철폐를 통하여 국민이 자신의 대표자를 선택할 수 있게 보장하여야 한다. 제1당이 전국구의 3분의 2를 차지하는 제도를 포함하여 각종 비민주적 제도가 폐지되어야 한다. 각 정당이 자생력을 가지고 그 후보를 선정하며, 누구나 평등한 입장에서 선거에 참여할 수 있는 조건과 기회가 보장되어야 한다. 국민이 자유롭게 판단할 수 있도록 충분한 언론의 자유가 보장되어야 한다. 이런 여건들이 갖춰지지 않은 선거는 독재를 합리화하기 위한 현 정권의 음모에 불과한 것이다. 그러나 현 정권이 노리는 바는 총선을 통해 권력을 합리화하고, 나아가 군사독재의 강화와 영구화를 획책하려 한다는 사실 또한 명백하다. 따라서 우리는 이런 음모에 맞서 민주화운동의 국민기구로서 민추협을 계속 확대·강화하면서, 다른 한편으로 반국민세

력의 강화와 영구화를 저지하는 범국민적 민주화 추진의 일환으로 선
거투쟁을 전개하기로 하였다. 우리의 선거투쟁은 독재의 창구 역할을
하는 민정당 반대 투쟁이다.

창당 분위기가 점차 익어가던 1984년 12월 7일, 민추협은 김영삼, 김
상현, 김명윤, 김창근, 김윤식, 박성철, 홍영기 등이 참석한 가운데 전체
운영위원회를 개최했다. 선거 참여 여부를 놓고 결정을 하는 자리였다.
사전에 입을 맞춘 대로 김영삼과 김상현은 "집권세력이 모든 언론을 통
제하고 있고, 국민에게 호소할 효율적인 운동방식을 원천봉쇄하는 상황
에서 총선 보이콧 운동은 선언적 의미밖에 없다. 효과적인 민주화 투쟁
을 위해서는 총선에 참여해야 한다"고 역설했다.

이날 회의에서 바로 총선 참여에 대한 결론을 내리지는 못하였지만,
그 결정권을 김영삼 공동의장과 김상현 공동의장 권한대행에게 위임하
기로 했기 때문에 신당 창당은 기정사실화된 것이나 다름없었다. 김영
삼은 다음 날인 12월 8일, 비민추협 세력의 대표 격인 이철승을 만나 신
당 창당에 합의하고 공동발표문을 내놓았다.

당시 신당은 민추협만이 아니라 이철승, 신도환, 이충환, 김재광 등 구
신민당 중진들에 의해서도 추진되고 있었다. 이런 상황에서 신당 창당
이 각개 약진의 상황으로 가게 되면 파괴력이 약해질 수밖에 없었기 때
문에 이들을 통합할 필요가 있었다. 12월 11일, 민추협은 미국에 있는
김대중 고문과 김영삼 공동의장, 김상현 공동의장 권한대행의 이름으로
기자회견을 열어 선거투쟁 전개를 선언했다.

우리는 민주화운동 기구로서 민추협의 조직을 계속 유지·확대·강화
하면서 범국민적 민주화 추진의 일환으로 선거투쟁을 전개하기로 합

의하였다. 민추협은 민주화 추진을 위하여 국민이 납득할 수 있는 자생정당이 창당된다면 전폭적 지지와 성원을 보낼 것이다.

신당 창당이 수면 위로 떠오르자 곧 야권에 미묘한 파장이 일기 시작했다. 우선 제1야당인 민한당의 의원들이 동요하면서 신당 참여를 선언하는 사람들이 나타나기 시작했다. 1984년 12월 19일, 김현규, 홍사덕, 서석재, 박관용, 김찬우, 최수환, 손정혁, 김형래, 이정빈 등 10명의 국회의원과 김한수, 유제연, 심봉섭 등 전직 의원이 민한당을 탈당하며 신당 참여를 선언했다. 전두환 정권은 국가안전기획부를 동원하여 민한당 의원들에게 회유와 압력을 가해 신당 참여를 막아보려고 하였다. 김현규, 홍사덕 두 현직 의원은 안기부에 연행되어 협박과 회유를 받아, 결국 김현규 의원은 끝내 신당 참여를 포기했다.

신한민주당 창당

신당은 본격적으로 창당 준비작업에 돌입하여 1984년 12월 14일, 총 12명으로 실무대표기구를 구성했다. 이민우, 김녹영, 조연하, 최형우, 김동영, 박종률 등 민추협 6명과 신도환, 이기택, 송원영, 김수한, 노승환, 박용만 등 비민추협 6명이었다. 이 과정에서 민추협과 비 민추협의 지분을 둘러싸고 갈등이 빚어지기도 했다. 김영삼은 민추협과 비 민추협의 비율을 7대 3으로 하자고 했는데, 이에 비 민추협 쪽이 강하게 반발했다. 비 민추협 쪽은 5대 5와 공동위원장 체제를 주장했다.

이번에도 김상현이 나섰다. 김상현은 김영삼을 설득하여 결국 5대 5로 지분 타결이 이뤄지게 했다. 민추협이 주도권을 쥐고 있는 이상 5대

5든 7대 3이든 차이가 별로 없으며, 민주화운동에 참여하겠다는 세력은 모두 받아들여 야당의 대표성을 확실하게 세울 필요가 있다는 것이 그의 주장이었다. 김상현은 비 민추협 쪽의 이철승, 신도환, 김재광 등을 만나 그들의 공동위원장 주장은 포기시켰다. 김상현은 민추협을 이끄는 중심이면서 동시에 자연스럽게 비 민추협이 의지하는 협상 통로가 되었다. 그가 신당 내 세력균형의 중심에 서게 되면서 그의 위상과 영향력도 한층 커지게 되었다. 하여, 상도동계에서는 김상현의 독주에 반발하는 목소리가 나오기도 했다.

1984년 12월 20일, 발기인 115명이 참석한 가운데 창당발기인대회가 개최되었다. 신당의 이름은 신한민주당으로 정했다. 전두환 정권은 정당법을 개정하면서 새롭게 창당하는 정당은 개정 전에 존치되었던 정당의 이름을 쓰지 못하게 했는데, 이 조항을 피해 이승만, 박정희 독재와 싸워온 정통 야당인 민주당 또는 신민당으로 약칭을 쓸 수 있도록 한 아이디어였다. 창당준비위원장에 이민우, 부위원장에 김녹영, 조연하, 박용만, 이기택, 최형우를 선출하였다.

12월 27일에는 김윤식을 위원장으로 하는 25명의 총선대책특별위원회를 구성하고 본격적인 창당 준비에 박차를 가했다. 신민당은 민추협과 비 민추협의 연합체였기 때문에 당의 지도체제 문제는 항상 뜨거운 감자였다. 민추협은 단일지도체제를 주장했고, 비 민추협은 집단지도체제를 주장했다. 김상현의 주선으로 양측이 만나 긴 격론 끝에 총재와 부총재가 합의해서 당무를 처리하는 단일성 집단지도체제를 채택하기로 했다.

제12대 국회의원 선거는 1985년 2월 12일로 예정되어 있었다. 총선을 20여 일 앞둔 1985년 1월 18일, 신민당은 앰버서더 호텔에서 대의원 532명이 참석한 가운데 역사적 출범을 했다. 총재에 이민우, 부총재에

김녹영, 조연하, 이기택, 김수한, 노승환을 선출하였다. 총재단은 상도동
계 1명, 동교동계 2명, 비 민추협 3명으로 안배된 구성이었다. 총재단 외
정무위원회도 민추협과 비 민추협이 7명씩 1대 1로 똑같이 배분하였다.
민추협에서는 박종률, 황명수, 최형우, 김동영, 손주항, 조순형, 서석재가,
비 민추협에서는 이철승, 신도환, 김재광, 한건수, 송원영, 김옥선, 이택돈
이 정무위원이 되었다.

이민우의 종로 출마

창당 과정에서 당의 대표를 누구로 할 것인가는 뜨거운 쟁점이었다.
김영삼 측은 이민우 총재 안을 강하게 밀었지만, 비 민추협 쪽은 이민우
총재 안에 크게 반발하였다. 김상현은 제3의 안으로 재야인사를 총재로
세우자는 의견을 제시했다. 그러나 문제는 재야인사 중에서 총재직을
맡을만한 사람이 없다는 것이었다. 김관석 목사를 접촉해 보았으나, 자
신은 정치를 모르는 성직자일 뿐이라며 강하게 손사래를 쳤다. 게다가
김영삼은 '이민우 총재 안'에서 한발도 물러설 태세가 아니었다. 난감했
다. 이민우 총재 안을 수용하자니 비 민추협의 반발을 무마하기가 어렵
고, 그렇게 되면 출범하자마자 당이 깨질 위험도 있었다. 재야에서는 이
민우 총재 안을 받아들이는 분위기가 강했다.

며칠간 고심한 끝에 김상현은 마침내 이민우 총재 안을 받아들이되,
그 명분이 될 만한 반대급부를 제안하기로 했다. 바로 이민우의 종로 출
마였다. 당시 신민당은 조직책 신청을 받고 있었는데, 이민우는 자신이
거주하고 있는 도봉구에 조직책 신청서를 냈다. 그런데 그곳은 이미 조
윤형의 동생 조순형이 조직책 신청을 한 상태였다. 조순형은 11대 총선

에서 성북구에 무소속으로 출마해 당선된 사람이었다.

김상현은 일찍이 그런 조순형을 신당에 영입해 놓고 있었다. 그런데 조순형은 정치활동 규제가 풀린 조윤형이 민한당에 입당하면서 성북구 출마를 결정하는 바람에 형제간에 대결을 할 수가 없어 옆 지역인 도봉구에 조직책을 신청한 것이었다. 김상현은 김영삼, 이민우와 협의하여 이민우를 전국구 1번으로 하고, 도봉구는 조순형 의원에게 주는 것으로 조정한 상태였다.

그런데 또다시 상황이 바뀌게 될 판이었다. 김상현은 김영삼을 만나 이민우가 종로에 출마하는 조건으로 총재로 밀자고 제안했다. 김영삼은 이민우를 총재로 세워야 한다는 데는 조금도 물러서지 않으면서도, 그의 종로 출마에는 난색을 표했다. 도봉구 출마를 전국구로 간신히 돌려 놓았는데, 다시 종로 출마로 바꾸는 게 말이 되냐는 것이었다. 김상현은 이민우가 종로에 출마해야 총재로 밀 명분을 세울 수 있으며, 그렇지 않으면 당이 깨질 수도 있다고 강력하게 맞섰다. 신당 바람을 일으키려면 당 총재가 반드시 우리나라 정치 1번지인 종로에 출마해야 한다고 강력히 주장했다.

그러나 이민우의 종로 출마는 일대 모험이었다. 우선은 신당의 조직력과 자금력이 부족한 데다가, 창당한 지 며칠 안 되어 당의 인지도는 물론 이민우 개인도 직전까지 충청북도 지역에서 활동하여 국회의원에 당선되었기 때문에 서울에서의 지명도는 불투명한 상황이었다. 만약 당총재가 종로에 출마하여 낙선하거나 저조한 득표율을 얻게 된다면 신당에 미칠 악영향은 지대할 수밖에 없었다.

며칠 뒤 이민우가 김상현을 만나자고 전해왔다. 김상현은 신순범 의원을 대동하고 삼양동 이민우의 집으로 찾아갔다. 이민우는 김상현을 보자마자 버럭 역정을 냈다.

"도봉구를 포기하고 전국구 1번으로 가라고 해서 갔더니 이제는 종로에서 나오라고 하니 늙은 나를 놀리는 건가? 아니면 나를 사지로 몰아넣어서 죽이자는 것인가?"

이민우의 역정을 다독이며 김상현이 차분하게 대답했다.

"제가 인석(이민우의 호) 선생님을 전국구 1번으로 모시자고 한 것은 사실입니다만, 당 총재로 모시자는 결정을 한 바는 없었습니다. 당수는 종로에서 출마해야 신당을 성공시킬 수 있다는 것이 이번 총선전략의 필수조건입니다. 그렇지 않으면 선생님을 총재로 밀 수 있는 명분이 없습니다."

그렇게 조근조근 설득하면서 김상현은 가지고 간 5천만 원을 이민우 앞에 턱 꺼내 놓았다. 당시 5천만 원은 거금이었다.

"선생님의 종로 출마는 우리 당의 사활이 걸려있는 문제인 만큼 당력을 총집중해 지원해 드릴 것입니다. 당과 저를 믿고 종로에 출마해 주십시오."

이민우의 표정이 조금은 누그러졌지만, 마치 도살장에 끌려가는 소처럼 영 마뜩잖은 얼굴이었다. 이날 김상현과 함께 이민우를 만났던 신순범의 증언이다.

삼양동에 갈 때 나도 방에 따라 들어갔는데, "이번 선거 국면의 돌풍을 못 일으키면 우리가 집니다. 돌풍을 일으키는 비법을 연구해야 합니다." "그럼 어떻게 하면 되겠는가?" "제가 그 비법을 가지고 왔습니다." "얘기해봐! 뭘 어떻게 해야 할지?" "이번에 선생님이 이종찬과 대결을 하는 종로로 나와야 합니다." 그랬더니 이민우가 "이 사람이 늙은이를 언 바닥에서 죽이려고 그래?" 막 그러니까, "돌풍을 일으켜야 전국이 뒤집히고 …" 이런 얘기를 한참 하면서 5천만 원을 거기서

탁 내놓는 거야. 그 돈 때문에 나중에 곤욕을 치르지만, 후농이 "이
건 제가 책임지겠습니다." 그랬어. 그해 2월에 종로에서 합동연설회가
있었는데, 10만, 20만이 종로로 모였잖아? 돌풍을 일으키는 징후였어.
그건 후농의 명석함 덕분이지. 나중에 이민우도 후농을 높게 평가했
어. "김상현, 좌우간 큰놈이다, 대인이여."

　김상현은 다시 김영삼을 만나러 갔다. 김영삼에게 "(이민우의 종로 출
마라는) 저의 제안을 받지 않으면 전당대회에서 총재 선출을 놓고 표 대
결을 벌이겠습니다"라고 최후통첩을 했다. 김영삼은 김상현의 통첩을
즉시 거부하지 않고 이틀의 말미를 달라고 했다. 김영삼으로서는 김상
현이 기획·개입·실행한 1971년의 신민당 대통령 후보 경선, 1976년 신
민당 전당대회에서의 김대중·이철승 연합과 김영삼, 1979년 신민당 전
당대회에서의 김대중·김영삼 연합과 이철승 등의 '표 대결'에서 패배
또는 승리한 역사를 떠올리지 않을 수 없었을 것이다.
　김영삼은 창당준비위원장으로서 경남지역의 지구당 창당대회에 지원
연설을 하러 간 이민우를 만나러 부산으로 내려갔다. 김영삼은 이민우
와 식당에서 술을 마시며 담판을 한 끝에 "인석께서 종로에 나오는 것
으로 발표하겠소!"라고 일방적으로 통고하고는 상경해버렸다. 다음 날
신민당의 조연하 조직강화 특별위원장은 종로·중구 지구당의 조직책으
로 이민우가 결정되었음을 발표했다.

태풍을 불러온 공천 전략

　촉박한 선거 일정 속에서 공천을 서둘러야 했다. 공천은 선거에서 너

무나 중요하고 민감한 작업이었다. 김상현의 최대 고민은 어떻게 해야 전국적으로 신당 바람을 일으키느냐에 있었다. 그는 당시 민심의 바다 아래서 요동치고 있는 거대한 물결을 감지하고 있었다. 신당이 바람을 일으키려면 무엇보다도 변혁의 흐름에 민감한 20~30대 젊은 층을 강력한 지지기반으로 만들어야 했다. 그러자면 그들의 지지를 받을 수 있는 후보를 내세울 필요가 있었다. 대학에서 민주화운동을 벌이다가 고초를 겪은 인사들은 변화를 희구하는 젊은 층에 강하게 어필할 수 있는 카드였다.

김상현은 평소 재야 운동권과는 결이 다른 사람이었지만, 그들과의 소통은 꾸준히 해왔다. 김상현은 전국적으로 운동권 출신 인사 스무 명가량을 공천할 구상을 세웠지만, 막상 재야인사들의 반응은 시원치가 않았다. 정치에 대한 결벽증 때문이었다. 재야는 여전히 정치와 운동을 분리해서 보는 시각이 강했다. 재야의 원로 가운데 이돈명, 고은, 한승헌, 장을병 등을 접촉했는데, 그들 모두 결단코 정치는 하지 않겠다며 손사래를 쳤다.

대학의 운동권 출신 젊은이들도 만나보았다. 맨 처음 접촉한 사람은 김대중내란음모사건의 관련자인 설훈이었다. 설훈을 겨우 설득해 공천을 주려고 김영삼에게 인사를 시키기도 했는데, 며칠 후 설훈의 운동권 동료들이 강하게 질타하는 바람에 없는 일로 해달라고 해서 수포가 됐다. 다음으로 접촉한 사람은 서울대 문리과대학 학생회장 출신으로 인천에서 민주화운동을 하고 있었던 이호웅이었다. 그를 설득하여 출마 승낙을 받았는데, 다음 날 그가 의장으로 있는 인천사회운동연합 간부들이 쳐들어와 결단코 안 된다고 반발하는 바람에 취소하고 말았다. 민청학련사건으로 사형선고를 받은 이현배 역시 겨우 승낙을 받았지만, 운동권 청년들이 찾아와 완강하게 만류하는 바람에 무산되었다.

공천 마감일은 시시각각 다가오는데, 재야인사 영입은 지지부진했다. 부랴부랴 만난 사람이 민청학련사건에서 사형선고를 받았던 이철이었다. 이철은 당시 조그만 잡지사를 운영하고 있었는데, 이제 막 잡지사의 사정이 손익분기점을 넘어서고 있었던 무렵이었다. 그는 원래 정치와는 거리를 두고 살아온 데다 잡지사 일 때문에 정치는 언감생심 꿈도 꾸지 않고 있었다. 그런데 어느 날 《사상계》 편집장을 지낸 김승균을 따라 운동권 출신들의 모임에 우연히 참석하게 되었는데, 거기가 김상현의 집이었다.

거기에서는 설훈, 조성우, 고영하, 박우섭 등 30여 명이 모여 총선전략을 논의하는 중이었다. 한참 이야기가 진행되고 있는데, 김상현이 넌지시 이철을 마루로 잠깐 나오라고 했다. 단도직입적으로 김상현은 이철에게 총선 출마를 제안했다. 이철은 자신의 사정을 이야기하며 극구 사양했지만, 김상현은 특유의 얼버무리기 수법으로 이철의 고사를 듣는 둥 마는 둥 하고는 공천을 밀어붙여 확정해 버렸다. 이렇게 해서 2·12 총선 돌풍의 진원지가 된 성북구의 공천이 천신만고 끝에 마무리되었다. 이철의 증언이다.

> 그 모임은 후농이 제공한 자리였고, 후농이 잠깐 나와 보라고 마루에 불러냈는데, 하여튼 다른 사람하고 상의를 해야 하니까 당신 이력서를 좀 받았으면 좋겠다고 해요. 뭐 그것까지 못 하겠다는 소리를 못 하고 적당히 써서 줬어요. 그랬더니 나중에 두어 시간 지나니까, 한 4시 반쯤 되었을까, 누가 가판신문을 갖고 왔는데 신문마다 모두 '성북구 이철 출마' 이런 기사가 나왔어요. 그 자리에서 완강히 거부하였는데, 그만 맥이 탁 풀렸어요. 후농이 기정사실로 만들어 버린 거지요.

김상현의 일도양단과 같은 결단이 결실을 본 곳은 경상남도 마산의 강삼재 공천이었다. 강삼재는 경희대학교 총학생회장 출신이었으나, 딱히 변변한 사회경력이 없는 나이 서른셋 무명의 정치지망생이었다. 그는 1981년 제11대 국회의원 선거에 마산에서 출마하여 19.4%를 받아 4위로 낙선한 경험이 있었다. 당시 강삼재는 상도동계를 통해서는 공천을 받기가 힘들었기 때문에 동교동계로 활동하고 있었고, 김상현은 경상도에서 동교동계 정치인을 배출하고 싶었다. 그런 두 사람의 이해관계가 맞아떨어져 김상현은 강삼재를 공천해 주고자 했다.

그러나 상도동계는 자파 소속인 백찬기의 공천을 절대 양보하지 않았다. 김영삼은 강삼재에게는 죽어도 공천을 못 주겠다고 했다. 그리하여 김상현은 김영삼과 이민우 총재, 그리고 신도환 등을 찾아다니며 설득해 간신히 강삼재가 복수공천을 받을 수 있도록 했다. 김상현은 강삼재의 취약한 경력을 보완해 주기 위해 '민추협 공동의장 권한대행 김상현 특별보좌역'이라는 명함을 사용하게 했다. 그리고 선거 중에는 직접 마산에 내려가 강삼재 지지를 호소하기도 했다.

반면 김영삼은 마산에 지원 유세를 하기 위해 두 번씩이나 내려갔는데, 자파의 백찬기 후보 지지 연설은 하면서도 강삼재 후보에게는 그의 사무실조차 들르지 않았다. 선거 결과, 강삼재는 28.5%를 득표하여 1위로 당선되었다. 그렇게 홀대를 받았던 강삼재가 국회의원에 당선되고는 동교동계를 떠나 김영삼의 충직한 돌격대장이 되어버렸으니 정치란 참으로 변화무쌍하고 아이러니하다.

공천과정에서 김영삼은 김상현의 의견을 상당히 존중해 주었다. 동교동 대 상도동의 지분을 1대 1로 한다는 민추협 때의 합의도 작용했지만, 김영삼은 김상현에게 인간적으로 깊은 신뢰를 보여주었다. 당시 열악한 상황에서 신당 창당이라는 작업은 초인적 에너지를 필요로 한 일이었기 때문에 초기에 주저했던 김영삼으로서는 김상현에게 많이 의지할 수밖에 없었다. 혹시라도 잘못되어 결과가 안 좋으면 그 책임을 뒤집어써야 할 사람은 김영삼 자신일 수밖에 없으니 더욱 그러했을 것이다. 김덕룡의 증언이다.

> 김상현 의장 때문에 발탁된 사람이 참 많았습니다. YS는 무조건 50대 50이기도 하지만, 김상현 의장이 추천하는 사람이면, 어지간하고, 특별한 다른 사유가 없으면 다 양해하고, 좌우간 어쨌든 김상현이 일할 수 있게끔 해 줘야 한다, 이런 생각으로 YS는 김상현 의장이 하는 일에 대해 배려를 무진장 많이 했습니다.

14

김대중과 민한당
문제

14
김대중과 민한당 문제

동교동계의 이상 반응

김상현은 2·12 총선 공천과정에서 어떻게든 동교동 직계 인사들을 배려해 주려고 여러 노력을 기울였다. 김대중의 장남 김홍일에게는 목포나 서울에서 입후보하라고 권했다. 자기의 그런 뜻을 미국에 있는 아버지에게 전해달라고도 요청하였다. 권노갑에게는 선거자금까지 책임져 줄 테니 목포에서 출마하라고 권했는데, 처음에는 승낙했다. 그러나 며칠 후 이들 모두 김상현의 제안을 거부했다. 당연히 미국의 김대중으로부터 모종의 지침을 받은 것이다.

어느 날 이민우가 김상현을 만났는데, 볼멘소리로 항의하는 것이었다. 김홍일과 동교동 비서들이 이민우 낙선 운동을 하고 다닌다는 것이었다. "그럴 리가요?" 당시 이민우의 선거운동을 열심히 하고 있던 아내 정희원에게 사실을 확인해보니 그런 정황이 있었다. 김홍일이 지인들을 통해 민한당 후보 정대철을 찍어 주라고 운동하고 다닌다고 했다. 동교동 비서들도 이민우를 흠집 내고 다닌다고 했다. 김상현은 펄펄 뛰는 김영삼 앞에 바짝 엎드려 백배사죄했다.

동교동계의 움직임은 여러 곳에서 포착되었다. 구로구에서도 김홍일,

김옥두, 한화갑 등이 음식점에 사람들을 모아놓고 민한당의 김병오 후보 지지운동을 하는 것이 목격되었다. 신민당 후보로 나온 민주화운동 출신자들이 김대중의 후광을 활용하기 위해 동교동 측근을 찾아갔는데 냉대를 받았다고도 했다. 그런 와중에 김상현이 청와대에서 돈을 받았다거나, 정보를 넘기고 동교동을 팔고 다닌다는 등의 헛소문이 돌기도 했다. 김상현으로서는 진퇴양난의 상황이었다. 제12대 총선에서 종로에 민한당 후보로 출마했던 정대철의 증언이다.

나는 민추협에 와서부터 후광(김대중의 호)이 민한당엘 가라고 해서 갔는데, 바람이 불기 시작하니까 말이야, 아, 판단 잘못했구나 싶었지. 디제이가 가만있었으면 우리가 신민당 따라갔지, 민한당 갔을 리가 없잖아? 그런데 디제이는 그쪽으로 섰어요. 나하고 조윤형 몇 명을 거기로 보냈어. 그래도 나는 나하고 이민우 씨가 1, 2등 될 줄 알았어. 이종찬 씨는 민정당에서는 그래도 괜찮은 사람이거든. 그러니까 셋이 다 비슷비슷했어. 여하간 떨어졌는데, 얼마 뒤에 후농이 소주를 사주시더라고.

그렇다면 왜 김대중은 민한당을 밀었을까? 정대철은 이렇게 말한다.

후광은 오래 감옥에 들어가 있으면서 민심을 읽는 현실적인 감각이 떨어졌어. 그것도 있고, 또 후광은 강경파가 아니라 언제나 타협적인 사람이거든. 타협적인 사람에다가 또 오랫동안 감옥살이를 하였고, 홀로 미국에 떨어져 있다가 보니까 국면을 읽는 것에 좀 뒤지지 않았나 싶어.

정대철의 언급대로 김대중은 1972년 유신 이후 10년이 넘게 감옥과 망명 생활을 거듭하면서 현실정치와는 멀어져 있었다. 또 김대중의 정치 노선은 독재 권력이 들씌운 과격한 이미지와는 달리 온건하고 타협적인 요소들이 많았다. 이런 요소들이 복합적으로 작용하여 김대중이 민한당이라는 기성 정당을 통해 자신의 정치세력을 키우겠다고 판단했을 것이라는 추론도 가능하다.

그러나 김대중이 그런 결정을 하게 된 데는 더 절실한 이유가 있지 않았을까? 그것은 자신이 미국에 추방당해 있는 동안 국내 정치를 주도해 온 것은 김영삼이었고, 민추협과 신민당 역시 김영삼에게 장악되어 있다는 점 때문이었을 것이다. 물론 자신을 대리한 김상현이 있었지만, 그가 자기의 의중을 무조건 이행할 것이라고 신뢰하기에는 불확실한 요소들이 많았다. 당시 김대중은 국내 정세에 대한 정보를 주로 재야인사들을 통해 접하고 있었는데, 특히 김상현에 대한 개신교 쪽 인사들의 평판은 그리 좋지 않았다.

그런 상황에서 김대중은 자기가 신민당을 공개적으로 지지하면 결국 김영삼의 들러리만 될 수밖에 없다는 강박관념이 들었을 것이다. 또 민한당은 태생적으로 신군부에 의해 만들어진 관제 야당인 데다가 확실한 '임자'도 없었기 때문에 자파 정치인들을 진입시키면 쉽게 당을 장악할 수 있을 것이라는 판단도 했을 수 있다. 그런 김대중의 상황인식과 판단은 결과적으로 오판이었다.

다만 김대중에게 다행스러운 일은 그가 민한당에 대한 공개적이고 전면적인 지지를 드러내지는 않았다는 점이었다. 일반 국민은 신민당 돌풍이 '양김 단합'의 산물이라고 여기고 있었다. 김대중이 2·12 총선 투표일 직전에 전두환 집단의 위해危害 가능성을 무릅쓰고 귀국한 것도 자신의 판단과는 달리 국민의 열망이 '신민당 돌풍'으로 몰아쳐 오고 있었기 때문이었다. 그런 동물적 정치 감각이 있어 김대중은 총선이 끝난 후 김영삼과 함께 신민당의 대주주로 자연스럽게 복귀할 수 있었다.

신민당 돌풍

신민당은 2·12 총선 공약으로 '대통령직선제 개헌', '국정감사 부활', '언론기본법 폐지', '노동관계법 개폐' 등을 내걸고 선거운동을 시작했다. 공식 선거운동이 시작되자마자 합동연설회장은 전두환 정권을 성토하는 금기의 언어들이 쏟아져 나왔다. 여당 후보들은 주로 어디에 도로를 포장해 주겠다, 다리를 놓아 주겠다는 '쌍팔년도' 식의 선심성 이야기만을 늘어놓았다. 반면 신민당 후보들의 유세는 정권의 부정부패, 광주사태, 직선제 쟁취 등 굵직한 주제가 주요 내용이었다.

직선제 쟁취가 민주화운동의 핵심 구호로 부상한 것도 바로 이 시기였다. 전두환 정권의 불의와 부정을 신생 선명 야당이 질타하자 유권자의 마음속 깊이 억눌렸던 감정들이 폭발하기 시작했다. 야당과 학생, 종교·사회단체 등 재야 세력은 선거라는 열린 공간에서 '민주헌법 쟁취'라는 기치 아래 민주화운동의 거대한 물결을 만들어가고 있었다.

민심 폭발의 진원지는 대한민국 정치 1번지로 불리는 종로·중구 합동연설회였다. 이 지역구에 민정당은 이종찬, 민한당은 정대철, 신민당은 이민우를 공천했다. 이종찬은 독립운동가 이회영의 손자로 전두환 정권에 참여해 민정당 사무총장을 맡고 있었는데, 그는 개혁적인 발언으로 차세대 지도자의 이미지를 갖고 있었다. 정대철은 정통 야당의 원로인 정일형의 아들이자 여성계의 대모 이태영을 어머니로 둔 유력가문 출신이었다. 이민우는 평생 야당에 몸담아온 70살의 노 정치인이었지만, 그리 내세울 경력은 없었다.

선거 초기 언론은 대체로 이종찬과 정대철의 당선을 점치고 있었다. 그런데 2월 1일 첫 합동 유세 때부터 이변이 연출되기 시작했다. 이전까지 국회의원 선거 유세장은 대부분 각 후보 진영이 동원한 청중들 위주로 모여 자기들이 지지하는 후보의 연설에 의례적인 박수와 환호를 보내고는 그 후보의 연설이 끝나면 썰물처럼 유세장을 빠져나가는 풍경이 일반적이었다. 그런데 이날은 종로·중구의 유권자만이 아니라 서울 각지, 심지어 지방에서도 시민들이 몰려와 합동 유세장을 가득 메웠다.

청중들은 신민당 이민우 후보의 연설에 열광적인 환호와 지지를 보냈다. 유세라기보다는 반정부 집회와 같은 분위기였다. 이날 청중이 얼마나 넘쳐났는지 동대문부터 종로 일대의 교통이 마비될 정도였다. 2월 6일 종로·중구의 마지막 합동 유세장인 구 서울고등학교 운동장에는 10만 명 이상의 청중들이 몰려들었다. 운동장은 물론 신문로 차도에까지 사람의 물결이 넘쳐흘렀다. 대통령선거 유력 후보의 유세장 같았다. 김상현의 예측 그대로였다. 판이 깔리자, 전두환 독재정권의 폭압 통치에 억눌려 왔던 국민의 분노와 울분이 활화산처럼 분출하였고, 그 뜨거운 현장이 '대한민국 정치 1번지' 종로로 확인된 것이다. 이제 그 활화산의 뜨거운 열기가 전국 방방곡곡으로 퍼지는 것은 시간문제였다.

언론과 국민의 큰 관심을 끈 다른 한 곳은 서울 성북구였다. 이곳에는 민정당 김정례, 민한당 조윤형, 신민당 이철이 출마했다. 김정례는 여성계의 대표적인 인물로 전두환 정권하에서 보사부 장관을 겸하고 있었고, 조윤형은 해방정국과 자유당 정권 때 활동한 야당의 정치 거물인 조병옥의 아들로, 박정희 정권에 밉보여 1972년 유신이 선포되었을 때 구속되어 징역을 산 전력이 있는 야당 중진이었다.

신민당의 이철은 1970년대 서울대학교 학생운동의 핵심 인물이었다. 그는 1974년 4월, 민청학련사건의 주모자로 군법회의에서 사형선고를 받았다. 김상현의 강권으로 2·12 총선에 출마한 이철은 '정치사형수 성북에 돌아오다'라는, 서부영화의 제목을 연상시키는 선거 슬로건을 앞세워 신민당 돌풍의 핵으로 등장했다. 이철의 등장은 전두환 폭압 통치 아래 침묵을 강요당하고 있었던 국민의 마음속 깊은 곳에 숨겨져 있었던 저항의 불씨를 자극했다. 이철은 당시의 분위기를 이렇게 증언했다.

처음에 제가 출마를 한다는 소문이 나니까, 아마 안기부에서 공작을 했던 것 같은데, 선거사무실을 내주지 못하도록 지역 내 모든 건물을 완전히 봉쇄했습니다. 우리는 며칠 만에 겨우 미아리 텍사스촌 가운데 있는 허름하고, 그야말로 유리창이 다 날아가 삐걱거리는 2층 건물을 계약하여 사무 가구들을 넣었어요. 그런데 그때부터 그 일대에 전투경찰을 배치했어요. 전투경찰이 배치되어 있으니 '미아리 텍사스촌' 손님들이 어떻게 출입을 하겠습니까? 저 때문에 손님들을 완전히 뺏기는 그런 꼴이 됐죠. 그래서 처음에는 굉장히 썰렁한 분위기였는데, 오히려 한 사흘 닷새 지나니까 거기 아가씨들조차 열렬한 지원부대로 바뀌어 버렸어요. 지나가면 박수를 치면서 막 '오빠!' '오빠!' 하고 손을 흔드는 그런 분위기였어요. 심지어는 포주라고 합니까? 그곳의 건물주와 거기에 종사하는 분들조차도 당당히 지지하는 분위기였어요. 자기들의 그동안 억눌렸던 한을 풀 수 있는 그런 시대를 바랐던 거죠. 시장의 생선가게, 푸줏간, 노점상에 가서 악수하면 그때 돈 오천 원, 심지어 만원까지 꼬깃꼬깃 접어서 안 보이게 주는데, 그렇게 모인 돈이 꽤 많았어요. 나무박스나 골판지를 모아 생계를 잇는 사람들이 손수레에 나무 부러진 것들을 갖고 와서 선거사무실 난로에 불을 피워 주고 그랬어요. 뭐랄까 감동적인 광경이었습니다.

김상현은 자신이 천거하여 공천된 신진 후보들을 지원하는데 전심전
력을 기울였다. 이철의 증언이다.

> 출마를 준비하면서 그때부터는 모든 걸, 저는 정치를 전혀 모르니까,
> 99%는 후농이 전략을 세워 주었어요. 거의 모든 일을 후농이 해 줬
> 어요. 당시 후농은 엄청나게 바쁠 때였습니다. 그러니까 하루에 잠을,
> 아마도 제 짐작에 두세 시간 채 편안하게 주무시지 못하는 그런 시기
> 였어요. 그런데도 저는 수시로 찾아가고, 전화하고, 새벽 2~3시에도
> 깨워서 "이걸 어떻게 합니까" 하고 물었지요. 그런데 꾸벅꾸벅 졸면서
> 도 조금도 불쾌하거나 회피하는 표정이 아니었어요. 저는 선거자금이
> 전혀 없었으니까, 대부분 선거자금을 후농이 조달해 주다시피 했어요.

폭풍을 몰고 온 김대중의 귀국

제12대 총선 투표일을 나흘 앞둔 2월 8일, 김대중은 전두환 정권의
강한 압력과 협박에도 불구하고 미국에서 2년여 만에 귀국하였다. 전두
환 정권은 김대중이 귀국하면 재수감하겠다고 엄포를 놓았고, 총선 후
귀국한다면 수감 하지 않겠다고 회유하기도 했다. 전두환 정권이 김대
중의 귀국을 필사적으로 막으려 했던 것은, 김영삼을 상대하기도 버거
운 판에 김대중까지 돌아오면 그를 지지하는 세력이 대거 결집하여 선
거에 크게 불리하고, 총선 이후 반독재 민주화운동이 활성화될 것으로
보았기 때문이다. 두 사람과 직간접적으로 관련하여 일어났던 부마항쟁
과 광주항쟁을 떠올리면 전두환 정권이 두려움을 가진 것은 당연했다.

김대중이 귀국하던 날, 김포공항 인근은 환영 나온 인파와 이를 막는

경찰들로 발 디딜 틈이 없었다. 김대중의 귀국 비행기에는 그의 신변을 보호하려는 미국의 정치지도자, 인권운동가 20여 명과 기자단 수십 명이 탑승하고 있었다. 에드워드 페이건, 토머스 포글리에타 하원의원, 패트리샤 데리언 전 국무부 인권담당 차관보, 토머스 화이트 전 대사, 패리스 하비 목사, 브루스 커밍스 교수 등이었다. 1983년, 필리핀의 독재자 마르코스 대통령에 반대하는 야당 지도자 베니그노 아키노가 3년간의 미국 망명 생활을 마치고 귀국하던 중 마닐라 공항에서 저격당하는 사건이 있었다. 김대중도 아키노처럼 살해될 수도 있다는 판단에서 미국의 각계 인사가 동행을 해준 것이었다.

김대중이 위험을 무릅쓰고 귀국을 강행한 데는 복잡다기한 정치적 사정도 있었다. 우선은 총선이라는 중요한 정치적 이벤트에서 자신의 존재감을 부각해야 할 필요성 때문이라는 분석이 가능하다. 신당 돌풍이 거세게 불기 시작한 상황에서 정치적 경쟁자인 김영삼이 민추협과 신민당을 통해 총선을 사실상 진두지휘하고 있었으니 마음이 급했을 것이다. 게다가 김상현이 자기의 대리인 역할을 하고 있다고는 하지만, 김상현이 지시를 단순 집행만 하는 사람이 아님을 김대중도 알고 있었다. 이미 동교동 측근들로부터 김상현이 지역구와 비례대표의 공천헌금을 독단적으로 쓰고 있다는 전갈이 날아오고 있는 판이었다.

김상현은 김대중의 귀국을 앞두고 기민하게 움직였다. 김대중의 귀국을 선거자산으로 활용하는 것이 너무나 중요했기 때문이었다. 그는 신민당 창당대회 전날 자기 집에서 '김대중 선생의 귀국에 즈음하여'라는 유인물을 인쇄했다. 그 내용은 중앙당을 비롯하여 92개 지구당 모두 '김대중 선생 귀국환영준비위원회'를 조직하고, 귀국 당일 각 지구당은 환영 플래카드와 피켓, 전단을 마련해 김포공항에 당원 1백 명 이상을,

서울시 소속 지구당은 5백 명을 동원해야 한다는 것 등이었다. 이 결의안은 창당대회에서 만장일치로 채택되었다.

김상현은 김영삼과 함께 '김대중 선생 안전귀국환영 대책위원회'를 조직하였다. 김영삼을 위원장으로 하고 부의장 몇 명을 두었으며, 문익환, 김수환, 김재준, 함석헌, 김관석, 안병무, 백기완 등을 고문으로 위촉하였다. 재야 운동권에서는 신민당과 공동으로 대책위원회를 만드는 것에 다소 반발했으나 김상현은 개의치 않고 밀어붙였다. 정치적으로 이해관계가 걸린 문제도 아니었고, 김대중 선생의 안전 귀국에 관한 문제로 야당과 재야가 갈라서는 모습을 보일 수는 없는 것 아니냐는 김상현의 주장에 곧 동의하였다.

김대중의 귀국에 즈음하여 김상현이 주도한 기민한 대응은 신민당의 선명성을 한층 더 높여주는 계기가 되었다. 당시 제1야당인 민한당은 김대중의 귀국에 데면데면 무관심했다. 이는 신민당이 민한당과의 선명성 경쟁에서 뚜렷한 우위를 보여 준 요인이 되었고, 2·12 총선에서 야권을 지지하는 민심의 향배는 거기에서 결판이 나버렸다.

1980년대 중반, 전두환 독재정권에 대해 민심이 이반하고 있는 상황에서 총선이라는 다소 열린 시공간이 전개되자, 김대중의 귀국과 이에 대한 신민당의 대처는 언론의 주목을 받을 수밖에 없었고, 김상현은 재빨리 이를 간파한 것이다. 김대중의 속뜻이 어떠했는지에 관계없이, 이제 국민은 김대중을 '신민당 사람'으로 확실하게 인식하였다.

김대중의 귀국은 2·12 총선에 대한 국민의 관심과 열기를 한층 더 증폭시키는 계기가 되었다. 김대중의 열렬 지지층에게는 '우리 선생님을 위하여'라는 총선 적극 참여 명분이 생겼다. 김대중의 자서전도 "강제로 망명의 길을 떠났으나, 이 땅의 민주화를 위해 목숨을 걸고 다시 귀국했다는 나의 이야기는 유권자들에게 많은 울림을 주었다"고 토로하

고 있다. 무엇보다도 김대중의 귀국은 당시 국민에게 창당한 지 며칠 되
지 않은 신민당을 지원하기 위한 결정으로 받아들여져 신민당 바람이
더욱 거세게 부는 요인으로 작용했다. 김대중 개인으로는 신민당과 민
한당 사이에서 모호한 태도를 보였지만, 결과적으로 양김을 축으로 하
는 야권의 지도체제를 수립하는 데 성공할 수 있었다.

하지만 그렇게 되기까지는 황무지를 닦아 옥토의 기반을 만들어 놓
은 김상현의 각고의 노력이 있었음을 놓쳐서는 안 될 것이다. 김상현은
김대중의 미온적인 태도를 간파하고도 그를 '신민당 사람'으로 묶어놓
기 위해 대규모 귀국 환영 이벤트를 기획하였고, 결국 김대중의 대중적
영향력이 발휘되어 신민당이 총선에서 대승을 거두었고, 야당 내 김대
중의 지도력도 복원된 것이다. 이철은 2·12 총선 즈음 김상현의 활약을
다음과 같이 정리했다.

> 2·12 총선 나흘 전에 김대중 선생이 귀국했습니다만, 그분은 미국에
> 서 "김상현, 김영삼하고 손잡지 말라, 그리고 민한당을 지원하라"는
> 밀명을 보내고 있었는데, 그걸 김상현 씨가 덮어버리고는 "사실 후광
> 선생도 신민당 쪽을 지원한다"는 식으로 돌려버렸던 겁니다. 그 점을
> 이야기한다면 후농이 후광을 배신했다고 할 수 있을지 몰라도 역사의
> 흐름에서는 후농의 선택이 백 퍼센트 옳았다고 생각합니다. 김대중 선
> 생으로서는 후농에게 크게 빚진 것이죠.

정리하자면, 김상현은 '김대중의 귀국'을 극적인 정치적 이벤트로 만
들었다. 그는 그 이벤트를 기획·실행함으로써, 첫째 자신에게 의구심을
품고 있었던 김대중에게 변함없는 충성심을 확인시켜 주었고, 둘째 김
대중의 지도력을 복원시킴으로써 민추협과 신민당 내 동교동계의 세력

불균형을 해소했고, 셋째 국민에게 김대중이 '신민당 사람'임을 자연스럽게 인식하게 해 신당 돌풍의 한 축을 만들었다. 이는 김대중의 정치력과 김상현의 기획력이 결합하여 만들어낸 탁월한 작품이라 할 것이다.

민주화를 향한 교두보를 놓다

2·12 총선의 결과는 한마디로 경악이었다. 무엇보다 놀라운 것은 투표율이었다. 2·12 총선은 84.6%의 투표율로 선거 사상 최고의 기록을 남겼다. 득표율에서는 민정당 35.25%, 신민당 29.26%, 민한당 19.68%, 국민당 9.16%였고, 지역구 의석은 민정당 87석, 신민당 50석, 민한당 24석, 국민당 15석이었다. 전국구는 민정당 61석, 신민당 17석, 민한당 9석, 국민당 5석이 할당되었다.

이로써 신민당은 창당 25일 만에 민한당을 누르고 제1야당으로 등극하였다. 그리고 보다 더 선명한 신민당이 야권의 주도권을 완전히 틀어쥐게 되어, 전두환 정권으로서는 향후 정국 운영에 심각한 장애물을 만나게 된 것이다. 그 후 민한당 의원들이 대거 탈당하여 입당함에 따라 신민당은 103석의 거대 야당이 되었다. 또 총선에서 두 당이 얻은 득표율을 단순 합산하면 48.94%로 민정당의 득표율 35.25%를 압도하여, 이후 야당이 독재 권력의 두려움을 물리치고 자신 있게 대여투쟁에 나서게 추동하였다.

신민당의 승리에 못지않게 민한당의 몰락도 인구에 크게 회자 되었다. 2·12 총선은 한 선거구에서 1, 2위 득표자 두 명을 선출하는 중선거구제로 치러졌다. 국민 여론은 물론, 시중 언론과 여야 정당 관계자들도 2석 중 1석은 여당인 민정당이 차지할 것이고, 나머지 1석을 놓고 민한

2·12 총선 후 창천동 김상현의 집에서 회동한 양김(1985. 3. 15)

당과 신민당이 각축을 벌일 것으로 전망했다. 이렇게 두 당이 무한경쟁을 벌일 수밖에 없는 상황에서, 총선 직전 이철승이 어느 발언에서 민한당을 '전두환 정권의 2중대'로 규정했는데, 국민 사이에 이 발언이 일파만파로 퍼져나갔다.

1980년 전두환 신군부는 권력을 틀어쥐자마자 바로 야권 정치인 모두를 소위 '정치정화법'으로 묶어두고는, 1981년 제11대 총선을 앞두고 자기들 입맛에 맞는 인사들만을 정치규제에서 해금시켜 야당을 만들게 했다. 민한당의 초대 사무총장이던 신상우가 자신의 저서 『고독한 증언』에서 밝힌 대로, 이렇게 안기부가 간여 지시하여 만든 관제 야당이 유치송의 민한당과 김종철의 국민당이었다.

그러므로 이때 이철승이 민정당을 1중대, 민한당을 2중대, 국민당을 3중대라고 호명한 '비유'는, 그 당들의 정체성을 가장 적확하게 대중적인 언어로 표현한 것이었다. 국민은 이 비유를 통하여 '2·12 총선의 역사적 의의'를 정확하게 이해하고 자기들의 정치적 판단 근거로 수용하였다. 그러하니 의석 하나를 놓고 제로섬 게임을 벌일 수밖에 없는 두 야당 중 민한당은 '2중대 굴레'에서 벗어날 수 없는 프레임이 되었고, 이 프레임이 민한당을 몰락으로 밀어 넣은 것이다.

종로에서는 이민우가 정대철을 꺾었고, 성북에서는 이철이 조윤형을 물리쳤다. 이는 유권자들이 민한당을 버리고 신민당을 선택했음을 보여주는 상징적인 사건이었다. 서울 전체를 보면, 14개 지역에서 신민당 후보가 당선되었고, 민한당은 강남구 단 한 곳에서만 승리했다. 강남구에서는 민정당 후보가 낙선하고 신민당과 민한당 후보가 동반 당선된 것이다. 신민당은 서울에서 민정당보다 15%나 더 많이 득표했다. 2·12 총선의 하이라이트는 부산에서도 벌어졌다. 두 명을 뽑는 중선거구제에서 부산의 선거구는 6개였는데, 민정당 후보들은 부산진구와 중·동구, 영도구 등 세 곳에서 2등에도 못 들어 낙선하고 말았다.

2·12 총선을 계기로 판세는 완전히 바뀌었다. 5·17쿠데타 이후 계속 수세에 몰렸던 민주화 세력은 적극적으로 독재 권력에 저항할 수 있었다. 진흙탕 속에 빠져 있었던 역사의 수레바퀴가 다시 움직이기 시작했다. 이 모두 수면 아래 잠자고 있었던 민주화에 대한 국민의 염원이 모여 폭풍으로 불어닥친 덕분이었지만, 그 염원을 활화산처럼 분출하게 할 수 있었던 것은 김상현이라는 정치인의 예리한 판단력과 판세 설계가 큰 힘을 발휘했다. 지금까지 민주화의 리더십을 양김의 카리스마와 동일시해 왔지만, 그 두 사람에 못지않은 김상현 같은 제3 유형의 리더십이 결정적 역할을 한 것이 2·12 총선이었다.

총선이 끝나자 3월 2일부터 김대중의 연금이 풀렸다. 김상현은 김대중의 연금이 풀린 날 새벽 여섯 시에 길 건너 김대중의 동교동 자택으로 찾아갔다. 집에는 김대중과 부인 이희호 둘만 있었다. 김대중은 그를 보자 뜻밖의 말을 건넸다.

"김 의원, 정말 미안하네. 나는 신당이 과거 양일동 씨의 통일민주당처럼 한 두세 명 당선될 줄 알았네."

그 말을 듣는 순간 김상현은 만감이 교차하며 가슴 속에서는 울컥하는 무언가가 치밀어 올라오는 것을 느꼈다.

"아, 그런 말씀 하지 마십시오. 형님이 미국에 계셨으니까 국내 사정을 잘 몰라서 그러신 거지요. 형님께서 이번에 때맞춰서 2월 8일 들어오셨으니까 이렇게 압승할 수 있었던 것입니다. 형님이 큰일을 하신 것이지요."

김대중에게 총선 보고를 하다

2·12 총선에서 김상현은 동교동계에 할당된 공천 몫을 조연하, 김녹영, 박종률 등과 주로 상의했다. 그러면서 세운 원칙은 심사 과정에서 단돈 십만 원이라도 사적으로 받아서는 안 된다는 것이었다. 다만 비례대표 공천자들에게는 공식적으로 당에 내는 특별당비 외에 얼마씩을 따로 받아 동교동계 후보들의 선거자금으로 배분하기로 했다. 김성동의 『한국 정치 아리랑』에는 당시의 공천헌금에 관해 이렇게 기술하고 있다.

> 임춘원 씨는 당에 3억, 동교동에 2억을 내기로 하고 2번을 받았다. 나한테는 가외로 5천만 원을 주기로 했다. 한석봉 씨는 당에 4억 원, 동교동에 2억 원을 내기로 하고 6번을 받았다. 9번 박종률 씨는 2억 원을

내야 하는데, 민추협과 창당에 공이 크므로 1억 원만 받기로 했다. 조계종 승려인 김용오 씨는 현금 7천만 원을 내고 2억 원짜리 어음을 주면서 당선되면 6억 원을 내겠다고 했다. 동교동 몫으로 들어온 돈은 5억 7천만 원이었다. 이 돈으로 입후보자들을 지원했다. 조연하 1억 6천만 원, 김녹영 1억 1천만 원, 박종률 1억 원, 이철 5천만 원, 이민우 5천만 원, 그리고 1백만 원, 2백만 원씩 도와준 사람이 다수였다. 여기에는 내 집을 잡히고 빌린 6천만 원과 집사람이 얻어온 빚 3천 8백만 원이 포함된다.

2·12 총선의 공천헌금 문제에 대한 김덕룡의 포괄적 증언이다.

사실 2·12 총선에서는 신당 입장에서는 후보로 낼 사람이 마땅치 않았어요. 그러니 공천헌금을 받는 것이 아니라 나가라고 사정해야 할 형편이었어요. YS만 해도 이민우 씨 선거자금을 다 댔어요. 당시 후농도 뭐 엄청나게 공천헌금을 받을 처지가 아니었어요. 아마 전국구 후보들에게서 조금 받아 이철, 강삼재 그런 사람들에게 주었을 거요.

연금에서 해제된 후 김대중은 부인 이희호와 함께 수안보온천에 휴양차 가 있었다. 김상현은 아내 정희원과 함께 수안보로 김대중을 찾아갔다. 3월 9일과 10일에 걸쳐 지금까지의 민추협 창립과 운영과정, 비례대표 후보 선정 등을 보고할 겸 해서였다. 보고를 마치고 나서 김상현은 김대중에게 공동의장으로서 민추협을 이끌어 달라고 요청했고, 김대중도 이를 수락하였다. 자연스러운 흐름이었다.

그 자리에서는 총선 공천헌금에 대해서도 보고를 하게 되었다. 김대중이 물었다. "자네, 총선 때 공천 대가로 받은 돈은 어떻게 했는가?"

김상현이 총선 지원자금으로 모두 써버리고 한 푼도 없다고 했더니, 김대중의 표정이 상기되었다. 그러자 옆에 앉아 있던 정희원이 "처음에 공천을 줄 때 남편이 후보들에게 선거 지원금을 마구 주는 것 같아 제가 영수증을 받아 놓은 것이 집에 있다"고 말했다. 김상현은 서울에 올라와 영수증을 챙겨 가지고 가 김대중에게 직접 보여주었다. 정희원의 증언이다.

> 비례대표 공천을 준 대가로 받은 거로는 선거자금에도 턱없이 모자랐죠. 여기저기서 돈을 꾸었는데, 김 의원이 누구한테 2천만 원, 3천만 원 돈을 막 주는 거예요. 공천을 주어 돈을 받는 게 아니라 거꾸로 2천만 원, 3천만 원 막 주는 거예요. 영수증도 받지 않고 돈을 남발하는 거예요. 그래서 내가 김 의원 모르게 심부름하는 당원한테 영수증 좀 받아오라고 했어요. 처음에는 하나도 안 받았는데, 2천만 원, 3천만 원짜리는 영수증을 받아왔죠. 그것을 김대중 선생께 보여드렸는데, 조금 보시다가는 안 보시더라고요. 그게 지금도 있어요. 신민당 창당하면서 우리가 돈을 많이 취한 줄 알았던 거죠. 우리는 오히려 빚만 졌거든요.

수안보온천에서 김상현은 김대중에게 조연하, 김녹영, 박종률 의원과 식사하는 자리를 만들어달라고 부탁했다. 김대중은 퉁명한 말투로 "김대중은 끝났다고 떠들고 다니는 조연하와 내가 왜 밥을 먹어야 하는가?"라고 툭 던졌다. 김상현이 정색을 하고는 그런 일이 없었다고 하자, 김대중은 "동교동 비서들한테 편지로 보고받아서 다 알고 있는데, 숨기려 하지 말라"고 다그쳤다. 김상현은 "제가 친한 사람들과 저녁 먹거나 술 먹을 때 김대중 때문에 신세 조졌다고 형님 욕도 하고 비판도 합니까,

안 합니까? 그것이 진짜로 형님을 음해하려고 하는 말입니까?"라고 되물었다.

김상현은 김대중이 미국에 머무는 동안 동교동 측근들이 보낸 정보들이 얼마나 중상모략에 가득 차 있는지를 일일이 해명하였다. 그러자 김대중의 표정이 조금 풀어지는 기색이었다. 며칠 뒤 김상현과 조연하, 김녹영, 박종률은 동교동 김대중의 자택에서 아침 식사를 같이했다. 식사 자리에서 김대중은 "춘산(조연하의 호), 내 비서진들이 춘산께 섭섭해 하실 철없는 짓들을 한 모양인데, 참으로 미안하게 됐습니다"라며 유감을 표했다.

3월 15일, 김상현의 창천동 집에서 김대중, 김영삼, 그리고 김상현 셋이 회동하였다. 미리 조율된 대로 김대중, 김영삼이 민추협의 공동의장을 맡고, 김상현은 부의장을, 그리고 최형우가 간사장을 맡기로 합의하였다. 그 자리에서 전당대회를 눈앞에 둔 민한당 처리 문제에 대해 의견을 나누었고, 김상현이 이를 문안으로 정리해 발표했다.

> 민한당 전당대회는 군사정권을 종식하고 민주화를 이룩하는 역사적 환경 조성을 위해 신민당과 통합을 할 수 있는 전당대회가 되는 것이 바람직하다.

그 후 두 공동의장이 노력한 결과 신민당이 민한당을 흡수 통합함으로써 103석이라는 사상 최대의 의석을 보유한 제1야당이 탄생하였다.

역사의 가정이란 부질없는 일이라고 하지만, 정치 입문 이후 항상 김대중과 함께 해왔던 김상현이 당시 김대중의 의중만을 고스란히 받아들여 민한당을 중심에 놓고 총선전략을 짰으면 어떻게 되었을까? 당연히 신민당 창당은 없었거나, 창당되었더라도 전두환의 숨은 의도대로 두 당이 극한경쟁을 벌여 돌풍은커녕 총선 전보다 훨씬 쪼그라든 제1, 제2 야당이 탄생했을 것이다.

그러면 그 후의 역사는 어떻게 흘러갔을까? 쪼개진 양김이 각기 그 구멍가게 야당들을 이끌며 총선 패배 책임, 야권의 주도권 등을 놓고 사사건건 대결과 갈등의 나날을 보냈을 것이니, 그 행태에 실망한 국민의 지지와 참여 없이 1987년 6월 민주항쟁의 열기가 어떻게 가능할 것인가. 역사의 가정에 기대어 이 땅의 민주화에 대한 김상현의 책임의식과 노고를 새삼 확인해 볼 수 있는 대목이다.

15

만년 2인자 :
그 빛과 그림자

15

만년 2인자 : 그 빛과 그림자

독자의 길을 모색하다

2·12 총선 이후 민추협과 신민당이 김대중과 김영삼 두 사람의 공동 직할 체제로 운영되기 때문에 김상현은 무대에서 자연스럽게 한 발 뒤로 물러서게 되었다. 그는 이를 자신의 독자적 기반을 조성하는 기회로 삼기로 하였다. 그 하나로 추진한 일이 바로 '민주대학'의 설립이었다. 민주대학은 여의도 정우빌딩에 캠퍼스를 마련하고는, 정파를 초월하여 한국을 이끌어갈 민주·민족운동을 전개하면서, 미국 켄터키대학교와도 결연하여 미국과 일본 등지에 지방자치제 연수생을 파견하는 등 국제적 유대 활동도 해나갔다. 민주대학은 8기까지 300여 명의 수료생을 배출하였다.

한편 김상현은 1968년 국회에 제출했던 〈재일동포실태보고서〉를 보완하여 이를 『재일동포 100년사』라는 단행본으로 출간하였다. 또 항일 투사들의 투쟁기와 친일파들의 행적을 조사하여 정리한 『실록 민족의 저항』(전 5권)이라는 책도 편찬해냈다. 그리고 과거 유신 시대에 폐간된 《다리》지 복간을 모색하기도 했다.

김상현은 활동을 해외로 넓히기도 했다. 미국 민주당 하원 원내총무인 짐 라이트 의원의 초청을 받아 1985년 5월 2일부터 20여 일간 미국을 방문하여 상·하원의 여러 인사와 면담하였다. 9월에는 미국 메릴랜드대학의 초청을 받아 강연하였으며, 12월에는 게리 하트 상원의원이 이사장으로 있는 신민주주의센터의 초청으로 '환태평양의 향후 20년 미래 지도자 회의'에서 연설하였다. 1986년에는 한국 정치인 중에서는 네 번째로 미국 내셔널프레스클럽의 초청을 받아 '한국의 민주화와 반미감정'이라는 주제로 연설할 예정이었으나, 전두환 정권의 출국 방해로 무산되는 일도 겪었다.

이처럼 항시 정치 현장의 선두에 서 있던 김상현이 2·12 총선 이후 뒤로 물러선 데는 김대중의 대리인 역할이 끝나서이기도 했지만, 누적된 김대중과 껄끄러운 관계가 작용한 탓이 더 컸다. 김대중은 김영삼과 함께 야당의 양대 지도자로 복귀한 시점부터 자신을 중심으로 계보의 위계질서를 확립하는 작업을 서둘렀다. 그의 부재 상황에서 자신을 대리하면서 영향력을 키워왔던 사람들, 열거하자면 김상현, 조연하 등의 영향력을 무력화시키는 일이었다.

그 과정은 김상현에게 그의 정치적 삶 전체가 부정당하는 듯한 고통스러운 경험이었다. 유신 시대와 전두환 시대를 거치면서 고난과 시련의 가시밭길을 걸어오면서도 항시 희망을 잃지 않고 의연하게 헤쳐 나왔던 그였다. 더구나 김대중은 오랜 세월 멘토이자 '형님'으로 삼아 아픈 역사의 한가운데를 함께 헤쳐 나온 사이였다. 김대중의 정치적 승리를 위해 맨땅을 파고 다진 공로로 따지면 누구도 그 자리를 비집고 들어올 수 없다고 생각할 만큼 김대중에 대한 그의 자부심은 대단했다. 그러나 정치 현실은 그런 그의 믿음과 자부심을 냉혹하게 부숴버리며 그의 정치 가도에 짙은 그림자로 다가오고 있었다.

1985년 6월 8일, 김대중이 여의도의 '민주대학'을 방문했다. 거기에서 김대중은 국회의원, 신민당 사무국 당료, 민추협 실무진 등 2백여 명을 앞에 두고 일장 연설을 했다.

여러분! 나의 영원한 정치 동지며 30여 년간 갖은 고초를 겪으며 나를 도와준 김상현 동지가 여기 앉아있습니다. 김상현 씨는 내가 미국에 있을 때 그 어려운 여건 속에서 민추협과 신민당을 만들었습니다. 그리고 그는 계속하여 여당 측이 주도해온 호헌 정국을 개헌 정국으로 전환하게 만든, 신민당을 육성한 공로자입니다. 그는 나도 해낼 수 없는 일들을 내가 없는 동안 거뜬히 해냈습니다. 여러분은 김상현 동지를 이 김대중의 후계자로 알고 앞으로도 열심히 도와주시기를 간곡히 부탁드립니다.

예상 밖에 김대중의 극찬과 격려를 들은 김상현은 한껏 들뜰 수밖에 없었다. 이날 김대중의 '김상현 후계자론' 언급은 당시 정가에 일파만파 퍼져나갔다. 민주대학에 간여하고 있었던 국회의원들과 실무자들은 이날 축배를 들며 환호했다. 그러나 그 연설이 있었던 그 시점에 이미 김상현과 조연하 등을 배제하기 위한 시나리오가 진행되고 있었다.

그렇다면 왜 김대중은 김상현, 조연하 등을 견제하는 작업을 추진하면서 이런 연설을 했을까? 이날 김대중의 연설은 진심이었을까, 아니면 위계였을까? 혹자는 이날 김대중의 '김상현 후계자론' 연설은 자신의 정치 공백을 메우며 협력하여 계보를 관리해온 조연하와 김상현의 정치적 연대를 깨기 위해 꺼낸 일종의 '이간계'라고 해석한다. 물론 이는 어디까지나 추론일 뿐, 김대중의 진심은 알 길이 없다.

조연하 국회부의장 파동

김대중이 자기 계보의 권력 질서를 확립하고자 결정하기로 한 첫 번째 대상은 조연하였다. 조연하는 원래 이철승의 참모로, 1970년 신민당 대통령 후보 경선에서 김대중이 차기에는 이철승을 밀어준다는 약속을 믿고 이철승계 대의원의 표를 몰아줘 김대중에게 역전승을 안겨준 사람이었다. 이후 그는 김대중의 참모로 전향하여 동교동계의 조직 관리에 뛰어난 능력을 보였다. 조연하는 김상현, 조윤형 등과 함께 1972년 유신이 선포되었을 때 유신 지지를 거부하여 투옥되기도 했었다. 1985년 2·12 총선에서는 신민당 조직강화 특별위원장을 맡았으며, 김상현, 김녹영 등과 친밀한 관계를 유지했다.

제12대 국회에서 야당 몫인 국회부의장에 처음에는 김녹영 의원이 선출되었다. 김녹영과 조연하가 서로 부의장을 하겠다고 고집했는데, 당시 김녹영이 암에 걸렸다는 사실을 알고 김상현의 중재로 조연하가 양보한 것이다. 김상현은 김녹영을 부의장으로 추대하기 위해 조연하를 설득하는 한편, 김영삼과 이민우를 만나 협조를 받아냈다. 김대중은 자신의 의중을 묻지 않고 국회부의장 선출을 좌지우지하는 김상현이 못마땅했다.

김녹영은 이로부터 얼마 지나지 않은 7월 10일 사망했다. 그가 맡고 있었던 국회부의장직은 공석이 되었다. 김녹영은 김대중 계보였으므로 신민당은 김대중이 그 후임을 천거하도록 했지만, 앞서 김녹영에게 양보했던 조연하는 국회부의장은 당연히 자신의 몫이라고 생각하고 있었다. 그러나 10월 28일, 신민당은 확대 간부회의와 의원총회를 열고 이용희를 국회부의장 후보로 지명한다고 공식 발표했다.

회의에서 그런 결정이 내려지자 조연하는 흥분을 이기지 못하고 "나는 단 한 표가 나오더라도 의원들의 직접 심판을 받겠다"며 독자 출마를 선언했다. 그의 독자 출마는 김대중에 대한 정면 도전이었다. 비주류의 김옥선, 박해충, 이기택, 이철승, 박한상 의원 등도 반발하여 부의장 출마를 선언했다.

10월 28일 오후, 국회는 부의장 선거에 들어갔다. 재적의원 275명 중 265명이 참가한 제1차 투표에서 신민당 이용희 92표, 조연하 68표, 김옥선 34표, 박해충 12표, 국민당 김광수 38표가 나왔다. 과반수 득표자가 없어 2차 투표로 들어갔다. 투표 결과 조연하 139표, 이용희 90표로 조연하가 국회부의장에 선출되었다. 조연하의 당선은 의원들의 동정심리와 김대중에 대한 거부감이 복합되어 발생한 사건이었다. 그 과정에서 민정당의 표가 주로 조연하에게 쏠린 것이 문제가 되었다. 국회부의장 2명 중 한 자리는 제1야당이 공식 추천한 후보를 선출하는 것이 지금까지의 관례였기 때문이다. 표결 후 신민당은 민정당을 맹비난했고, 조연하는 해당 행위로 제명되었다.

김상현은 조연하가 국회부의장 자리를 이어받아야 한다는 판단을 하고 있었다. 그동안의 공로로 보더라도 조연하가 부의장이 되는 것이 순리라고 생각한 것이다. 김대중과 김상현의 틈이 벌어졌다는 사실이 수면 위로 올라온 것도 이즈음이었다. 김상현은 이를 캐묻는 언론에 "크게 틀어진 일은 없고, 정치 노선도 다를 게 없어요. 조연하 국회부의장 추천 문제로 좀 금이 갔을 뿐"이라고 해명했다.

그러나 김대중의 굳건한 직계 참모로 여겨져 온 그의 이미지는 이제 김대중과 틈이 벌어지기 시작한 사람으로 조금씩 변해 가고 있어, 2·12 총선 당시 양김의 투쟁성을 보고 신민당을 지지했던 시민들에게 의아심을 안겨 주었다. 더구나 국회부의장 선출과정에서 민정당이 조연하에게 몰표를 던져 당선시키는 파동을 겪으면서 김상현에게는 민정당과 모종의 거래를 한 게 아니냐는 의심의 눈길이 쏠리기도 했다. 결국, 김상현으로서는 작은 명분으로 큰 판을 잃어버린 셈이 되었다.

조연하는 물론 김상현도 그 상황을 맞아 정치적으로 냉철한 태도를 견지하지 못한 것으로 보인다. 조연하는 인간적 배신감에 치밀어 오르는 분노를 참지 못하고 임기 2년일 따름인 부의장이라는 국회직 출마를 강행해 어렵사리 당선되었지만, 이로써 사실상 정치적으로 식물인간 상태에 접어들어 기나긴 정치 일생을 쓸쓸히 마감해야 했다.

인간적 의리와 권력관계

김상현은 조연하와의 인간적 의리 때문에 그의 입장을 두둔했던 것 같다. 하지만 김상현 역시 이때부터 노골적으로 계보 권력 1인자의 눈 밖에 나게 되었고, 그의 정치적 입지는 집중 견제를 받아 현저하게 축소되기 시작했다. 인간적 의리나 명분이 아무리 중요해도 권력 관계의 현실적 틀을 벗어나 무리하게 처신하면 모든 것을 잃는 것이 정치계의 냉혹한 생리이다. 항시 정치적 현실을 냉철히 꿰뚫어 보고 행동해 왔던 김상현이 조연하를 위해서나, 그 자신을 위해서나 조연하의 부의장 출마를 만류하지 못한 것은 아쉬운 대목이다.

역사 속에서 권력의 1인자와 2인자 사이의 관계는 늘 미묘한 문제였다. 현대사 속의 중국의 주은래처럼 2인자로 끝까지 살아남은 사람들이 보여주는 공통점은 1인자의 그늘에서도 수모와 소외를 참고 이겨내면서 자신을 필요로 하게 하는 결정적 상황을 만들어갔다는 점이다. 곧 자신을 향한 1인자의 의심과 불신을 교란하고, 자신을 소외시키거나 제거하려는 1인자의 의지를 완화하기 위해 끊임없이 노력을 기울였다는 것이다.

김상현이 김대중을 대하는 태도는 언제나 각별하고 깍듯했다. 그는 김대중이 백 년에 하나 나올까 말까 하는 정치지도자라는 경외심 같은 걸 항상 마음에 품고 있었고, 그런 마음이 한 번도 변한 적이 없었다. 그는 어떤 자리에서도 누군가 김대중에 대해 험담을 하면 부드럽게 제지하였지, 결코 그의 말에 보태거나 동조하지 않았다. 그는 정치를 떠난 생애 말년에도 김대중에 대해 비판하는 언사를 한 적이 없었다. 그의 3남 김영호는 그 일면을 잘 보여주는 일화를 소개한다.

> 아버지는 YS의 전화는 '네, 총재님!'하고 약주 드셨으니까 누워서 받았어요. 그런데 DJ 선생님 전화는 단 한 번도 누워서 받은 적이 없어요. 누워있다가도 일어나 '형님, 형님' 하면서 받으셨는데, 민추협 때까지 아버지의 그런 모습이 다 이어지죠. DJ와의 마지막 순간까지도 그러셨어요.

김상현은 어떤 경우라도 인간관계에서 대단히 참을성이 강한 사람이었고, 특히 김대중에 대해서는 매우 신중한 자세를 유지해 왔지만, 당시 김대중과의 갈등 상황 속에서 냉정한 판단의 자세를 유지했다고 볼 수는 없었던 것 같다. 왜냐하면, 그는 이후에도 그답지 않은 이와 비슷한 오판을 여러 번 반복하기 때문이다. 그는 조연하 파동이 있은 지 1년쯤 지난 후 어느 인터뷰에서 이렇게 자책하기도 했다.

> 일종의 배신감 때문에 불평을 했던 것은 사실이지만 이제 다 지난 일입니다. 나는 김대중 의장에게 영원히 도전할 수 없는 운명적 관계입니다. 더구나 서로 간에 적대행위는 상상할 수 없는 일입니다.

김대중이라는 짙은 그늘

조연하 파동을 겪으면서 동교동계는 김상현의 세를 꺾어야겠다는 결심을 더욱 굳히게 된다. 김대중은 1986년 4월 11일, 마포구 공덕동 로터리에 있는 제일빌딩에 '민주인권연구회(약칭 민권회)'라는 계보 사무실을 내고 본격적으로 세력 확장 작업에 들어갔다. 김대중은 총선이 끝나고 나서 동교동계 국회의원들과 주요 원외 정치인들을 호출했다. 그 자리는 김대중과 김상현 둘 중 양자택일할 것을 요구하는 분위기였다.

김상현은 한국학중앙연구원의 '현대한국구술자료관'에 수록돼있는 인터뷰에서 당시의 분위기에 대해 "무지막지하게 하는데 참 말할 수 없을 정도"였다고 토로했다. 김상현과 가까운 의원들의 지원으로 운영되던 '민주대학'도 자금줄이 끊겨 여의도를 떠나 종로구 당주동에서 작은 사무실 형태로 겨우 명맥을 이어가야 했다.

2·12 총선 이후 김상현의 입지는 이렇게 목을 쥐어가듯 현저히 축소되었다. 이 때문에 총선 이후 열린 공간을 활용하여 민주화의 물결이 본격적으로 고조되는 상황에서 김상현은 괄목할만한 활동을 하지 못했다. 박정희, 전두환 독재정치와의 투쟁 결과 이제 민주화로 넘어가는 역사적 시기에 존재감과 자기 역할에 따른 활동을 보여주지 못했다는 사실은, 그로서는 정치적 성장의 기회를 박탈당한 것이나 다름없었다. 김대중의 귀국 이후, 민추협과 신민당에서 김대중과 김영삼의 세력균형이 팽팽하던 시절의 상황을 김덕룡은 이렇게 증언한다.

DJ가 YS에게 무언가 전할 것이 있으면 꼭 나를 불렀어요. 동교동 지하실 방에 가면 깨알 같이 메모를 한 것을 준비해서 나에게 설명하는 거예요. 그러면서 자기 설명을 듣고도 미진한 것이 있으면 누구누구하고 의논하라는 거예요. 그런데 제일 먼저가 조연하, 그 다음이 이용희예요. 이용희 씨는 크게 신임하는 것 같아요. 나는 YS와 김상현 의원이 가까우니까, 김상현하고 의논하라, 그럴 줄 알았는데, 갑자기 박종률 의원을 얘기하는 거예요. 박 의원은 후농보다 선배이지만, 후농이 이래라저래라 하는 '꼬붕'같은 사람이었거든요. 이런 것을 보면서 '아, DJ는 후농을 믿지 않는구나!' 생각했죠.

1980년대 민추협 결성과 신민당 창당의 과정은 김대중에게 엄청난 콤플렉스이자 노이로제였다. 지금은 자신이 민추협과 신민당의 양대 지도자로 자리매김 되어 있지만, 두 조직이 이룩한 성과가 정작 자신이 강력하게 반대했던 것들인 데다가, 김상현 등이 자신의 반대를 모른 척 무시하고 추진한 결과물이었기 때문이다. 그리고 지금 자신은 그 결과물에 얹혀있는 사람처럼 되어 있으니, 그 모양새가 영 불편하기 짝이 없어 자신의 입지가 언제든지 흔들릴 수 있다고 보았을 것이다.

괴로움의 나날들

김상현은 김대중과의 관계가 엇나가는 상황을 감당하기가 너무나 힘들었다. 그의 눈 밖에 나서 내쳐진 자신의 처지가 서글프고 괴로웠다. 김상현의 아내 정희원은 당시의 그의 모습에 대해 이렇게 회고한다.

애 아버지가 30년 동안을 동교동을 위해서 일하지 않았어요? 돈 10만 원만 생겨도 동교동을 위해서 썼어요. 세상에 어떤 동생이 형님을 그렇게 위합니까? 그런데 지난번 2·12 총선 후에 자기는 한다고 했는데 동교동에서 알아주지 않으니까 얼마나 괴로워했는지 몰라요. 한 2년 동안 밤마다 술에 만취돼 집에 와서 밤새도록 울었어요. 그래서 아침이면 눈이 퉁퉁 붓고 그랬어요. 내가 하도 안타까워서 한번은 밤에 성경을 놓고 기도하며 물었어요. "부부지간에 못 할 말이 어디 있냐? 설마 당신한테 무슨 몹쓸 야심이 생겨서 그분한테 밉보여서 그러시는 것 아니냐?"라고요. 그랬더니 펄쩍 뛰면서 "동교동 형님이 미국서 오시면 칭찬받을 생각만 했는데, 그게 무슨 소리냐?"면서 "아무리 기도를 해도 안 들어 주시는 것 보니까 그분이 믿는 하나님과 내가 믿는 하나님은 틀리는가 보네"라고 그래요, 글쎄.

훗날 김상현은 한국학중앙연구원의 현대한국구술자료관에서 주관한 〈세대로 본 역동의 한국 정당정치사 : 산업화·민주화 세대의 증언〉 인터뷰에서 "참모는 자기 보스보다 앞서가면 안 되겠더구먼. 거리가 생겨 버리지. 그냥 무조건 예, 예 하고 따라가기만 해야지, 비상한 아이디어도 내면 안 되겠더라고. 결과적으로 내 발등을 내가 찍었어"라며 당시의 회한을 토로했다.

물론 김상현의 이 고백은 그의 본심이 아니다. 오히려 이 고백은 양김으로 상징되는 현실정치의 거대한 벽에 막힌 좌절, 또는 항변에 가까운 독백으로 받아들여야 할 것이다. 만약 그가 80년대 전반 김대중의 지시를 무조건 따라가기만 했다면, 과연 민추협이 생겨나고 신민당이 창당되어 돌풍을 일으켰을 수 있었을까? 또 그런 상황에서 김상현이라는 정치인이 빛을 발할 수 있었을까? 결론적으로, 김대중의 지시를 무조건 따랐던들 김상현의 정치적 존재도 짧은 순간 나타났다가 사라진 뭇별 가운데 하나에 불과했을 것이다.

자연스럽게 의문도 하나 떠오른다. 김상현은 자신의 존재감이 커지고, 때에 따라 김대중보다 자신의 판단이 옳은 것으로 입증되었을 때, 정치적으로 김대중을 극복해보고 싶다는 야심을 갖지는 않았을까? 그러나 그의 3남 김영호는 결단코 아니라고 단언한다. "만일 아버지가 진짜 그런 꿈을 갖고 계셨다면 최소한 가족은 그것을 알 수밖에 없는데, 아버지는 그런 준비를 구체적으로 해본 적이 없습니다." 그리고 그는 "아버지를 통해 정치에 입문한 사람들도 아버지는 그들을 자기 계보로 삼지 않고 모두 동교동으로 소개해주었습니다"라고 덧붙였다.

민추협 결성과 신민당 돌풍을 보면서 '김대중 이후에는 김상현'이라는 정서가 호남을 중심으로 꽤 널리 퍼져있었던 것은 사실이었다. 김대중 스스로가 '민주대학' 연설에서 김상현을 자신의 후계자라고 공개적으로 언급했기 때문에도 더욱 그러했다. 그러하니 그가 김대중 이후 야당 지도자를 꿈꾸었을 수는 있다. 그러나 이는 어디까지나 김대중 이후의 문제였던 바, 김상현이 이를 받들어 '그 이후'만을 준비했더라도 김대중은 이를 '불경不敬'으로 인식할 수 있다. 동서고금의 역사에서 자주 보이는 착종이다.

6월민주항쟁 :
환희와 분열과 좌절

16

6월민주항쟁 : 환희와 분열과 좌절

고조되는 민주화의 파고

2·12 총선 승리를 계기로 민주화 세력은 전두환 정권에 대한 비판과 공세를 강화해 나갔다. 1985년 5월부터 광주학살 문제가 민주화운동의 주요 이슈로 등장하기 시작했다. 5월 17일에는 전국 80개 대학 3만 8천여 학생들이 광주학살의 진상규명을 요구하며 격렬한 교내외 시위를 벌였다. 5월 23일에는 전학련과 삼민투 산하 서울대, 고려대, 서강대, 성균관대, 연세대 학생들 73명이 서울의 미문화원을 점거해 농성을 벌이는 사건이 발생했다. 이들은 광주학살에 대한 미국의 방조와 지원 의혹을 제기하면서 이에 책임을 지라고 요구했다.

미문화원 점거사건은 국내외적으로 널리 알려져 큰 파문을 일으키게 했다. 이 사건은 국민에게도 미국에 대한 지금까지의 생각을 되돌아보게 하는 계기가 되었다. 이런 일련의 사건들에 자극을 받은 신민당은 '광주사태 진상조사를 위한 국정조사 결의안'을 국회에 제출하는 등 전두환 정권에 대한 공세를 강화해 나갔다.

한편 민주화운동의 고조와 함께 민중의 생존권 투쟁도 확산하기 시작했다. 1985년 4월 서울에서는 미국의 농축산물 수입 개방 규탄대회가 열렸다. 이를 계기로 전국의 농촌 지역에서는 소값 하락 피해보상을 위한 소몰이 싸움이 벌어져 총 2만여 명의 농민들이 참여하였다. 1985년 6월에는 한국전쟁 이후 최초로 노동자들의 동맹파업 사건이 벌어졌다. '구로동맹파업'이라 불리는 이 파업은 기업별 노동조합주의의 한계를 뛰어넘어 정치투쟁의 성격을 띠는 노동운동사의 일대 사건이었다. 그리고 이를 바탕으로 8월에는 서울노동운동연합(서노련)이 창립되었으며, 서노련은 학생운동과 적극 연대하여 반독재투쟁을 전개하였다.

고조되는 민주화운동에 대응하여 전두환 정권도 탄압을 강화해 나갔다. 전두환 정권은 학생운동의 과격화가 이념 서적의 영향을 받은 것이라고 진단하고, 사회과학 서적을 전방위적으로 단속하였다. 전두환 정권은 숱한 사회과학 서적을 '금서'로 묶어 몰수하고는 그 저자와 발행인을 구속하였다. 또, 《민중교육》이라는 잡지를 문제 삼아 거기에 글을 실은 교사들을 파면 구속하기도 했다.

1985년 8월, 정부와 여당은 '학원안정법'이라는 악법을 추진하여 학생운동의 씨를 말릴 음모를 꾸몄다. 이 법은 학원소요와 관계된 '문제 학생'을 영장 없이 구금 하여 6개월 이내의 선도 교육을 하겠다는 등의 초법적 내용을 담고 있었다. '학원안정법' 내용이 공개되자 크게 사회적 논란을 불러일으켰는데, 이는 야당과 학생운동 및 재야 민주화운동 세력이 똘똘 뭉쳐 저항하는 계기가 되었다. 결국, 전두환은 8월 17일 이 법의 추진을 보류하는 조치를 해 사실상 입법을 포기했다.

민주화운동에 대한 전두환 정권의 탄압은 소위 '깃발 사건'에서 적나라하게 그 야수성을 드러냈다. 전두환 정권은 1985년 10월, 학내외 각종 시위와 위장 취업 등 노사분규의 배후에 좌경용공학생들의 지하 단체인 '민주화추진위원회(민추위)'라는 조직이 있다고 발표했다. 이

사건으로 무려 26명이 구속되고 17명이 수배된 가운데, 이 사건과 관련하여 김근태 민청련 의장이 치안본부 남영동 대공분실에서 참혹한 전기고문과 물고문을 받았음이 폭로되어 전두환 정권의 폭압 통치가 국내외에 널리 알려지면서 큰 비난 여론이 일어났다.

개헌추진 1천만 명 서명운동

1986년 2월 12일, 신민당과 민추협은 대통령직선제 개헌추진 1천만 명 서명운동에 돌입하였다. 김대중과 김영삼은 '1천만 명 개헌추진 서명에 즈음하여'라는 성명을 발표하였다. 전두환은 1월 16일 국정 연설을 통해 "대통령선거 방법 변경에 관한 문제는 평화적 정권교체의 선례와 서울올림픽 개최라는 긴급한 국가적 과제가 성취되고 난 1989년에 가서 논의하자"고 제시한 터였다. 신민당의 개헌추진 1천만 명 서명운동은 그런 전두환 정권의 정국구도에 가한 일격이었다.

신민당은 양김의 성명 발표를 시작으로 전국적으로 '헌법개정추진위원회' 지부 현판식을 개최하기 시작했다. 전두환 정권은 개헌추진 서명운동을 저지하기 위해 경찰력을 동원해 신민당사 출입을 막는 등 물리적 봉쇄를 시도했다. 그러나 개헌추진 서명운동은 정치권을 넘어 종교계, 여성계, 학계 등 시민사회로 퍼져나가기 시작했다. 특히 고려대학교를 시작으로 전국 29개 대학의 785명의 교수가 도미노처럼 직선제 개헌을 주장하는 시국 선언에 나섬으로써 큰 파장을 불러일으켰다.

1986년 5월 3일, 신민당의 개헌추진위원회 경기·인천지부 결성대회가 열리는 날이었다. 대회가 열리는 인천 시민회관 외곽에는 신민당 인사들뿐만 아니라 재야운동권세력과 학생들이 구름처럼 몰려들었다. 이날

개헌청원 천만인 서명운동에서의
김상현(1986)

대회는 신민당의 직선제 개헌 주장을 넘어 '전두환 정권의 타도'와 '민
중 헌법의 제정' 등의 구호까지 터져 나왔다. 일부 학생들은 신민당을
기회주의 집단으로 규정하고 대오각성을 촉구하기도 했다. 경찰과 노동
자, 학생들이 충돌하여 거리는 온통 최루탄과 돌멩이, 화염병이 난무하
는 전쟁판이 되었고, 신민당 총재 이민우와 상임고문 김영삼은 최루가스
를 뒤집어쓰고 대회장으로 입장하지도 못하여 행사가 무산되었다.

5·3 인천사태를 빌미로 전두환 정권은 민주화 운동권 세력에 대해 대
대적 검거에 돌입하였다. 문익환 목사 등 재야운동단체 지도자 수십 명
이 구속되거나 수배되었고, 민민투와 자민투 등 학생운동 조직을 와해
시키기 위한 대량 검거 작전도 착수했다.

재야운동 세력 및 학생들의 주장과 행동이 과격한 양상을 보인 데
는 전두환 정권이 서명운동을 무산시키기 위해 암암리에 폭력 사태를

조장한 데도 있었지만, 신민당과 민주화운동 진영 사이에 불신이 있었던 데에도 한 원인이 있었다. 5·3 인천사태 전 부산, 대구, 광주 등지에서 열렸던 현판식에서부터 조금씩 급진적 구호와 행동이 나오기 시작했는데, 이에 대해 신민당 지도자들이 잇달아 거리를 두는 발언을 함으로써 재야와 운동권 세력을 자극한 것이다.

4월 29일, 김대중 민추협 공동의장은 그 전날 있었던 서울대생 김세진·이재호의 분신 사태를 두고 "소수 학생의 과격한 주장을 지지할 수는 없다"고 발언했으며, 4월 30일 이민우 신민당 총재는 청와대 영수회담 석상에서 "좌익 학생들을 단호히 다스려야 한다"고 발언하였다. 이런 일련의 발언들은 신민당이 학생들의 운동 방향과는 선을 긋겠다는 의미로 해석되었고, 나아가 신민당이 보수 대연합의 발판을 놓으려는 게 아닌가 의심하는 요인이 되었다. 그리하여 5·3 인천사태 이후 신민당과 재야 및 학생들 사이는 한동안 냉각되었고, 이들 간의 공조체제는 1987년 5월 '민주헌법 쟁취 국민운동본부'를 결성할 무렵에 가서야 비로소 복원될 수 있었다.

김상현의 민주화 노선

민주화운동이 급격하게 고조되는 시기에 김상현의 활동은 상대적으로 부진했다. 그의 열정적 노력으로 신민당 돌풍이 불었고, 그 바람으로 민주화운동이 공세적으로 전환되는 계기가 되었지만, 그 시기 그의 역할은 미미했다. 그것은 무엇보다 김대중의 견제가 결정적이었다. 김상현이 민주화운동의 고조 국면에서 자기 존재감을 상실했다는 점은 그의 정치적 역정에서 무척 안타까운 부분이다.

그가 개헌추진 정국에서 자기 입지를 확보할 수 있었더라면, 이후 국민적 지도자의 한 사람으로 자리매김 되었을 가능성이 컸다. 그런데 당시 그의 역할 부재를 김대중의 견제로만 설명할 수 있을까? 격변하는 정국을 소극적으로 판단하고 행동한 면은 없었을까? 그런 점에서 이 시기에 김상현의 정세 인식은 어떠한 것이었고, 그가 어떤 정치 노선을 견지하고 있었는지 살펴볼 필요가 있다.

김상현에게 있어 민주화를 이루는 방법은 그의 정치철학인 대화와 타협에서 크게 벗어나지 않고 있다. 간단히 말해 급진적 투쟁은 많은 희생을 낳기 때문에 대화와 타협을 통해 독재자를 명예롭게 퇴진시키자는 것이 그의 민주화 노선이었다. 그는 넓게 보아 대화와 타협도 투쟁의 하나라고 보았다. 그리고 대화와 타협을 하되, 원칙은 타협하지 않는다는 부연으로 그의 온건 노선을 보완했다. 그는 종래의 정치인들이 비판을 받는 이유는 대화한다고 하면서 원칙까지 타협했기 때문이라고 보았다.

그렇다면 대화와 타협을 통한 독재자의 명예로운 퇴진이 현실적으로 가능할까? 김상현은 이승만과 박정희 등 우리나라의 독재자는 권좌에서 물러난 후 보복을 당할까 두려워 장기집권을 하고 폭압 통치를 일삼다가 결국 비극적 종말을 맞았다고 보았다. 그러므로 쿠데타로 집권한 전두환의 경우 군부를 잘 달래고 조절할 수 있는 전술과 정치역량을 키워나간다면, 그가 비참한 종말을 피하기 위해서라도 반드시 대화와 타협에 응할 것이라고 믿었다.

그는 수십 년간 군부독재가 판을 쳤던 브라질과 아르헨티나에서 이루어진 민주화의 사례가 그 증거라고 생각했다. 브라질과 아르헨티나는 민간세력이 군부에 대한 보복 조치를 하지 않을 것을 약속함으로써 정권 이양이 평화적으로 이루어진 사례였다. 곧 이를 그는 타협과 협약을 통한 점진적이고 온건한 민주화의 전형이라고 본 것이다. 그러므로 민주화 투쟁을 벌일 때도 독재자에게 권력 상실의 공포에서 벗어날 수 있게 해 줘야 하며, 이를 위해서는 민주주의 원칙에는 철저하되 그 적용에는 탄력성과 유연성을 가져야 한다고 생각했다.

김상현은 개헌추진 서명운동 과정에서 정권의 초 강경책과 민주화 세력의 치열한 투쟁이 맞부딪치고 있는 상황에서도 대화와 타협을 통한 합의의 가능성을 믿고 있었다. 민주화운동의 주도권은 온건세력이 가져야 하고, 온건세력이 퇴장하면 극단적 충돌밖에 남지 않는다고 생각했다. 그는 이러한 생각을 1986년 5월, 방미 중에 가진 인터뷰와 강연에서 토로했다. 그는 현재 여야가 초강경으로 대립하고 있는 상황은 바람직하지 못하다고 주장했다. 1950년대부터 70년대까지는 독재정권의 타도가 곧 민주화라고 생각했으나, 그동안 수많은 사람이 희생되는 그런 과정을 목격하면서 그 노선이 잘못됐음을 느꼈다고 했다. 그는 당시 초강경 대립국면에서 대체로 중간적 위치를 견지하고 있었다고 볼 수 있다.

김상현은 신민당에 대해서도 비판을 위한 비판을 넘어서기 위한 체질 개선이 필요하다고 보았다. 1986년 2월 16일자 〈한인신문〉과의 대담에서 그는 '야당 운동의 방법에서 반성과 검토가 필요'하며, '집권세력이 정권을 내놓고도 살아남을 수 있는 제도적 장치'를 만들기 위해 노력해야 한다고 했다. 당시 언론은 지난날 혈기방장한 대여투쟁의 선봉장으로부터 온갖 정치 풍상을 다 겪은 그가 중후한 정치인으로 궤도수정을 한 듯이 보인다고 했다. 김상현은, 신민당의 강경노선을 비판하며 탈당한 유한열·이태구 등 신보수회 의원 12명에 대해서는 국민이 이해하기 어려운 상식 이하의 행동이라고 선을 긋고 있었다.

종합하자면, 당시 그의 정치 노선은 대중이 받아들이기에는 다소 애매할 뿐만 아니라 현실적합도가 낮았다. 우선 "야당이나 민주화운동세력이 대화와 타협을 통하여 독재 권력이 퇴임 후에도 안전할 수 있다는 생각을 품게 하자"는 그의 주장의 요지는, 피해자는 자기가 당했던 모든 핍박과 아픔을 인내해야 하고, 가해자는 피해자의 그러한 태도를 보고 자신의 퇴임 후 보복 위협이 없다고 확신하면 물러난다는 논리인데, 이는 정치 현실을 도외시한 너무나도 순진한 발상이었다. 전두환의 퇴임과 그 이후 그가 보인 삶의 행태가 생생한 증거이다.

그러나 김상현의 정세 인식과 민주화의 길에 대한 정치철학은 신앙처럼 확고한 것이었다. 사실 넓게 보면 당시 김대중, 김영삼 두 야당 지도자가 주장하고 있었던 민주화 노선과도 크게 다를 것은 없었다. 김상현도 양김의 생각과 같이 재야 세력이나 학생운동 조직에서 이야기하는 독재정권 타도와 민중 중심의 민주화 노선과는 분명히 결을 달리하고 있었지만, 미세한 면에서 양김의 민주화 노선과 김상현의 생각은 좀 차이가 있었다.

김대중은 세간의 심어진 이미지와는 달리 비교적 온건한 사람이었다. 신민당 창당이나 5·3 인천사태 직전의 발언에서 보듯이 그는 김영삼보다도 더 온건 노선을 지향할 때가 많았다. 하지만 김대중은 상황 전개에 신속하게 적응해 가는 능력이 탁월했다. 김대중은 민주화운동의 급진적 노선과 거리를 두다가도 대중의 전체적 흐름이 강경한 저항으로 흘러가면 전개된 상황에 맞추어 생각을 수정하여 큰 흐름에서 벗어나지 않았다. 그는 2·12 총선 때도 민한당 지지노선에서 기민하게 방향을 틀어 신민당 돌풍을 일으킨 인물로 자신의 이미지를 만들었다.

이에 반해 김상현은 자신의 소신을 견지해 나가는 데에 의외로 원칙론자였다. 그래서 김상현의 민주화 노선은 이상주의적 성격이 강하면서, 이를 자기의 '원칙'으로 규정하며 신앙화 한 면이 있다. 그는 민추협과 2·12 총선 시기, 민심과 정국의 흐름을 김대중, 김영삼보다 훨씬 정확하게 읽어내고 있었다. 그러나 이후 객관적 정세가 크게 변해 있었던 상황에서도 김상현은 2·12 총선 시기의 원외 정치 게임에 몰입하고 있는 것 같은 모습을 보였다.

김상현은 하버드대학 강연에서 "나는 하나의 꿈을 가지고 있습니다. 조국의 민주화를 위한 도구가 되고 다리 역할을 하겠다는 꿈입니다"라고 외쳤다. 그러나 그는 2·12 총선에서 그 꿈을 실현했지만, 그 후 펼쳐진 민주화 국면에서는 자기 역할을 찾는 데 실패했다. 그것은 신민당이라는 선명 야당이 들어서자 정치에 관한 정보와 이슈가 모두 의회를 중심으로 수렴되고 있는 현실에서 원외인 그가 간여하기에는 한계가 있었던 것도 큰 이유였다.

김상현은, 이후 이어지는 박종철 고문치사 규탄 투쟁, 전두환의 4·13 호헌조치에 대한 대응, 야당과 재야가 합작한 '민주헌법쟁취 국민운동본부(국본)'의 결성과 투쟁, 6·29선언과 민주화 이행을 위한 협상 과정에서 철저히 소외되었다. 김대중의 견제 탓도 있었겠지만, 살아있는 생물과 같이 변화무쌍한 정치 현실에서, 김상현의 자기 입지설정이나 정세 인식이 역사적 상황과 부합되지 못한 점도 크게 작용했다고 할 것이다.

4·13 호헌조치

1987년 들어 정국은 더욱 경색되어 갔다. 1월 14일, 서울대학교 학생 박종철이 치안본부 남영동 대공분실에서 조사를 받다가 고문과 폭행으로 사망한 사건이 일어났다. 재야 및 학생들은 2·7 박종철 추도집회, 3·3 고문추방 국민대행진 등 고문 정권 규탄 투쟁을 대대적으로 전개하려 하였으나, 경찰의 원천봉쇄에 번번이 가로막혔다. 그러함에도 고문

정권에 대한 국민의 분노는 수면 아래서 계속 번져가고 있었다.

한편 신민당은 연초부터 '선 민주화, 후 내각책임제 개헌'를 골자로 하는 소위 '이민우 구상'으로 격렬한 내홍을 앓고 있었다. 양김은 직선제 개헌 없이 민주주의가 완수될 것이라는 생각은 어불성설이라는 입장을 확고하게 유지했다. 그러나 이민우 총재와 비주류 의원들은 계속 '직선제 개헌'이라는 신민당의 당론에 이의를 제기하면서 양김의 리더십에 도전하고 있었다. 결국, 김영삼계와 김대중계 의원 74명이 탈당하여 신당 창당을 선언하면서 신민당은 형해화되어 버렸다.

신민당보다 더 강성인 야당의 출현을 보면서 전두환은 더 이상의 개헌 논의는 무용하다고 판단했다. 4월 13일, 전두환은 1986년 7월 여야 합의로 발족한 헌법개정특위의 논의를 중단시키겠다고 발표했다. 이른바 '4·13 호헌조치'였다. 전두환은 "평화적인 정부 이양과 서울올림픽이라는 국가 대사를 성공적으로 치르기 위해 국력을 낭비하는 소모적인 개헌 논의를 지양한다"고 선언했다. 그리고 "개헌 논의를 빙자해 실정법을 위반하는 행위는 엄단하겠다"고 엄포도 놓았다. 전두환이 이 조치를 발표하자 직선제 개헌을 요구하던 각계각층이 일제히 반발해 호헌반대 서명운동 및 삭발·단식 등 다양한 반대 운동을 전개했다.

신민당을 탈당한 김대중계, 김영삼계 의원들은 통일민주당 창당에 박차를 가했다. 중앙당 창당을 하자면 먼저 일정 수의 지구당을 창당해야 하는데, 전두환 정권과 결탁한 신민당 비주류 의원 일부가 깡패들을 동원하여 통일민주당의 지구당 창당을 방해하는 사건이 일어났다. 이 사건은 일명 '용팔이 사건'이라 불리는데, 이는 당시 사건의 주동자 김용남의 별명 '용팔이'에서 유래되었다.

4월 20일부터 24일까지 '용팔이'파 조직폭력배들은 통일민주당의 20여 개 지구당에 난입하여 기물을 부수고 당원들을 폭행하는 등 난동을 부렸으며, 이로 인해 지구당 창당대회는 인근 식당이나 길거리에서 약식으로 치러질 수밖에 없었다. 통일민주당 측은 처음부터 이것은 정부가 개입한 비열한 정치공작이라 규탄하고 엄정한 수사를 촉구하였으나, 수사는 제대로 진행되지 않았다.

결국, 전두환 정권이 물러나고 1988년 9월이 되어서야 이 사건의 주모자로 김용남과 이선준 당시 신민당 청년부장이 검거되었다. 검찰은 신민당의 이택희, 이택돈 의원이 청부폭력을 지시했다고 결론을 내리고 서둘러 사건을 종결했지만, 김영삼 대통령이 취임한 1993년에 이 사건을 재조사한 결과 강력한 야당 출현을 막기 위해 장세동 당시 안기부장이 이택희, 이택돈 의원에게 5억 원을 제공한 사실이 드러났다.

그런 방해 공작을 겪으면서도 통일민주당은 1987년 5월 1일 창당대회를 열고, 김영삼을 총재로 하는 지도부를 선출하여 직선제 개헌 투쟁에 더욱 박차를 가하였다.

6·10 민주항쟁

한편 5월 18일, 명동성당에서 열린 5·18 광주민주항쟁 희생자 추모 미사가 끝난 후 김승훈 신부는 천주교정의구현전국사제단 명의로 '박종철 고문치사사건은 조작되었다'는 내용의 성명을 발표하였다. 경천동지할 이 폭로로 그 반향이 엄청나게 커지면서 고문에 직접 가담했던 경찰들과 사건의 축소 조작에 가담했던 경찰지도부가 구속되었다. 노신영 국무총리, 장세동 안기부장, 정호용 내무부장관, 서동권 검찰총장 등에 대한 문책 인사가 단행되기도 했다.

박종철 고문치사 조작사건으로 인한 국민적 분노와 4·13 호헌조치에 대한 반감이 결합하여 전두환 정권에 대한 저항이 급격하게 고조되었고, 그 저항의 파도는 마침내 통일민주당과 재야 세력이 결합한 '민주헌법쟁취 국민운동본부(국본)'의 결성으로 나타났다. 1987년 5월 27일이었다. 국본은 제도권의 야당과 제도권에서 배제된 정치인들의 조직인 민추협, 그리고 민통련 등 재야 세력을 망라한 건국 이래 최대 규모의 반독재 연합전선이었다.

민주헌법쟁취 국민운동본부는 이 연합전선을 주축으로 민주화 세력을 결집, 6월항쟁을 주도적으로 이끌었다. 국본은 4·13 호헌조치로 좌절된 직선제 개헌 논의를 되살려내고, 박종철 고문치사 조작사건으로 가열된 국민의 민주주의에 대한 열기를 드높이기 위해 6월 10일 전국에서 동시에 '고문살인 은폐 규탄 및 호헌철폐 규탄대회'를 강행했으니, 곧 역사적 6·10민주항쟁의 시발이었다.

한편 민정당은 국본의 '고문살인 은폐 규탄 및 호헌철폐 규탄대회'와 같은 날인 6월 10일 잠실체육관에서 전당대회를 개최하고 노태우 당 대표위원을 차기 대통령 후보로 정식 지명했다. 같은 시간 전국 22개 도시에서는 박종철 고문살인 규탄 및 호헌철폐 시민대회가 열리고 있었다. 이날의 시위는 그 전날인 6월 9일 연세대에서 시위 중 최루탄을 맞아 뇌사상태에 빠진 연세대생 이한열의 소식이 전해지면서 폭발적으로 번져갔다.

학생과 시민들은 더 이상 경찰을 두려워하지 않고 도심의 시위에 합류했고, '호헌철폐! 독재 타도!'를 외치는 시위는 밤늦게까지 이어졌다. 시위대 옆을 지나가는 자동차들은 경적을 울렸고, 빌딩과 차량 속 시민들은 손수건을 흔들며 박수와 환호성을 질렀다. 이날 시위는 연인원 50만 명이 참여한 것으로 집계되었다. 이날 하루 동안 경찰에 연행된 사람은

3천 8백여 명에 달했다. 시위를 벌이다가 기동경찰에 밀린 시위대가 명동성당으로 들어가 농성을 벌이기 시작하자, 명동성당은 6월항쟁의 성지로 떠올랐다.

시민대회는 6월 15일과 18일에도 개최되었다. 18일 시위에는 전국 각지에서 150만 명의 시민들이 참여했다. 6월 26일의 '민주헌법쟁취 국민평화대행진'에는 이보다 더 많은 180만 명이 참가했다. 이날의 시위에서는 경찰이 시위대에 밀려 무장해제당하는 일도 적잖이 벌어졌다. 경찰서 2개소, 파출소 29개소, 민정당 지구당사 4개소 등이 시위대의 투석과 화염병 투척으로 파괴되었다.

6월 29일, 전두환 정권은 요원의 불길처럼 활활 타오르는 국민의 저항 앞에 마침내 무릎을 꿇었다. 민정당 대표위원 노태우가 발표하는 형식으로, 전두환 정권은 대통령 직선제와 김대중 사면복권 및 시국 관련 사범의 석방, 언론기본법 폐지 등 언론자유 보장, 지방자치제 및 교육 자율화 실시, 정당 활동 보장 등을 약속했다. 노태우는 이를 발표하면서, 자신의 주장이 받아들여지지 않는다면 당대표직과 대통령후보직을 비롯한 모든 공직에서 사퇴하겠다고 선언했다. 물론 전두환과의 협의를 거쳐 미리 짜놓은 각본에 의한 발표였지만, 6·29선언은 어떤 단서도 달 수 없는 민주주의의 승리이자 국민의 승리였다.

김대중의 국립묘지 참배

김대중은 사면복권이 이루어지자 동작동 국립묘지를 참배하기로 했다. 그와 함께 사면복권이 된 사람은 김상현, 예춘호, 양순직, 김윤식 등이었다. 김상현은 이날까지 17년이라는 한국에서 가장 긴 기간 동안 피선거권이 박탈되거나 정치활동이 규제되는 기록을 갖게 되었다. 김대중과 정치적 고락을 함께한 이들이 국립묘지 참배에 동행하는 것은 당연했다.

그런데 김대중의 국립묘지 참배에 김상현이 동행하면 안 된다는 이야기가 동교동 주변에서 나오기 시작했다. 호남 출신의 김상현이 앞장서면 다른 지역 출신자들이 거리를 두게 될 것이고, 그렇게 되면 앞으로 있을 대통령선거에서 김대중 세력이 호남지역으로 국한될지 모른다는 어설픈 논리가 떠돈 것이다. 한마디로 김상현을 배제하기 위해 짜낸 소아병 같은 논리였다.

김대중의 국립묘지 참배단에서 김상현을 제외하기로 한 결정을 전달하는 역할은 김대중의 최측근인 권노갑이 맡았다. 권노갑은 그의 회고록에서 이렇게 말했다.

> 나는 동교동계의 여론을 주지시키기 위해 창천동 자택으로 김상현 씨를 찾아갔다. "후농, 내가 이런 말 한다고 오해하지는 말게. 우리에게 기회는 많이 있고, 김대중 선생과의 관계도 변하지 않네. 그런데 이번 국립묘지 참배는 김대중 선생이 사면복권 된 후 첫 나들이인데, 후농이 앞장을 서면 국민 보기에 모양이 안 좋아. 그러니 양보를 하소." 그러자 김상현 씨는 매우 당혹스러운 모습을 보였다. 1961년도부터 동교동계의 핵심이라고 생각해왔던 자기가 배제되는 날벼락을 맞으니, 내가 언제 이런 신세가 되었는가, 하는 표정이었다. "누구 뜻이오?" "내가 보는 관점일세."

결국, 김상현은 김대중의 국립묘지 참배에 참여하지 않았다. 김상현은 권노갑의 말을 앞으로 동교동 출입을 자제하라는 김대중의 뜻으로 받아들였다. 권노갑은 "소나기만 잠깐 피하자"고 했지만, 당시나 그 후나 무슨 소나기가 내렸단 말인가? 김상현은 김대중이 사실상 결별 통보를 한 것으로 받아들였다. 동아일보의 김창혁 기자는 김상현의 이날 심경을 이렇게 썼다.

후농은 억장이 무너졌다. 그러나 내색은 하지 않았다. "그때 주머니를 뒤져보니 20만 원이 들어있었다. 그 돈을 집사람에게 건네주며 '대중이 형님이 보내신 건데, 돈이 없으신 모양'이라며 너스레를 떨었다. 불안해하던 집사람은 그제야 안도하는 표정이었다." 마치 슬퍼도 웃어야 하는 희극배우처럼 후농은 그렇게 자신을 다독였다.

'국립묘지 참배 사건'은 김상현이 그해 12월 대통령선거에서 김대중을 떠나 김영삼 진영으로 옮겨가는 결정적 계기가 된 것이 아닌가 싶다. 좀 더 정확히 이야기하자면, 김상현을 동교동 쪽에서 상도동 쪽으로 공개적으로 밀어내는 출발점일 것이다. 웬만한 일에도 참고 넉살 좋게 받아넘기던 김상현이었지만, 그날 그가 받은 충격은 이루 헤아릴 수 없을 정도였을 것이다.

제13대 대통령선거와 양김의 분열

1987년 전두환의 6·29선언 이후 세상은 이제 직선제에 의한 대통령선거의 향배에 온통 관심이 쏠려가고 있었다. 무엇보다 통일민주당의 대통령 후보가 누가 될지가 초미의 관심사였다. 김영삼인가, 김대중인가? 양김은 8월 11일에 단둘이 만나 대통령 후보 단일화 문제를 협의했으나 합의에 이르지 못하였다.

김영삼과 김대중의 경쟁과 균열은 점차 가열되기 시작했다. 7월 11일, 김대중은 "작년의 불출마 선언은 전두환 대통령이 자발적으로 대통령 직선제를 하면 불출마하겠다고 한 것이지, 이번처럼 국민의 압력에 의해 이루어진 것과는 아무런 상관이 없다"고 천명하면서 자신이 발표했던 1986년의 불출마 선언을 뒤집었다. 김대중의 계보 조직인 민권회도 7월 17일, 1986년 11월 5일의 불출마 선언의 백지화를 결의했다. 9월 8일, 김대중은 광주와 목포를 방문해 50만 명의 인파가 운집한 가운데 열렬한 환영을 받았다. 김대중의 광주 방문은 대통령선거 출마를 기정사실로 만들기 위한 정치적 포석이 깔려있었다. 그의 광주 방문을 놓고 지역감정을 정략적으로 이용한다는 비판이 일기도 했다.

이에 뒤질세라 김영삼 계보도 9월 12일 김영삼의 대통령 후보 추대를 선언하였다. 9월 29일, 김대중과 김영삼의 후보 단일화 협상은 완전 실패로 끝나가고 있었다. 김영삼과 김대중을 대리하여 김동영과 이용희가 '후보 단일화 실무협의회'를 구성하여 협상을 벌였지만, 아무런 진전도 없었다.

김대중 측은 김대중이 김영삼보다 경륜이 뛰어나다는 점을 내세웠다. 김영삼이 대통령이 되면 '비서 정치'를 할 것이라고 했다. 반면에 김영삼 측은 김대중이 후보가 되면 군부가 인정하지 않을 것이라는 이른바 '김대중 비토론'을 내세웠다. 김영삼이 단일후보가 되면 전라도 사람들이 김영삼에게 투표하지만, 반대로 김대중이 단일후보가 되면 경상도 사람들이 김대중을 안 찍기 때문에 김영삼이 후보가 되어야 한다고 주장했다.

양김의 분열로 재야 및 학생운동진영도 김대중에 대한 비판적 지지론, 후보단일화론, 독자후보론으로 나뉘었다. 먼저 10월 13일 재야 민주화운동단체인 민주통일민중운동연합(민통련)이 범국민적 대통령 후보로 김대중을 추천한다는 성명을 발표했다. 성명은 민중운동이 독자적 정치세력화를 성취하고 보수 야당과 동등한 입장에서 민주 연립이나 제휴를 추진하기 어려우므로 민중운동과 가까운 후보를 지지하고, 진보적 요구와 정책을 관철하자고 주장했다. 또 통일민주당 내 후보 단일화가 어려워졌으므로 재야의 힘을 한쪽으로 몰아줘야 한다고도 했다.

그러나 민통련의 '비판적 지지론'은 재야운동권 일각으로부터 즉각 반발을 불러일으켰다. 민통련의 주장에 동의하지 않는 재야인사들은 "조급히 김대중 지지 선언을 하여 김대중의 일개 지지 세력으로 전락했다"고 비판하면서, '군정 종식 단일화 쟁취 국민협의회(국협)'를 결성했다. 한편 운동권 내 소수 정파인 제헌의회(CA) 그룹과 인민노련(인천지역민주노동자연맹)은 민중의 독자적 정치세력화를 주장하면서 백기완을 민중운동의 후보로 추대했다. 이들은 김대중과 김영삼, 그리고 민중운동 진영이 연립정부를 구성하자고 제안했다.

양김의 줄다리기는 갈수록 치열해져 갔다. 시간이 갈수록 서로 양보할 뜻이 없다는 것이 분명해졌다. 이제 남은 방책은 경선을 통한 후보 결정이었다. 그런데 문제는 김대중이었다. 김대중은 오랜 망명과 가택연금에다가 사면·복권이 되지 않은 탓에 김영삼에 비해 통일민주당 내의 정치기반이 취약했다. 그리고 그런 상황 때문에 현 상태에서의 후보경선은 '불공정 경선'이라고 생각하고 있었다. 그러면서 공정 경쟁의 모습을 갖추기 위해서는 현시점에서 창당이 안 된 지구당 36곳의 조직책 임명권을 달라고 요구하고, 그것이 실현된 후 전당대회를 열어 후보를 뽑자고 제안했다.

김영삼은 김대중의 제안을 거부했다. 다시 김대중은 텔레비전 토론이나 전국 합동 유세를 해서 국민적 지지가 높은 사람을 후보로 세우자는 타협안을 냈다. 김영삼은 이 안도 받아들이지 않았다. 양김의 줄다리기는 후보 단일화에 대한 진지한 접근이라기보다는 자신이 후보가 되어야 한다는 명분 쌓기에 지나지 않았다.

고통스러운 선택

1987년 6월 민주항쟁의 승리로 대통령 직선제를 쟁취했지만, 김상현에게는 바로 고통스러운 나날이 시작되었다. 양김의 분열, 그것은 1980년대 중반 전두환 정권의 서슬 푸른 철권통치 속에서 그가 온몸을 던져 이뤄냈던, 야권의 대단결을 구체화한 민추협 결성과 신민당 창당의 성과가 와르르 무너지는 과정이었기 때문이다. 그것은 양김이 서로 대통령을 하겠다고 다투다가 신군부의 등장을 불러왔던 1980년 봄의 악몽을 되살리는 일이기도 했다. 보안사 서빙고분실 지하 취조실에서 당한 온몸을 짓이기는 고문의 기억들이 세포 속에 감춰져 있다가 스멀스멀 기어 나오는 느낌이었다.

김상현은 야권분열만은 무슨 일이 있어도 막아야 한다고 생각했다. 양김 모두가 출마하면 노태우가 당선되는 것은 불을 보듯 빤한 일이었다. 김상현은 그때까지도 김대중을 지지한다는 기본 입장은 견지하고 있었지만, 일단 양김의 후보 단일화를 촉구하는 100만인 서명운동을 펼치기로 했다. 전국 16개 시도에 사람을 파견하여 서명을 받았는데, 대선 직전까지 98만 명이 이름을 올렸다. 100만인 서명운동을 벌이면서 기자회견을 세 번이나 했다. 그리고는 양김을 찾아가 후보 단일화를 하지 않으면 두고두고 역사의 죄인이 될 것이라고 호소했다.

그러나 양김의 측근들은 자기 쪽에서 후보가 되어야 한다는 주장을 꺾지 않았다. 김상현은 당내 경선 방식으로의 후보 단일화를 제안했다.

자발적인 양보가 불가능하다면 당내에서 공정한 경선을 통해 후보를 결정하는 것이 정당정치의 순리라고 생각했다. 그러나 두 진영은 이런저런 핑계를 대며 경선 문제를 말장난의 대상으로 만들어 버렸다. 시간이 흐르면서 양김의 분열은 도저히 막을 수 없는 지경으로까지 진전하고 말았다.

10월 28일, 먼저 김영삼이 제13대 대통령선거 출마를 선언했다. 이틀 뒤인 10월 30일, 김대중도 대통령선거에 나서겠다고 밝혔다. 급기야 김대중과 그 지지자들은 통일민주당을 탈당해 평화민주당을 창당할 것을 결정했다. 김상현은 신당 창당 추진 소식을 듣고는 바로 김대중에게 달려가 눈물로 호소하며 만류했다. 평민당 창당은 후보 단일화의 마지막 희망이 물거품이 되는 것을 의미했다. 그러나 김대중은 일언지하로 거부하였다. 그해 11월 12일, 평화민주당 창당대회에서 김대중은 만장일치로 총재로 취임함과 동시에 대통령 후보로 추대됐다.

이제 어떻게 해야 할 것인가? 김상현으로서는 갈 곳이 없었다. 이제 양김 사이에서 한 사람을 선택하는 것만이 남아있을 뿐이었다. 김상현의 정치 인생은 김대중과 떼어서는 설명될 수 없었다. 20대 초에 김대중을 만나, 국회에 들어와서는 그의 유일한 원내 참모가 되어 그를 대통령 후보로까지 만드는 데 1등 공신 역할을 했다. 1980년 5·17 사태 때는 소위 '김대중내란음모 사건'으로 합동수사본부에 끌려가 함께 수사받고, 재판받고, 징역을 살던 동지였다. 현실정치로 계산해보더라도 국회의원에 당선되기 위해서는 김대중의 평민당으로 가야 했다.

그가 주창했던 당내 경선을 통한 후보 단일화 방식을 양김이 수락했다면, 그는 당연히 김대중의 진영에 서서 그의 승리를 위해 온 힘을 바쳤을 것이다. 그러나 양김이 이를 거부하고 독자 출마를 선언하자 그는 통일민주당에 잔류할 것을 결심했다. 전두환 독재정권과의 투쟁을 통해 어럽사리 재건된 선명 야당인 신민당, 그리고 그 뒤를 이은 통일민주당을 탈당하는 것은 명분이 없다고 보았다. 당시 통일민주당 김영삼 총재의 최측근이었던 김덕룡도 같은 시각으로 설명한다.

> 대통령 후보를 놓고 당내에서 경선하자고 했는데 불공정 경선이라며 DJ가 탈당하여 평민당을 창당, 독자 출마를 선언했지요. 후농은 명분 없는 탈당은 안 된다며, 후보 단일화 운동을 했지요. DJ와 YS가 분열 하면 민주세력의 필패라고 본 것이지요. 한마디로 후농은 '탈당'은 절 대 안 된다며 통일민주당 잔류를 선언한 것이고, DJ를 따라가지 않고 통일민주당에 남아있으니 그 당의 후보인 YS 선거운동을 한 것이지요. 1989년 3당 합당 때에도 마찬가지였어요. 후농은 국민의 뜻을 배신한 세 당의 '합당'은 명분이 없기 때문에 자기는 YS를 따라갈 수 없다고 선언했으니, 그의 생각은 나름 일관된 것이지요.

김상현은 통일민주당에 잔류하고 난 직후 한 언론과 인터뷰를 했다. 그는 "정치는 후대가 평가할 겁니다. 국회의원이라도 한 번 더 하려면 평민당 참여가 옳지만, 그것은 지역주의에 편승하는 것이기 때문에 저 는 대의를 좇아 통일민주당에 남았습니다"라고 강변했지만, 그에게 돌 아온 것은 '배신자 프레임'이었다.

김상현은 통일민주당의 '총재직무대행'이라는 직함을 갖고 김영삼의 지지 유세를 벌였다. 그러나 그 대가는 너무나 혹독했다. 뉴스가 나가 자마자 그의 집 전화기 두 대가 불이 나기 시작했다. "왜 김대중 선생을 배신했느냐?" "당신이 이럴 수가 있느냐?" 이런 항의 전화는 그가 관 여하는 '민주대학'에까지 온 것을 합쳐 1천여 통이 넘었다. 입에 담지 못할 소리를 지르기도 하고, "당신네 선산을 파서 거제에 있는 김영삼의 선산에 합장하라"며 야유하기도 했다. 김상현은 그저 "정말 저에게 관심을 가지고 걱정해 주셔서 감사합니다"라고 답할 수밖에 없었다.

가장 고통스러웠던 일은 수십 년간 혈육보다도 더 가까이 지냈던 지인들과도 소원해진 일이었다. 둘도 없는 친구 윤형두가 그런 사례였다. 후보 단일화가 불가능해진 상황에서 행로를 놓고 그는 윤형두와 상의했다. 윤형두는 김영삼 진영에 서는 것만은 강하게 반대했지만, 결국 김상현은 그의 간곡한 요청에도 불구하고 '김영삼 지지'를 택하고 말았다. 그 후로 김상현과 윤형두는 꽤 오랫동안 썰렁한 관계가 되었다. 리영희, 한승헌, 조용범 등과의 관계도 마찬가지였다. 윤형두의 증언이다.

> (김상현이) 나한테 그래. 이번에는 김대중 씨가 되면 안 된다는 거야. 군발이가 가만 놔두지 않는다 이거야. 김대중 형님이 이번 한 번은 김영삼한테 양보하고 군을 평정한 다음에 형님이 해서 최고의 대통령 돼야 한다, 이거야. 그렇게 될 수 있다는 거지. 그때 나도 그런 생각은 했어. "말은 맞는 말이다. 그러나 자네는 절대 가지 마소. 자네는 뿌리가 전라도야. 뿌리를 절대 배신하면 안 돼." 그런데 "김영삼이가 만나자고 하니 갔다 오겠네" 하더니, 12시 뉴스에 김상현이 김영삼 진영에 갔다고 방송이 나오는 거야. 저녁에 또 만나자는 연락이 왔는데, 기분이 나빠서 만나기 싫더라고. 김영삼이 총선에서 50% 공천권 준다고 그러니 호남권을 자기가 다 할 수 있다고. 순진한 거지. "오히려 자네 그렇지 않네. 인심이 확 돌아가네. 배신자라고 하지, 잘했다고 안 한다." 난 그때부터 상현이하고 손을 뗀 거예요. '으악새' 모임에서는 좀 만났지만, 리영희 형님이라든지 한승헌 변호사라든지 나랑 잘 아는 사람들은 다 DJ쪽 사람들이니까 안 가더라고.

소신과 배신 사이에서

김상현은 통일민주당 탈당과 평민당 창당은 아무런 명분이 없다고
봤다. 또 후보 단일화를 하지 않고 양김이 모두 출마한다면 결과적으로
노태우 선거운동을 해주는 것이라고 보았다. 그것은 군사정권을 5년 연
장해 주는 꼴이 되어 역사 앞에 큰 죄를 짓는 일이라고 생각했다. 어떻
게든 후보 단일화를 해야 하고, 여의치 않으면 당내 경선을 하는 것이
민주주의 원칙에 부합하는 것이라고 봤다. 그의 이런 소신은 단순한 레
토릭이 아니었던 것 같다. 그는 정치하면서 항상 원칙은 최소한으로 세
우되, 그 범위 밖에서는 어떤 대화와 타협도 용인될 수 있어야 한다고
생각하며 실천해 왔기 때문이다.

김상현이 김영삼 지지를 택한 데에는 김대중과의 관계에서 파생된 감
정도 작용했던 것으로 보인다. 1985년 2·12 총선 이후 김대중의 견제로
인해 그는 너무나 힘들었고, 서운함을 넘어 한이 될 정도였다. 자신은
김대중을 위해 평생을 몸 바쳐 일해 왔고, 김대중의 정치적 공백기 동안
그가 재기할 수 있도록 발판을 만들었다고 자부해 왔다. 그러나 그에게
돌아온 것은 견제와 배제였다. 자신이 산파역이 되어 창당한 신민당의 돌
풍으로 민주화로 넘어가는 결정적 기반을 만들었지만, 그 후 6월항쟁 때
까지 민주화의 중요한 고비마다 그는 철저히 소외된 존재로 지내야 했다.

그러하니 김상현이 김대중의 그늘로부터 정치적 독립을 생각했다고
해도 이상한 일은 아니었을 것이다. 김상현의 통일민주당 잔류 결정 전
후 그를 만난 윤형두는, 그가 김영삼으로부터 당 총재와 국회의원 공천
권 50%를 제의받았는데, 그 힘만 가지면 누구한테 매이지 않고 자립할
수 있다는 속내를 비치더라고 했다. 임헌영도, 김상현이 "지금까지 정치
노선을 김대중과 같이 해왔는데, 김대중과는 잘 맞지 않는다. YS 쪽에

갈 수도 있다"고 하는 푸념을 들었다고 한다.

당시 김상현이 양김으로부터 독립하여 한국정치판을 이끌어가겠다는 꿈을 꾼 것은 그의 정치력으로 보아 허풍은 아니었다. 그러나 1987년 대신 상황을 놓고 보면 이는 전혀 현실적이지 못했다. 그것은 김영삼이 대선에서 승리해 대통령이 되고, 자신은 김영삼으로부터 약속받은 총재 자리와 국회의원 공천권 50%로 통일민주당을 장악하고, 김대중은 대선 에서 참패하여 정계에서 은퇴하고, 김대중의 은퇴로 지리멸렬해진 평민 당의 옛 동지들을 자기가 흡수한다는 전제에서만 가능한 일이었다.

결국, '양김이 분열하면 필패'라는 현실 인식에서 출발한 것이 후보단 일화운동이었다. 그런데 이를 주창하고 서명운동 등 대중운동으로 이 끌었던 김상현이 다른 한쪽인 김영삼 진영에 몸을 담고 그의 당선을 기 대했다는 것은 두 말이 필요 없는 논리적 모순이자 판단 착오라 할 수 있다. '양김이 분열하면 필패'라면서 어떻게 김영삼의 당선이 가능하다 고 할 수 있는가?

김상현이 김영삼을 지지한 것은, 당시 한국 정치를 제약하는 외부상 황을 있는 그대로 받아들이는 그의 현실주의적 정치관에 기인하기도 한 다. 지금으로서는 받아들이기 어려운 논리이지만, 1990년대 초까지만 해도 한국의 대통령 후보는 미국이 받아들여야 하고, 군부 등 보수 세력 이 비토하지 않아야 한다고 공공연하게 이야기되었다. 임헌영도, 김상현 이 "한국에서 대통령이 되기 위해서는, 첫째 미국이 인정하는 후보여야 하고, 둘째 군이 찬성하는 인물이어야 하며, 셋째 친북 성향을 가지면 안 된다"는 말을 여러 자리에서 했다고 증언한다.

1972년 소위 10월 유신으로 김상현 등 정권에 밉보인 야당 의원들이 안양교도소에 수감되었을 때, 거기에는 쿠데타를 모의했다는 혐의로 구 속된 수도경비사령관 윤필용 등도 와 있었다. 동병상련의 의원들과 군 장성들은 교도소 측의 배려로 운동을 함께 하는 등 자주 만났는데, 어느 날 모두가 모인 자리에서 김상현이 "김대중 씨가 대통령이 된다면 군이 받아들이겠느냐?"고 물으니, 윤필용은 아무 말도 없이 '드르륵' 자동소총을 쏘아대는 시늉을 했다고 한다.

김상현은 자신의 현실주의적 정치관과 그러한 윤필용의 반응 등을 소환하면서, 1987년 당시 군의 영향력이 상존하는 상태에서 김대중의 대선 당선은 어려울 뿐만 아니라 자칫 생명까지도 위험할 것이라고 판단하여, 김영삼이 먼저 단임 대통령을 지내고, 그 뒤를 이어 김대중이 대통령이 되는 것이 순리라고 본 것이다.

1987년 대선에서의 김상현의 선택은 결과적으로 그의 정치 인생 전체를 통틀어 일대 패착이 되었다. 우선 정치판이 지역감정에 그토록 거세게 흔들릴 것이라고는 전혀 예측하지 못했다. 정치는 단순히 이상이 아니라 그가 늘 강조해 마지않던 현실이었다. 군사정권 종식을 위한 후보 단일화는 누구도 부인할 수 없는 훌륭한 명분이었지만, 이미 도도하게 흘러가는 지역주의라는 물결의 흐름 앞에서는 그런 명분도 힘을 가질 수 없었다. 후보단일화론이 정치적으로 힘을 가질 수 있었다면 대선 패배 후 양김, 특히 김대중은 민주화 진영의 분열과 대선 패배의 책임을 지고 정치의 뒤안길로 사라졌어야 했을 것이다. 그러나 지역주의의 뒷받침으로 1988년의 13대 총선에서 김대중의 평민당은 김영삼의 통일민주당을 제치고 제1야당이 되었다.

후보 단일화의 주장에서 더 나아가 김영삼 지지를 선택한 것도 패착이었다. 그것은 김상현 자신도 양김 분열의 한 축으로 자리매김 되는 것을 의미했다. 이 지점에서 그는 정치적 명분을 지키는 수준을 넘어 현실적 이해를 고려하는 유혹에 기울었는지도 모른다. 만약에 그가 양김으로부터 독립적 거리를 유지하면서 제3지대에 남았더라면, 또는 통일민주당에 잔류하더라도 김영삼의 총재권한대행 제안을 덥석 받지 않고 백의종군하는 모습으로 남았더라면, 대선 이후 그의 후보단일화운동이 평가를 받아 그가 독자적으로 정치기반을 형성하는 데 훨씬 도움이 되었을지 모른다. 아무튼 이 결정으로 인해 그의 정치적 충정과 진정성은 국민에게 각인되지 못했다.

　　김대중은 11월 29일 여의도광장에서 대규모 유세를 벌였다. 노태우는 12월 2일, 김영삼은 12월 5일 여의도광장에서 유세 대결을 벌였다. 모두 백만 명 대의 군중들이 몰려 서로가 승리를 자신하면서 도취해 있었지만, 바로 그날 예기치 못한 사건이 일어났다. 11월 29일 오후 2시 5분, 바그다드 출발, 아부다비 경유 대한항공 여객기가 미얀마 근해 상공에서 폭발해 탑승자 전원이 실종되는 사건이 발생했다. 전두환 정부는 이 사건을 1988년 서울올림픽을 방해하려는 북한의 소행이라고 발표했다. 폭파범으로 지목된 김현희는 대통령선거 하루 전날 서울로 압송됐고, 이 사건은 대통령선거에 결정적인 영향을 끼쳤다.

　　부산, 대구, 광주에서 각 후보의 유세 때마다 극렬한 폭력 사태가 벌어져 지역감정은 갈수록 악화를 거듭했다. 정권 차원의 지역감정 조장 프로그램이 가동되고 있었고, 대중들은 쉽게 거기에 휩쓸렸다. 결국, 전두환의 민정당은 지역감정과 안보 불안을 최대로 활용하여 대선 승리를 거머쥐었다. 노태우는 36.6%를 득표했고, 김영삼은 28.0%, 김대중은 27.1%를 득표하는 데 그쳤다. 서울에서는 12·16 대선의 무효화 및 부정선거를 주장하는 집회와 시위가 잇달았지만, 곧 그 모두 탄식과 절망의 늪 속에 녹아버렸다.

17

다시
김대중 앞으로

17
다시 김대중 앞으로

재기의 몸부림

양김의 후보 단일화 실패, 김대중과의 결별, 지지했던 김영삼의 대선 패배, 1987년 대선이 끝난 후 김상현은 한동안 자괴감을 감출 수가 없었다. 그는 지난 대통령선거에서의 후보 단일화 실패는 한국 야당의 후진성, 전근대성을 드러낸 사건으로 보았다. 만약 당내 민주주의의 전통이 확립되고, 민주적 절차를 거쳐 민주 진영의 단일후보가 선출되었다면 군부정권 5년의 연장은 없었을 것이라고 확신했다.

제13대 대통령선거 직후인 1988년 1월 6일, 통일민주당의 전당대회가 열렸다. 김상현은 가슴 깊숙이 틀어 앉아 있었던 자괴심과 패배의식을 털어내고 4명을 뽑는 부총재 경선에 출마하였다. 그는 경선 과정에서 정당의 현대화와 과학화, 당내 민주주의의 실현, 그리고 국민 정당화를 자기의 새로운 정치적 브랜드로 내세웠다. 그 화두는 오랜 야당 생활 동안 보스를 위해 충정을 바쳐온 그의 정치적 경험들에서 나온 깨달음이었다.

그는 정당의 현대화에 남다른 관심을 기울였다. 한국에서 당내 민주주의가 정착하지 못하는 이유는 무엇보다 보스정치 때문인데, 이런 정당에서는 보스한테 충성을 바치는 것만이 공천을 받고 국회의원이 되는 거의 유일한 길이었다. 이렇게 되면 결국 유능한 인재들이 모일 수가 없어서 정당의 후진성을 더욱 심화시켜 과학적 정당 시스템이란 생각할 수도 없게 된다.

당이 국민에게 인정받는 수권정당이 되려면 당원들을 잘 교육하여 지도자적 자질, 매너, 도덕, 품격 이런 것들을 갖추게 해야 하는데 그럴 방법이 없는 것이다. 선거운동만 해도 야당은 치밀한 전략 전술을 세우고 과학적 계산을 하여 수행하는 것이 아니라 '감'과 '바람'으로 하는 것이 당시의 현실이었다.

구체적으로 그는 전당대회 경선 유세에서 지방의회 의원과 국회의원의 공천을 지역 대의원대회에서 경선으로 뽑는 상향식으로 하자고 강력하게 주장했다. 그의 주장에 동조하는 지역 대의원들이 부총재 경선에서 그에게 표를 던져주기도 했지만, 대의원 투표 결과 그는 가까스로 4등으로 부총재에 당선되었다. 강고하게 뿌리박은 지역주의와 함께 당의 전근대적 체질은 통일민주당도 다를 게 없었다.

통일민주당 내에서 당내 민주주의와 당 운영의 과학화·현대화를 실현해 보고자 했던 김상현의 생각은 1990년 1월 6일 김영삼과 김종필의 양당 정계개편 추진 발표와 1월 22일 노태우, 김영삼, 김종필의 3당 합당 선언으로 그 뿌리부터 뭉그러지고 말았다. 김상현이 자기의 생각을 정치활동의 지표로 삼아 구체적으로 추진하려고 한 것은 그가 김대중 진영으로 다시 귀환, 1992년 14대 총선에서 당선되어 원내로 진입한 후로 미루어질 수밖에 없었다.

헤어나지 못한 배신자 프레임

1988년 4월 26일, 제13대 국회의원 선거가 치러졌다. 제13대 총선은 17년 만에 부활한 소선거구제로 치러졌다. 이 선거로 우리나라 정치사 최초의 여소야대 국회가 탄생했다. 13대 총선의 정당별 득표율은 민정당 34.0%, 평민당 19.3%, 통일민주당 23.8%, 공화당 15.6%였지만, 의석수는 민정당 125석, 평민당 70석, 통일민주당 59석, 공화당 35석으로, 평민당이 제1야당으로 등극하는 이변이 일어났다.

김상현은 자신의 지역구였던 서대문갑구에서 통일민주당 후보로 출마했다. 불과 4개월 전 지역주의가 극에 달했던 대통령선거에 이은 총선이었기 때문에 이 선거에서도 지역주의가 만만치 않게 작용했다. 서울은 구區에 따라 호남 출신 유권자가 20~35%를 차지하기 때문에 야당으로서는 선거에서 이들의 지지를 받는 것이 필수적이었다. 그러하니 서울 전 지역구의 야당 후보는 '호남 표만으로는' 당선될 수 없지만 '호남 표를 얻지 못하면' 아예 당선이 가능하지 않았다. 그런데 호남 출신 유권자가 밀집한 서대문구, 성동구, 관악구, 구로구 등에서는 구도가 괜찮으면 '호남 표만으로도' 당선이 가능했다.

1987년 12월 대선에서 작동했던 지역주의의 여진이 강하게 남아있는 상황에서 김상현이 서대문갑구에 출마하려 하자 그의 주변 사람들은 모두 100% 낙선한다며 말렸다. 하루는 김영삼 총재가 김상현을 불렀다. "김 부총재, 서대문에 호남 사람이 얼마나 되노?" "30%쯤 됩니다"라고 대답하니, 김영삼이 "그러문 서대문은 안 되겠다" 하면서 강남에서 출마하든지 전국구를 하라고 권유했다.

하지만 20대 약관의 나이에 그를 국회의원으로 만들어 준 서대문을 떠날 수는 없었다. 김상현은 결국 자기식대로 죽더라도 정도正道를 걸어

가자 결심하고 서대문갑구에서 출마했다. 제13대 총선에서 평민당의 서대문갑구 후보로 김상현과 경쟁했던 김학민의 회고다.

1987년 대선에서 나는 민통련을 주축으로 김대중 후보를 지지했던 '김대중대통령후보단일화추진위원회'라는 재야조직의 사무처장직을 맡아 선거운동에 온 힘을 다했다. 그러나 선거 결과 김 후보가 3위로 낙선하자 여론은 김대중에게 야권 분열의 책임을 물어 정계 은퇴를 압박하는 형국이었다. 대선에서 김대중 지지를 주도했던 문동환, 임채정, 이해찬, 장영달 등 1백여 명은, 야권 분열의 책임이 있다고 하지만, 그것으로 당대의 가장 진보적인 정치인 김대중이 퇴출되어서는 안 된다고 판단, 평민당을 쇄신, 강화하기 위해 입당했다. 그러나 나를 비롯한 대부분의 청년 입당자는 제13대 총선에 출마할 생각이 없었다. 당시는 중선거구제였기 때문에 선택할 수 있는 선거구도 얼마 되지 않는 데다가 자금 등 선거준비도 전혀 되어 있지 않았기 때문이다.

그런데 선거를 두 달 앞두고 야당의 요구인 소선거구제를 집권 민정당이 전격 받아들인 것이다. 갑자기 소선거구제가 되니 후보가 두 배 필요하게 되었다. 어느 날 당에서 나에게 서대문갑구 출마를 종용했다. 재야 입당파의 대표 격인 임채정이 김대중 총재와 협의, 연세대 운동권인 나는 서대문에서 김상현과, 고려대 운동권인 고광진은 동대문구에서 송원영과, 서울대 운동권인 이해찬은 관악구에서 김수한과 맞붙여 서울에서 바람을 일으키게 하자는, 곧 하룻강아지 학생운동가와 통일민주당 다선 중진들을 대결케 하는 전략을 짠 것이다. 선거 결과 통일민주당의 세 중진은 모두 낙선하여 이후 은퇴하거나 내리막길을 걸었다. 투표 다음 날인가, 당의 '당선자대회'에 당선자, 낙선자 모두를 불러서 갔는데, 만나는 사람마다 이구동성으로 잘했다고 내 등을 쳤다. 당연히 김상현을 떨어뜨린 게 잘했다는 의미였다.

투표 결과 민정당의 강성모 37.04%, 통일민주당의 김상현 31.39%, 평민당의 김학민 23.65%의 득표율을 얻어 김상현은 낙선했다. 비례대표 당선을 포함하여 내리 3선을 한 그였으니 낙선은 큰 충격이었다. 원래 서대문은 호남세가 강한 지역이었다. 김상현의 과거 두 차례 당선될 때 굳건한 지지기반이었던 호남 유권자들은 그에게 10% 전후의 지지만을 보낸 것이었다. 결국, 제13대 대선 이래 김상현에게 들씌워진 '배신자 프레임'은 그의 정치적 부활을 물거품으로 만들고 말았다.

3당 합당 반대의 선봉에 서서

제13대 총선으로 탄생한 여소야대의 4당 체제에서 최대 수혜자는 김대중의 평민당이었다. 노태우 정권의 민정당은 의회에서 과반수에 턱없이 못 미치는 소수였기 때문에 수세적일 수밖에 없어 야당이 국회를 주도하게 되었다. 그중에서도 제1야당인 평민당은 김영삼의 통일민주당과 김종필의 공화당을 끌어들여 3당 공조체제를 구축, 자연스럽게 국회의 주도권을 쥐게 되었다.

노태우 정권 초기 가장 중요한 현안은 5공 청산이었다. 광주학살의 진상규명과 책임자 처벌, 그리고 제5공화국 비리 척결이 그것이었다. 여소야대 국회에서 5공 청문회 등을 시행한다는 국회법 개정안이 통과되어 5공 청산 활동이 급물살을 타게 되었다. 1988년 6월 27일, 국회에 '5·18광주민주화운동 진상조사특별위원회'와 '제5공화국 정치권력형 비리 조사 특별위원회'가 구성되었다.

통일민주당 전당대회에서 3당 합당 반대를 외치는 노무현과 김상현

　김영삼은 정국이 김대중에 의해 주도되는 것이 못마땅했다. 그는 기회가 있을 때마다 야권 분열의 책임을 평민당에 떠넘기는 발언을 했다. 1990년 벽두에 김영삼의 움직임이 가팔라지고 있었다. 김영삼과 공화당 총재 김종필의 회동이 잦더니 1월 6일에는 '지방의회선거 전 정계개편 추진'에 합의한다는 발표가 나왔다. 합의문은 "90년대에는 대립과 분열 등 선명 투쟁의 정치행태를 청산하고 국리민복을 위한 정책경쟁의 새 정치 질서를 이뤄야 한다"고 함으로써 여야 4당 체제를 타파하는 정계개편이 임박했음을 알렸다. 김영삼이 수십 년간 이어온 전통적인 야당 노선 포기를 공식화함으로써 야권의 일대 지각변동을 예고하였다.
　이에 통일민주당 내 소장파 정치인들이 일제히 반발하였다. 이들은 정통 야당으로의 통합을, 곧 평민당과 민주당의 통합을 주장했다. 그리고 서명운동에 착수할 계획까지 세우는 등 김영삼의 정치적 승부수에 저항하는 움직임을 가속하려 했다. 이런 움직임에는 소장파들만이 아니라 황낙주, 신상우, 김현규 부총재 등과 최형우 의원 등 중진들도 합류할 태세를 보였다. 김상현도 통일민주당 부총재로서 이 흐름에 동조하였다.

1990년 1월 22일, 민정당의 노태우 총재, 통일민주당의 김영삼 총재, 공화당의 김종필 총재가 3당 합당을 선언했다. 3당 합당으로 탄생한 정당의 이름은 민주자유당(약칭 민자당)이었다. 이로써 1988년 총선의 민의로 만들어진 여소야대 체제가 일순간에 해체되었다. 대신에 거대 여당인 민자당과 그보다 세가 훨씬 약한 야당인 평화민주당의 대립 구도로 재편됐다. 그것은 호남을 기반으로 하고 있었던 평민당을 배제한 반호남 정치연합의 성격을 띠는 것이기도 했다.

1월 23일 오전, 통일민주당 중앙당사에서는 정무회의·의원총회 합동회의가 2시간 30분 동안에 걸쳐 열렸다. 1월 22일의 청와대 3당 합당 합의를 추인하는 회의였다. 이날 회의에는 최형우, 김정길, 장석화, 류승규, 박재규 등 11명의 의원이 불참했다. 회의에서 김영삼은 "그간 당내 누구와도 상의하지 못한 점 미안하게 생각한다. 그러나 정치는 선택이며 선택에 둘은 없다. 집권당이 간판을 내리는 일은 건국 이래 유례가 없는 '명예혁명'과 같은 일이며, 이 같은 정계개편을 이루는 데는 놀라운 용기와 결단이 필요했다. 아무쪼록 나를 믿고 함께 나라를 구하도록 하자"고 참석자들을 다독였다.

참석자 대부분은 김영삼 총재의 결단을 전폭 수용하겠다는 의사를 밝혔다. 그러나 그 자리에서 김상현 부총재와 노무현 의원 두 사람은 신당 불참을 공식 선언했다. 이날 언론은 〈김상현 부총재, 노무현 의원 '불참' 선언〉이라고 타이틀을 뽑았다. 노무현 의원은 "집권당이 스스로 해체하는 것이 역사상 유례가 없는 일이라 했는데, 많은 사람의 희생을 거쳐 직선제를 쟁취하고도 야권이 분열돼 집권에 실패하고, 또 그 야당이 여당과 합당하는 것도 유례가 없는 일"이라고 비판했다. 김상현도 3당 합당에 대한 반대의 뜻을 분명히 설파했다.

> 통일민주당이 집권하게 됐다면 마땅히 축제를 벌여야 하고, 또 전 국민 사이에 축제 분위기가 가득할 것이다. 그런데 상황은 그렇지 않다. 군정 종식과 야당 통합을 지난 총선 때 국민과 유권자에게 약속한 만큼 나는 이 약속을 지키기 위해 신당에 참여할 수 없다. 박정희 씨가 쿠데타를 했을 때도, 전두환 씨가 광주항쟁을 진압했을 때도 구국적 차원이라고 했다. 김 총재가 가는 길은 정도가 아니며, 민주세력의 통합이 정의라는 점을 강조해 둔다. 합당을 위해서는 전당대회를 열어 가부를 물어야 한다.

다시 김대중 앞으로

통일민주당 잔류파들은 진로를 놓고 토론을 벌였다. 2월 2일 회의에서 이들은 야권통합을 궁극적인 목표로 과도적인 형태의 '신新야당 추진모임'을 결성했다. 이날 잔류파의 대표 자격으로 김상현은 김대중 평민당 총재를 만나 범야권통합에 대한 의견을 교환하였다. 야권통합의 방법으로 평민당에 의한 흡수통합과 통합신당 창당론 등 다양한 의견들이 제시되었다. 야당 통합에서 최대 걸림돌은 김대중의 2선 퇴진 문제였다.

2월 2일 오전, 김상현은 동교동 김대중의 자택을 방문하여 1시간 20분 동안 단독 요담했다. 김대중과의 만남을 마치고 김상현은 회담 내용을 묻는 기자들의 질문에, 평민당이 집단지도체제를 통해 통일민주당 잔류파가 참여하라고 요청하는 데 대해 잔류파 대부분이 부정적으로 생각하고 있음을 김 총재에게 전달했다고 설명했다.

야권통합은 순조롭지 못했다. 여기에는 신당의 진로 설정, 노선 운영의 주도권, 범야권통합에 이르는 절차 문제 등이 작용하고 있었다. 특히 '신新야당 추진모임' 인사들 각자가 개성과 색깔이 강한데다가 이들을 아우를만한 강력한 구심점이 없었다. 신당의 주도권을 놓고 이기택, 김광일, 김정길 등 사이에 미묘한 신경전마저 벌어지고 있었다. 그러하니 '추진모임' 주변에서도 "구성원 각자가 모래알 같아서 잘 결합이 되겠느냐?"는 회의적인 시각이 난무하고 있었다.

범민주 야당 통합의 절차를 놓고도 바로 평민당과 합쳐 통합 야당을 건설하느냐, 아니면 과도적 형태로서 독자적 신당을 창당하느냐의 문제도 논란이 되었다. 김상현은 독자적 신당 창당 구상에는 반대하였다. 그 이유로 신당 창당을 하게 되면 평민당과 정치적 대립이 심화할 가능성이 있고, 비호남지역을 기반으로 한 또 다른 지역당으로 자리매김 되어 지역감정의 해소보다는 이를 악화시킬 우려가 있음을 들었다. 그래서 신당 대신 전국적 협의체 형태의 정치결사로 유지되는 게 바람직하다고 주장했다.

그러나 '추진모임'에서는 과도적 절차로서 신당 창당이 불가피하다는 것이 다수 의견이었다. 창당파의 다수는 비호남지역의 세를 하나로 결집하여 이를 바탕으로 평민당을 견인해야 대등한 야권통합을 이룰 수 있다고 주장했는데, 김대중의 지도력과 호남 유권자의 강고한 지지가 버티고 있는 평민당을 실체가 불분명한 신당이 견인하겠다는 생각은 비현실적이었다. 양쪽의 의견이 대립하는 가운데 김상현은 고심 끝에 신당 창당에 불참하기로 마음을 굳혔다.

김상현은 당분간 제3지대에 머무르기로 했다. 그러던 1991년 3월 29일, 평민당이 이우정·신도성·김병걸·조아라 등 재야 출신 인사들이 주축이 돼 만든 신민주연합당과 통합하게 된다. 평민당 주도의 범야권통합으로 나아가기 위한 1단계 포석이었다. 이로써 평민당은 지역 색깔이 짙게 각인된 평민당의 간판을 내리고 신민주연합당(약칭 신민당)이란 이름으로 새롭게 출발하게 되었다. 그리고 김상현은 바로 이 신민당에 입당하기로 한다.

김상현은 4월 8일 성명을 내고 "신민당의 깃발 아래 동참해 앞으로 현 정권과 민자당에 반대하는 모든 민주세력이 신민당에 결집하도록 노력하겠다"고 선언했다. 이로써 그는 1987년 대선의 한복판에서 결별한 지 3년 6개월 만에 김대중과 재결합하게 된다. 그는 이 과정에서 동교동을 여러 차례 방문하여 지난날 대선에서 김대중의 진영에 몸담지 않은 데 대해 사과하고, 자숙하는 뜻에서 중앙당 활동은 일절 하지 않고 지구당 활동에만 전념하겠노라고 약속했다. 직전 총선에서 낙선한 것까지 포함하여 20여 년을 원외에서 보냈던 그로서는 다음 총선에서의 공천과 당선이 급선무였으니, 당연하고도 현명한 처신이었다.

20년 만의 국회 재입성

1992년의 국회의원 선거를 몇 달 앞둔 1991년 9월 16일, 신민주연합당과 3당 합당에 따라가지 않고 독자신당을 창당해 활동하던 속칭 '꼬마' 민주당이 마침내 합당하게 된다. 합당한 당의 이름은 '꼬마' 민주당의 당명 그대로 민주당으로 하였다. 당시 신민주연합당과 '꼬마' 민주당의 당세는 수십 배 차이가 났으나, 양당의 대표인 김대중과 이기택이 신당의 공동대표를 맡으며, 대의원 구성도 1대 1로 하는 등 신민당이 크게 양보하였다.

1992년 3월 24일 치러진 제14대 국회의원 선거는 3당 합당으로 탄생한 민자당에 대한 심판의 성격을 갖는 선거였다. 또 연말 대통령선거를 앞두고 치러지는 선거인만큼 대선 전초전의 성격을 갖기도 했다. 노태우 정권과 민자당은 총선 승리와 대통령선거를 겨냥해 선심성 공약을 남발하였다. 노태우는 전국을 순회하며 장밋빛 지역개발을 약속했다. 강원도에서는 동서고속전철 조기 착수, 충북에서는 청주국제공항 조기 착공, 대전에서는 제2수도 육성, 경기도에서는 민통선 부근의 종합개발 검토 등이 그 예였다.

또한, 정부 여당은 막대한 자금을 뿌려 전국 각지의 유세장과 정당 연설회에 대학생 등 청중을 대규모로 동원했다. 또 조직적인 관권선거를 전개하였는데, 이 때문에 부정선거운동 폭로가 잇달았다. 3월 22일, 현역 육군 중위 이지문은 공명선거실천시민운동협의회 사무실에서 국군기무사가 공개 기표, 중간검표 등 선거 부정을 광범위하게 자행하고 있다고 폭로했다. 투표 후에는 충남 연기군수 한준수가 관권선거를 폭로했다.

노태우 정권과 민자당이 합작한 금권·관권선거에도 불구하고 민자당은 총선에서 참패하고 말았다. 민자당은 전체 지역구 237개에서 116석을 획득하는 데 그쳤고, 민주당은 75석을 얻었고, 현대그룹 정주영 회장이 주도하여 만든 국민당이 24석, 무소속 21석이었다. 민주당은 호남지역을 석권했으나 영남에서는 한 석도 얻지 못하였다. 다만 서울 44개 지역구 중 25곳에서 당선되는 등 수도권에서 선전함으로써 연말 대선 가도에 다소 밝은 전망을 보여주었다.

제14대 총선에서 김상현은 서대문구갑 선거구에 공천신청을 했다. 그러나 김대중은 김상현을 여전히 불신의 눈으로 바라보고 있어 공천 여부는 불투명했다. 권노갑은 그의 회고록에서, 김상현에 대해 못마땅해하는 김대중에게 그가 공천을 받아야 한다고 진언했고, 김상현과 가까운 조승형 비서실장도 적극적으로 그의 공천을 거들었다고 기술하고 있다. 결국, 김대중이 마지못해 "그럼 자네하고 조 실장이 책임지게!"라고 하며 공천을 승인했다고 한다. 또 하나, 서대문구갑에서는 제13대 국회의원 선거에서 23.65% 득표율로 김상현의 낙선에 결정적 역할을 한 김학민의 행보가 관건이었다. 그의 증언이다.

어느 날 권노갑 씨가 저녁이나 하자고 연락을 해 왔다. 약속장소인 스위스그랜드 호텔 식당에서 그와 마주 앉자 "선생님의 대통령선거를 위해서는 김상현이 꼭 필요하니 김 위원장이 양보하라"는 것이었다. 그리고는 "선생님이 대통령에 당선되면 자네는…" 어쩌고저쩌고 입에 바른 소리를 했지만 나는 바로 판단했다. 이미 김상현이 권노갑, 조승형, 한화갑 등 김대중의 측근들에게 '작업'을 해놓았을 것이고, 그 결과 김대중도 어느 정도 마음을 굳혔을 것이다. 그렇다면 권노갑과 더 이상의 이야기를 할 필요가 있을까? 나는 간단히 "알겠다"고 대답하고는 그 맛없는 저녁을 먹고 나왔다.

당연히 공천신청을 하지 않았다. 정치 언저리를 떠나 다시 출판에 전념할 생각이었다. 그런데 김상현이 아버지와 나를 찾아와 내가 그의 선거대책본부장이 되어달라는 것이었다. 아마 7~8번은 찾아온 것 같았다. 그는 예의 그 휘황한 언설로 나를 설득하려 했지만, 나는 그의 약속을 하나도 믿지 않았다. 그러나 결국 김상현의 정성을 뿌리칠 수 없어서 선대본부장을 맡아 선거를 치렀다. 당시 나는 공천신청도 하지 않고 조용히 물러났기 때문에 나의 거취로 인해 그의 당선이 문제가 될 일은 없었을 것이다. 그가 그렇게도 나를 자기 곁에 두고 싶어했던 것은 서대문갑이라는 지역구 내에서라도 명분과 통합의 정치를 해보고 싶은 그의 일관된 정치철학 때문이었을 것이다.

3당 합당은 국민이 만들어준 여소야대 4당 체제를 일거에 파괴한 헌정사의 쿠데타와 같은 사건이었다. 하지만 이 사건으로 김상현은 김대중과 화해를 하고 동교동계에 재결합하게 되었다. 김상현에게는 정치재개의 기반이 다시 만들어지게 되었고, 이를 계기로 제14대 총선에서 45.5%를 득표하여 국회의원에 당선되게 된다. 국회에 등원하던 날, 그는 만감이 교차했다. 1972년 유신체제에 대한 협조를 거부하여 감옥을 살거나 정치활동 규제에 묶인 지 20년 만의 등원이었다. 이렇게 보면 3당 합당은 김상현의 정치적 재기에 중요한 발판이 되었으니, 이 또한 역사의 아이러니라 할 수 있을지 모른다. 김상현은 등원 후 중앙일보와의 인터뷰에서 이렇게 술회했다.

> 1988년 총선에서 떨어진 뒤 내가 정치적 재기를 하려면 10년은 걸리겠구나, 생각했다. 나의 김영삼 씨 선택에 대한 부정적 인식이 해소되려면 양김 씨가 정치 일선에서 물러서야 가능할 것으로 보았다. 그런 점에서 김영삼 씨의 여당 변신은 (민주 세력에게는 최악이었지만) 나에게는 행운이었다.

최고위원에 출마하다

제14대 총선이 끝난 지 얼마 안 된 5월 25일, 민주당의 제1차 정기 전당대회가 열렸다. 대회에서는 김대중·이기택 공동대표를 표결 없이 대표최고위원으로 재추대하는 한편, 무기명 비밀투표로 당의 제14대 대통령 후보와 최고위원 8명을 선출했다. 대통령 후보 경선은 김대중과 이기택이 나섰으나, 김대중의 압도적 우세가 점쳐지는 상황이었기 때문에 관심의 대상이 아니었다.

오히려 관심은 최고위원 선출이었다. 김대중, 이기택 두 사람이 공동대표의 자리를 차지하고 있는 상황에서 최고위원은 민주적 경선으로 지도부를 선출하는 유일한 절차였다. 최고위원 경선에는 김원기, 김상현, 김영배, 박일, 조세형, 정대철, 박영록, 박영숙, 이우정, 이부영, 조순형, 김현규, 김정길, 장기욱 등 14명이 나와 김대중 이후의 차기 리더 자리를 놓고 경쟁하였다.

당시 김상현의 지지기반은 그리 두텁지 않아 보였다. 그도 그럴 것이 제12대 총선 이후 김대중에게 철저히 견제당한 데다가, 1987년 대선에서 김영삼 진영에 줄을 섬으로써 김대중과 결별을 한 후유증이 크지 않을 수 없었다. 제13대 총선에서 평민당의 집중 공격을 받고 낙선한 과거가 완전히 잊히지도 않은 상태였다. 동교동계로서는 그는 '돌아온 탕아'였다. 그렇다고 이기택의 '꼬마민주당'계 지지가 있었던 것도 아니었다. 김상현은 '꼬마민주당'의 창당에 반대하고 평민당과의 선통합을 주장하다가 여의치 않자 혼자 신민주연합당에 입당한 터였으므로 그쪽 인사들과도 다소 불편한 관계에 있었다.

김상현은 대의원들을 상대로 사력을 다해 뛰었다. 경선 결과는 그가 실질적으로 정치적 재기에 성공할지를 가늠하는 시험장이었다. 김상현은 당시 경선이 "총선보다 더 힘들었다"고 말했다. 경선 과정에서는 어려서부터 고락을 같이한 4선의 신순범 의원이 앞장서 선거운동을 도왔다. 김상현은 경선 연설을 통해 "5공화국 말기 민추협을 이끌어 6·10항쟁을 끌어냈듯, 최다득표로 당선시켜주면 대선을 승리로 이끌겠다"며 지지를 호소했다.

대통령 후보 경선 결과는 예상대로 김대중이 60.2%를 득표해 후보로 선출되었다. 최고위원 경선 결과는 김상현이 1,028표를 얻어 1위로 당선되었다. 그 뒤를 이어 김영배, 조세형, 박영숙, 김정길, 정대철, 김원기, 이부영이 최고위원이 되었다. 절치부심의 승리였다. 그날 저녁 김대중 공동대표를 만났는데, 그가 "오늘 1천 표 이상을 얻은 사람은 자네와 나, 둘 뿐인데, 밥 한 끼 사소"라며 덕담을 했다. 지난 세월 쌓인 설움과 한이 한꺼번에 밀려 올라오며 왈칵 눈물이 쏟아져 나왔다.

그날 언론들은 그가 '동교동 2인자' 자리로 완벽하게 복귀했다고 다소 과장된 기사를 내기도 했지만, 정통 야당 내에서 일정한 자기 기반을 확인한 것은 사실이었다.

한국교수정책협의회 발족

3당 합당에 합류를 거부하고 김대중과 재결합하는 과정에서 김상현은 정치적 홀로서기의 기반을 다져야 할 필요성을 절감한다. 이 때문에 그가 역점을 두어 공을 들였던 부분이 바로 자신을 이론적·정책적으로 뒷받침해 줄 싱크 탱크의 조직이었다. 그런 노력 끝에 출범한 조직이 1990년 현직 교수 등 지식인들로 결성된 한국교수정책협의회(처음 명칭은 김상현교수정책협의회)라는 단체였다. 이는 그가 자신의 취약점을 보완하고 독립적인 정치지도자로 발돋움하는 데 필수불가결한 무기를 갖추는 일이었다.

그는 이전에도 《다리》지 발간으로 리영희, 김동길, 조용범, 장을병 등 진보 성향의 지식인들과 교류하였고, '민주대학'을 설립해 이를 통로로 다양한 교수들과 접촉했다. 하지만 그런 시도는 정권의 탄압으로 인해, 혹은 그가 몸담은 진영의 1인자의 견제로 인해 원활하게 작동되지 못했지만, 교수정책협의회의 설립은 전과는 다른 각도에서의 시도였다.

한국교수정책협의회에는 박용식(전 건국대 부총장), 이영수(전 경기대 총장, 교수신문 발행인), 김선형(전 인천대 부총장), 박영률(전 서경대 교수, 유니코리아월드 회장), 최용기(전 창원대 교수, 한국헌법학회 회장), 강영채(전 인천대 교수, 해직교수협의 회장) 등이 참여했다.

이들은 매주 정기적으로 모여 김상현과 함께 현실정치에서부터 경제, 사회, 통일, 환경 등 우리 사회가 감당하고 해결해야 할 국가적 과제들을 토론하고, 이를 바탕으로 정책과 대안을 제시했다. 그 외에 정치철학과 리더십 등에 대해서도 김상현에게 아이디어를 제공하기도 했다. 고르바초프 전 소련 대통령이 내한했을 때는 남북화해와 통일을 주제로 한 정책 토론회를 개최하였다. 협의회는 월 1회 아침강좌, 단합대회, 구성원 교육 등 여러 가지 과정을 진행했다.

이 모임은 김상현이 정치 일선에서 물러난 후에도 이어졌으며, 김상현의 작고 후에도 모임을 이어 나가고 있다. 이들은 "정치는 순리에 따라야 하고, 순리는 물에서 배울 수 있다. 따라서 좋은 정치란 목마른 사람에게 물을 주는 것이어야 한다"라는 생전의 김상현이 강조했던 정치철학을 지금도 되새긴다고 한다.

환경전문가로 무장한 정치인

김상현이 국회에서 열정을 갖고 노력한 정책영역은 환경 분야였다. 그가 환경문제에 관심을 가진 것은 1960년대부터였다. 1969년 서울시 특별감사에서 그는 서울의 대기오염 및 수질오염 문제에 대한 대책 미흡과 공해산업 유치의 위험성을 제기하여 국회의원으로서는 최초로 환경문제를 정치 이슈로 제기하였다. 그는 이때의 경험을 통해 도시 환경

구소련 대통령 고르바초프(국제 그린크로스 총재) 초청
'지구촌 사회의 환경문제' 특별강연회(하이얏트 호텔, 1994)

문제가 매우 심각하고, 이렇게 간다면 앞으로 전국적으로 환경오염 문제가 중요하게 이슈화될 것이라고 예상했다. 그리하여 그는 1972년, 한국에서는 최초로 '환경보호협의회'를 창립하여, 선구적으로 환경보호 운동을 시작했다.

김상현은 1975년 유신 치하에서 피선거권을 박탈당하여 정치활동을 금지당한 상황에서도 연세대의 권숙표 교수, 박창근 등과 함께 최초의 민간 환경운동 단체인 '한국환경보호협의회'의 법인 발족을 주도하였다. 그의 이런 노력으로 인해 한국에서도 조직적인 환경운동의 장이 열렸다. 1989년부터는 한국환경보호협의회의 지부 결성을 시작하였고, 김상현은 협의회 이사장에 취임하였다.

1993년에는 국회 내에 여야 의원 62명이 발기인으로 참여하는 '환경과 생명을 위한 모임'을 발족시키고, 회장에 취임하였다. 이 '모임'은 각종 심포지엄과 환경학교 등을 개최하였다. 또 4월에는 당시 김상현의 후원회장이었던 장을병 성균관대 총장과 환경운동가 최열을 공동의장으로 하여 '환경운동연합'이 창립되었는데, 이는 제도권과 시민사회가 협력하여 환경단체를 출범시킨 바람직한 사례였다. 1993년 9월에는 서울대 미생물학과 김상종 교수팀과 함께 서울시 수돗물에 대한 수질을 검사하였다.

1994년 2월에는 이해찬, 김원길 의원 등과 함께 국회의원 연구단체인 '국회 환경포럼'을 창립, 최우수연구단체상을 7년 연속 수상하였다. 그는 당시에 이미 환경과 에너지, 그리고 탄소 배출 문제 등 미래지향적 의제를 제기한 정치인이었다.

1994년 4월, 김상현은 환경 전문 계간지 《환경과 생명》을 창간하였다. 그리고 이 계간지의 창간 기념으로 3월부터 4월에 걸쳐 '4대강의 수질오염과 개선대책'이라는 주제로 전국 순회 심포지엄을 개최하였다. 또 같은 해 8월에는 '국회 환경포럼'이 제안한 청정기술육성지원법, 정화조법, 광역 상수원 보호지역 지원에 관한 법 등 3개 법안을 입법화 하기 위해 공청회를 실시하였다.

김상현은 의원 임기 중 80여 건의 환경 관련 법률안 및 청원을 발의하여, 45건의 법률안을 통과시키는 등 환경 관련 법안의 기틀을 마련하였다. 대표적인 성과로는 산림법 개정을 통한 녹색복권 도입으로 산림보호기금 마련에 큰 도움을 주었고, 대기환경보전법 등의 개정으로 시내버스의 천연가스 보급 기반을 마련하였다. 또, 정화조법을 개정하여 국민의 실생활 개선에도 큰 도움을 주었다. 한강, 낙동강, 영산강, 금강 등 4대강 수질 개선 향상을 위해 노력하였고, 정기적인 임진강 유역 현장 수질 조사 등을 통해 경기 북부 상수원 오염원 제거에 기여했다.

김상현은 환경 관련 국제 연대활동도 열심히 벌였다. 1994년 3월 30일, 소련 대통령을 지낸 고르바초프 국제 그린크로스 총재를 초청하여 서울 하이얏트 호텔에서 1천 2백여 명이 모인 가운데 '지구촌 사회의 환경문제'라는 주제로 특별강연회를 개최하였다. 그 외에도 1994년 7월에는 유럽연합(EU) 아니스 팔레오크라싸스 환경 및 어업담당 위원을 초청하여 '새로운 개발모델에 대한 접근'이라는 주제로 강연회를 개최하였다. 10월 25일에는 한국그린크로스를 창립하여 김진현 한국경제신문 회장, 고건 명지대 총장과 함께 공동의장에 취임하였고, 바로 한국그린크로스와 국제 그린크로스의 인준합의서 조인식을 위해 프랑스 파리에서 고르바초프 총재, 자크 시라크 파리 시장 등과 회동하였다.

　김상현이 환경문제에 대해 아주 일찍부터, 그리고 십수 년간 지속적으로 관심을 갖고 있었다는 점은 놀랄만한 일이었다. 이런 바탕에는 '환경은 곧 생명'이라는 그의 철학이 있었다. 환경을 중시하는 것은 생명을 중시하는 것이고, 곧 인간의 존엄성에 대한 믿음의 근원을 이루는 것이라고 보았다. 더 부연하자면, 정치적 억압과 박해 속에서 그가 몸소 느낀 인간 생명의 소중함에 대한 체험이 모든 생명의 소중함에 대한 믿음으로 발전하게 되었고, 그것이 바탕이 되어 아무도 관심을 가지지 않았던 환경문제에 천착한 계기가 되었다고 할 수 있다.

　김상현은 환경운동에 기여한 공로로 유엔환경계획(UNEP)의 '글로벌 500인상'을 수상하였고, 환경운동연합이 주관하는 제1회 환경문화상도 받았다.

18

김대중의
대통령 당선

18
김대중의 대통령 당선

김대중의 낙선과 정계 은퇴

　1992년 12월 18일 실시한 제14대 대통령선거는 민자당 김영삼, 민주당 김대중, 국민당 정주영 후보의 3파전으로 치러졌다. 노태우 정권과 민자당은 대통령선거 승리를 위해 금권·관권을 총동원했다. 대통령 노태우는 10월 5일, 민자당을 탈당하여 겉으로는 선거 중립을 표방했지만, 실제는 전혀 딴판이었다. 노태우 정권은 대선을 코앞에 둔 10월, '리선실 등 간첩단 사건'을 발표하여 국민의 안보 심리를 대선에 악용하였다. 국가안전기획부는 리선실 등 간첩단이 정치권과 접촉한 사실이 있다고 흘렸다.

　제14대 대선에 관권이 광범위하게 개입된 사실은 '초원복국'이라는 식당에 부산의 주요 기관장들이 모여 선거운동을 논의한 사건에서 노골적으로 드러났다. 투표일을 3일 앞둔 12월 15일, 정주영의 국민당은 12월 11일 부산시장, 경찰청장, 지검장, 안기부 지부장, 국군기무부대장, 상공회의소 회장 등 부산지역의 주요 기관장들이 김기춘 전 법무부 장관의 주선으로 모인 자리에서 지역감정을 유발해서라도 김영삼 후보를 대통령에 당선시키자고 모의했다는 녹취록을 공개했다.

또 민자당은 대선 과정에서 엄청난 액수의 선거자금을 살포했다. 대선이 끝나고 중앙선거관리위원회는 출마 후보들의 선거비용을 민자당 김영삼 후보 284억 원, 민주당 김대중 후보 207억 원, 국민당 정주영 후보 220억 원이라고 공식 발표했지만, 실제로 민자당이 제14대 대선에서 쓴 선거비용은 3천억 원에서 5천억 원에 이르는 것으로 추정되었다. 물론 그 대부분은 재벌들의 불법 헌금으로 조성된 것이었다.

김상현은 제14대 대통령선거에서 민주당의 선거대책위원회 부위원장 겸 용공음해대책위원회 위원장을 맡아 활동했지만, 뚜렷한 역할을 하지는 못했다. 그런 가운데 선거는 민자당 후보인 김영삼의 승리로 끝났다. 김영삼 후보는 총 유효표의 41.4%, 김대중 후보는 33.4%, 정주영 후보는 16.1%를 각각 득표하였다. 노골적인 지역주의의 선동과 대대적인 관권·금권선거로 판가름 난 결과였다.

선거가 끝난 다음 날인 12월 19일, 낙선한 김대중은 기자회견을 열고 정계를 은퇴하겠다고 발표했다. 그리고는 다음 해 영국으로 떠났다.

저는 또다시 국민 여러분의 신임을 얻는 데 실패했습니다. 40년간의 파란만장한 정치 생활에 종말을 고한다고 생각하니 감개무량한 심정 금할 길 없습니다. 국민 여러분의 하해와 같은 은혜를 하나도 갚지 못하고 물러나게 된 점 가슴 아프고 송구스럽습니다. 저에 대한 모든 평가를 역사에 맡기고 조용히 시민 생활로 돌아가겠습니다.

김대중 없는 야당과 김상현의 길

김대중 없는 야당은 망망대해에서 선장을 잃은 배처럼 초유의 사태를 맞게 되었다. 무엇보다도 야당이 당장 해결해야 할 과제는 지도력 공백을 어떻게 메우느냐 하는 문제였다. 김상현은 초유의 난국을 맞은 야당의 상황을 타개하는 데 자신의 역할을 찾고 싶었다. 정통 야당에 민주적 리더십을 확립하고, 이를 기반으로 수권정당으로 가자는 것은 그의 오랜 꿈이었고 정치적 목표이기도 했다. 세대와 세대를 잇는, 진보와 보수 사이의 가교를 놓는, 그래서 한국 현대사를 이끌어온 정통 야당에 새로운 피를 수혈하는 다리가 되고자 하는 것이 그의 소망이었다.

그것은 그가 끊임없이 주창해 온 '킹메이커론'이었다. 일방적으로 앞에서 '나를 따라 오라!'는 지도자가 아니라 오케스트라의 지휘자처럼 여러 악기의 선율을 조율 종합하여 감동적인 교향곡을 만들어내는 것, 선수들이 안타를 치고 홈런을 날려 만장의 환호를 받을 수 있도록 전략을 세우고 모든 것을 지원하는 야구 감독 같은 역할이 그의 '킹메이커론'이었다. 그는 《월간조선》 1993년 2월호 기고문에서 다음과 같이 주장했다.

> 야당은 새로운 민주적 리더십을 창출해야 하고, 정치적 합리성이 존중받는 제도를 만들어내야 하며, 책임정치가 구현되는 새로운 정치문화를 조성해야 한다. 진보에서 보수에 이르기까지 다양한 전망과 지향을 갖고 있는 정치 그룹들이 공정한 경쟁의 틀 속에서 백화제방할 수 있도록 '공존의 틀'이 모색되어야 한다. 그 틀은 무엇보다 경쟁의 제도화를 통해서 만들어질 수 있다. 지구당 위원장에서부터 원내총무, 시도지부장, 최고지도부에 이르기까지 공정한 경쟁을 통해서 선출하고, 그 결과에 승복하는 새로운 야당 상을 국민에게 보여주어야 한다.

1993년 3월 11일로 예정된 전당대회는 김대중의 정계 은퇴 이후 민주당을 수권정당으로 발전시켜야 하는 시대적 과제를 짊어진 새 지도자, 새 지도체제를 뽑는 중요한 행사였다. 한마디로 '포스트 DJ'를 뽑는 선거였다. 김상현은 그의 오랜 지론과 꿈을 실현할 절호의 기회라고 생각하고 당 대표 선거에 도전하기로 했다.

그러나 그의 앞에는 험난한 장애물들이 가로막고 있었다. 무엇보다 동교동계가 이기택을 밀고 있었다. 김대중은 민주당이 본래 이기택의 '꼬마민주당'과 합당해 만든 당인만큼 자신의 후임을 이기택이 맡는 것이 옳다고 보고 있었다. 김대중은 동교동 직계 인사들에게, 만일 김상현을 당 대표로 한다면 정치적 신의에 문제가 생긴다면서 전당대회에서 이기택을 밀어주라고 당부하고는 영국으로 떠났다.

그러나 그러한 당부와는 달리 김대중의 속뜻은 다른 데 있었다고 볼 수 있다. 이기택은 동교동계가 받쳐주는 '바지사장'에 불과하므로 향후 언제든 김대중이 영향력을 행사할 수 있고, 또 비상시 당권을 회수할 수도 있다고 보았지만, 김상현이 당 대표를 맡게 되면 그러한 일들이 불가능하다고 보았을 것이다. 이후 바로 드러나게 되지만, 김대중은 영국으로 떠나며 바로 '정계 복귀'의 수순을 계산하고 있었다.

김상현은 동교동계의 본류라 할 수 있는 자신이 민주당을 이끄는 것이 섭리라고 생각했다. 그래서 이기택 대신 자기에게 당을 맡겨달라고 요청했다. 그는 김대중이 영국으로 떠난 것은 이기택과 자기 사이의 불편한 입장을 피하기 위한 것이었다며, "김심金心은 내게 있다"고 당원들을 설득했다. 또 이기택에 대한 지난날의 부채는 지난 대선 과정에서 김대중이 공동대표직을 사임하고 이기택 의원에게 당권을 이양한 것으로 이미 이행되었다고 주장했다. 따라서 차기 당권은 당연히 민주적 경쟁으로 결정되어야 한다는 것이 김상현의 논리였다.

초기의 당의 기류는 김상현에게 유리하게 흘러가는 듯 보였다. 호남 당원들을 중심으로 당의 정통성을 잇는 쪽은 이기택보다는 김상현이라는 분위기가 자연스레 형성된 탓이었다. 김대중은 결국 '사라지는 사람'이고, 이번 전당대회에서 선출되는 당 대표는 '사라진 사람을 대체할 사람'이라고 생각하는 당원들이 많았기에 더욱 그런 면이 있었다. 그러나이는 표면의 흐름일 뿐이었다. 김상현은 자기 생각과는 달리 동교동계의 본류에서는 멀어져 있었고, 지역주의가 1987, 1992년 대선 패배의 큰 요인이라고 보아 김대중 이후 '탈호남 당 대표'로 호남당의 이미지를 탈피하자는 당원들의 여론도 많았다.

권노갑은 그의 회고록에서, 당시의 상황을 그대로 놔두면 이기택이 낙선할 가능성이 있다고 판단했다. 그래서 김대중의 지시를 받은 권노갑 등 동교동계 측근들은 아예 공개적으로 "김대중 전 대표는 이기택 후보를 민다"면서 김상현의 주장이 허위라는 것을 유세하고 다녔다. 이것은 김상현이 당선되면 이기택은 물론이고 동교동계의 영향력이 급속히 축소될 수 있다는 위기감의 발로였다.

드디어 3월 11일, 전당대회가 열렸다. 오전 11시 40분경, 이기택의 정견 발표 도중 당원도 아닌 문 아무개라는 사람이 갑자기 단상에 뛰어올라와 소란을 피우는 바람에 주류와 비주류 진영이 각각 상대방의 소행이라고 주장하면서 대회 진행이 3시간이나 늦어졌다. 이 해프닝은 김상현에게 불리하게 작용했다. 김상현을 지지하는 대의원들은 주로 서울·경기에 집중해 있었는데, 뜻하지 않은 해프닝으로 대회가 늦어져 밤늦게야 결선 투표가 진행되어 서울·경기 대의원 중 많은 수가 귀가해버렸기 때문이었다.

1차 투표에서는 이기택 후보가 1위, 김상현 후보가 2위, 정대철 후보가 3위를 차지했다. 그러나 1위인 이기택의 득표수가 과반에 미달해 2차 투표를 하여, 여기서 이기택이 민주당 대표로 결정되었다. 투표대의원 5천 462명 중 이기택은 2천 896표로 53.0%의 지지를, 김상현은 2천 549표로 46.7%의 지지를 얻었다. 당 대표가 되어 킹메이커의 꿈을 펼치고 싶다는 김상현의 목표는 실현되지 못하였다.

그렇지만 김대중과 동교동의 공개적이고 전폭적인 이기택 지지에도 불구하고 김상현이 간발의 차이로 낙선한 것은 명실상부하게 그의 정치력이 살아있음을 말해주는 것이었다. 대회가 끝나고, 김상현과 김원길 선거대책본부장, 정대철, 신기하 등은 허탈한 심정을 달랠 겸 술자리를 가졌다. 김원길은 이길 수도 있는 선거인데 결국 패배했다는 자책감에 몸 둘 바를 모르고 있었다. 김상현은 딱 한 마디로 좌중의 가라앉은 분위기를 말끔히 씻어냈다.

만약에 우리가 이겼으면 영국에 있는 디제이가 어떻게 될 뻔했으며, 만약에 우리가 형편없이 졌으면 앞으로 우리가 어떻게 존재할 수 있겠는가? 이건 황금분할이네. 하늘의 뜻일세.

표류하는 김영삼 정권의 국정 운영

김영삼 정권은 출범 초기에 국민을 깜짝 놀라게 하는 여러 개혁 조치를 단행했다. 김영삼은 군내 사조직인 하나회를 해체해 다시는 쿠데타가 발발할 위험성을 원천 제거했다. 정치군인의 씨를 말려 민주화를 되돌릴 가능성을 제거한 것이다. 또 금융실명제를 전격 실시하고, 공직자 재산공개 등을 추진했다. 비전향 장기수 이인모를 북한에 돌려보내는 등 남북관계에서도 화해의 손길을 내밀었다. 이처럼 일대 개혁 정책을 편 결과 김영삼 정부의 지지율은 한때 90%에 육박했다.

그러나 3당 합당을 통해 수구 세력과 손잡고 집권한 한계가 곧 드러났다. 시간이 가면서 개혁 기조는 후퇴했고, 북핵 문제도 점차 꼬여가기 시작했다. 무엇보다 김영삼 정권하에서는 유독 대형사고가 많이 터졌다.

1993년 3월 28일, 경부선 구포역에서 무궁화호 열차가 전복되어 승객 78명이 목숨을 잃었고, 그 4개월 후인 7월 26일 김포에서 출발해 목포로 가던 아시아나 여객기가 전라남도 해남의 야산에 추락해 탑승객과 승무원 66명이 목숨을 잃었다. 10월 10일에는 전라북도 부안군 위도면 앞바다에서 서해페리호가 정원 초과와 과적으로 침몰해 292명이 목숨을 잃었다. 1994년 10월 21일에는 한강의 성수대교가 무너졌고, 불과 3일 뒤인 10월 24일 충주호 유람선에서 불이 나 25명이 사망하는 참사가 일어났다. 1995년 4월 28일에는 대구 지하철 1호선 공사장에서 도시가스관이 폭발하여 학생과 시민 101명이 사망하였고, 그 두 달 뒤인 6월 29일에는 서울 서초구의 삼풍백화점이 붕괴하여 502명이 사망하였다.

문민 개혁의 난맥과 잇단 대형 참사로 인해 민심의 이반이 심각하였다. 집권 중반기부터 레임덕의 위기가 감돌았고, 권력 누수에 대응하기 위해 김영삼 정권은 친정체제를 강화했다. 정치에서는 세대교체를 추진했다. 이미 자신은 대통령이 되었으므로 김대중과 김종필을 정치판에서 확실히 퇴진시키고, 자신이 키운 후계자를 다음 대통령으로 만들어 정치판의 흐름을 계속 쥐고 가겠다는 계산이었다. 이를 위해 김영삼 정권은 '세계화'라는 화두를 정치에 끌어들였다. 정치도 세계화되어야 하는데, 세계화는 곧 차세대를 위해서라는 명분을 내걸었다.

우선 세대교체의 첫 번째 타겟은 김종필 민자당 대표였다. 김종필 제거 작전은 전방위적으로 전개되었다. 상도동계는 김종필 대표가 세계화의 이미지에 맞지 않는다고 공개적으로 공격했다. 김종필은 당 대표로서 참석해야 할 행사에도 가지 못했다는 소문도 돌았다. 김종필은 3당 합당할 때 동참해준 정치적 동지였고, 합당 후에는 주류인 민정계에 압도당할 뻔한 위기에서 김영삼을 도와준 은인이기도 했지만, 이제 김종필은 불필요한 인물로 되어버린 것이다.

온갖 압력과 수모를 당한 김종필은 "요즘 세상이 어지러운 것은 최소한의 도덕과 윤리도 저버리고 일을 추진하는 사람들이 있기 때문"이라는 말을 남기고 민자당을 탈당하였다. 그 후 김종필은 1995년 3월 30일 자유민주연합(자민련)을 창당하여 김영삼 비판의 선두에 서게 되었다. 3당 합당 체제가 5년 만에 붕괴하는 순간이었다.

세대교체의 타겟은 김대중을 겨냥한 것이기도 했다. 김대중은 1993년 7월 4일, 영국 생활을 마치고 한국에 돌아와 있었다. 한국으로 돌아온 그는 1994년 1월 27일 '아시아·태평양 평화재단'이란 조직을 발족, 한반도 평화와 아시아의 민주 발전, 그리고 세계평화의 길을 모색하는 활동을 전개하고 있었다. 그러나 김영삼은 김대중의 그런 활동을 정치재개를 위한 정지작업으로 보고 있었다. 그래서 이를 차단하기 위해 김대중의 동향을 낱낱이 감시하며 그의 사회활동을 철저히 훼방 놓고 있었다.

지방선거와 김대중의 정계 복귀

1995년 6월 27일의 지방선거가 다가오고 있었다. 이 지방선거는 광역지방자치단체장과 광역의회 의원, 기초자치단체장과 기초의회 의원을 모두 주민들이 직접 뽑는 민주화 이후 큰 의미가 있는 정치행사였다. 민주당은 전략적 승부처인 서울시장 후보에 조순, 경기도지사 후보에 장경우를 공천했다. 그 과정에서 경기도지사 후보 문제가 민주당 안에서 뜨거운 쟁점이 되었다. 동교동계는 경기도지사 후보로 이종찬을 민 반면, 이기택 대표는 장경우를 끝까지 고집하였다. 경기도지사 후보는 장경우로 낙착되었지만, 경선 과정에서 부정선거 시비가 벌어지는 등 격렬하게 내분이 일어나기도 했다. 김대중은 당의 요구를 받아들여 지방선거 과정에서 전국을 순회하며 지원 유세를 벌였다. 그는 이때 '지역등권론'이란 걸 주창했다.

> 우리는 그동안 TK 패권주의, PK 패권주의 속에서 살아왔습니다. 특정 지역이 모든 권한과 혜택을 독점하고, 나머지 지역은 소외되었습니다. 지역 간 불균형과 파행이 나라 전체의 발전을 가로막아 왔습니다. 하지만 이번 6·27 지방선거를 계기로 바로 이러한 지역 패권주의는 결정타를 입을 것입니다. 이번 선거로 패권주의가 아닌 등권주의, 수직적이 아닌 수평적으로 대등한 권리를 가진 지방화 시대가 열릴 것입니다.

보수 언론은 일제히 김대중의 지역등권론 주창을 정계 복귀의 디딤돌로 해석했다. 그리고 6·27 지방선거가 김대중의 정계 복귀와 지역등권론에 대한 심판의 장이 될 것이라고 하면서 보수 여당에 유리한 프레임을 만들려고 시도했다. 김영삼은 다시 세대교체론을 들고 나왔다. 그는 6월 26일 자 〈타임〉지와의 인터뷰에서 "나의 임기가 끝날 때가 되면 90% 이상의 국민이 정계의 세대교체를 원할 것으로 확신한다"고 주장했다. 그리고는 민자당을 총동원하여 김대중의 지역등권론을 비판했다. 6·27 지방선거는 김대중의 지역등권론과 김영삼의 세대교체론이 맞붙는 구도로 전개되었다.

그러나 6·27 지방선거 결과는 야당의 압승, 여당의 참패였다. 여당인 민자당은 15개 시도 광역자치단체장 가운데 3분의 1인 5개 지역을 건지는

데 그쳤다. 민주당은 서울과 호남에서 광역자치단체장을 거머쥐었으며, 기초단체장 선거에서도 전국에서 84개 지역을 석권하여 민자당을 앞섰다. 특히 서울에서는 25개 기초자치단체장 중 23곳을 휩쓸었다. 자민련은 충청과 강원에서 광역자치단체장을 챙겼는데, 6·27 지방선거의 최대 수혜자가 자민련이라고 할 만큼 그 약진이 눈부셨다.

6·27 지방선거의 결과는 1990년 3당 합당으로 부상한 반호남의 구도가 균열하면서 역으로 반영남의 구도로 전화된 것이었다. 김대중의 지역등권론이 적중한 셈이었다. 결과적으로 지방선거는 김대중의 정계 복귀가 민심에 의해 어떻게 수용될지를 가늠하는 시금석이 되었다. 실제로 김대중은 이 선거를 발판 삼아 정계 은퇴 선언 2년 7개월여 만인 1995년 7월 18일 정치에 복귀했다. 김대중은 훗날 자서전에서 "언론과 민자당이 나의 정치재개를 막기 위해 쟁점화했던 '정계 복귀론'이 국민의 추인을 받은 셈"이었다고 했다.

그러나 김대중의 정계 복귀의 부산물은 민주당의 분열이었다. 김대중은 곧바로 여의도에 당사를 마련하고 신당 창당 작업에 돌입했다. 신당에 참여한 국회의원은 모두 65명이었다. 창당 작업은 재야 등 각계인사 250여 명의 영입과 함께 진행되었다. 신당 참여 인사들에 대한 김영삼 정권의 방해 공작과 압력도 있었다. 그 외에도 김대중이 창설한 아태평화재단의 후원금을 뒤져 이를 언론에 노출시키는 등 창당 방해 압력이 가해졌지만, 창당 자체를 막지는 못했다.

1995년 9월 5일, 마침내 김대중은 새정치국민회의를 창당했다. 새정치국민회의는 창당 선언문과 강령에서 "국민의 참여민주주의를 바탕으로 중산층과 서민의 이익을 대변하고, 복리를 증진하는 중도정당"을 표방하였다. 또 "조국광복 운동의 정통성과 이 나라 민주화를 선도해 온 정통 민족·민주세력이 모인 정당"임을 선언했다.

새정치국민회의 단배식에서 김대중과 함께(1996)

새정치국민회의의 조직체계는 총재단과 지도위원회로 이원화되었다. 당 총재가 당무를 총괄하는 단일지도체제지만, 중진들이 함께 당을 이끌어 가도록 하는 시스템이었다. 김대중은 창당대회에서 총재로 선출되었고, 조세형, 이종찬, 정대철, 김영배, 김근태, 박상규, 신낙균, 유재건 등이 부총재로 뽑혔다. 김상현은 지도위원회 의장으로 선출되었고, 권노갑, 한광옥, 신순범, 유준상, 허재영, 길승흠, 라종일, 정희경 등이 지도위원으로 선임되었다.

국민경선추진위원회

1997년은 '정치의 계절'이었다. 그해 12월에 제15대 대통령선거가 있기 때문이었다. 정치의 계절은 각 정당이 당을 정비하고 대통령 후보를 선출하는 일로부터 시작되는데, 새정치국민회의에서는 주류와 비주류 간에 이견이 떠돌았다. 김대중 총재를 중심으로 한 주류와 김상현, 정대철, 김근태 등이 중심인 비주류 사이에 대통령 후보의 당 총재 겸직 문제를 둘러싸고 의견이 갈린 것이다.

주류는 기존의 당헌·당규대로 대통령 후보가 당 총재를 겸해야 한다고 주장했는데, 그 이유로 과거 선거에서 김대중이 총재직을 갖지 않고 대통령 후보로 나섰던 때의 어려움을 지적했다. 곧 1971년 대선에서는 당수였던 유진산이 적극적으로 선거운동을 하지 않았고, 1992년 대선 때도 이기택과의 공동대표체제로 인해 효율적인 선거운동이 이뤄지지 못했다고 주장했다. 따라서 대통령 후보가 총재직을 겸해야 효율적으로 선거운동을 벌여 집권할 수 있다는 논리였다. 또 후보경선을 하게 되면 막대한 자금이 필요해 금권선거가 우려되고, 집권세력의 공작개입 소지도 있다고 비판했다.

한편 비주류는 당의 보스가 모든 것을 독점하고 밀실정치를 하는 구조 아래서는 언론의 관심을 떨어트리고 국민의 지지를 받을 수 없으므로 당권과 대권을 분리해야 한다고 주장했다. 이 주장은 사실상 김대중이 전권을 휘두르는 국민회의의 조직과 운영에 민주적 개혁을 요구한 것이었다. 이들은 대통령 후보를 국민경선을 통해 선출하자고 주장했다.

국민경선제는 일종의 미국식 예비선거제도로, 새정치국민회의, 자민련, 민주당 등 야당들과 국민통합추진회의(통추), 재야·시민단체가 함께 참여해 범야권 단일후보를 선출하자는 것이었다. 곧 선거권이 있는 국민은 누구라도 일정한 등록 절차를 거쳐 투표에 참여할 수 있고, 후보자는 기탁금 2억 원을 납입하고 선거운동을 벌여 가장 많은 대의원을 확보하면 범야권 단일후보가 되는 방식이었다. 경선에 참여하는 국민은

약 2백만 명으로 추산했다. 비주류는 이 같은 국민경선 방식을 통해야만 여당과 확실한 차별성을 보여주어 정권교체를 가능하게 할 수 있고, 동시에 그 과정 자체가 야권통합의 계기가 될 수 있다고 주장했다.

당 총재 및 대통령 후보 선출을 둘러싼 새정치국민회의 내의 주류와 비주류 간 갈등은 당의 의사결정권을 쥐고 있는 주류의 주장대로 결론이 났다. 국민경선제는 받아들일 수 없고, 5월 19일의 전당대회에서 당 총재와 후보를 모두 선출하되, 대통령 후보와 총재를 분리해서 선출한다는 결정이었다.

김상현의 당 총재 출마

김상현은 1997년 5월 19일의 새정치국민회의 전당대회에 총재 후보로 출마했다. 그는 총재와 후보의 '역할분담론'을 펴며 대의원들에게 지지를 호소했다. 새정치국민회의 후보가 대선에서 승리하려면, 궂은일은 총재가 맡아 대통령 후보의 부담을 줄여주고 부족한 부분을 채워줘야 한다는 논리였다. 그리하여 그에 적합한 인물은 천부적인 친화력과 포용력을 가진 김상현 자신일 수밖에 없다는 것이었다.

언론은 전당대회는 이미 기울어진 운동장에서 하는 축구경기라고 단정했지만, 두 진영은 득표를 위해 치열한 총력전을 펼쳤다. 승세를 굳혔다고 자신하는 주류도 김대중이 직접 나서 대의원들이 묵고 있는 호텔 등을 돌며 대면접촉을 벌이는 등 총력을 기울였다. 김상현은 대통령 경선 후보 정대철과 연합하여 대의원들을 상대로 게릴라식 공략을 전개했다. 전당대회 날 연단에 오른 김상현은 "여러분들이 저를 총재로 추대한다면 여러분들이 선출한 대통령 후보를 대통령으로 만들기 위해 최선을 다할 것"이라며 대의원들의 '김대중 정서'를 파고드는 전략을 구사하였다.

그러나 경선 결과는 만족스럽지 못했다. 총재 경선에서 김대중은 3천 57표를 얻었고, 김상현은 1천 72표를 얻었다. 전체 투표자의 25%를 약간 넘는 득표율이었다. 대통령 후보 경선에서도 김대중은 투표에 참여한 4천 157명 중 77.6%를 획득하여 21.8%에 그친 정대철을 물리치고 후보가 되었다. 비주류의 도전은 '찻잔 속의 태풍'으로 끝나고 말았지만, 자칫 김대중 혼자 차 치고 포 치는 잔치로 끝날 전당대회가 상당 기간 언론에 오르내린 것은 정치조직으로서 적지 않은 성과라 할 수 있었다.

김상현과 정대철의 비주류 연합진영은 대의원들의 마음을 움직이는 데서 역부족을 드러냈다. 대통령 후보와 총재의 역할분담론이 득표에 도움이 될 것이라는 주장은 설득력이 부족하였다. 제3 후보론을 지향했던, 국민경선을 통한 범야권 단일후보론도 선거 전략으로서는 한계가 있었다. 비주류 측이 경선 2~3일을 앞두고 히든카드로 내놓은 'DJ가 안 되는 6가지 이유'는 오히려 대의원들의 반감으로 작용한 측면이 컸다. 다만 영남지역에서 다수 대의원의 지지를 받은 것은 소득이었다. 정천석 울산 동구청장 등 영남의 지역위원장들은 경선 마지막까지 김상현과 행동을 함께해주었다.

김대중의 짙은 그늘에서 벗어나 독자적 정치인으로 발돋움해 보고자 했던 김상현의 도전은 1993년에 이어 또 한 번 좌절을 맛봐야 했다. 경선이 끝나고 김상현은 정권교체를 위해 최선을 다할 것이라고 밝혔다. 민주적 경선을 하고, 경선에서 패배하면 그 결과에 승복하여 승자의 선거 승리를 위해 적극적으로 노력하는 것은 너무나도 당연한 민주주의적 정치과정이지만, 그 당연함과는 거리가 멀게 진행되어 온 것이 한국 정치의 현실이기도 했다. 이후 김상현이 처한 정치 현실은 이를 예고한다.

김대중의 대통령 당선

제15대 대통령선거는 치열했다. 1997년 10월 7일, 신한국당은 김대중의 비자금 문제를 터뜨렸다. 신한국당은 김대중이 670억 원의 비자금을 조성한 의혹이 있다며, 그를 조세 포탈 및 뇌물수수 혐의로 검찰에 고발했다. 검찰이 바로 김대중의 비자금을 수사하겠다고 선언하는 상황으로 치달았다. 그러나 대선 투표일이 얼마 남지 않은 상황에서 유력 후보가 검찰 수사를 받게 되면 야당 후보에 대한 탄압으로 비칠 것에 부담을 가진 김영삼 대통령이 비자금 수사를 대선 이후로 미루도록 조치함으로써 김대중은 가까스로 위기를 모면했다.

김대중 후보는 위기 상황을 극복하기 위해 내각제 개헌을 고리로 김종필, 박태준 등과 후보 단일화를 성사시켰다. 이에 이회창도 민주당과 합당하여 당명을 한나라당으로 바꾸고, '3김 청산'을 기치로 민주당의 조순 후보와 단일화를 끌어냈다. 그런 와중에 이인제가 신한국당의 경선에 불복하여 탈당, 국민신당을 창당하고 그 당의 대통령 후보로 출마했다. 이제 김대중과 이회창, 이인제는 3자 구도 하에서 초박빙의 접전을 치러야만 했다.

김상현은 선거대책위원회 부위원장이라는 직책을 맡았다. 선거 과정에서 그는 주로 서울, 경기, 인천 지역의 지원 유세를 맡았다. 그는 그 선거에서 주목할 만한 역할을 하지 못했다. 그러나 김상현만이 할 수 있는 역할이 있었다. 김영삼 정부와 김대중 진영의 가교역할을 하는 일이었다. 당시 김대중 진영에서는 김영삼 정권과 대화가 되는 사람이 없었다. 그래서 김영삼 정권이나 김대중 진영 모두 대화 채널로 김상현에 의지할 수밖에 없었다. 김상현은 김대중과 김영삼 사이의 불필요한 오해와 혼선을 불식시키고자 여러 노력을 기울였다.

이런 상황에서 김영삼 정권이 IMF에 구제 금융을 신청하는 사태가 벌어졌고, 이 사태를 빌미로 김대중은 경제 파탄에 대한 김영삼과 이회창의 공동책임론을 부각해 대선 국면을 유리하게 이끌어갔다. 그리하여 12월 18일의 제15대 대통령선거에서 김대중은 39만여 표 차이로 이회창을 가까스로 누르고 당선되었다. 우리 정치사상 최초의 평화적 정권 교체가 이루어진 것이다. 김대중은 1971년, 1987년, 1992년 세 번에 걸친 실패를 딛고 마침내 당선되어 1998년 2월 25일 제15대 대통령에 취임했다.

김대중의 대통령 당선을 누구보다 기뻐한 사람은 김상현이었을 것이다. 1971년, 자금도 전혀 없고, 조직도 미미한 상황에서 김대중을 대통령 후보로 만들고, 그를 대통령에 당선시키기 위해 온 힘을 다했던 김상현. 이후 군사독재의 핍박을 받아 각각, 또는 함께 구속되어 참혹한 고문을 받고 감옥살이를 했던 두 사람. 그 엄청난 시련과 억압을 이기고 여기까지 왔으니, 김대중의 꿈, 김상현의 꿈이 모두 이루어진 것이다. 그러나 꿈은 나누어지지 않는다.

새천년민주당 창당

한국사회의 비주류 김대중 정권은 집권 이후 수많은 난관에 직면해야 했다. 정권을 잡았지만, 통치 권력을 행사하기에는 정치·경제·사회적 기반이 너무 취약했다. 무엇보다 지역주의가 강력하게 작동하는 상황에서 인구 면에서 소수인 호남을 기반으로 하는 김대중 정권이 거대 영남지역을 기반으로 하는 한나라당을 상대하기에는 버거웠다. 집권 초기에는 외환위기 사태로 인해 정부를 밀어줘야 한다는 여론이 팽배했기 때문에 국정 운영이 원활했다. 그러나 외환위기의 여파가 가라앉기 시작하면서 지역주의가 부활하기 시작했고, 야당의 공세는 갈수록 거칠어졌다.

이런 상황을 타개하기 위해 김대중 정권은 정치판을 새로 짜려는 프로젝트를 추진하게 된다. 소위 '동진東進 정책'이었다. 그리고 그 정책이 구체화 된 것이 제16대 국회의원 선거를 앞두고 신당을 창당하려는 계획이었다. 김상현은 신당 창당에 반대했다. 새정치국민회의로 집권을 했으면 그 당이 끝까지 책임지고 국정을 이끌어가서 국민에게 평가를 받는 것이 도리라는 판단에서였다. 집권당을 확대 보완하여 갈 필요는 있지만, 당을 해체하면서까지 새로운 정당을 만드는 것은 책임정치에 부합하지 않는다고 생각했다.

새정치국민회의 관계자와 신당 창당을 추진하는 당외 인사들이 청와대에서 김대중 대통령과 함께 합동회의를 가진 적이 있었다. 그 자리에서 김상현은 신당 창당에 반대한다는 의견을 밝혔다. 반대의견을 표명한 사람은 김상현이 유일했다. 김상현의 신당 반대 발언으로 합동회의의 분위기는 일순간에 가라앉았다. 김대중 대통령의 얼굴은 심하게 굳어 있었고, 그 바람에 회의는 예정보다 30분이나 빨리 폐회했다. 김대중 대통령은 식사를 하는둥 마는둥 하더니 아무런 얘기도 없이 일어나 나가버렸다.

김상현이 볼 때 신당은 새정치국민회의와 전혀 차별성이 없었다. 민주화 세대의 젊은 신인들을 대거 수혈해 들인다는 점에서 차이가 있을 수도 있겠지만, 당의 이름만 바꾼 것일 뿐 당의 운영 기제나 리더의 정치철학이 달라졌다고 볼 수는 없다고 보았다. 호남 기반이라는 지역 정당의 틀을 극복하기 위해 영남의 구여권 인사들을 영입하는 것도 국민의 눈높이에서 볼 때 큰 의미가 없어 보였다. 그는 한국학중앙연구원 현대한국구술자료관이 실시한 구술작업 〈세대로 본 역동의 한국정당·정치사 : 산업화·민주화 세대의 증언〉에서 신당 창당은 역사의 한 고비였기 때문에 기록으로 남기기 위해서라도 반대를 했노라고 술회했다.

이런 그의 입장은 제16대 국회의원 선거 공천에서 탈락하는 빌미가 되었던 것 같다. 김대중 대통령의 의중을 정면에서 거슬렸으니, 당연히 김대중과 동교동계로부터 미움을 받았을 것이다. 그의 오랜 친구인 한승헌 변호사는 "후농은 20대 후반에 국회의원이 된 이래 오랫동안 정치인 생활을 해왔지만, 이중적 처신이나 거짓을 꾸며대는 책략으로 이득을 꾀하는 것을 보지 못했다. 반대로 내심을 숨기지 않은 채 단순하고 담백한 언사를 쓰다가 손해를 보거나 감점을 당하는 예도 있었다"고 평한 적이 있는데, 이런 경우를 두고 하는 말이리라.

집권당 해체를 반대했던 그의 판단은 책임정치라는 원칙론에 부합한다. 새로운 정권이 출현할 때마다 연례행사처럼 반복된 신당 창당은 정당의 뿌리와 토대가 부실했던 한국 정치의 고질적 병폐를 보여주는 현상이었다. 하지만 현실정치의 흐름은 그의 명분론과는 반대로 작용했다. 신당 창당을 반대하는 그의 입장은 낡은 정치를 고수하려는 것처럼 보이게 만든 면도 있었다. 그는 누구보다 타협과 조정의 정치를 지향하는 사람인데, 그 지점에서는 왜 그렇게 경직된 모습을 표출한 것이었을까? 새로운 세대, 새로운 인물들이 치고 올라오는 가운데 그의 시대가 저무는 것이었을까?

19

정치를 내려 놓다

19
정치를 내려 놓다

제16대 국회의원 선거 공천탈락

2000년 초 밀레니엄을 맞아 사회 전반에 새바람이 불었지만, 정치권에는 칼바람이 불었다. 제16대 국회의원 선거가 다가오자 각 당의 후보 공천에 이목이 쏠렸다. 더구나 당시 412개 시민사회단체로 구성된 '총선시민연대'는 낙천·낙선 운동 대상자 명단을 발표하여 정치권을 긴장시켰다. 김상현은 민주당에서 이만섭, 김봉호, 손세일, 박상천 등과 함께 총선시민연대의 낙천대상자 명단에 끼게 되었다. 1997년 한보그룹 비리 사건 관련자라는 이유 때문이었다.

그런데 그 사건은 대법원에서 최종적으로 무죄를 선고받았다. 김상현은 사전에 그런 사실을 총선시민연대에 충분히 해명하기도 했다. 김상현은 총선시민연대를 향해 공개토론회를 열어 낙선 후보 선정의 공정성을 가리자고 제의하기도 했다. 총선시민연대가 밝힌 공정성의 기준이 무엇인지 납득되지 않았기 때문이다. 그는 모종의 정치적 음모가 도사리고 있는 것은 아닌가 하는 생각마저 들었다.

당시 그의 지역구인 서대문갑에는 연세대 총학생회장 출신인 우상호가 도전장을 내밀고 있었다. 김상현은 세대교체 프레임에 걸려든 모양새

시민단체의 낙선대상자 선정에 항의 단식 농성하는 김상현

가 되어 조짐이 안 좋았다. 자신의 공천탈락설이 밑도 끝도 없이 끊임없이 흘러나왔다. 자신을 탈락시키려는 동교동계와 청와대의 움직임이 시시각각 감지되었다. 김상현은 지푸라기라도 잡는 심정으로 지역구 유권자 3만 2천 명의 지지 서명을 받는 등 안간힘을 써 뒤집기를 시도했다.

민주당 공천의 최대 관심사는 '물갈이'였다. 현역 중진의원들이 집중적으로 타겟이 되었다. 2월 17일, 새천년민주당은 공천자 명단을 발표했는데, 현역의원의 29%가 공천에서 탈락했다. 김상현은 낙천자 명단의 맨 꼭대기를 장식했다. 김상현은 설마 하며 여전히 믿기지 않는 듯 한동안 허공을 응시했다. 김대중과 자신은 그런 사이가 아니라고 여전히 굳게 믿고 있었던 그였기에 머리를 세게 얻어맞은 듯했다. 기자들 앞에 선 김상현이 마침내 말문을 열었다. "김대중 대통령이 나를 배신할 것으로 생각하지 않았다." 그뿐이었다. 달리 할 말이 없었다. 당시 보좌관이었던 강민구는 그 상황을 영화의 한 장면처럼 기억하고 있다.

> 그때 의장님은 3~4일간 서대문구 홍제동 지구당 사무실에서 한 발짝도 움직이지도 않고 나와 단둘이 있었다. 계속 청와대로 연락해 보라고 해서 나는 김대중 대통령의 김정기 수행부장에게 전화를 돌렸고, 의장님도 부속실로 스무 번 넘게 전화를 하셨다. 그때 연락이 되었으면 의장님은 탈당하지 않고 김대중 대통령의 뜻대로 총선 불출마를 하려고 했다. 다만 의장님은 그 뜻이 정말 대통령의 뜻인지를 확인하고 싶었고, 그분의 뜻이라면 그분으로부터 위로를 받고 싶은 것이었다. 그때만큼은 진정으로 김대중 대통령하고 헤어지는 것을 원하지 않으셨다. "다른 사람이라면 몰라도 형님이 그러시면 안 되는데 …" 하면서 마음을 아파하시고 많이 서운해하셨다. "정권 말기가 되면 참 힘드실 텐데, 내가 정말 필요하실 텐데 …" 하시기도 했다.

기자들이 공천에서 최종 배제된 김상현에게 향후 거취를 계속 물었지만, 그는 구체적인 대답을 내놓지 못하고 "형님이 그래서는 안 되는데 … 내가 형님의 여동생이 죽었을 때 그 관을 든 사람인데 … "라고만 되뇌었다. 그가 40여 년 전 김대중이 사랑했던 여동생의 애달픈 죽음까지 소환한 것은, 그 말이 언론에 한 줄이라도 보도되면 김대중 대통령이 이를 읽을 것이고, 그러면 40여 년 전 그 어렵던 시절 두 사람의 친밀했던 관계를 봐서라도 연락이 올 것이라는 생각일 것이다. 그러면 우선 자신의 공천탈락 배경이 무엇인지 확인해 보고, 공천 배제가 그의 뜻이라면 그로부터 따뜻한 한마디라도 직접 듣고 싶은 것이었다.

그러나 지푸라기라도 잡는 심정으로 학수고대했던 대통령으로부터의 전화는 오지 않았다. 김대중 대통령과의 연결이 불발되자 그는 미련을 모두 버리고 훗날 인구에 회자되는 한마디를 남겼다. "물구나무를 서서라도 반드시 제16대 국회에 진입하겠다." 그 말 한마디는 그로부터 2년이 지난 2002년 8·8 재보선에서 새천년민주당 공천을 받아 광주 북구 갑에서 당선되는 것으로 실현되었다.

민국당 참여와 낙선

공천 파동이 일어나기 며칠 전, 재야인사 장기표로부터 만나자는 연락이 왔다. 약속 장소에 나가보니 장기표 외에도 이수성 전 총리, 신상우 전 의원이 있었다. 그 자리에서 장기표는 '새시대개혁당'이라는 신당을 창당하자고 제안했다. 그 자리에 모인 사람들은 대체로 신당 창당에 찬성하는 분위기였다. 김상현도 특정인과 특정 집단을 배제하는 요즘의 분위기로 볼 때 신당도 나름 일리가 있다고 생각했다. 그러나 정치를 시작한 이래 몸 바쳐온 민주당과의 관계를 끊는 것이 마음에 걸렸다. 1987년 대선에서 김대중과 갈라섰다가 천신만고 끝에 재결합했는데, 또 갈라질 생각을 하니 마음이 무척 괴로웠다.

김대중 대통령의 의중을 직접 확인하고 싶었다. 김대중 대통령이 정말로 자신을 내친 것이 아니라면 탈당할 이유가 없었다. 설사 자신을 내친 것이라 해도 김대중으로부터 직접 설득을 '당하고' 싶었다. 지난날 모든 것이 결핍되어 있었던 청년 둘이 정치의 꿈을 키우며 동고동락해 왔던 사이라면 마땅히 있어야 할 의례라고 생각했다. 이런 번뇌 때문에 선뜻 결단이 서지 않아 며칠 동안 말미를 달라고 요청했다. 이수성, 신상우, 장기표 셋은 우선 창당을 선언하기로 하고, 2월 16일 아침에 기자회견을 열었다.

그런 바로 다음 날, 한나라당에서도 '공천 파동'이 일어났다. 김윤환, 이기택, 신상우 등 중진 거물들이 공천에서 대거 탈락한 것이다. 그중에서도 김윤환의 낙천이 충격적이었는데, 그는 노태우·김영삼 대통령과 이회창 대선 후보를 만든 일등 공신으로, 자타가 공인하는 한국정치사 최고의 킹메이커였기 때문이었다. 공천에서 탈락한 사람들은 이회창 총재가 자신의 당내 입지를 강화하기 위해 경쟁자들을 제거한 것이라고 거세게 비판하였다.

서울시장을 지낸 조순과 김광일 전 의원은 이회창 총재의 독단적 처사에 반기를 들어 공천을 반납했다. 이들은 한나라당을 탈당하고 신당을 창당할 의사를 밝혔다. 그러나 장기표 등이 주도하는 신당 그룹과 한나라당 탈당파들이 추진하는 신당이 각자도생해서는 살아남기 쉽지 않기 때문에 힘을 합칠 수밖에 없었다. 이렇게 해서 민주국민당(약칭 민국당)이 탄생하게 되었다. 조순을 대표최고위원으로, 김윤환, 이기택, 신상우, 장기표로 최고위원으로 하는 지도체제가 구성되었다.

김상현은 김대중 대통령을 면담하기 위해 청와대에 여러 번 연락을 시도했다. 전화로라도 통화하기 위해 사흘간을 백방으로 노력했으나 연결이 안 되었다. 절해고도에 갇힌 기분이었다. 정치 지망생으로 지내던 젊은 시절 동시상영 영화관을 전전하며 형제처럼 고락을 함께 나눴던 기억들이 주마등처럼 스쳐 갔다. 제12대 총선 결과로 김대중으로부터 칭찬을 받을 생각만 하다가 내침을 당했을 때도 지금처럼 마음이 아리지는 않았다.

이제 퇴로가 완전히 끊겼다. 김상현은 민주당을 탈당하고 민국당에 참여할 것을 결심했다. "물구나무를 서서라도 국회에 입성하겠다"고 던져놓은 말에 대한 책임도 져야 했다. 절박한 상황이었지만, 공천에서 탈락한 여느 사람들처럼 김대중을 비난하거나 욕하지는 않았다. 그것은 김상현의 인생철학이자 일관된 정치적 원칙이었다.

민국당이 얼마나 선전하게 될지는 2000년 총선에서 관심 포인트였다. 유권자의 20%가 민국당을 지지할 의사를 보인다는 여론조사도 있었다. 김상현은 민국당의 비례대표 2번을 배정받았다. 그러나 총선 결과 지역구에서는 춘천시의 한승수 후보 1명, 비례대표에선 1번 강숙자 후보 한 명만 당선되는 참패를 맛보았다. 한나라당이 예상을 깨고 133석으로 제1당이 되었고, 김대중 대통령이 창당한 새천년민주당은 115석을 얻는 데 그쳤다.

민국당은 급조된 정당인 데다가 구시대 낡은 인물들의 집합소로 인식되어 '바꿔!' 열풍의 직격탄을 그대로 맞았다. 김상현은 공천탈락에 이어 낙선의 고배를 마셔야 했다. 그때 김상현의 가슴 속에서는 김대중에 대한 인간적 배신감과 자신의 정치적 패착에 대한 후회감이 복잡하게 교차하였을 것이다. 외롭고 쓸쓸했다. 이대로 사라지고 마는 것인가? 김학민은 당시의 상황을 이렇게 정리한다.

김상현 의원의 공천탈락은 '세대교체'보다는 1997년 국경추(국민경선추진위원회)를 결성해 김대중 1인 체제에 도전한 '괘씸죄' 때문이라고 본다. 그것은 당시 국경추에서 중추적으로 활동했던 나와 박우섭, 고영하, 김용석, 홍석완 등도 모두 공천에서 탈락했거나 공천신청을 포기할 수밖에 없었던 사실에서 반증된다. 공천자 명단이 발표된 그 날, 공천에서 탈락한 박우섭과 나는 지푸라기라도 잡는 심정으로 의원실을 방문했는데, 김 의원은 화를 못 삭이고 계속 줄담배만 피우고 있어 우리 이야기는 꺼내지도 못했다. 지나간 일이지만, 김 의원의 민국당행은 김상현답지 못했다. 그의 정치역정대로라면 "그래! 내 공천탈락을 받아들이겠다. 그리고 내가 우상호 후보의 선대본부장을 맡아서 그를 꼭 당선시키겠다!"라고 선언하는 게 정답이었다. 그리고 하나 더 덧붙이자면, 주류 측과 물밑에서 협상하여, 자기는 희생하지만 국경추 참여로 공천탈락의 기로에 서 있는 후배들이라도 구제해 달라고 노력했더라면, 그게 진정으로 김상현다운 행동이었을 것이다.

물구나무서서 들어간 제16대 국회

제16대 국회의원 선거 낙선으로 김상현의 정치 인생은 사실상 막을 내린다. 1인자의 그늘에 갇힌 2인자가 어떻게 좌절을 겪는지 보여주는 전형적 사례이자 한 역사의 대단원이 내리는 풍경이라고나 할까? 김상현의 좌절은 인간성이나 윤리와는 다른 문제였다. 정치라는 비정한 링 위에서 작동하는 권력의 법칙이었고, 그 법칙의 폐쇄회로에 끝내 갇혀버린 그의 정치적 한계에서 비롯된 문제였다.

2002년 8월, 광주광역시 북구갑 선거구의 박광태 의원이 광주광역시장 선거에 출마하면서 보궐선거가 있게 되었다. 김상현은 이곳에 출마하기로 했다. 그러나 공천의 관건은 김대중 대통령의 암묵적 승인이었다. 이때 김상현은 김대중으로부터 약간의 언질을 간접적으로나마 받았던 것으로 보인다. 두 사람 사이의 인간적 연민이 살아 있었던 것이었을까? 김상현에게 김대중은 친형님 같은 사람이었고, 정치적 스승이자 동지였다. 김상현은 평생에 걸쳐 그 경계선을 넘지 않았고, 김대중도 그런 점을 마음속에서 부정할 수는 없었을 것이다.

김대중은 냉철한 이론가였지만, 다분히 감성적인 사람이었다. 다소 소심하기도 한 그는 성격상 인간관계에서 일어난 과거지사를 쉽게 지워버리지 못하는 사람이었다. 자신과의 관계에서 상처받은 사람이 있으면

광주 북구갑 보궐선거에서 당선된 후 재광 장성군민들과 함께

늘 마음에 담고 전전긍긍하는 스타일이었다.

김대중은 대통령 임기를 마치고 나서 정대철 부부를 을지로에 있는 한 식당에 초청해 식사를 함께하면서 위로한 일도 있었다. 김대중은 "미안해. 고생 많았지?"하고는, 무슨 이야기를 할 듯 말 듯 한참 뜸을 들인 후 "감옥에서 말이야. 자네, 그거 무죄 받았나? 감옥 가게 해서 미안해"라고 위로했다. 정대철이 나중에 그 얘기를 김상현에게 전하자, 김상현은 "야, 나한테는 안 했어야. 이 양반이 나한테는 공천도 안 주고, 대통령 끝났으면 미안하다는 소리도 좀 하고 그러지. 하하하"라며 웃음으로 넘겼지만, 그의 가슴 깊숙한 곳에는 간절한 기다림 같은 것이 있었다.

그러나 김대중은 김상현에 대해서는 끝까지 어떤 자리도 만들지 않았다. 김대중은 김상현이 겪은 일 또한 분명히 마음에 걸려 했을 것이다. 그의 소심한 성격 때문이었을까, 김상현에게 그런 모습을 표현하지는 못했지만, 김상현은 광주시 북구갑 보궐선거 공천을 김대중이 자신을 잊지 않고 있는, 미안함을 전하는 메시지로 받아들였다. 김상현의 보좌관으로 일했던 강민구의 증언이다.

> 2002년 5월인가, 제가 중국 대련에서 공부하고 있을 때인데 후농께서 오셨더라고요. 광주 북구갑 출신 국회의원 박광태가 광주광역시장 후보로 나가게 되니까 거기가 빌 것 같다고 그러시더라고요. 제가 "김대중 대통령이 공천을 줄까요"하고 물어봤을 것 아녜요? 디제이가 허락했다고 하시더라고요. "나한테는 줄 거네." 그러시더라고요. 우리가 여러 번 여쭤봤을 거 아녜요? 그래도 매번 씩 웃으면서 아무 말을 안 하세요, 말로 표현할 수가 없다고 그러시면서요. 그런데 결국은 공천을 받으셨잖아요? 그래서 역시 DJ는 후농을 사랑하고 좋아하는구나, 둘 사이에는 누구도 개입할 수 없는 그런 관계가 있는 것 같았어요.

이렇게 해서 김상현은 광주 북구갑 보궐선거에서 당선되어 제16대 국회의원으로 등원하게 된다. 이제 6선 국회의원이 된 것이다. 물구나무 서서 들어가겠다는 그의 말은 허언이 아니게 되었다. 김상현에게 있어 또 한 번의 국회 입성은 정치인으로서 큰 의미가 있는 것은 아니었다. 그러기에는 이제 시대가 너무 많이 흘러가 있었다. 민주당에서는 차기 대선후보로 새로운 시대를 상징하는 노무현이 등장해 있었다.

광주 북구에서 보궐선거가 치러질 때 노무현 후보가 지원 유세를 온 적이 있었다. 그런데 지원 유세가 가관이었다. 노무현은 김상현을 일컬어 "이 분은 구시대의 인물인데, 이런 분도 국회에 한 분은 있어야 한다"고 연설을 하는 것이었다. 이게 지원 유세인지 도통 알 수가 없는 모양새였다.

김상현의 국회 입성은 시작이 아니라 그의 풍운아 같은 정치 인생을 나름 명예롭게 마무리하는 수순이었다. 김대중과의 인연도 못내 아쉬운 점이 많지만, 정치적 상상력과 인간적 여운을 남긴 채 정리할 수 있는 계기가 되었다. 훗날 조선일보 기자 김창균은 '만물상'이라는 코너에서 당시 김상현의 모습을 아래와 같이 묘사했다.

16대 총선을 두 달 앞둔 2000년 2월, 김 고문의 공천탈락 소식을 듣고 서대문 집 앞에서 기다렸다. 자정 무렵 만취해서 귀가한 김 고문은 혀가 꼬부라져 있었다. "46년 동안 함께 정치해온 나를 쳐낸 것은 김상현의 비극이 아니라 김대중의 비극이다. 물구나무서서라도 16대 국회에 들어가겠다." 김 고문은 총선에선 낙선했지만 2년 뒤 재·보궐 선거에서 당선돼 '물구나무 입성'에 성공했다.

제17대 국회의원 선거 낙선

김대중의 대통령 재임 3년 차 되던 해인 2000년 1월, 새정치국민회의는 제16대 총선을 앞두고 당명을 새천년민주당으로 바꿨다. 그리고 2002년 12월의 대선에서 노무현은 새천년민주당 후보로 당선되었다. 그러나 노무현의 집권 2년째인 2003년 11월, 노무현 정권의 핵심세력은 민주당에서 분당하여 열린우리당을 창당, 새롭게 출발했다.

열린우리당은 낡은 정치를 청산하고 새 정치를 구현하겠다는 캐치프레이즈를 내걸었지만, 노무현 대통령을 따르는 개혁세력으로 민주당의 다수 계파인 동교동계의 구정치인들을 대체하겠다는 의도가 숨어 있어 한동안 두 세력 간의 갈등이 극에 달했다. 결국, 동교동계 다수는 신당 창당에 반대하며 민주당 잔류를 택했다. 여권의 분열로, 2003년 말

현재 133석의 한나라당이 제1야당, 이어 68석의 새천년민주당이 제2야당이 되었고, 민주당 의원 57명이 탈당하여 창당한 열린우리당이 소수여당이 되었다.

김상현은 처음에는 신당에 참여할 생각이 있었다. 그러나 1987년 대선에서 김대중의 평민당에 참여하지 않음으로써 호남 사람들로부터 '배신자'로 몰린 기억 탓이었는지, 그의 가족들은 신당 참여를 적극적으로 반대했다. 총선이 끝나고 난 후 어느 자리에선가 김상현은 "가족들이 이번에 신당으로 가면 우리 가족은 장성 선산에도 못 갈 거 같다며 신당행을 반대했어요. 또 호남 사람들에게 '배신자'로 낙인찍힌 1987년의 그 분위기가 되살아날 거 같다며 가족들이 끝까지 반대했지요"라고 털어놓았다.

결국, 김상현은 가족들의 의견을 고려하고 자신의 판단도 있고 하여 새천년민주당에 잔류, 제16대 보궐선거에서 당선된 광주 북구갑 선거구에 출마했다. 그러나 이는 김상현의 오판이었다. 1987년의 평민당은 호남 민중의 로망인 '김대중 대통령'의 추진세력이었으나, 2003년에는 호남 민중도 이미 그 로망을 이루었기 때문에 새천년민주당 지지로 일희일비할 필요가 없었던 것인 바, 김상현은 이를 간과한 것이다.

2004년 4월 15일의 제17대 총선 투표일을 한 달여 앞두고 경천동지할 사건이 일어났다. 3월 12일, 한나라당, 새천년민주당, 자유민주연합이 제출한 노무현 대통령에 대한 탄핵소추안이 국회에서 통과된 것이다. 그 결과, 노무현 대통령의 직무는 정지되고 고건 국무총리가 대통령 권한을 대행했다. 노무현 대통령에 대한 탄핵소추안 통과는 그 타당성에 대한 전국적인 논쟁을 불러일으켰으며, 70% 이상의 국민이 탄핵에 반대한다는 여론조사 결과도 발표되었다. KBS 등 공중파 방송은 탄핵소추안 표결 당시 국회의 혼란과 열린우리당 의원들의 분노로 울부짖는 광경을 반복하여 방영하였다.

노무현 대통령에 대한 탄핵소추는 곧 엄청난 역풍을 불러왔다. 야당은 탄핵소추안의 통과로 처음에는 기세등등했지만, 곧 분노한 국민으로부터 혹독한 후과를 받아야 했다. 그것은 총선에서의 심판이었다. 최종 개표 결과 열린우리당은 152석을 얻었고, 영남 지역주의에 기댄 한나라당은 121석을 얻어 나름 선방하였지만, 호남 지역주의를 믿고 열린우리당과 대립각을 세웠던 새천년민주당은 의석 9석의 미니정당이 되었다.

이 거대한 물결 앞에서는 김상현도 살아남을 수가 없었다. 역사는 되풀이되는지. 김상현은 1988년 제13대 총선에서 통일민주당에 잔류하여 그 후보로 출마하였다가 연세대 운동권 출신 김학민 평민당 후보와 각축하다가 민정당 후보 강성모의 당선을 치켜보아야 했다. 2004년 제17대 총선에서는 새천년민주당에 잔류하여 그 후보로 출마하였다가 전남대 운동권 출신 강기정 후보에게 당선의 자리를 넘겨야 했다. 결과적으로 김상현은 국회의원 선거에서 두 번의 엇박자를 낸 것이다.

정계 은퇴

제17대 총선 낙선 후 김상현은 노무현 대통령으로부터 민주평화통일자문회의 상임부의장 자리를 제안 받은 적이 있었다. 김상현은 노무현 대통령의 제안을 어떻게 해야 할지 가족들에게 물었다. 그러나 가족들은 모두 강하게 만류했다. 새천년민주당의 당세가 웬만하면 가도 괜찮겠지만, 당이 워낙 어려운 처지에 있는 시점에서 민주평통 부의장 자리를 수락하면 기회주의자로 낙인찍힌다는 판단이었다. 그는 가족들의 의견에 따랐다. 이로써 김상현의 정치 인생도 그 종착점에 좀 더 가까이 갔다.

2006년 7월, 설상가상으로 김상현이 한 부동산사업가로부터 정치 자금을 수수한 혐의로 기소되어 불구속 재판을 받는 일이 벌어졌다. 그는 애써 결백을 주장했지만, 이 사건은 정치인 김상현의 이제껏 살아 온 방식과 행동이 더 이상 통하지 않는다는 것을 확인해 주었다. 김상 현은 정치 입문 초기부터 돈에 대해서는 아주 소박한 생각을 갖고 있었 다. 이런저런 사람들이 제공하는 정치자금이 대가성 등 특별한 문제가 없다고 판단되면 냉큼 받아 어려운 후배 정치인이나 재야인사들을 도 와주는 데 모두 썼다. 곧 '가시가 있는 돈과 가시가 없는 돈'을 철저히 구별하여 좋은 일에 썼다는 것이 그의 주장이고, 그의 정치역정을 돌아 보면 그 주장이 크게 거짓은 아니었다.

그러나 김상현은 변하지 않았어도 세상이 변했다. 돈의 '가시' 여부를 판단하는 그의 단순한 '감별법'이 더 이상 통하지 않는 복잡한 세상이 된 것이다. 아무리 결과가 좋더라도 과정이 정의롭지 못하면 인정받기는 커녕 범죄로 단죄되는 세상이 된 것이다.

그나마 "받은 돈의 성격이 정치자금이라는 것에는 의심할 여지가 없 으나, 이중 상당 금액을 사회단체 활동비나 정치 활동비, 환경보호 활동 비로 쓰는 등 사회에 공이 크고, 그간 정치인으로서의 기여와 고령인 점 을 고려해 형의 집행을 유예한다"는 1심 재판부의 판결문이 그에게 다 소 위로가 되었을 것이다.

이 사건을 계기로 김상현은 모든 공적 활동에서 손을 뗴었다. 여기에 는 당연히 그의 완전한 정계 은퇴도 포함되어 있었다. 그리고는 역사, 사회, 문화, 환경, 체육 등 여러 분야에서 맡고 있었던 이런저런 단체의 직함들을 정리하는 일에 몰두했다. 당시 그가 맡고 있었던 단체의 장은 열여섯 개였는데, 이것을 정리하는 데만 무려 2년이 넘게 걸렸다고 한다.

20

풍운의 정치인,
황혼에 지다

20
풍운의 정치인, 황혼에 지다

"빨갱이들! 한잔 합시다"

2006년 4월 말, 정치에서 손을 뗀 김상현은 몇몇 일행과 함께 평양을 방문한 적이 있었다. 김상현이 문산에서 개성까지 평화 마라톤을 한번 해보자는 아이디어를 냈는데, 그 건을 추진하기 위해서였다. 김상현을 단장으로 장영달 의원, 송기인 신부 등 10여 명이 동행했다. 추진단을 응대하는 북측의 단장은 북한 외교관 중 가장 원로라고 하는 리종혁이었다. 리종혁은 김상현과 동갑내기였는데, 자기 아버지의 고향이 충남 아산이라고 하면서 고향 소식도 묻고 그랬다.

첫날 저녁 식사를 북측에서 내기로 해서 유명한 평양냉면 식당에서 마주하게 되었다. 테이블에는 25도짜리 평양 소주가 올려져 있었다. 소주를 조그만 소주잔에 따라 서로 덕담을 주고받으면서 마셨다. 김상현은 마신 술잔을 리종혁에게 넘기고, 다시 리종혁이 한 잔을 마신 후 김상현에게 넘겼다. 그랬는데 김상현이 받은 잔을 들더니 이렇게 말하는 것이었다.

"어이, 빨갱이들, 한잔 합시다!"

일순간 좌중은 싸늘한 분위기에 휩싸여 버렸다. 북측의 리종혁 일행도 그냥 뻣뻣한 표정이 되어버렸다. 그렇게 한 5분간이 흘렀다. 그런데 김상현은 또다시 "자, 빨갱이들, 한잔 하십시다"하고 연거푸 건배사를 하는 것이었다. 남측 일행들도 좌불안석이 따로 없게 되었다. 어이없는 표정으로 한참을 지켜보던 리종혁이 인상을 한번 쓰면서 말했다.

"상현 선생은 어떻게 할 수가 없구만요."

그러자 김상현이 고개를 들어 북측 인사들을 보면서 정중한 표정으로 천연덕스럽게 말했다.

"내가 뭐 실수했습니까? 아니, 여러분들이 과거에 빨치산 운동을 하느라고 정말 얼마나 고생을 많이 했습니까?"

그러자 리종혁도 김상현의 말을 받았다.

"아, 고생은 많이 했죠."

이렇게 해서 분위기가 확 풀어져 버렸다. 김상현은 리종혁에게 생년월일을 묻더니 "아, 우리가 그래도 위아래는 따지고 삽시다. 내가 생일이 조금 빠르니 동생이시고만" 하고는 그때부터 리종혁을 동생이라고 부르기 시작했다.

다음날 평양에서 한 시간 거리쯤에 있는 단군릉을 방문했다. 단군릉 방문은 리종혁 대신 주진구라는 최고인민위원이 안내 책임을 맡았다. 김상현은 주진구와 나란히 버스의 앞 좌석에 앉아 가는 동안 내내 이야기를 주고받았다. 한참이 지나자 김상현은 나이가 한참 어린 주진구에게 말을 턱 놓아버리고는 "야 임마, 고만하자" 이러는 식이었다. 6·25 전쟁 때 이야기도 스스럼없이 나눴다. 당시 함께 방북했던 장영달의 얘기다.

차를 타고 오다가 김상현 의장이 그랬다는구만. "야 임마, 비겁하게 쳐내려오려면 낮에나 내려와야지 잠자고 있는데 오밤중에 내려오는 놈들이 어디 있냐?" 6·25 전쟁을 밤에 일으켰다, 이거야. 그러니까 주진구가 또 이랬다네. "아이고 형님, 말도 마시오. 미군들이 평양을

얼마나 폭격해댔는지 우리가 다 죽을라다가 겨우 살았소." 그런 얘기
를 그렇게 서로 주고받으면서 단군릉 계단을 올라갔다네.

각별하게 아꼈던 문화예술인들

김상현은 천성적으로 예술적 기질을 타고난 사람이었다. 그런 기질은
아마도 어머니로부터 물려받은 것으로 보인다. 조상현, 안숙선, 김수현,
전정민 등 판소리와 남도민요의 대가들과는 매년 송년회를 같이 할 정
도였다. 어떤 대목에서는 소리꾼들보다 판소리에 대한 이해도가 더 깊
었고, 그 자신이 판소리를 아마추어 이상으로 할 수가 있었다. 김상현이
국회의원이 되기 전부터 교류한 명창 조상현은, "김상현은 판소리에 대
한 소질이 보통이 넘고 육자배기, 홍타령도 보통이 넘어서 서로 직업을
맞바꾸어도 될 뻔 했다"고 말했다.

그는 국회의원이 되어서도 문화공보위 소속으로 활동했고, 문화예술
인들과의 교류에 각별한 애착을 보였다. 김상현의 문화예술에 대한 사
랑은 단순히 판소리에만 국한되는 것이 아니라 영화, 문학 등 다방면에
걸쳐 있었다. 그와 교류한 사람들은 화가, 소리꾼, 배우, 문인 등 다양했
다. 1970년대 초에 김상현을 만나 생애 마지막까지 친구로 막역하게 지
낸 시인 신경림은 그의 첫인상을 이렇게 전했다.

첫 만남에서 그로부터 중요한 시국 얘기를 들으리라 기대했던 나는
실망했다. 시종 잡담이었고, 그것도 모자라 마지막에는 자청해서 술
상에 올라가 판소리 홍보가 한 대목을 뽑았다. 홍부의 장성한 아들이
아버지에게 장가보내달라고 호소하는, 조금은 외설적인 대목이었다.

사람들은 박장대소하였으나, 나는 웃지도 않고 어서 술자리가 파하기를 기다렸다. 끝날 무렵 화장실에 들러 나오다가 그와 마주쳤다.

"잠깐만, 신 시인!" 나를 불러 세우고는 얼마 전 내가 《다리》에 썼던 '산읍 기행'이란 시를 제목까지 대가며 잘 읽었노라고 했다. 내가 시집 『농무』를 내기 전이니, 나는 기분이 좋아져 정치인 중에 디제이 다음으로 당신을 좋아한다고 마음에도 없는 말을 해버렸다. 그도 기분이 좋았는지 부스럭부스럭 주머니를 뒤져 무언가를 손에 쥐어 주었다. "택시 타고 가랑께!"만 원짜리 수표였는데, 당시 내가 회사에서 받는 월급의 절반이나 되는 큰돈이었다. 도로 내밀자 극구 다시 넣어 주며 원고료의 '선불'이라고 둘러댔다.

그는 엄청난 영화광이었다. 새벽 한두 시에 들어와서도 비디오로 영화 한 편을 볼 정도였다. 그의 3남 김영호 의원은 자기 아버지가 한국 사람 중에서 영화를 제일 많이 보았을 것이라고 했다. 그는 영화를 보면서 자주 펑펑 울었는데, 특히 고아들에 관한 이야기가 나오면 그러했다고 한다. 고아처럼 살았던 어린 시절이 떠올라서였을 것이다.

그는 전남 장성 동향인 영화감독 임권택, 배우 장미희, 신성일, 코미디언 송해 등과도 가깝게 지냈다. 그는 신성일 등 자기의 지인인 배우들이 촬영하는 날 밤에는 아예 포장마차 한 대를 돈을 주고 영화 세트장까지 끌고 와 배우, 스텝들과 밤새 소주와 어묵을 먹으면서 놀 정도였다고 한다. 요즘으로 말하면 영화 세트장에 밥차를 대준 것이다. 문화예술인들 치고 김상현의 신세를 지지 않은 사람은 드물었다. 그는 사회적으로 출세한 사람들과 문화예술인들이 함께 자리를 갖게 되면, 항상 글을 쓰거나 그림을 그리는 돈 없는 사람들의 '가오'를 세워주고 별도로 챙겨주었다. 김상현과 가까이하면서 정치를 배웠던 장영달은 이렇게 증언한다.

후농이 병석에 누워계셨을 때 신경림 시인을 제가 뵈었어. 두 분이 서로 연세가 같고, 친하다고 그래. 김상현 의장님이 세브란스병원에 입원했다고 하니 깜짝 놀라면서, 그러면 우리 문인들이 제일 먼저 면회를 가 봐야 한다고 그래. 그래서 어째 후농이 작가회의 하고 가깝냐고 물었어. 그러니까 신경림 시인이 옛날에 민족문학작가회의를 만들었는데, 사실은 회원들이 모임을 좀 하려면 인사동 막걸릿집이나 해장국집에서 모이는데, 그때는 막걸리나 해장국조차 좀 여유롭게 살 수 있는 그런 작가가 안 계셨다고 하더라고. 그러면 그때마다 전부 김상현 의장이 뒷바라지해서 그 작가들이나 예술가들이 모일 수 있었다고 해. 그러면서 빨리 가봐야 한다고. 그 말 듣고 같이 병원에 갔더니 황석영 작가와 서승 교수님이 계시더라고. 황석영 작가도 신경림 선생이 말씀하셨던 것처럼 작가들이 어렵게 활동을 할 때 전부 뒷바라지를 하거나 같이 어울려 주고, 또 작가들이 어려움을 당하면 보호막 역할을 유일하게 정치권에서는 김상현 의장이 혼자 다 했다고 그러더라고.

천안소년교도소 공연

김상현은 문화예술계 인사들과 가까웠을 뿐만 아니라, 문화예술 관련 프로젝트에도 애착을 갖고 지원 활동을 벌였다. 1999년에는 서대문형무소 민족문화예술제 이사장으로 〈벽, 안과 밖〉이라는 공연을 기획하여 성공리에 마쳤다. 그 이듬해 초에는 그가 이사장이었던 있었던 한국청소년사랑회로 하여금 천안소년교도소 소년수들을 위한 공연을 기획하게 했다. 그는 이 행사에 매년 참석할 정도로 강한 애정을 쏟아 보였다. 그는 소년수들을 스스럼없이 '내 아이들'이라 불렀다. 그들의 불우

한 처지가 청소년 시절 그가 처했던 상황과 다르지 않은 데서 느낀 감정이입 때문이었을 것이다.

소년교도소 공연의 취지는 소년수들의 먹고 입는 것도 중요하지만, 정서적으로 결핍된 그들을 위로할 수 있는 자리를 만들어 보자는 것이었다. 이는 순전히 김상현의 아이디어였는데, 어렵고 험난하게 살았던 자신의 어린 시절의 기억이 없었으면 생각해 낼 수 없는 발상이었다. 그는 국회의원 선거를 앞둔 바쁜 와중에도 이 행사를 위해 현지답사를 하는 등 일사불란하게 일을 추진했다. 그리고는 최불암, 양택조, 김미화, 김명수 등 당대 유명 연예인들을 간곡히 설득하여 그 행사에 동참시켰다. 김상현이 아니고는 할 수 없는 일이었다.

그런데 그가 기획한 소년교도소 공연의 아이디어는 공연을 함께 추진하던 사람들조차 아연실색하게 만들고 말았다. 교도소의 소년수 1,100명을 모두 출연자로 만들자는 것이었기 때문이다. 교도소에 격리되어있는 그 많은 수를 출연시켜 본 적도 없거니와, 연기지도를 어떻게 할 수 있다는 말인가? 모든 사람이 다 불가능하다고 생각하는 것을 그는 눈 하나 꿈쩍 않고 밀어붙였다.

2000년 4월 15일, 마침내 3개월간의 노력 끝에 3천여 명의 관객 앞에서 소년수들의 새 삶을 노래하는 〈춤추는 별들〉이라는 뮤지컬이 천안 소년교도소 특설 야외무대에서 개막되었다. 이날은 제16대 국회의원 선거 공천에서 그가 탈락했다는 뉴스가 나온 다음 날이었다. 하지만 그는 전혀 아랑곳하지 않았다. 그는 한 손에 손녀를 안고 아들과 며느리를 대동한 채 함박웃음을 가득 띠며 입장하였다.

최불암, 김미화 등 인기 연예인이 소외된 삶의 그늘 속에 버려진 소년수들과 함께 어우러져 노래를 불렀다. 감동적이었고, 스펙터클도 대단했다. 공연이 끝날 무렵 공연장은 온통 울음바다가 되었다. 언론의 관심이 생각보다 크지는 않았지만, 일본 언론 등이 비상한 관심을 보이며 취재했다. 최불암은 이날의 공연을 자신의 연기 생활에서 흔치 않은, 지금도 여운이 가시지 않는 벅찬 감동이었다고 회고한다.

> 그 일을 회상하자니 김상현 씨는 황당무계한 사나이라는 생각이 든다. 그는 무슨 일을 하고자 했을 때 앞뒤를 재보는 조심성이나 계산 같은 것이 없는 듯이 보였다. 좋다 하면 갑시다! 하고, 갑시다! 하면 그걸로 끝이었다. 그리고 밀고 가는 것이다. 그렇게 할 수 있는 것은 그가 남다른 의지와 박진감, 대범함을 가지고 있기 때문으로 생각된다. 정치인은 저런 정도의 능력을 가져야 하는 것 아닌가, 하는 눈으로 그를 다시 보게 되었다. 김상현 씨와 함께 만들었던 공연이 내게는 불가능해 보였는데도 성공적으로 마칠 수 있었던 것은 그가 내 잠재력을 실질적인 능력으로 끌어올린 것이라는 생각을 하기도 한다. 그는 나 말고도 많은 사람들을 만나면, 만나는 이마다 그들의 잠재된 능력도 개발할 것이라고 믿는다.

체육계를 위한 봉사

김상현은 원래 체육과 관련이 깊은 사람은 아니었다. 그런데 어찌어찌하다 체육 관련 단체의 회장을 맡는 등 여러 인연을 맺었는데, 대한축구협회처럼 우리가 생각하는 그런 빛이 나고 폼이 나는 자리와는 전혀 거리가 멀었다. 어려워질 대로 어려워진 체육 단체가 사정사정하다시피 해서 맡게 된 자리였다. 그만큼 골치 아픈 현안들이 수두룩했다. 그런데도 김상현은 그런 일들을 조금도 귀찮게 생각하지 않고, 자신이 맡은 단체들의 발전을 위해 전심전력을 기울였다. 힘이 없어서, 인기가 없어서 기를 펴지 못하는 체육 단체를 도와주는 것이 정치인으로서의 사명이라고 여겼다.

1995년 김상현은 대한택견협회 회장을 맡아 봉사한 일이 있었다. 대한택견협회는 1986년 '민족 전통무예 택견에 미친' 이용복이 발족을 주도한, 역사도 짧고 기반도 아주 약한 단체였다. 그런데도 김상현은 그 단체의 회장을 덥석 맡았다. 원래 이용복으로부터 부탁을 받은 김학민이 회장을 맡을 만한 인사를 추천해 달라는 것이었는데, 영향력도 없는 단체의 회장을 누구한테 맡으라고 권하기가 미안한 나머지 덥석 본인이 맡겠다고 한 것이다. 그러면서도 그는 "나는 택견에 대해 아무것도 모르지만, 조금씩 배워가면서 한 번 열심히 해보겠다"며 겸손하게 자청했다.

그는 우선 시·도 협회장도 구하지 못해 공석이었던 서울시택견협회장에 유인태, 경기도택견협회장에 김학민, 인천시택견협회장에 박우섭을 앉히고, 당시 대한택견협회의 최대 숙원사업이었던 대한체육회 정회원 가맹을 추진하였다. 그래야 택견이 전국체전에 정식종목으로 참가할 수 있고, 대한택견협회도 정부 보조금을 받을 수가 있었다. 그런데 문제는 태권도 쪽의 반대 때문에 그 일이 쉽지 않다는 사실이었다. 하지만 김상현은 포기하지 않고 끈질기게 대한체육회장 김운용을 찾아다니며 졸라댔다. 김운용 회장은 그때마다 가맹 약속을 하고는 돌아서서는 모른 척하기가 일쑤였는데, 김상현은 귀찮은 내색 하나 없이 김운용을 더욱 찾아다녔다. 그리고는 몇 년이 걸려 마침내 가맹을 성사시켰는데, 김운용은 당시를 이렇게 회고했다.

무엇보다 나를 감명시킨 건 그 사람이 낙선 운동의 대상이 되어 힘들 때였는데, 다른 사람 같으면 택견이고 뭐고 나 몰라라 자기 살기 위해 안달일 텐데도 후농은 그렇지 않았습니다. 시민단체들의 낙선 운동이 벌어지던 어느 날, 후농이 택견 일로 나를 찾아와서 좀 의외였습니다. 내가 그때 당신도 참 대단한 사람이라고, 지금 이럴 정신이 어디 있느냐, 잘못하다가는 정치 인생 막을 내리게 생기지 않았냐고, 좀 비아냥거리면서 얘기했던 것 같은데, 이 사람 하는 말이 더 걸작입니다. "내가 정치하는 게 바로 함께 잘 살기 위해서인데, 자신이 한 약속도 하나 지키지 못하고 무슨 정치를 하냐?"고 그래. 내가 "그럼 지금 벌어지는 사태 때문에 낙선해도 좋으냐?"고 물으니 "무엇인가 내가 잘못을 했기 때문에 시민단체에서 그러는 것일 거고, 나를 돌아볼 기회며 솔직히 이번에는 자신이 없지만 그래도 자신을 믿어주는 단 한 사람을 위해서라도 열심히 해야 하지 않겠느냐?"고 하는 겁니다. 웃으면서 택견의 대한체육회 가입을 꼭 부탁한다며 말을 맺는데, 그거 안 들어줄 수가 없었습니다.

김상현은 1998년 1월 대한산악연맹의 회장으로도 추대되었는데, 여기서도 전력을 기울이는 모습은 똑같았다. 당시 연맹 사정은 그야말로 말이 아니었다. 재정 상황 하나만 하더라도 창립 이래 모아온 기금은 물론이고 문화관광부에서 자립 기금으로 적립해 준 돈까지 몽땅 소진하여 마침내는 사무실 전세 보증금까지 바닥낸 상태였다. 전국의 산악지도자들은 이 난국을 헤쳐 나가기 위해 순수 산악인보다는 재력가나 역량이 출중한 정치인을 모시자는 데에 의견을 모았는데, 이렇게 해서 만장일치로 추대된 사람이 바로 김상현이었다.

산악인들 일각에서는 현역 정치인으로는 가장 바쁘다고 소문이 난 사람이 과연 산악연맹 일에 얼마나 매달릴 수 있을까 해서 의구심을 갖는 사람도 없지 않았다. 그러나 그는 연맹의 주요 행사에 단 한 번도 빠진 적이 없을 정도로 열성을 다 바쳐 직을 수행했다. 당시 대한산악연맹 부회장이었던 이인정은 인터뷰에서 "그 양반은 무슨 일이든지 대충하는 법이 절대 없었어요"라고 몇 번을 거듭 강조했다. 그렇게 해서 연맹은 빚도 하나하나 갚아나가고, 히말라야 고산 등반, 청소년 등반경기, 교재발간, 안전대책 등 각 분야에서 기초를 새롭게 다져나갔다. 점차 뜻있는 산악인들이 전국적으로 동참하여 창립 이래 가장 왕성한 활동을 전개하게 되었다. 그런 활동이 평가를 받아 김상현은 아시아산악연맹 회장에 추대되기도 했다.

한 번은 세계 3위의 고봉 캉첸중가에 원정대를 파견한 일이 있는데, 그 자신이 해발 5천 미터가 넘는 베이스캠프를 직접 방문하여 대원들을 격려하기도 했다. 연맹의 간부들이 등반 경험이 부족한 사람은 고산병의 위험이 크다고 극구 말리는데도, 그가 고집해서 이루어진 일이었다. 그런데 대원들을 격려하고 인천공항에 돌아오자마자, 하산하던 대원들이 조난사고를 당해 세 명이 사망하는 사태가 벌어지고 말았다. 김상현이 즉시 현장으로 돌아가 사태를 수습하겠다고 주장하는 바람에 주위 측근들이 이를 만류하기 위해 무진 애를 먹어야 했다. 결국, 부회장 등 간부들이 현장으로 즉시 출발하는 것으로 했지만, 김상현은 사태수습 끝까지 전화통을 내려놓지 않고 현지와 계속 연락하였다.

김상현은 대한산악연맹 회장을 맡으면서 연맹을 대한체육회의 정회원으로 가맹시켜 정부 지원금을 받을 수 있게도 했는데, 김운용은 "도무지 불가능할 것 같은 산악회의 가입이었는데, 후농이 노력해서 이루어졌다"고 회고했다.

김상현과 돈

1996년 4월 11일에 치러진 제15대 국회의원 선거는 제15대 대통령선거를 1년 8개월가량 앞둔 선거였기 때문에 대통령선거의 전초전 성격을 띠고 있었다. 특히 제14대 대통령선거 직후 정계에서 은퇴했던 김대중이 정계 복귀를 공식 선언한 후 새정치국민회의를 창당하여 본격적으로 정치활동에 나섰기 때문에 향후 대권의 향방을 가늠해 볼 수 있는 선거이기도 하였다.

그러나 제15대 총선에서 새정치국민회의는 뚜렷한 성적을 거두지 못하였다. 김대중의 정계 복귀로 야당이 새정치국민회의와 민주당으로 분열된 가운데 치러졌기 때문이었다. 민자당에서 간판을 바꿔 단 신한국당은 34.5%의 득표율로 전체 의석의 46.5%인 139석을 차지하여 제1당이 되었다. 하지만 원내 과반수 의석에는 미치지 못하였다. 새정치국민회의는 79석을 차지하여 제1야당이 되었고, 김종필의 자유민주연합은 50석을 얻어 제2야당이 되었다. 통합민주당은 겨우 15석을 얻는 데 그쳤다. 이 선거에서 최대 승리자는 자민련이었다. 김대중의 '지역등권론'이 충청도 민심을 묶어버린 것이다.

이제 정국은 대선 국면으로 넘어가고 있었다. 그런데 1997년 1월, 재계 서열 14위이던 한보그룹의 부도를 발단으로 권력형 금융부정 사건이 터졌다. 부실 대출의 규모가 무려 5조 7천억여 원에 달하는 엄청난 규모여서 온 나라가 발칵 뒤집혔다. 무엇보다 이 사건이 국민적 공분을 산 것은, 천문학적 자금을 대출하는 과정에서 한보그룹과 정계·관계·금융계의 수뇌부가 유착하여 엄청난 부정과 비리가 행해졌기 때문이었다. 한보그룹의 총수인 '정태수 리스트'에 오른 정치인 33명이 소환되어 조사를 받았는데, 김영삼 대통령의 차남 김현철도 이 사건에 연루되어 구속되는 일이 벌어졌다. 그 외에 신한국당의 홍인길, 정재철, 황병태, 새 정치국민회의의 권노갑 등이 소환되어 조사받고 뇌물수수죄로 구속되었다.

이외에 여야 중진의원들과 전직 의원들도 줄줄이 불려가 조사를 받았다. 김상현도 이 사건과 관련해 조사를 받았다. 이미 언론에서는 신한국당 중진이 한보 리스트에 포함됐다는 기사와 함께 김상현 의원도 1억 원을 받은 것으로 보도하고 있었다. 그는 조사를 받기 전 성당에 가 신부에게 고백 성사를 보았다, 그리고는 다음 날 기자들에게 한보그룹으로부터 5천만 원을 받았다고 고백했다. 하지만 정치자금일 뿐 대가성은 없었다고 주장했다.

김상현은 검찰 조사를 받고 불구속으로 기소되어 재판을 받았다. 1심 재판에서 그는 5년 징역형을 선고받았지만, 1998년 10월 28일의 항소심과 대법원 최종심에서 연달아 무죄를 선고받았다. 재판부는 "국정감사 때 한보 문제를 거론하지 말아 달라며 피고에게 돈을 건넸다고 진술한 이용남 당시 한보철강 사장 등이 항소심에서 정치자금이라며 진술을 번복한 점, 피고가 돈을 받을 당시 대선후보 경선에 주력해 한보가 국감 대상에 포함된 사실조차 몰랐던 점을 고려할 때 대가성을 인정할수 없다"고 무죄 이유를 들었다.

김상현은 돈에 관한 한 원칙이 하나 있었다. 그것은 어떤 일이 있어도 남에게서 받은 돈을 자신의 축재나 가족의 이익을 위해 챙기지 않는다는 것이었다. "나의 왼쪽 주머니로 들어온 돈은 오른쪽 주머니에서 모두 나간다." 이는 그의 돈에 대한 철학이자 정치자금 운용의 원칙이었다. 정대철은 "후농에게는 '정거장'이란 별명도 있었다. 자신의 주머니에 있는 돈을 항상 주변 사람들과 나눠 쓰려고 해서 동료나 선후배들이 '김상현의 주머니는 정거장'이라고 농담을 했던 것이다. 후농은 함께 민주화운동을 했던 동지들을 만나면 꼭 '차비는 있느냐?' '가는 방향이 같으면 내 차를 타고 가라'고 했다"고 기억했다.

김상현은 빚을 내어서까지도 어려운 사람들과 정치를 위해서는 돈을 '탕진'했다. 그는 자기 한 몸을 치장하고 편하기 위해서는 결벽증처럼 한 푼의 돈도 쓰지 않았다. 제7대 국회 때 함께 국회의원을 지냈던 신경식은 이런 일화를 전한다.

> 하루는 술을 마시고는 2차로 우리 집에 와서 또 한잔하고 갔는데, 후농이 간 뒤 집사람 말이 "당신이 김 의원에게 구두 하나 사주시오. 현관에 벗어놓은 구두를 보니 내다 버려도 신을 사람이 없을 것 같아요"라고 합디다.

김상현이 정치를 하면서 돈에 얽힌 일들은 부지기수일 정도로 많았다. 우선 1972년 박정희가 유신에 협조하지 않는다고 감옥에 집어넣을 때의 명분이 뇌물죄였다. 그는 씀씀이가 컸다. 어려운 형편에 처한 사람을 보면 통 크게 자신의 지갑을 털어 줘버리는 일이 비일비재했다. 그러다 보니 항상 돈이 필요했고, 부족했다. 일찍이 김대중과 김상현을 물밑에서 도와왔던 박문수는 김상현과 돈에 얽힌 일화 하나를 소개했다.

> 후농이라는 분과는 평소 늘 가깝게 형님, 동생하고 지내는데, 저는 후농에게 '아, 나도 저렇게 살아야겠다'는 생각을 한 게, 항상 본인을 위해서가 아니라 남을 위해서 본인이 희생해요. 비근한 예로 "동생 급하네!" 하면서 돈을 얼마 만들어 시민회관으로 오라고 해요. 그래서

급하게 가면 어디서 많이 본 분들이 저쪽에 앉아 있어요. 거기서 나를 앉혀 놓고, 그분들을 저쪽으로 오라 해서 그 돈을 나눠줘요. 그러면 얼마나 화가 나는 줄 알아요? 아니 무슨 긴급한 상황이 있는 줄 알았는데, 나도 열심히 일해 벌어서 준 돈인데, 화가 나지요, 그리고 좀 역정도 나고. 그런데 그 사람들 간 다음에 후농이 뭐라고 하냐면, "이 사람아, 그 사람들이 우리같이 아는 사람한테 거짓말하고 사기라도 치는 것이 얼마나 다행이냐? 그 사람들이 모르는 사람한테 가서 사기 치다 큰집(감옥)에 가면 면회 가야 하고, 시간 뺏기고, 돈 들어가고 이중 삼중으로 고생이야. 왜 자네는 하나만 알고 둘은 모르느냐?" 고 거꾸로 나를 제압해 버려요.

2002년 8월 8일, 광주 북구갑 보궐선거가 끝나고 김상현은 선거법과 정치자금법 위반혐의로 광주지검에서 조사를 받았다. 조사 결과 김상현은 불기소 처분을 받았고, 같이 입건되었던 보좌관 강민구는 선거법 위반으로 기소되어서 벌금형을 선고받았다. 당시 김상현의 검찰 조사를 곁에서 치켜본 강민구의 회고다.

의장님이 조사를 받으시다가 갑자기 검사에게 "검사님, 골프 칠 줄 아시오?" 하고 물어보데요. 엉뚱한 질문에 당황한 검사가 "그걸 왜 물어보십니까?" 하고 되묻자, "검사님, 제가 잘못했소. 한 번만 봐주는 의미로 멀리건mulligan(골프에서 최초의 샷이 잘못되어도 벌타 없이 주어지는 세컨드 샷) 한 번만 주시오." 그 말 때문이었는지 검사가 정말 봐주셨어요. 아마도 검사가 봐도 그 돈이 개인용도로 전혀 쓰이지 않았고, 실정법으로는 좀 문제가 있을지 몰라도 명확하게 대가관계가 드러나지 않아 그런 결정을 내렸을 것으로 짐작하는데, 저는 구구하게 변명을 늘어놓지 않고 솔직하게 잘못을 인정한 의장님의 태도도 영향을 끼쳤을 것으로 봐요.

정치 50년, 남은 것은 빚잔치

김상현이 감옥에 들어가거나 낙선하면 제일 먼저 찾아오는 사람은 술집 마담들과 어깨들이었다. 그들은 막무가내로 집안에 들어와서는 "밥상 차려와라! 우리 죽어도 안 나간다!" 하며 누워버렸다. 김상현의 장남이 참지 못해 말다툼하다가 치고 박고 싸운 일도 있었다. 그다음은 꽃집에서 밀린 꽃값을 받으러 왔다. 1990년 한 해만 화환 빚이 천만 원이 넘었다. 가재도구에 압류 딱지가 붙는 날도 많았고, 빚 때문에 집이 넘어갈 위기에 처하기도 했다. 아내 정희원이 사업적 수완이 있어 갖은 고생을 해가며 한때 큰돈을 벌기도 했지만, 하루도 빚이 없는 날이 없을 정도였다. 그러하니 빚 때문에 부부싸움을 하는 일도 잦았다. 김학민의 증언이다.

> 1997년 중반인가, 당시 내 고교 동창 정덕구(김대중 정부에서 산자부 장관 역임)가 재경부의 기획관리실장으로 있었는데, 국회도 담당하고 있었어요. 그가 야당 중진으로 상임위 재경위원인 김상현 의원을 소개해달라고 해서 셋이 술자리를 했어요. 예의 김 의원의 성품대로 그 자리에서 둘은 형님, 동생 하며 난리가 아니었어요. 그리고 몇 달이 지나 정덕구를 만났는데, "야! 너 때문에 내가 죽을 지경이다. 김상현 의원이 국회의원 신분으로 신용대출이 가능한 금융기관에서 모두 3천만 원씩 대출받을 수 있게 도와달라는 거야. 제2금융권까지 30여 곳을

부탁했는데, 지금 20여 금융기관에서 대출을 진행하고 있다"고 하소연했다. 당시는 새정치국민회의 전당대회를 앞두고 '김상현 당총재, 정대철 대통령 후보'의 런닝메이트로 김대중과 맞붙을 때라 급하게 자금이 필요했을 거요. 몇 년이 지난 후 김 의원과 함께한 자리에서 슬쩍 그 '신용대출' 건을 물어보니 어물어물해버리더군요. 보나 마나 정희원 여사가 그 많은 대출금을 떠안아 해결했겠지요.

김상현은 평생 개인 통장을 가져본 적이 없다. 은행에 한 번도 가 보지 않았다는 말이다. 한 번은 그의 장남 김윤호의 회사에 세무조사를 나온 적이 있었다. 세무조사를 끝낼 즈음 세무서 공무원이 그에게 이런 얘기를 했다고 한다.

부친이 김상현 의원이시지요? 내가 사실 김상현 의원님의 금융 관련 자료를 다 뒤져봤습니다. 처음에는 정치인이니까 당연히 차명계좌가 있을 줄 알았어요. 그리고 김 사장님의 자금이 차명계좌로 들어갔을 거라고 확신했어요. 정치활동이 그렇게 왕성한 분인데 은행 통장이 하나도 안 나와서 우리는 틀림없이 차명계좌가 있을 것으로 생각하고 뒤져봤는데, 정말 10원도 없더군요. 내가 김상현 의원님 정말 존경하게 됐습니다.

김상현은 동지들에게는 아낌없이 돈을 주면서도 가족들에게는 대단히 인색했던 모양이다. 그의 삼남 영호는 평생 아버지로부터 제일 많이 받은 용돈이 30만 원이라고 했다. 장남 윤호가 운영하는 인쇄소에서 외상으로 홍보물 등을 인쇄해간 금액도 1억 원이 넘었는데, 끝내 갚지 않았다. 강민구의 회고다.

1992년 의장님이 제14대 국회의원에 출마했을 즈음, 장남 윤호 형은 인쇄업을 운영하고 있었어요. 그해 4월 총선, 5월 최고위원 선거, 그다음 해인 1993년 김대중 선생이 영국으로 간 후의 당 대표 경선 등 거의 해마다 큰 선거를 치르고 있어 저희 의원실은 홍보비용이 엄청나게 들어갔어요. 제가 홍보담당이었는데, 하루는 윤호 형이 찾아와 자기 회사 인쇄비 미결재금액이 1억 원이 넘는다는 거에요. 회사가 부도 직전이니 꼭 아버지에게 빚 좀 갚아달라고 말씀드리라는 거에요. 그래서 제가 의장님께 보고드렸더니, 눈을 감으시고는 사모님한테 대신 갚아주라고 "네가 얘기하라" 하고는 벌떡 일어나 의원실을 나가버리시더라고요. 방금 지구당의 당원 한 분이 오셔서, 농협에서 1천만 원 대출을 받아야 하는 데 보증 좀 서달라고 하니까 그 자리에서 바로 사인하셨거든요.

1997년 대통령 후보 경선 때인데, 김상현이 잘 아는 기업인으로부터 제법 큰 돈을 정치자금으로 받은 일이 있었다. 그것을 안 장남이 "아버지, 전의 외상 대금 1억 원을 안 갚아주시면 회사가 부도 처리됩니다. 아버지가 저한테 줄 돈인데 안 주시면 아들 망합니다"라고 하소연했다. 그는 마지못해 장남에게 달랑 5백만 원을 건네주고는 끝냈다고 한다.

장남 윤호의 회사는 결국 부도가 났고, 그는 신림동, 봉천동 지하방을 전전하며 살았다. 그런데 나중에 김상현은 그런 일이 있었는지 아예 기억도 못 하더라고 했다. 그리고는 "내가 그때 왜 그랬지? 진짜 미안하다"고 할 뿐이었다. 김상현이 유명을 달리한 후 그가 아내와 3남 1녀 가족들에게 남긴 현금자산은 단돈 1원도 없었다.

정치인에게 참모는 봉건시대의 가신과 같은 존재이다. 우리나라도 최근에는 정치 참모가 전문직업화 되었지만 불과 10, 20년 전까지만 해도 개인 간의 충성서약으로 맺어진 관계였다. 곧 참모의 운명은 주군인 정치인의 생각에 따라 순식간에 날아갈 수도 있는 비바람 속 종잇장 같은 존재였다. 그러다 보니 정치인은 참모의 처지를 고려하지 않고 자신의 기분대로 함부로 대해도 특별히 문제가 될 것이 없었다.

김상현은 참모를 쓸 때도 최대한 그들의 자존감을 훼손하지 않았으며, 자신으로 인해 참모들 간에 갈등이나 다툼이 발생하지 않도록 과도하리만큼의 배려를 잊지 않았다. 그것은 배려이기도 했지만, 웬만한 사람이라도 도저히 흉내를 낼 수 없는 아주 지혜로운 조직관리의 기술이기도 했다. 김상현을 오래도록 보좌한 강민구는 그가 참모들을 어떻게 배려했는지의 일화를 들려준다.

후농은 어느 때는 느닷없이 지갑을 빼서 저에게 주면서 "야, 너 누구좀 만나서 밥 좀 사 먹으라"고 그러세요. 그러면 처음엔 모르고 바빠죽겠는데 밥을 사 먹으라고 하시나 그랬는데, 그게 아니고 그 사람이 너를 자꾸 씹고 다니니까 네가 가서 밥도 같이 먹고 용돈도 좀 주고 오라는 뜻이었던 거죠. 그렇게 하고 오면 안 씹을 거 아녜요. 후농이 나중에 씩 웃어요. 그렇게 힘을 실어주는 스타일이세요. 저한테 "야, 누가 너 씹더라?" 이렇게 그대로 전달해 버리면 열 받을까 봐, 그 대안으로 지갑에서 돈을 딱 빼서 주는 스타일이세요. 제가 처음에는 지갑에서 어느 정도, 나중에는 좀 많이 뺄 거 아녜요? 그런데 후농은 많이 빼도 개의치 않아요. 내가 얼마를 빼도. 그래서 내가 그 사람 용돈을 쫙 주고 오면 완전히 힘이 실리는 거예요.

약관에 정치를 시작한 김상현,

그는 어린 시절 자신이 당한 아픔이
이 땅의 아픔으로 돌아와서는 안 된다는 각오로,
자신이 겪은 설움이 다시 다른 사람의 설움으로
되돌아와서는 안 된다는 다짐으로 평생을 살았다.

각오와 다짐으로 일관한 그 업이 무거웠을까,
그는 줄담배로 자기 속살을 태우며 살다가
홀연히 우리 곁에서 떠나갔다.
허공으로 사라진 그 담배 연기처럼.

작별의 의식

모든 공적 활동에서 손을 떼자, 정치 쪽에서나 사회활동에서나 적극적으로, 그리고 활발하게 임했던 김상현이었기에 허전함을 넘어 심리적으로도 우울증 비슷한 것이 온 것 같았다. 마지막까지 김상현과 자주 만났던 임헌영의 회고다.

> 김상현 의원은 불법 정치자금 수수사건인가로 재판을 받고는 사람이 아주 달라졌어요. 그 좋아하던 정치에 대한 미련도 없어지고, 민주화운동 그런 이야기도 안 해요. 정기 '으악새' 모임에서도 이야기도 안 하고, 술도 잘 마시지 않고 맨날 밥만 먹고는 빨리 집에 가겠다는 거예요. 모임에서 그렇게 웃기던 사람이 돌아가며 모두 이야기해도 절대 말을 안 해요. 어디 모임에 가서 축사를 시켜도 안 해요.

그러다가 병마가 찾아왔다. 의사는 뇌경색이라고 진단했다. 정확히 말하면 초기의 뇌경색은 이미 와 있었다. 임헌영이 관찰하였던 김상현의 그러한 행동은 우울증이 아니라 초기 뇌경색의 증세였던 것이다. 그는 뇌경색으로 행동이 자유롭지 못하여 병원에 입원하면서 아내와 자식들에 대한 회한을 많이 토로했다. 가정을 너무 등한시해서 가족들을 고생시켰다고 하며 병상에서도 아내의 손을 꼭 쥐고는 놓으려 하지 않았다.

> 남편은 뇌경색으로 쓰러지고 나서 후회를 많이 했어요. "당신 돈 다 빼 쓰고, 돈 한 푼 못 해주고 고생시켰다"고. 병원에 있을 때는 내 손을 몇 개월 동안 거의 놓지 않아, 내가 보조 침대에서도 못 자고 환자

파주시 소재 '김해김공 상현' 묘역

옆에 거의 앉아 있다시피 했어요. 두 가지를 생각하는 거예요. "죽을 때 같이 죽자. 같이 갈래?" 그러다가도 애들한테는 "네 엄마 고생 많이 했으니까 잘 해 드려라"고. 죽음 앞에서 초조해하면서도 고생시킨 걸 너무 가슴 아파했어요.

김상현은 2018년 4월 18일, 파란만장한 83년의 삶을 뒤로하고 영면에 들었다. 임종이 임박했을 때, 김상현이 아내 정희원에게 "당신과 평생을 함께 살아서 너무 즐거웠고 행복했다"며 가까스로 마지막 인사를 건네자, 정희원은 김상현의 귀에 입을 가까이 대고 속삭이듯 물었다.

"그런데 왜 그렇게 내 속을 썩이셨어요?"

60여 년의 기나긴 세월 동안 서로 사랑하며 미워하며, 밀어주고 끌어주고, 부부로서 동지로서 굳건하게 숱한 간난의 고비들을 넘겨왔던 두 사람의 '작별의 의식'은 그렇게 끝났다.

지금까지 김상현이라는 한 정치인이 살다 간 83년의 파란만장한 삶을 소환해 보았다. 1980년대 전반기 우리 민주화의 역사에 그가 남긴 업적은 결코 작지 않다. 김대중·김영삼이라는 양대 지도자가 민주화라는 한 배에 타고 있으면서도 갈등과 반목으로 접점을 찾지 못하고 있었던 때, 그가 아니었다면 그들을 접합시킬 수 있었을까? 그가 아니었다면 제12대 국회의원 선거라는 일대 호기好機를 맞아 바위의 조그만 틈새 속에서 강렬하게 움트는 민주화의 기운을 포착하고 이를 대담한 발상과 추진력으로 밀어붙여 군부독재의 아성에 커다란 균열을 낼 수 있었을까?

김상현은 한국 현대 정치사의 중요한 고비에서 분명 일인극一人劇이라 할 만큼 찬란한 불꽃을 내뿜으며 역사의 수레바퀴를 돌렸다. 그럼에도 그는 살았을 적에나 유명을 달리한 후에나 제대로 평가받지 못한 존재였다. 그렇게 된 데에는 그를 둘러싼 외적 환경 탓도 있겠고, 내적 한계에서 비롯된 부분도 있으리라. 저간의 사정이야 어찌 됐든 명백한 것은 그에 관한 역사적 조명이 꼭 필요하다는 것이다. 한 개인의 기념사업 차원이 아니라, 민주화의 역사를 온전하게 복원하는 차원에서 그렇다는 것이다.

이 책의 중심이 된 테마는 김대중과 김상현, 두 사람이 함께 걸어갔던 한국 현대 정치사의 굴곡진 신작로 길이다. 두 사람은 수십 년 동안 한국 정치사를 주름잡았던 한 세력의 1인자와 2인자로서, 때로는 친형제보다 더 끈끈한 우의로, 때로는 이혼한 부부 사이처럼 틀어진 관계로 한 시대를 걸어갔다. 두 사람이 만났을 때 역사는 이루어졌고, 두 사람이 헤어졌을 때 역사는 굴절되었다.

리더십 이론의 대가인 미국의 제임스 M. 번즈와 버나드 M. 바쓰는 지도자의 유형을 '거래형 리더십Transactional Leadership'과 '변혁형 리더십Transformational Leadership'으로 나눈 바 있다. 거래형 리더십은 구성원들에게 적절한 보상조건을 제시하면서 동조와 지지를 얻어내는 리더십이다. 이는 주로 중재, 조정, 타협의 기술을 통해 실현된다. 반면에 변혁형 리더십은 구성원들에게 높은 수준의 욕구를 자극하고, 그들의 신념과 가치체계의 변화를 이끌어 궁극적으로 조직의 발전을 추구한다. 이는 카리스마, 지적 자극, 고무적 동기 등을 통해 실현된다.

민주화 과정에서 김대중·김영삼은 변혁형 리더십, 김상현은 거래형 리더십의 전형이었다. 그런데 지금까지 한국 민주화를 이끈 리더십의 모습은 치열한 투쟁과 희생, 그리고 탁월한 카리스마의 변혁형 리더십의 이미지로 주로 기억되고 있다. 반면 거래적 리더십이 수행한 역할은 경시되어 온 경향이 많았다. 기껏해야 '사쿠라', '모사꾼' 같은 용어로 치환되어 민주화에 걸림돌이 된 것처럼 인식되기도 했다.

그러나 우리는 김상현의 삶을 통해 다른 유형의 리더십이 수행한 한국 민주화 과정의 또 다른 면을 볼 수 있다. 그의 리더십은 특히 이해관계가 충돌하는 세력 간의 중재를 위한 거래 협상 능력에서 돋보였다. 1971년 신민당 대통령 후보 경선대회는 말할 것도 없고, 1980년대 전반기의 민추협 결성과정에서 서로 불신이 팽배한 김대중계와 김영삼계를 접합시키는 중재의 기술이라든지, 신민당 창당 과정에서 민추협과 비민추협 세력 간의 반독재 연합전선을 이루어내는 과정은 주로 김상현에게 크게 빚진 것이었고, 이는 김대중·김영삼의 리더십만으로는 이루기 힘든 결과물이었다.

결국, 그 국면에서 상반된 두 유형의 리더십이 서로 보완적 협력과 상호작용을 통해서 민주화를 진전시켜 왔음이 명명백백했던 바, 우리는 이러한 발견이 대단히 중요한 지점이라고 생각한다. 사실 김상현은 김대중계의 '불안정한 2인자'에 불과했다. 그런데도 그가 역사적 소용돌이 속에서 거대한 정치판을 움직일 수 있었던 것은 그의 자질과 역량이 시대적 요구에 부합되었기 때문이다.

당시 끓어오르는 반독재 민주화운동의 열망에 부응하기 위해서는 김대중계와 김영삼계의 연합이 필수적이었는데, 당시 양대 계파는 오랜 불신과 반목 때문에 화학적 결합은 물론이고 물리적 접합도 어려운 상황에 있었다. 이런 조건 속에서 시대는 김상현의 리더십을 필요로 했고, 김상현은 자신의 가치를 발휘할 수 있었다.

우리의 현대 정치사 속에는 많은 '2인자 리더십'이 출현했다. 그중에서도 가장 대표적으로 거론되는 인물은 아마도 김종필, 노태우일 것이다. 김상현도 그중 하나이다. 이들은 모두 1인자의 그늘 밑에서 정치적 자율성을 획득하기가 무척 힘들었다는 공통점을 갖고 있다. 그런데 결과는 각각 달랐다. 김종필은 1인자인 박정희에게 잠재적 도전자로 찍혀 끊임없이 견제 받아 정치적 꿈을 좌절당했다. 반면에 노태우는 독자적인 정치 프로젝트나 계보를 형성하지 않고 철저히 종속적인 자세를 견지했기에 그는 1인자에게 견제 받을 일이 없었고, 결과적으로 권력을 승계 받았다.

김상현은 김종필처럼 독자적 계보를 거느리면서 김대중의 정치적 지위에 도전할 수 있는 대체재는 아니었으나, 노태우처럼 철저히 종속적으로 행동하는 유형도 아니었다. 그는 김대중의 참모였지만, 그로부터 정치적 자율성을 획득하기 위해 부단히 시도하고 노력했고, 김대중으로부터 일정하게 독립적인 위치에서 독자적인 정치구상을 추진해 나갔다.

1985년 김대중계와 김영삼계의 합작으로 야권이 총선에서 승리함으로써 정치 상황이 크게 변화되었을 때, 김상현의 리더십은 급속히 쇠퇴한다. 여기에는 김대중의 견제 탓도 있었지만, 김대중과의 갈등관리 실패나 불철저한 정세 인식과 입지설정 등 자신의 내적 한계에서 비롯되기도 했다. 카리스마적 리더십을 중심으로 돌아가는 한국 정치의 시대적 추세 속에서 김상현 스타일의 리더십이 더 이상 각광 받지 못한 환경 요인 탓도 있겠다. 그 후 여러 번의 정치적 부침이 있었지만, 김상현은 적어도 역사적 무대에서는 주역을 맡을 수 없었다.

김상현의 리더십이 좌절되어 나가는 현상은 한국 정치에서 하나의 불운이다. 반대 세력과의 대화와 타협, 설득과 조정의 리더십보다는 카리스마적 지도자의 리더십을 중심으로 정치세력이 동원되고 만들어지는 '정치적 편식증'에 걸린 한국 정치의 문제점을 대변하기 때문이다. 이는 민주화 이후 거의 모든 정부에서, 정치가 진영논리의 바탕 위에서 합의적 통치보다는 격렬한 대결을 수반한 다수결 지배의 형태로 나타나는 원인이 되기도 했다.

상대에 대한 편견과 혐오에 기반한 정치가 만연해 있는 오늘날의 한국 정치에 김상현의 정치 역정은 많은 교훈을 던져 준다. 정치는 공존공생의 게임이다. 휴머니즘을 동력으로 한 김상현의 정치력은 군사독재의 엄혹한 상황에서도 일정 정도 정치의 사회적 기능과 자기 역할을 할 수 있었다. 그가 결코 녹록치 않은 여건에서도 역사의 수레바퀴를 돌릴 수 있었던 동력의 근저에는 사람에 대한 사랑, 곧 휴머니즘이 있었다. 그는 자신을 박해한 사람, 정치적으로 궁지에 몰아넣은 사람까지도 좋게 말하고 끌어안았다.

그런 의미에서 김상현은 정치인이면서 총체적으로 인문주의자였다. 고은 시인의 시 〈김상현〉은 정치인이면서 인문주의자인 김상현의 총체성을 압축한다. 이 시는 그의 삶 83년을 압축 묘사함에 있어 보탤 마디도 덜어낼 구절도 없는 김상현의 행장行狀이다. 노시인의 절창으로 이 책의 대미大尾를 장식할 수 있음은 저자들로서 큰 행운이다.

산에 올라 허공을 만나라
배포가 크기보다
배포가 터져 허공이었다
내려오면
4통 5달이라

그는 이미 여기저기 가 있다

전갈보다 더 미워하는 사람조차도
덥석 껴안아
끝내 사랑하게 만드는 사람

그러나 그는 죽어가는 사람과도 화해하고 타협한다
그 타협은 투쟁보다 찬란하다

본질적으로 여당 야당이 없는 사람
그러나 바람잔 적 없다
세찬 바람
듬뿍 받아
돛폭 팽팽한 사람

부모 잃은 소년시절부터
오직 정치의 꿈 부풀어
20대 국회의원 이래

바람잔 적 없다
바람잔 적 없다
이상한 일이다
감옥 5년이야
그렇다 쳐도
3공 5공 17년 공백 지나도록
그는 내내 현역 정치가였다
결혼식 신부 반지도 금은방에서 빌려다가 끼워주고
첫날밤을 청진동 허술한 여관에서 보낸 이래
그는 내내 현역 정치가였다
저 밑바닥 진흙탕에서 솟아오른 한 마리 이무기 같은 늙은 용 같은

— 고은,『만인보』12권, 〈김상현〉, 1998, 창비

후농 김상현 선생을 말한다

그는 타고난 정치인이었다

김덕룡(전 국회의원, 정무제1장관)

인간적인 너무나 인간적인, 대한민국의 마당발 하면 떠오르는 사람이 몇 있다. 유신 초기 최초의 희생자로 중앙정보부에서 고문치사 당한 최종길 교수의 동생 최종선이 이수성 총리의 5천 1번째 동생이라는 이야기가 있다. 그분이 미국에서 이수성 총리에게 편지를 보냈는데, 이수성 총리에게는 하도 따르는 사람이 많고 형님, 동생 하는 사람도 많으니 아예 자신은 5천 1번째 동생으로 하겠다고 편지에 썼다는 것이다.

이수성 총리도 세상이 다 아는 마당발인 것은 맞다. 그렇지만 후농 김상현이야말로 그에 못지않은 마당발이라고 나는 생각한다. 양적으로도 그렇고 어울리는 사람의 성향이나 분야도 너무도 넓고 다양한 게 후농 쪽이다. 생전 그의 인명록에는 3만여 명의 이름과 전화번호가 빼곡하게 적혀 있었다는 얘기를 들었다. 생전에 후농 댁의 아침상에는 보통 너댓 사람, 많을 때는 스무너댓 명까지 모여서 함께 식사할 때가 있었고, 그의 고향 장성 사람 중에 후농 집에서 묵고 자고 먹고 간 사람이 고을마다 스무 명이 넘는다는 것이다.

이러한 폭넓고 다양한 교류 탓에 때로는 '잡놈' '양아치'라는 소리도 들었지만, 후농은 그런 뒷말에 조금도 개의하지 않았다. 처음부터 후농은 내가 아닌 이웃을 위한 마당발, 이웃과 함께하는 마당발이었다. 후농은 부탁하면 거절하지 못하는 사람이었고, 내가 필요하면 나를 마음 놓고 이용하라고 대놓고 말하는 사람이었다. 황당무계한 일로 보이는 것도 나서서 추진하여 되게 만드는 사람, '좋다' 하면 '갑시다' 하며 함께 어깨동무부터 하는 사람이 후농 김상현이었다.

육자배기, 홍타령, 테니스, 바둑에 환경운동 등 그와 닿지 않고 그의 손을 빌리지 않은 분야가 있을까. 그처럼 후농은 종횡무진 인간적인 너무나 인간적인 마당발이었다. 돈 없는 문인들의 술값을 내는 것도 그였다. 그래서 그가 없는 오늘이 매우 삭막하다.

출기불의出奇不意의 정치 감각

그렇지만 그 무엇보다도 후농 김상현은 타고난 정치인이었다. 사람은 정치적 동물이라는 격언이 오래전부터 있어 왔지만, 그것은 바로 후농에게 적용되는 말이었다. 그의 일거수일투족이 바로 정치적이었고, 누울 때나 걸을 때나 후농이 생각하는 것이 정치였다. 적에게도 친화의 손길을 내미는 걸 주저하지 않았고, 적으로부터도 존경과 사랑을 받았던 정치인이 후농이었다. 그래서 후농은 만나는 사람마다 나름의 일화를 모두 갖게끔 하였다.

후농의 정치 행각은 다른 사람이 미처 생각하지 못하는 출기불의한 것이 많았다. 그가 30대 초반에 국회의원이 되는 과정도 출기불의였지만, 그가 국회의원이 되어서 첫 번째로 한 일도 출기불의한 일이었다. 그가 국회의원으로 맨 먼저 한 일이 1968년 40여 일 동안 일본의 대마도에서 북해도까지 종단하면서 재일교포 5천여 명을 만나 그들의 처참한 생활상을 조사하여 〈재일교포 실태조사 보고서〉를 작성, 국회에 제출한 것이었다. 어느 학자도 엄두를 못 낼 정도의 현장 감각과 자료를 가지고 재일교포의 실태를 파헤친 이 보고서는 뒤에 『재일한국인』이라는 한 권의 책으로 출판되는데, 이는 오늘에 이르기까지 교포연구에 필수적인 고전이 되었다. 이 책을 읽은 박정희 대통령이 당시 경제기획원 장관이던 김학렬로 하여금 5천 권을 구매케 했다는 것이 이제는 전설이 되었다. 그 대금으로 받은 당시 돈 6백만 원으로 후농은 《다리》라는 월간 종합지를 발간한다. 당시 그 《다리》가 《사상계》를 대신하는 당대의 비판적 월간지였음은 아는 사람은 다 안다.

출기불의한 그의 행동은 보다 적극적인 정치행태로 나타난다. 1969년 32세의 국회의원으로서 감히 박정희 대통령과 유진오 당수와의 영수회담 추진 작업에 나선다. 이후락 비서실장과의 다섯 번에 걸친 전화 끝에 대통령을 만나 영수회담을 권고하는데, 박정희 대통령도 후농의 담대하고도 당돌한 정치력에 높은 관심을 보였다는 것이다. 결국, 영수회담을 하면 사쿠라가 되는 길이라는 세상의 평판이 두려워 이 영수회담은 끝내 이루어지지 않았지만, 김상현이라는 청년 정치인의 인상은 박정희 대통령의 뇌리에 깊이 각인되었던 것 같다. 이때 박정희 대통령은 자신이 장기집권해서 국민의 기본권을 유린한다면 정치인인 당신이 극한 투쟁을 하라는 말까지 했고, 후농은 뒷날 법정의 최후 진술에서 이 같은 박정희의 발언을 공개했다.

박정희 대통령이 서거한 10·26사태 때에도 후농은 직접 청와대 빈소를 찾아가 가택연금 중인 김대중 선생이 조문을 오고 싶어 하니 가택연금을 풀어달라고 요구한다. 당시의 상황을 좌지우지하던 계엄 당국이 가택연금을 끝내 풀어주지 않아 김대중 전 대통령의 박정희 대통령 조문은 불발로 끝났지만, 뒷날 알려진 바에 의하면 조문요청은 김대중 선생의 뜻이 아니라 후농의 독자적인 제안이었다는 것이다. 계엄 당국이 허락하면 김대중 선생을 설득하여 후농 자신이 밀어붙이려 했다는 것이다. 후농의 정치적 감각이나 실행력은 이처럼 예측과 상식을 뛰어넘고 또 타의 추종을 불허하는 것이었다.

동교동의 벽을 넘어서

그러나 후농 김상현의 정치역정 가운데 가장 빛나는 것은 뭐니 뭐니 해도 1984년 민주화추진협의회의 결성과 1985년 2월 총선에서 선거혁명을 이룩한 일이었다. 나 역시 그 역정에 후농과 함께 한 동행자였음을 지금도 자랑스럽게 생각하고 있다. 1983년 5월 18일, YS의 무기한 단식 투쟁을 계기로 국내의 YS와 미국에 있던 DJ의 연대투쟁이 비로소 가시화되기 시작하여 그해 8월 15일의 공동선언으로 나타났다. '서울의 봄'이라고 불렸던 1980년 봄, 온 국민이 열망하던 민주화의 길에서 YS와 DJ가 하나 되지 못해 민주화의 길을 멀게 했고, 또 광주의 비극을 가져오게 한 데 대한 사죄와 함께 앞으로 하나 되어 민주화 투쟁의 길에 매진하겠다는 약속을 공개 선언한 것이다.

그러나 동교동계에서 이 다짐과 약속을 실제 적극적으로 이행한 것은 DJ가 아니라 후농이었다. 야당의 양대 산맥이었던 동교동계와 상도동계가 모처럼 하나 되어 민주화 투쟁의 길로 나아갈 수 있도록 동교동계를 이끌고 길을 내며 대표한 것이 후농이었다. 당시 그의 활동은 눈부신 것이었으나, 동교동계 안에서는 무척이나 힘든 도전이었다. 후농이 아니면 그 누구도 할 수 없는 일이었다. 그러나 그는 힘든 내색 하나 없이 언제나 시원시원했다.

솔직히 말해서 1970년대 이래 민주화 투쟁의 중심은 야당보다는 재야 쪽이었다. 선명 야당이었을 때는 가까스로 주도권을 갖기도 했지만, 중도통합론이다 뭐다 해서 선명성이 무너졌을 때 야당은 독재정권의 들러리에 불과했던 것이다. 야당과 정치인이 민주화 투쟁의 구심이 되어 그 중심에 서기 시작한 것은 민주화추진협의회의 결성에서부터였다. 1985년 2·12 총선에의 참여 결정, 민청학련사건 때의 사형수 이철 등을 내세워 선거혁명을 이룩한 일련의 과정에서 그 중심역할을 한 것이 후농이었다.

당시 재야 정치권은 민주세력이 총선에 참여하는 것은 독재 권력의 합리화만 시켜주고 보나 마나 패할 것이기 때문에 총선에 참여해서는 안 된다고 주장했고, YS까지도 처음에는 재야의 의견을 존중하는 입장이었다. 나는 후농과 함께 이 총선을 민주화의 계기로 만들자고 합의하고 '선거투쟁'이라는 명분을 세워 YS와 재야를 함께 설득하여 위대한 선거혁명을 성취하였다. 그리고 그 이후 1987년 6·29선언에 이르는 장엄한 민주화 투쟁의 대장정을 이끌었던 것이 민추협 의장 YS와 의장권한대행 후농 김상현이었다. 우리는 그때 후농을 '권한대행'이라는 말을 빼고 '의장'이라고 불렀는데, 아마도 후농도 자신의 일생에서 '의장'으로 불리었던 것을 가장 자랑스럽게 생각했을 것이라고 나는 믿는다.

그러나 거기까지였다. 그렇게 쟁취한 민주화 시대의 첫 대통령 선거를 앞두고 YS와 DJ는 갈라섰고, 그 첫 대통령 자리가 양김 분열의 어부지리를 얻은 노태우에게 돌아갔다. 지루하게 계속된 협상 과정 마지막에 YS는 DJ가 요구해 온 모든 조건을 수락하면서 최종적으로 당내 경선을 제의했지만, DJ가 끝내 신당 창당과 자신의 대통령 후보 출마를 공식 선언하면서 후보 단일화는 물 건너가고 야권은 분열되었다. 이 모든 과정을 두 눈으로 지켜본 후농은 DJ를 따라가지 않고 통일민주당에 남았다. 분열의 길에 차마 동참할 수 없었던 것이 후농의 양심이었다. 그렇지만 이것이 동교동계에서 배신자로 낙인 찍히는 빌미가 된다.

끝내 맘껏 펴지 못한 정치력

후농과 김대중 선생의 첫 만남은 그가 열아홉 살 때였다고 한다. 한영고등학교 졸업반이면서 대한웅변협회 학생부장으로 있을 당시 김대중이 북창동의 어느 예식장에서 이 협회의 부회장으로 취임식을 가졌을 때 첫인사를 했다. 그것이 인연이 되어 1년이 지날 무렵에는 '형제간'으로 통하게 되었고, 상당 기간 둘이만 만나면 서로가 호형호제했다고 한다. 후농을 정계에 입문시킨 것도, 국회의원이 될 수 있도록 야당 공천을 주선해 준 것도 그 김대중이었다. 후농에게 있어 김대중은 가장 많은 교훈을 준 사람이었고, 바른길로 가게 하는 감시자이자 지도자였다. 후농은 언제나 김대중을 실망시키지 않으려고 눈치를 보며 살아왔다. 후농은 김대중을 뛰어넘을 수도, 벗어날 수도 없는 사람이었다. 그러나 후농 김상현의 기상천외하고 줄기불의하며 자유분방한 활동이 때로는 김대중의 심기를 건드리기도 했던 것으로 보인다.

1997년의 대통령 선거를 앞두고 후농은 정대철, 김근태 등과 새정치국민회의 대통령 후보를 국민경선을 통하여 결정할 것을 주장했다. 뒷날 국민경선제는 정치개혁의 촉발제가 되었지만, 당시로는 생소한 주장인 데다 당에서 절대적인 영향력을 가진 김대중에겐 도전으로 비쳐졌던 것이다. 이러한 일련의 행보가 김대중의 눈에 거슬렸던지, 후농은 2000년 총선에서 당의 공천을 받지 못했다. 하향식 밀실 공천이 낳은 결과였다. 결국, 후농은 그가 가장 사랑했고 자신의 손으로 키워 온 당을 떠나야 했다. 그가 가장 믿고 존경했던 김대중과 당원동지들과도 헤어져야 했다. 그러나 그는 김대중을 비난하는 대신 '물구나무를 서서라도 국회에 입성하겠노라'며 후일을 기약했다. 그는 끝까지 김대중을 존경하고 따랐다.

나는 지금도 가끔 후농이 YS와 모든 행보를 같이했더라면 더 빛나고 훨씬 큰 족적을 남기지 않았을까 하는 생각을 한다. 후농은 YS와 함께 민주화추진협의회 결성 이후 1주일에 한 번 이상을 만났다. 어떤 때는 다섯 번 이상을 만났다. 후농은 YS가 남의 얘기를 경청하는 자세, 자신에게 엄격하고 남에게 관대한 태도, 그리고 YS의 결단력과 순발력을 높이 평가했다. 뿐만 아니라 후농이 YS의 지갑을 털면 YS는 기꺼이 거기에 응했고, YS는 후농의 정치력과 그 판단력을 존중했다. 후농은 일생을 살아오면서 몸으로 쓴 정치철학이랄까, 많은 어록을 남겼다. 생각나는 대로 적어보자면 대체로 이런 것들이다.

- 적으로부터도 존경을 받을 줄 아는 정치인이 진짜 정치인이다
- 가능한 한 남의 장점만 보라.
- 적을 상대하더라도 진실로 대하라는 것이 평소의 내 생활신조이다.
- 남을 원망하기보다는 내 탓을 먼저 살펴라.
- 전투는 백번 지더라도 전쟁은 이겨야 한다는 것이 내 인생을 살아가는 신조다.
- 4년 3개월, 감옥에 있는 동안 단 한 번도 누구를 증오해 본 적이 없다.
- 정치는 예술이다. 좋은 시나리오, 좋은 배우, 좋은 무대만 있으면 관객에게 꿈과 희망을 줄 수 있다.
- 항복을 받기보다는 항복하는 삶 속에 웃음과 평화가 있다.

- 협상은 자유스럽게 하되, 원칙은 협상의 대상으로 삼을 수 없다.
- 정치에서 얻은 것만 있지 잃은 것은 없다. 정치는 내 생활이기 때문이다.
- 나에게는 포기가 없다. 최악의 경우에도 가능한 길을 찾는다.

나는 우리 정치학자들이 80년대 민주화운동 과정에서의 결정적 역할을 했던 민추협과 2·12 총선에 대해 좀 더 깊이 연구해야 한다고 생각한다. 그 당시는 언론이 제대로 보도할 수 없는 기록의 암흑기이기 때문에 더욱 그렇다. 만일 민추협과 2·12 총선이 제대로 연구된다면 김상현의 민주화 과정에서의 빛나는 역할은 훨씬 높이 평가받으리라고 확신한다.

1987년 대선 패배는 '역사적 범죄'

이부영(전 국회의원, 열린우리당 의장)

1975년 동아 기자 위해 동분서주

1975년 4월, '동아일보 자유 언론 운동'에 따른 백지 광고사태 이후 동아 기자들의 대량해직 사태를 그대로 보고 있을 수 없어 후농 선배가 앞에 나섰다. 동아일보와 동아방송에서 자유 언론의 알짜배기 기자·피디 160여 명이나 쫓겨나면 동아의 자유 언론 맥이 끊어진다고 보고 나섰던 것이었다. 후농은 동아일보 김상만 사주의 큰아들인 김병관과 막역한 술친구였다. 그를 설득하고 있었다. 그와 동시에 당시 동아방송의 보도국장 김진현과도 친한 사이여서 사주를 설득하는 데 김병관을 돕도록 요청했다. 당시 김진현은 사주 측 입장에 서서 축출된 기자들에 대해 가장 강경한 세력의 중심인물이었다.

후농이 나를 만나자는 전갈이 왔다. 자신은 김병관에게 이부영 등 3~4명의 강경파를 제외하고 나머지 기자·피디들은 다시 돌아오도록 하는 것이 동아를 다시 살리고 자유 언론의 맥을 잇는 길이라고 얘기했다는 것이었다. 나는 김진현이 만나자고 해서 만났다가 대판 다투고 헤어졌던 사실도 이야기해 주면서 동아 사주가 후농의 제안을 받아들이기 어려울 것이지만, 소수를 제외하고 160여 명을 복직시킬 수 있다면 추진해보는 것도 나쁠 것 없다는 내 의견을 말했다.

후농은 웃으면서 "자네 같은 (빨)갱이들은 좋은 친구들을 위해 희생 정신을 좀 보이는 것도 좋아!"라고 농담했다. 나는 그 제안에 회의적이었다. 객관적 조건으로 보자면 그와 같은 극적인 반전은 가능해 보이지 않았다. 우선 인혁당 재건위 사건 사형선고 피고인들이 대법원 선고 18시간만인 1975년 4월 9일 새벽에 전격 집행되었다. 더욱이 4월 1일부터 수도 사이공이 베트콩의 직접 공격을 당하는 등 베트남전의 상황이 악화함으로써 국내 분위기도 민주화운동 세력에게 불리하게 전개되고 있었다.

이 제안이 성사될 수 있으려면 동아 사주 측이 박정희 정권, 구체적으로는 동아의 광고사태를 야기했고, 동아 언론인들을 대량해직시키는 데 배후 노릇을 한 중앙정보부와 상의해서는 안 되리라는 각오를 해야 한다는 점이었다. 동아 사주가 3~4명의 강경파를 제외하고 나머지 160여 명의 해직자를 일괄 사면하여 복직 조치하는 과감한 결정을 해야 가능한 일이었다. 그러나 일제 강점기부터 역대 독재정권에 이르기까지 공존해온 과거사를 비춰보면 그 같은 결기를 기대할 수 없었다.

또 하나는 동아 내부의 잔류 언론인들의 해직당한 동료들에 대한 적대감, 열등감도 큰 장애물이었다. 아마 후농과 김병관의 제안을 김상만에게 전달했을 때 1차로 반대에 부닥쳤을 것이고, 사내의 움직임에 촉각을 곤두세우고 있었을 중앙정보부의 담당 보안처장 양두원도 철저히 단속했을 것이었다. 박정희 정권이 그러지 않아도 못마땅하게 여기던 후농은 더욱 요주의 인물로 감시당했을 것이다. 유신정권은 동아 해직언론인들을 더욱 철저히 감시하고 생계까지 차단했을 뿐 아니라, 용공 조작하고 민주화운동에도 가담하지 못하도록 위협했다.

무참히 배신당한 시대전환

1988년 3월 3일, 아직 풀리지 않은 늦겨울 추위가 기승을 부리는 가운데 나는 김천교도소 철문을 나왔다. 아내와 몇몇 동아투위 동료들이 마중 나와 주었다. 감옥 문을 나서는 건 무조건 좋은 일이다. 그러나 그 출옥은 기쁨과 환희와는 거리가 먼 암담과 분노가 뒤얽힌 것이었다. 정권은 다시 군사독재의 계승자에게 돌아갔다. 기대했던 한 시대의 전환이 무참히 배신당한 현장으로 다시 나서야 하는 썩 마음이 내키지 않는 일이었다.

그즈음 전두환 군사독재의 계승자 노태우의 민선 정권이 주도해서 치르는 제13대 국회의원 선거운동이 전개되고 있었다. 대선의 연장선에서 야권 정당들이 분열되어 있었지만, 김영삼·김대중은 자신의 당 후보를 당선시키기 위해 선거운동에 나서고 있었다. 수많은 대학생과 노동자들이 분노와 배신을 견디지 못해 분신하고 투신하여 자결하고 있었다. 출옥한 내게는 장례위원장을 맡으라는 청이 쇄도했다. 1987년 야권분열로 대선에 패배하는 과정에 감옥 안에 있어서 분열의 책임이 없다는 이유로, 나는 그런 젊은이들의 장례위원장을 여러 차례 맡아야 했다.

난처했던 것은 두 야당의 대표인 양김 씨가 장례식장에 오는 것이었다. 두 분은 자신들이 분열해서 군사독재를 연장시켰고 민주화 이후에 성취해야 할 과제들이 좌절되고 있다는 사실에 대해 전혀 미안해하거나 사죄하는 자세를 보이지 않았다. 재야진영에서도 분열과 패배에 따른 책임 전가와 대립감정에만 매몰돼 있을 뿐, 실의에 빠져있던 청년 학생들과 노동대중들을 다독이거나 새로운 운동 방향을 제시하는 움직임이 없었다.

여당인 노태우의 민주정의당은 대선에서는 승리했지만, 총선에서는

120여 석에 그쳐 김대중의 평화민주당, 김영삼의 통일민주당, 김종필의 신민주공화당 등 야3당에 패배했다. 선거 결과는 대선 후보 4명의 출신 지역을 중심으로 정확히 네 쪽의 지역주의로 쪼개져 나타났다. 그래도 여당에 대해 야권이 승리를 거뒀다는 것에 의미를 부여하는 태도였다. 야권이 분열하지 않았으면 승리했을 것이라는 엄연한 사실은 애써 외면하고 있었다.

1987년 대선 패배는 반민특위 해체와 같은 '역사적 범죄'

총선 분위기도 가라앉고 군사독재 세력이 다시 집권했다는 사실에 대한 분노가 결집하기 시작했다. 지금은 86세대로 성장한 당시 주요 대학의 총학생회장 출신이었다가 갓 출옥한 김민석(서울대), 정태근(연세대), 허인회(고려대), 고진화(성균관대) 등 청년 학생들이 '서울민주투쟁연합'이라는 단체를 급조하여 전두환 구속 투쟁을 벌이겠다고 나섰다. 그들이 내게 찾아와서 위원장을 맡아달라고 요구했다. 재야에도 그들의 요구를 수용할 단체는 없는 상태였다. 그즈음 후농 선배로부터 점심을 같이하자는 전갈이 왔다. 인사동의 한식집 '향정'이었던 걸로 기억된다.

후농은 1987년 대선의 후유증에 시달리고 있었다. 후농은 1987년 대선에 후보로 나서려던 김대중이 김영삼의 통일민주당에서 탈당하여 평화민주당을 창당하는 것에 동의하지 않았다. 그는 야당이 분열하여 양김이 각각 대통령 선거에 나서면 패배가 분명하다고 주장했던 것으로, 나는 대선 뒤에 출옥하여 자세히 경과를 듣게 되었다. 그는 나와 만날 당시 아직 김영삼의 통일민주당 당적을 가지고 있었다. 무척이나 답답했을 것이다.

4월의 한식집 툇마루에는 햇볕이 내려쬐고 있었지만, 날씨는 아직 차가웠다. 후농은 1987년과 88년의 정치과정을 담담히 얘기하면서도 '김대중'이라는 이름을 단 한 번도 입에 올리지 않았다. 그날도 후농은 우리 현대사에서 해방 후 친일세력 청산을 하지 못한 것을 가장 큰 역사적 과오로 지목했다. 나 자신은 1987년 대선 당시 감옥 안에 갇혀 있어서 분열에 가담하지 않았으므로 부담 없이 김대중·김영삼의 분열에 대해 분명히 역사적 책임을 물어야 한다고 여러 차례 강조했지만, 후농은 한사코 양김 씨를 직접 언급하려 하지 않았다.

후농 선배는 1987년 대선 패배로 우리 현대사의 풀지 못한 매듭을 다시 방치하는 결과를 이어가게 되었다고 한탄했다. 이번 대선에서 승리했다면, 영호남과 전국이 하나의 민주화 세력의 통합된 힘으로 해방 뒤 반민특위(반민족행위처벌특별위원회)의 해산으로 무산되었던 친일세력 척결을 성취하고, 나아가 1961년부터 시작된 군부독재 정치의 유산을 청산하는 과업도 추진되었을 것이라는 희망도 말했다. 결론적으로 후농은 1987년 대선의 분열은 1949년 이승만의 반민특위 해산과 마찬가지로 우리 현대사를 바로잡을 기회를 무산시킨 '역사적 범죄'로 남게 될 것이라고 내다봤다.

2010년 즈음부터 현실정치에서 손을 뗀 후농 선배는 거의 매일 코리아나호텔 사우나에, 그리고 2015년 즈음부터는 뉴국제호텔 사우나에 들리셨다. 한 주일에 한 번 정도 점심을 함께했다. 말수가 줄어들고 있었다. 돌아가시기 전 세브란스 병원에 입원했을 때도 찾아뵈었다. 후농은 돌아가실 때까지 단 한 번도 '김대중 선생'을 언급하지 않았다. 침묵으로 일관했다. 후농은 후광 김대중의 초대 비서실장을 지냈다. 대인배 후농 선배를 그리워하지 않을 수 없다.

한국의 '뿌다오'不倒 정치인

임헌영(문학평론가, 민족문제연구소 소장)

만인의 엔터테이너

아무리 숙연하고 조용하던 자리도 김상현 의원이 끼어들면 금세 웃음이 터져 나온다. 그는 "우리나라 교육과정에다 유머 과목을 넣어야 한다"면서 인간만이 가진 웃음을 고귀하게 활용할 줄 아는 지혜를 가졌다. 한국의 정치판이나 사회는 유머를 모르는 데서 갈등이 증폭되어 원수처럼 서로가 증오하며 아무런 소득도 없는 고성만 질러댄다는 게 그의 유머 철학이다. 민주주의는 관용에서 비롯하는데, 그건 유머 정신에서 비롯하며 역사상 유머 감각이 부족한 지도자를 가진 국민은 불행하다는 것이 그의 지론이다. 그러려면 먼저 화를 다스릴 줄 알아야 한다면서 어떤 분노도 3분 이상을 넘기지 않는다고 자랑하기에 나는 30초로 단축해야 한다고 맞섰다. 사실 그는 화를 30초도 안 넘기고 가라앉혔다.

그의 비화를 다 모을 수만 있다면 '김상현 유머집'도 가능할 것이며 반드시 베스트셀러가 될 것이다. 당장 떠오르는 일화 중에는 코미디언 이주일에 얽힌 삽화가 있다. 그는 1992년 제14대 총선에 당선되어 의정

활동 중 어떤 인연으로 부산에서 새마을호 특등실에 올랐는데, 마침 김상현 의원의 바로 옆자리였다. 자못 기대했는데 대전역을 통과할 때까지 한마디도 않더라는 것이다. 결국, 김 의원이 "나는 이주일 의원이 시간 가는 줄 모르게 서울까지 가게 해주려니 큰 기대를 했는데 실망"이라며, "요즘 이 의원이 국회에 와버리니 한국 코미디가 볼 게 없다"고 하며 왜 이 혼탁한 정계에 들어왔느냐니까, 드디어 그의 장기가 나왔다는 것이었다.

이주일은 1991년 11월에 외아들 정창원(28세, 미국 유학 중)을 교통사고로 잃고 낙심 중이었던 이듬해인 1992년 1월에 정주영 회장이 통일국민당 창당 발기인대회에 초청받았단다. 마침 아들 잃은 슬픔에 빠져 '발기'가 안 될 때라 그 비법을 위한 모임으로 알고 가봤더니 고령층만 모였기에 '틀렸구나' 했는데, 그건 안 되고 국회의원이 되더라는 것이었다.

내가 맨 처음으로 김 의원을 만났던 계기도 매우 유머러스한 행사 때문이었다. '술잔 주고받지 않기 운동' 창립대회를 그가 주관했는데, 대체 이런 걸 캠페인으로 할 가치가 있는가 싶었으나 신기성 때문에 온통 매스컴을 탔다. 내가 대중지 〈주간경향〉 기자로 있을 때라 특별 개인 회견까지 해서 대서특필한 뒤 다른 일로 계속 전화 인터뷰도 하는 등 그를 열심히 띄웠다.

실은 그 전부터 나는 김 의원이 룸펜 시절의 3인방으로 절친했던 작가 정을병과 범우사 윤형두 사장을 통하여 너무나 자상하게 들어서 여러 정보를 꿰고 있었다. 그 룸펜 시절에 가장 든든한 물주는 윤형두 사장이었는데, 1965년 어느 늦은 봄날, 일당들이 심심풀이로 작명철학가로 명망이 높았던 적선동의 김봉수 도사에게 몰려갔겠다. 접수실에서 이름과 사주를 다 제출하고도 손님이 많아 한참 뒤에야 입실하자 도사는 일행을 쳐다보지도 않고 기록을 쭉 훑더니 "여기 김상현이 누구냐?" 해서 김이 "예, 접니다" 답하니 "다른 사람은 볼 것도 없다. 다 이 사람만 따려 다녀라"라고 해서 한바탕 폭소가 터졌다. 최고의 빈털터리였던 김상현을 따라다니면 밥 굶기가 십상이었기 때문이었다.

월간 《다리》지 전후

그런데 이 상거지 김상현이 불과 몇 달 만에 국회의원이 된 것이다. 박정희 쿠데타 정권이 군복에서 민간복으로 갈아입기(1963년 민정 이양) 바쁘게 추진했던 한일협정은 범국민적인 반대와 강력한 저항에도 불구하고 도쿄에서 정식조인(1965. 6. 22) 되었다. 군부정권에 맞선 야당이 반대 투쟁의 시기를 놓쳐버렸기에 미궁에 빠지자 의원 전체의 사퇴가 거론됐다. 이에 윤보선을 비롯한 김도연, 서민호, 정일형, 윤제술, 정성태, 정해영, 김재광 제씨가 의원직을 버리게 되어 보궐선거(1969. 11. 9)를 치르게 되었다.

빈털터리 김상현은 잽싸게 서대문갑구를 염두에 두고 민중당 공천신청서를 제출하고서 윤형두 사장에게 김대중 선생을 설득하도록 졸랐다. 윤 사장은 자유당 치하 때부터 야당성 강한 월간지 《신세계》의 김대중 주간 밑에서 근무(1956)한 경력에다, 4월혁명 후 민주당 집권 시절의 당 선전부장이었던 김대중 선생은 윤형두에게 당보 〈민주전선〉 편집을 맡겼을 정도였다.

국회의원 김상현은 국민적인 인기를 얻어 1971년 5월 25일, 제8대 때도 재선됐는데 이때의 선거전 비화도 재미있다. 라이벌인 민주공화당 후보 임택근 아나운서가 유세장에서 손을 입에다 대고 온갖 동물들의 울음소리를 내자 동네 꼬마들이 해해거리며 환호했다. 김 의원은 '아, 내가 이런 인기를 따라잡기는 틀렸구나' 싶었는데, 김대중 선생이 찬조 연사로 등장했다. 그런데 그는 자기 칭찬 대신 엉뚱하게도 임택근 아나운서를 열렬히 추켜세우다가 스포츠 경기 중계 아나운서들이 요즘 질이 떨어져서 중계방송 들을 게 없다면서, "우리가 멋진 스포츠 방송을 들으려면 이 훌륭한 임택근 아나운서를 방송국으로 보내야 합니다"라고 역설해서 청중들의 박수를 유도했다. 이어 김상현을 거론하며 "이 사람은 아무것도 할 줄 몰라요. 오로지 나라와 국민 사랑밖에 모르는 사람이라 갈 곳은 국회밖에 없으니 국회로 보내야 합니다"라고 포효했다. 결국, 김 의원은 국회로 들어갔고 임택근은 방송국으로 갔다.

　재선된 김 의원의 이름을 더욱 빛낸 계기는 1969년 9월 14일 일요일 새벽 2시 대통령 3선 허용 개헌 날치기 때였다. 국회 본회의장(현 서울시의회)에서 농성 중인 반대의원들을 따돌리고, 박정희 지지 의원들만 도둑고양이처럼 몰래 제3 별관(바로 국회 건너편)에서 이뤄진 이 현장에 제일 먼저 나타나 사자후를 토하며 탁자를 뒤엎은 게 바로 김상현 의원이었다.

　3선 개헌 몇 달 전 김 의원은 박정희와 단독면담을 가졌는데, 그때 박은 "김 의원은 술을 아주 잘 하신다면서요?"라고 첫인사를 건네자 "예, 그래서 장가도 술도가 집으로 갔습니다"라고 해 폭소를 자아냈다. 박이 "내가 장기집권을 해서 국민의 기본권을 유린한다면 당신이 극한투쟁을 하라"고 해서 "각하, 그런 불행한 일이 있겠습니까만, 만에 하나라도 그런 일이 있다면 그 약속을 지키겠습니다"라고 답했다(『한승헌 변호사 변론 사건 실록』, 범우사, 421쪽). 그는 이 말을 1972년에 구속당했을 때 법정에서도 그대로 했다.

　마당발 정치인 김상현은 최연소 국회의원으로 이름을 날리며 발 빠르게 1968년 일본 전역을 누비며 취재한 자료를 바탕으로 『재일한국인』(어문각)이란 육중한 연구서를 출간하여 박정희까지 감동시켰다. 이효상 국회의장이 놀고먹는 국회의원을 비난하는 언론계를 향하여 이 책을 들고 의원 중에는 이런 저술을 남긴 김상현 의원 같은 분들도 있다며 반론의 자료로 삼기도 했다. 박정희는 경제기획원 장관 김학렬로 하여금 이 책 5천 권 값 6백만 원을 지급하도록 하자, 김 의원은 그걸 밑천으로 윤형두에게 월간 《다리》지를 창간하자고 제안했다.(윤형두, 『한 출판인의 자화상』, 범우사, 2011)

"지금 우리는 모두가 단절된 상황 하에서 몸부림치고 있다"(창간사)는 시대적 진단서로, '너와 나의 대화의 가교'(이어령 선생이 제호와 부제까지 다 정함)를 기치로 내걸고 1970년 9월에 창간한 《다리》지는 겉으로는 누구의 이름으로 나왔든 김상현 의원과 윤형두 범우사 사장이 발간 주체였다. 김 의원은 "김대중 의원을 대통령으로 만들기 위해 잡지를 만든다"라고 할 정도로 둘은 밀착해 있었던 시절이었다.

제7대 대통령 선거(1971. 4. 27)를 앞두고 김대중 후보의 홍보활동과 각종 기념 메달 등을 총책임 맡은 건 윤형두 사장이었다. 그는 이미 김대중 의원의 명저 『내가 걷는 70년대』를 출간(범우사, 초판 1970. 9. 18)한 터였다. 이 저서의 제사題詞에서 김대중 의원은 "역사는 모든 국민에게 기회를 준다. 그러나 이 기회를 선용하고 안 하고는 그 국민의 자유다. 다만 기억할 것은 역사는 주어진 기회를 선용하지 않는 국민에 대해서는 무서운 보복을 했다는 사실이다"(헤롤드 조셉 라스키)라고 했다. 한국 정치인의 저서 중 가장 가치 있는 이 책의 운명은 김대중 탄압사와 궤를 함께해서 판금을 거듭하다가 1985년에야 제대로 나올 수 있었다.

그뿐 아니라 『내가 걷는 70년대』의 부록으로 대중용 팸플릿 〈희망에 찬 대중의 시대를 구현하자〉, 〈빛나는 민권의 승리를 쟁취하자〉, 〈대중

경제 100문 100답〉등을 대량 제작 배포하는 등으로 40대 기수 김대
중을 띄웠다.

결국, 1971년 4·27 대통령 선거운동을 방해하기 위해서 모든 권력을
동원하여 《다리》지 필화사건(1971)이 일어났는데, 여기에 대해서는 당
사자인 윤형두 회장과 그 변론을 맡았던 한승헌 변호사의 자세한 여러
편의 기록들을 참고하면 좋겠다.

내가 《다리》지로 들어간 것은 1971년 여름으로 당장 일대 혁신을 시
도하여 편집위원을 김동길, 박현채, 장을병, 탁희준, 한승헌 제씨로 바꿨
다. 9월호 창간 1주년 기념호 때 제호를 김기승의 웅휘한 필체로 바꿈과
동시에 화보를 싣고, '너와 나의 대화의 가교'라는 구호를 '민족 활로의
가교'로 바꾸고, 리영희 선생(당시 합동통신 조사부장)의 「중공연구 : 그
초보적 시도」를 실었다.

창간 1주년 기념으로 지방 순회 강연회를 개최하면서 그 첫 대상 지
역을 대구, 부산으로 정하고 김대중 의원과 한승헌 변호사를 연사로,
김 의원과 윤 사장과 내가 동행해 사회는 내가 맡았는데 가는 곳마다
대성황이었다.

《다리》지 창간 2주년인 1972년 9월에는 김상현 의원의 발의와 윤형
두 사장과 내가 심사숙고하여 한국 정치를 바꾸기 위한 당면 과제를 통
일문제와 국민복지 문제, 그리고 농촌 및 농민 문제로 축약했다. 이를
깊이 연구하려고 조직을 대폭 강화했다. 재단법인 '4·19민주상 설립위
원회'(이사장 이병도)를 모든 조직의 총괄기관으로 삼아, 그 산하에 월간
《다리》지(발행인 윤형두, 주간 임헌영)를 발간하며, 부설로 민족통일문제연
구소(이사장 윤길중, 소장 한병채), 한국사회조사연구소(이사장 이형우, 소장
천명기), 농촌개발연구소(이사장 유갑종, 소장 김창환)를 설립한다는 그림표
였다. 이런 조직이라면 가히 대통령도 만들 수도 있겠다는 포부였다.

으악새 모임

　김상현 의원은 1970년대의 한국에서 정치하려면 첫째 친미파가 되어야 한다며, 대통령 선거권은 첫째 미국에 있고, 둘째는 군부에 있다, 이 둘이 비토하면 절대 대통령직에 앉을 수 없다는 직설을 쏟아냈다. 여기에 한 가지 더 추가하면 절대 친북파로 몰려서는 안 된다는 것이었다. 그는 결코 친미주의자도, 친 군부주의자도, 그리고 반북주의자도 아니었지만, 당대의 사회 풍조를 냉혹하게 꿰뚫어 본 촌철살인이었다.

　"전투에는 실패해도 전쟁에서는 이겨야 하는 것이 정치"라거나 "사쿠라 소리가 두려워 다른 당 소속 정치인을 안 만나면 협상은 불가능하다, 타협은 하되 원칙은 훼손하지 않는다" 등등이 그의 정치철학이었다. 김상현 의원은 한 마디로 '한국의 뿌따오'(不倒, 넘어져도 다시 일어서는 칠전팔기) 정치인이었다.

　끗발 나가던 그의 활약상은 1972년 10월 17일 오후 6시, 카랑카랑한 박정희의 쇳소리가 전파를 타고 '특별선언'이 흘러나오면서 종말을 고했다. 예총회관(현 세종문화회관. 1978년 4월 시민회관 개관 이전) 앞마당에서 김 의원의 차 안에 윤형두 사장과 내가 동승 하여 이 방송을 들었다. 박정희가 "1972년 10월 17일 19시를 기해 국회를 해산하고"라는 대목이 나오자 재치 넘치는 김 의원은 "이제 국회의원도 아니네"하고는 바로 금 뺏지를 떼어냈다. 셋은 당분간 피신하기로 하고 김 의원이 지녔던 현금을 나눠 갖고 헤어졌다. 그러나 결국 김 의원은 조윤형, 조연하 의원과 함께 구속됐다. 워낙 인기 높았던 그를 정보부 3국장, 강창성 보안사령관 등이 만나 직간접적으로 유신헌법 아래서 총선에 출마하면 만사가 풀린다고 유혹했지만, 듣지 않자 그렇게 된 것이었다.

　나는 그 2년 뒤인 1974년에 '문인간첩단 사건'에 연루되어 구속당했다. 재판 중 안양교도소에 갇혀 지내던 김 의원은 내 증인으로 나와 당당하게 공판정을 압도하며 내 무죄의 증언을 해주었다. 나는 그해 여름에 출소했고, 김 의원은 12월에 출소했다.

그의 출소 환영을 겸한 송년 모임에는 한승헌, 장을병, 리영희, 이상두, 윤현, 윤형두가 참석해서 '으악새 모임'이 만들어졌다. 나중에 김중배, 한완상과 내가 가입한 이 모임은 암담했던 유신통치 후반기에서 맘 놓고 떠들며 노래하며 스트레스 좀 풀자는 취지로 뭉친 것이었다. 유머 넘치는 한승헌 변호사는 '으악새 선언'을 작성했는데 가히 명문이었다.

김 의원은 노래, 춤, 외설 등 잡기에서 뒤지지 않는 재능을 가진 엔터테이너라 남을 즐겁게 해주기 위해 태어난 존재인 듯했고, 다른 분들도 다들 한가락 해서 참으로 통쾌한 모임이었다. 온갖 외설담도 거침없이 나왔는데, 김 의원의 국제 매독 이야기는 매우 풍자적이었다. 월남전에 참전했다가 국제 매독에 걸린 한 고위층에게 유명 의학박사들이 다 잘라내야지 그냥 두면 생명이 위험하다고 충고했다. 그는 지푸라기라도 잡는 심정으로 을지로 6가 뒷골목 허름한 한의사 집을 찾았다. 노 한의사는 안경을 비스듬히 쓴 채 그의 양물을 한참 응시하더니 "다른 병원에 가 보셨소?" "예." "뭐랍디까?" 주저하다가 "잘라내야 한답니다" 하니 한의사 왈, "자르기는 왜 잘라! 미친놈들!"이라 했겠다. 그는 매달리듯 호소 조로 "그렇지요? 안 잘라도 되지요?"라고 다그치자 영감은 여유 있게 "미친놈들! 미친놈들!" 하더니 약간 뜸을 들여서 하는 말, "그냥 둬도 저절로 뚝 떨어질 걸!" 역사적인 필연성, 결국 유신독재도 저절로 끝난다는 풍자로 다들 들었기에 포복절도했다.

이렇게 숨 막히게 지내면서도 김 의원은 1975년 2월 28일 '고문정치 종식을 위한 국회의원 선언'을 추진했다. 1972년 10월 계엄령하에서 조윤형, 홍영기, 이종남, 조연하, 김녹영, 김경인, 최형우, 이세규, 박종률, 강근호, 나석호, 유갑종, 김상현 등 13명의 야당 의원들이 정보부, 보안사, 헌병대 등에 끌려가 당한 물고문, 거꾸로 매달기, 알몸구타 등 참혹한 고문을 기자회견을 통해 폭로하겠다는 것이었다.

나는 전날 그의 호출을 받아 동교동의 김대중 선생 댁으로 은밀히 잠입, 종일 이 기자회견을 준비했다. 선언문 작성부터 서명자명단까지 DJ가 모두 확인한 뒤 수동 등사기(가리방, がり版)로 인쇄까지 마쳤다. 그런데 저녁에 들어온 김 의원이 이를 죽 훑어보더니 DJ에게 "형님, 이러시면 안 됩니다"하며 이의를 제기했다. 선언문의 서명 명단에는 맨 앞이 김상현, 마지막이 조윤형으로 되어 있었는데, DJ의 최측근인 자신을 마지막에 넣고, DJ와 좀 서먹했던 조윤형을 맨 앞에 넣어야 한다는 주장이었다. 나는 준비가 완료된 자료를 수정하느라 부득이 거기서 하룻밤을 더 보내야 했다.

김 의원이 작고한 뒤 가장 아쉬운 건 그 특유의 장기였던 유머와 재담을 만년에 왜 금한 채 수도승처럼 조용히 지냈을까 하는 점이다. 내 어림짐작으로는 2007년 이후부터 그런 현상이 나타났는데, 여전히 미궁이며 주변인 모두가 이 점을 안타깝게 생각하며 우려했다. 참으로 그 재능을 다 풀어내지 못한 게 우리 정치사를 위해서 안타까울 뿐이다.

용서와 화해의 인간, 대화와 타협의 정치인

정대철(전 국회의원, 새천년민주당 대표최고위원)

내 기억 속의 후농 선생에 대해 다음과 같이 후학들에게 전해주고 싶다.

첫째, 고난을 이겨낸 인간

후농의 인생은 한 마디로 고난의 연속이었다고 할 수 있다. 그러나 후농의 표정에선 그 같은 생활 속의 고난을 전혀 읽어낼 수 없을 만큼 성숙한 인격자였다. 그는 어려서 부모를 잃었다. 그 후 그의 삶은 그야말로 가시밭길이었다. 구두닦이로 시작해 안 해 본 일이 없을 정도였다.

세상 바닥을 쓸고 다니던 김상현, 하지만 그런 그에게는 커다란 꿈이 있었다. 그것은 바로 정치가였다. 후농은 제6대 국회의원 보궐선거에서 당선된 뒤, 1972년 유신이 선포되면서부터 이후 20년간 '정치 낭인'의 생활을 했다. 우리나라에서 정치인으로 '정치 방학'을 20여 년이나 하고서도 다시 현역 정치로 돌아온 인사는 조윤형 국회부의장과 후농 두 분뿐이다.

둘째, 투철한 민주화 운동가

후농은 역대 군사독재정권에 효과적으로 투쟁했고, 민주정권 탄생에 결정적인 역할을 했다.

유신반대 투쟁 – 투옥, 고문, 연금시대의 시작

"명색이 3선의 국회의원을 발가벗겨 거꾸로 매달았습니다. 이같이 사람이 강아지만도 못하게 취급되는 오늘의 상황을 종식시키기 위하여 민주화 투쟁에 목숨을 바치겠습니다."(1972년 유신반대로 구속된 김상현 의원의 법정 최후 진술 중에서)

가택연금 상태에 있는 후농에게 중앙정보부 조일제 국장, 이후락 정보부장 등은 유신에 협조할 것을 거듭 요구하였지만, "내 신조는 협상은 자유롭게 하되 원칙은 협상의 대상으로 삼을 수 없다"며 그는 가족을 뒤로 한 채 감옥행을 택했다. 그는 만2년의 영어囹圄 생활을 했다.

이후에도 계속하여 1976년 명동 민주구국선언으로 구속된 김대중 선생과 시 〈오적〉 사건으로 구속된 김지하 시인 등 민주인사들의 석방과 긴급조치 해제를 요구하며, 윤보선 전 대통령을 비롯한 민주인사들과 더불어 투쟁을 벌였다.

전두환 신군부가 조작한 내란음모 사건

1980년 5월, 연행 54일 만에 광주 민주항쟁을 알았고, 온몸이 발가벗겨진 채 혹독한 고문을 받았다. 그는 군사 법정에서 10년의 징역형을 선고받고 2년 3개월 동안 복역하다가 석방되었다. 후농은 두 차례 투옥과 세 차례의 고문을 받았던 것이다. 그 8년 뒤 후농은 국회 광주특위

청문회에서, "김대중 내란음모 사건은 권력을 잡기 위해 군부세력이 고문으로 조작해 낸 사건"이라 증언하였다.

민추협 창립과 2·12 선거혁명의 산파역

위기를 기회로 바꿀 수 있는 능력은 무엇인가? 그것은 정세를 판단할 수 있는 예리한 통찰력과 결단력이 결합된 강력한 정치적 리더십을 수반해야 가능한 것이다. 후농은 1983년부터 용솟음치기 시작한 국민의 민주화 요구를 하나로 결집해, 민주화 투쟁을 효과적으로 이끌어 낼 수 있는 '새로운 희망의 중심체' 건설에 헌신했다. 그 결정체가 '민주화추진협의회(민추협)'이다. 여기서 그는, 자신의 통찰력과 결단력을 유감없이 발휘하여 1987년 6월항쟁의 도화선이 된 2·12 선거혁명의 산파역이 되었다.

셋째, 대화와 타협, 포용을 실천한 정치인

10.26 후 계엄령하에서 재야인사들이 결혼식을 위장해 민주화를 촉구한 소위 'YWCA 위장 결혼식 사건' 때 후농은 이에 반대했는데도 억울하게 보안사 서빙고분실에 끌려갔다. 삭신이 흥건하도록 두들겨 맞다가 별안간 전두환 앞으로 끌려가 대화를 나누며, 권커니 잣거니 술을 마신 적도 있다고 한다.(월간조선, 2013년 1월호)

후농은 "한국이 정치의 최선만을 찾다가 최악의 결과를 초래해서는 안 된다"고 지적하면서, 모든 정치활동은 "객관적인 상황을 무시하지 않는 가운데 대립 속의 조화를 이루는 환경을 만들어야 한다"고 늘 강조했다.

그는 "정치인들이 진실치 못해서 오늘의 한국에 불행을 초래했다는 자각과 반성이 있어야 한다"고 강조하면서, "민주화 운동을 하는 사람들이 자기들끼리만 뭉쳐야 된다는 생각을 버리고, 민주화 운동에 참여 못 하는 사람들과도 함께 잘 살게 하는 운동이 되어야 한다"고 지적했다. 또한, 그는 "타협할 줄 모르는 사람이 정치인이 되면 그 국가는 불행해진다"고도 강조했다.

그는 서슬 퍼런 시절이었음에도 박정희 대통령 앞에서 이런 말을 했다고 한다. "야당을 폭넓게 포용해야 합니다. 야당이 왜 민주화 운동을 하는지 이해해야 합니다." 그 뒤로도 민주화 운동을 하는 동지와 후배들에게 "적에게도 존경받는 사람이 돼라"는 충고를 아끼지 않았다.

넷째, 정의롭게 살려고 노력했던 정치인

대화와 타협의 정치인이었지만, 그의 정치역정이 부드러웠던 것만은 아니었다. 김대중이라는 큰 정치인과 함께 정치를 해 나가면서도, DJ가 잘못 판단하나 싶을 때엔 뚝심 있게 자신의 주장을 폈을 뿐 아니라 그와의 결별마저 서슴지 않았다. DJ가 통일민주당을 탈당해서 평민당을 만들 때, 후농은 단호히 DJ를 따라가지 않고 YS를 도왔던 것이다.

김영삼 총재가 여당인 민주정의당과 합당(소위 3당 야합)해서 거대 여당인 민주자유당을 탄생시킬 당시 그는 격렬히 분노했다. 그리고 다시 DJ와 손잡고 야당을 고수했다.

후농은 서운함을 분노로 표출시키지 않는 대단한 인내심과 유연함을 두루 갖춘 인격자였다. 이에 권노갑 고문은 후농을 두고 "내가 만나 본 정치인 가운데 가장 통이 크고 포용력이 넓은 사람이다"(동아일보, 2014. 6. 14자)라고 평한 바 있다.

다섯째, 용서와 화해의 정신을 실천한 덕인德人

후농은 이수성 전 국무총리, 김재기 전 외환은행장과 함께 '대한민국 3대 마당발'로 꼽혔다. 친화력이 좋아 주변에 호형호제하는 사람들이 워낙 많았다. 그런 후농의 모습을 보고 한완상 교수는 '무경(無境)'이라는 호를 지어주었다. 경계가 없다는 뜻이다.

후농은 유신정권 시절 자신을 고문했던 사람과도 꾸준히 교류했다. 유신정권이 들어서자마자 김상현, 조윤형, 조연하 등 야당 인사들은 줄줄이 잡혀 들어가 고문을 당했다. 그런데 후농은 훗날 자신을 고문했던 당사자를 직접 찾아가 용서해 주었다고 한다. 그는 "정권이 시킨 일을 한 것일 뿐 당신은 잘못이 없다"며 오히려 그를 위로했다고.

후농에게는 '정거장'이란 별명도 있었다. 자신의 주머니에 있는 돈을 항상 주변 사람들과 나눠 쓰려고 해서 동료나 선후배들이 '김상현의 주머니는 정거장'이라 농담을 했던 것이다. 후농은 함께 민주화 운동을 했던 동지들을 만나면 꼭 "차비는 있느냐?", "가는 방향이 같으면 내 차를 타고 가라"고 했다. 누구에게든 다정다감하고 인간적인 분이었다. 후농은 시신을 염殮 하는 천주교의 한 봉사단체에 10년간이나 몸담기도 했다.

후농은 '배신'이라는 단어를 유독 싫어했다. 자신이 정계 입문을 도와줬거나, 과거 자신을 도와주던 사람이 다른 이, 또는 다른 진영으로 떠나면 '네 탓'보다는 '내 탓'을 하곤 했다. 누가 찾아와서 "저 사람이 배신했다"고 하면 "그런 말 하지 마시오. 내가 부족해서 떠난 거요"라며 꾸짖곤 했다.

한 마디로 후농은, 인간으로서는 용서와 화해의 정신을, 정치인으로서는 대화와 타협의 정신을 몸소 실천한 분이었다.

민주주의의 대의를 지킨 김상현 베드로 의원

함세웅(신부)

베드로 사도는 예수님의 열두 제자 중 첫째입니다. 김상현 의원은 세례를 받으면서 주보 성인主保聖人, 守護聖人(patronus)으로 베드로 사도를 선택했습니다. '첫째', '으뜸'이라는 허울에 끌린 것이 아닙니다. 첫째이며 으뜸 사도답지 않는, 진득하지 못하며 큰소리나 치는 베드로 사도의 인간적인 모습에 매력을 느꼈다고 합니다.

'나를 따라 사람 낚는 어부가 되라'는 예수님의 말씀이 너무 두려워, "선생님, 저는 죄인입니다. 저에게서 떠나 주십시오!"라고 진솔하게 고백했던 베드로입니다. 예수님께서 자신의 죽음을 예고하시자, 이번에는 인간적으로 호소합니다. 절대로 그런 일이 있어서는 안 된다고. 그 순간 예수님께서는 뜻밖에도 베드로에게 "사탄아, 물러가라. 너는 하느님의 일은 생각하지 않고 사람의 일만 생각하느냐?"라고 무섭게 꾸짖으셨습니다.

그 후로 예수님께서 빌라도에게 잡혀 재판받는 현장에서 사람들이 베드로를 알아보고 소리치자, 예수님 앞에서 세 번이나 모른다고 배반하기도 했습니다.

이처럼 으뜸 사도라 하기에 너무나 부족한 베드로인데, 그 솔직한 인간적 모습에 매료되어 베드로 사도를 수호성인으로 택했다는 것입니다. 베드로 사도는 자신의 심약함과 비굴했던 인간적 잘못에 대해 깊이 뉘우치고 "내가 어떻게 감히 예수님처럼 십자가에 바로 매달려 죽을 수 있는가?"라며 바티칸 언덕에서 십자가에 거꾸로 못 박혀 순교하셨습니다. 김상현 의원도 우여곡절이 많았으나, 베드로 사도처럼 종국에는 유종의 미를 거둔 아름다운 정치인입니다.

김 의원은 "독재정권을 타파하고 민주주의를 실현해야 한다!"를 좌우명으로 삼아 평생 일관된 삶을 살았습니다. 적과 동지의 경계를 넘나들며 넓은 교분을 쌓고 한결같은 마음으로 '민주주의' 실현을 위한 원칙을 지키고자 노력하였습니다.

김 의원은 김대중 대통령과 연을 맺어 정치에 입문합니다. 현역 의원으로는 유일하게 1971년 제7대 대통령선거에 출마한 김대중 대통령 후보를 지지했던 분입니다. 이로 인해 그는 유신독재 체제에서 매우 혹독한 고문을 겪어야만 했고 투옥되기도 하였습니다.

그러나 1987년 제13대 대통령선거에서는 김대중 대통령이 '4자 필승론'을 내세우며 김영삼 측이 제시한 통일민주당 입당과 경선 요구를 거절하자, 분열 정치라 비판하며 통일민주당 김영삼 후보를 지지하였습니다. 군사 독재정권 타도를 위한 국민의 단일화 요구를 거부한 것을 비난하고 김대중 대통령과의 결별을 선택한 것입니다. 그 때문에 그는 1988년 국회의원 선거에서 야권표 분산으로 낙선의 고배를 마셨습니다.

하지만 김영삼이 1990년 3당 합당으로 민주자유당을 출범시키자, 독재 잔당들과는 뜻을 함께 할 수 없다고 비판하며 김정길, 노무현, 이기택과 함께 합류를 거부했습니다.

약하고 두려움을 지닌 인간적인 품성이지만 민주주의 수호와 독재 타도에 대한 자신의 원칙을 지킨 삶이었습니다. 자신이 지키려는 원칙을 행동으로 실천하였지만, 결코 편을 가르지 않았습니다.

자신을 고문했던 사람이 부친상을 당하자 문상을 갔다든가, 고문하던 보안사 직원에게 나를 죽이지 않았으니 고맙게 생각한다 등의 일화는 김상현 의원의 평소 낙천적이며 긍정적인 삶의 자세와 넉넉하고도 넓은 마음을 확인해줍니다.

한완상 전 부총리는 김상현 의원에게 '무경(無境)'이라는 아호를 지어주었다고 합니다. 어느 자리에선가 신경림 시인은 '경계가 없음'이라는 뜻의 이 아호가 고인의 성품을 가장 잘 드러내 준다고 말했습니다. 김 의원은 일생을 그런 마음으로 산 분입니다.

박정희, 전두환 독재정권의 가혹한 고문과 감옥에서의 고통을 이겨냈을 뿐만 아니라, 김대중, 김영삼 두 전직 대통령들의 원칙 없는 정치 철학을 온몸으로 거부하고 대립했던 유일한 분입니다. 또한, 6선 국회의원을 지냈으니, 우리 모두 그의 강인한 의지와 삶을 추모하고 그리워하는 것은 당연합니다.

정치인은 모름지기 공동선에 기초해 국민의 삶의 질을 높이고 국가의 책무가 과연 무엇인지를 깊이 깨닫고 실천하는, 확고한 신념을 지녀야 합니다. 이를 통해 민주주의는 끊임없이 나아가고 공동체는 아름답게 성장합니다. 갈등과 증오를 선택의 기준으로 삼는 정치는 민주주의를 훼손하는 졸렬한 행태입니다. 화해와 통합의 정치가 실천되기를 바라며 제2, 제3의 '김상현'과 같은 정치인을 기대합니다.

하느님의 계명을 지키고 우리 사회의 잘못된 가치관과 역사관을 바르게 잡으려 노력하며 헌신했던 정치인. 그저 평범하고 소심했던, 그러함에도 웃음을 잃지 않았으며, 고통 중에서도 우리 모두에게 늘 '기쁨과 희망'을 제시했던 '김상현 의원'을 기립니다.

김상현(베드로) 의원님, 하늘나라에서 영원한 안식과 행복을 누리소서. 그리고 남북 8천만 겨레를 위한 천상의 전달자 되소서. 아멘!

김상현 연보

1935~49

1935 · 12월 6일(음력 11월 11일) 전라남도 장성군 장성읍 호산마을(상오리 368번지)에서 아버지 김영옥, 어머니 최이례의 3남 3녀 중 둘째 아들로 태어남.

1943 · 상산공립국민학교 입학.

1945 · 8월 15일 민족 해방.

1948 · 1월 28일, 아버지 김영옥 향년 41세로 작고.
· 8월 15일 대한민국 정부 수립.

1949 · 균명중학교 야간부 입학. 양정중학교에 다니던 형 상수와 함께 도화동에서 자취하면서 목판 장사를 함.

1950~59

1950 · 6월 25일 한국전쟁 발발.
· 7월 말경 귀향. 형 상수 행방불명됨.

1951 · 2월 어머니 최이례가 빨치산에게 밥을 해줬다는 이유로 토벌대에 처형당함. 재산을 정리하고 부산 이모를 찾아 이주, 구두닦이 등으로 고학하며 한영중학교 야간부 편입.

1952 · 한영중학교 졸업.

1953 · 상경하여 한영고등학교 야간부 입학.

1954 · 한영고등학교 야간부 중퇴. 대한웅변협회 산하 동양웅변전문학원에서 웅변을 익히는 과정에서 김대중을 만남.
· 12월 6일 남산에서 밤을 보내면서 정치인이 될 것을 결심.

1955 · 9월 18일 민국당과 무소속 의원들이 이승만 대통령과 자유당의 독재에 반대하여 민주당 결성.

1956 · 고려대학교 총학생회 주최 '아남민국 모의국회'에 나가 장면 부통령상 수상(2등상) 후 장면 부통령 면담.
· 5월 5일 민주당 대통령 후보 신익희 급서.

1957 · '삼일청년학생동지회' 조직, 회장에 취임.

1959 ・ 6월 5일의 강원도 인제군 제4대 민의원 보궐선거에서 김대중 후보 지원 유세와 선거운동을 한 후(김대중 낙선) 육군에 자원입대.

1960~69

1960 ・ 2월 5일 민주당 대통령 후보 조병옥 서거.
・ 4월혁명 발발.
・ 4월 26일 학생대표 자격으로 남산 중앙방송국에서 사태수습 방송.
・ 12월 7일 정희원과 결혼.

1961 ・ 5월 16일 박정희 등 주도 5·16쿠데타 발발.
・ 장남 윤호 출생.

1962 ・ 차남 준호 출생.

1963 ・ 11월 15일 제5대 대통령선거에서 민정당 윤보선 후보 낙선.
・ 군대에서 제대하고 민주당에 입당하여 서대문갑구당 부위원장, 중앙당 선전부 차장이 됨.

1964 ・ 장녀 현주 출생.

1965 ・ 11월 9일 민중당 공천으로 서대문갑구 국회의원 보궐선거에 입후보하여 당선.

1966 ▪ 중앙정보부의 경향신문 강탈 공작을 폭로함. 대일청구권 자금 사용안 날치기 저지를 위해 6대 국회 사상 최장시간인 4시간 30분 동안 의사진행 발언.

1967 ・ 5월 3일 제6대 대통령선거에서 신민당 윤보선 후보 낙선.
▪ 6월 8일 제7대 국회의원 선거에서 신민당 비례대표 후보로 당선.
・ 삼남 영호 출생.

1968 ・ 국회 내무위원회 소속으로 일본을 방문하고 〈재일교포 실태조사 보고서〉 제출. 이후 이를 보완하여 『재일한국인 - 교포 80년사』 발간.

1969 ・ 9월 박정희 대통령과 면담.
・ 해외교포문제연구소 설립, 소장 취임.
・ 3선 개헌 날치기 처리에 맞서 강력한 투쟁에 앞장.

1970~79

1970 ・ 9월 29일, 신민당 전당대회에서 김대중을 대통령 후보로 선출.
・ 대통령 후보 비서실장 겸 기획특보를 맡아 선거운동을 진두지휘.
・ 월간 《다리》 창간.

1971 ・ 2월 《다리》지 필화사건 발발.
▪ 4월 27일 김대중, 제7대 대통령선거에서 낙선.

□ 5월 25일 제8대 국회의원 선거 서대문갑구에서 당선.

1972 · 10월 17일 유신체제 선포. 보안사 서빙고분실에 연행되어 9일간 고문 수사.
　　　· 12월 31일 구속되어 재판을 받고 2년간 복역.

1974 □ 12월 20일 형집행정지로 출옥.

1975 · 3월 조윤형·조연하 등 유신 선포 때 공안기관에 끌려간 신민당 동료의원 13명과 함께
　　　　고문 수사 폭로.
　　　· 민간 환경운동으로는 최초인 '한국환경보호협의회' 발족.

1976 · 신민당 전당대회 당 대표 경선에서 이철승 지원 운동.

1979 · 10월 26일 김재규 중앙정보부장의 총격으로 박정희 사망, 유신체제 붕괴.
　　　· 신민당 전당대회 당총재 경선에서 김영삼 지원 운동.
　　　· 한국정치문화연구소 설립.
　　　· 12월 'YWCA 위장결혼식 사건'으로 보안사 서빙고분실에서 고문을 당함.
　　　· 12월 12일 전두환 친위쿠데타로 실권 장악

1980~89

1980 · 5월 18일 광주민주항쟁 발발.
　　　· 5월 '김대중 내란음모 사건'으로 구속.
　　　· 중앙정보부에서 54일간 고문 수사를 받고 기소되어 징역 7년형 확정판결.
　　　· 8월 27일 유신헌법 하 통일주체국민회의에서 전두환을 제11대 대통령으로 선출.

1981 · 3월 3일 제5공화국 헌법에 의거 전두환을 제12대 대통령으로 선출.

1982 · 8월 경주교도소에서 형집행정지로 출소.
　　　· 이희호와 함께 김대중 면회를 갔다가 안기부에서 협박성 조사를 받음.
　　　· 12월 16일 김대중, 서울대학병원으로 이송.
　　　· 12월 23일 김대중, 미국 출국, 망명.

1983 · 5월 18일 김영삼, 민주화 요구하며 단식 돌입.
　　　· 6월 동교동계 정치인들을 규합하기 시작.

1984 · 5월 18일 상도동계 정치인들과 합작하여 '민주화추진협의회'(민추협)를 발족하고 공동
　　　　의장 권한대행 취임.
　　　· 12월 3일 무소속 신순범, 조순형, 김정수 의원 신당 참여 견인.
　　　· 12월 2·12 총선과 관련하여 김대중이 김상현에게 밀지를 보내옴.

1985 · 2월 8일 김대중 미국 망명에서 귀국.
　　　· 2월 12일 제12대 국회의원 선거에서 신당 돌풍을 일으켜 신민당 제1야당 등극.
　　　· 3월 2일 김대중, 연금 해제.
　　　· 3월 9일 수안보에서 김대중과 만나 민추협, 2·12 총선 결과 보고.

- 3월 12일 창천동 자택에서 김대중, 김영삼과 회동하여 민추협 부의장 수락.
- 4월 정치지도자 양성을 위한 '민주대학' 설립.
- 5월 미국 민주당 짐 라이트 하원 원내총무의 초청으로 방미.

1986 • 미국 켄터키대학, 하버드대학 초청으로 방미. 워싱턴 내셔널프레스클럽에서 '한국 민주주의와 점증하는 반미감정'이라는 주제로 강연.
- 군사정권의 공작정치 종식과 직선제 개헌을 위한 22일간의 단식투쟁 전개.

1987 • 6월 26일 6월항쟁으로 사면복권.
- 11월 제13대 대통령선거에서 '야권후보 단일화 100만인 서명운동' 전개.
- 12월 김영삼 후보를 지지하고, 통일민주당 총재직무대행을 맡음.
- 12월 16일 제13대 대통령선거에서 노태우 당선, 김대중·김영삼 낙선.

1988 • 4월 26일 제13대 국회의원 선거에서 낙선. 평민당 제1야당 등극.
- 통일민주당 전당대회에서 부총재로 당선.

1989 • 월간《다리》복간.
- 구소련을 방문, 러시아 정치지도자 및 북한 조국평화통일위원회 허담 위원장과 회동.

1990~99

1990 • 1월 22일 노태우·김영삼·김종필 민주자유당으로 3당 합당 발표,

1991 • 평민당과 신민주연합당 통합에 참여.

1992 • 9월 김대중의 신민주연합당과 이기택의 민주당이 합당하여 민주당 창당.
- ※ 제14대 국회의원 선거에서 민주당 공천을 받아 서대문갑구에서 당선.
- 민주당 전당대회에서 최다득표로 최고위원에 당선.
- 제14대 대통령선거 민주당 김대중 후보 선거대책위원회 부위원장을 맡음.
- 12월 18일 제14대 대통령선거에서 김영삼 당선, 김대중 낙선.

1993 • 3월 민주당 제2차 정기 전당대회에서 대표최고위원에 출마하여 47% 득표.
- 러시아 상트페테르부르크대학에서 명예 정치학박사 학위 받음.
- 여야 국회의원 62명이 참여한 '환경과 생명을 위한 모임' 회장 취임.

1994 • 필리핀 상하원 의장 초청으로 필리핀 방문.
- 고르바초프 국제그린크로스 총재 초청.

1995 • 민주당에서 분당하여 새정치국민회의가 창당되자 이에 합류, 지도위원회 의장 취임.

1997 • 5월 새정치국민회의 총재 경선 출마.
- 12월 18일 제15대 대통령선거에서 김대중 당선.

1998 • 대한산악연맹 회장 취임.
- 11월 대한택견협회 회장 취임.

2000~

2000 · 1월 20일 새정치국민회의를 발전적으로 해체하여 새천년민주당 창당.
· 4월 13일 제16대 국회의원 선거 민주당 공천에서 탈락하자 탈당하여 민주국민당. 비례
대표 후보로 출마하였으나 낙선.

2002 · 3월 민주당 복당.
· 5월 민주당 상임고문 위촉.
· 8월 광주 북구갑 국회의원 보궐선거 당선.
· 12월 19일 제16대 대통령선거에서 노무현 당선.

2003 · 11월 11일 노무현 대통령 직계 세력이 새천년민주당에서 분당하여 열린민주당 창당,
김상현, 새천년민주당 잔류.

2004 · 4월 15일 제17대 국회의원 선거에 새천년민주당 광주 북구갑 후보로 출마하였으나 노무
현 대통령 탄핵 역풍으로 낙선.

2007 · 불법정치자금 수수 혐의로 징역 2년에 집행유예 3년 선고. 정계 은퇴.

2009 · 5월 23일 노무현 전 대통령 서거.
· 8월 18일 김대중 전 대통령 서거.

2015 · 11월 22일 김영삼 전 대통령 서거.

2018 · 4월 18일 영면.

2019 · 3월 '후농 김상현 평전 발간위원회' 발족.

2024 · 12월 평전 『김상현을 읽다』 발간.

참고 자료

김상현의 기고문 및 (편)저서

김상현, 1970, 「한국 야당의 내일을 위한 진단」, 《국회보》 106호

_____, 1970, 「내일을 위한 희망의 정치」, 《다리》 3호

_____, 1986, 「한국 민주화의 길」, 《민족 지성》 4호

_____, 1987, 「민주화 시대와 정치인의 역할 부재」, 《광장》 170호

김상현, 1988, 『재일한국인 – 재일교포 100년사』, 한민족

_____, 1992, 『믿음의 정치를 위하여』, 학민사

_____, 1993, 『열린 시대의 정치 논리』, 학민사

_____, 1994. 『환경 · 환경운동 · 환경정치』, 학민사

김상현 편, 1977, 『실록 / 민족의 저항』(전 5권), 한샘출판사

『김상현 거꾸로 서기, 바로 보기』(2002, 공동선) 수록 글

고　은, 「김상현을 사랑한다」

김창혁, 「편견으로부터의 해방을 위하여」

김학민, 「엉켜버린 나의 인생」

남재희, 「잡놈성 거물」

박정훈, 「포용력과 뚝심의 정치인」

신경림, 「고단한 사람들을 그늘로 덮어주는 나무」

신경식, 「남 위해 사는 사람」

신순범, 「대추나무 열매 같은 사람」

윤재식, 「김상현과의 50년 우정」

윤형두, 「파란만장한 47년의 인연」

이인정, 「진정한 산악인」

정대철, 「이미 그는 신화다」

정동훈, 「김상현 의원은 어떤 정치인인가?」

조상현, 「육자배기 홍타령의 멋쟁이」

최불암, 「황당하지만 창조적인 사나이」

한승헌, 「축구의 안정환 선수 같은 나의 벗」

언론 기사, 인터뷰

김용기, 「다시 보게 된 협상과 양보의 정치력 : 전 민추협 공동의장대행 김상현」, 《옵서버》, 1992, 29호

김창균, 「'무경' 김상현」, 조선일보 2018. 4. 20자 '만물상'

김형민, 「'무경', 그의 일생을 대변하는 호」, 《시사IN》 2018년 573호

남재희, 「文酒 40년, '잡놈성 거물' 김상현」, 프레시안 2002. 2. 4

원희복, 「정치인 같은 시인 김지하, 시인 같은 정치인 김상현」, 《경향 비즈》 2013. 4. 5호

_____, 「새정치연합 상임고문 김상현 … 대의명분 분명한 '통큰' 정치인」, 《주간경향》 2015년 1113호

윤재걸, 「그 시절 그 정치인 – 후농 김상현」, 《뉴스메이커》 2007년 713호

이동관, 「포스트 DJ, 이기택이냐 김상현이냐」, 《신동아》 1992년 401호

최일남, 「극한대립은 정치후퇴를 초래한다」, 《신동아》 1985년 307호

한승헌, 「재판으로 본 한국현대사 : 월간 《다리》 필화사건」, 경향신문 2016. 1. 29

언론 보도

동아일보 1971. 3. 26, 「김 후보 비서실장 김상현 의원 임명」

동아일보 1971. 3. 27, 「신민 김 후보 보좌역 정무 등 10개 부 임명」 ; 「정치 매너 바뀌어 가는 야당」

동아일보 1984. 11. 30, 「3차 해금 84명」

동아일보 1985. 2. 13, 「신민 대도시 압승 제1야당」

시사오늘 8호, 2009. 11, 「김상현 "나는 DJ에 헌신 … , 돌아온 건 외면뿐"」 ; 19호, 2020. 9. 「한화갑 "DJ, 의장대행에 김상현 아닌 예춘호 낙점"」

단행본

강준만, 2009, 『한국현대사 산책 : 1970년대 편』 (1~3권) ; 『한국현대사 산책 : 1980년대 편』 (1~4권), 인물과사상사

고 은, 1996, 『만인보』 12권, 창작과비평사

권노갑·김창혁, 2014, 『권노갑 회고록 – 順命』, 동아 E&D

김대중, 2013, 『김대중 자서전』, 삼인

김성동, 2011, 『한국 정치 아리랑』, 동녘

김영삼, 2021, 『김영삼 회고록』, 백산서당

김학민, 2004, 『564세대를 위한 변명』, 학민사

김형욱·박사월, 1985, 『김형욱 회고록』, 아침

남재희, 2014, 『남재희가 만난 통 큰 사람들』, 리더스하우스

류상영·김삼웅·심지연 편저, 2013, 『김대중과 한국 야당사』, 김삼웅, 「민주화투쟁과 민주화추진협의회」; 류상영, 「김대중과 1971년 대통령선거」; 정기영, 「재야의 정치 세력화와 민주화 투쟁」, 연세대학교 대학출판문화원

민주화추진협의회, 1988, 『民推史』

신상우, 1985. 『고독한 증언』, 창민사

인터뷰

강민구 (전 김상현 의원 보좌관, 2019. 10. 31)

고 은 (시인, 2022. 2. 11)

구중서 (문학평론가, 2022. 2. 15)

김덕룡 (전 국회의원, 2020. 8. 7)

김성동 (소설가, 2019. 8. 5)

김영호 (김상현의 삼남, 현 국회의원, 2019. 5. 7)

김종룡 (장성 김해김씨 종친, 2019. 7. 10)

남재희 (전 노동부 장관, 2019. 6. 24)

박문수 (미래와 가치 회장, 2020. 7. 7)

박정훈 (전 국회의원, 2020. 7. 7)

신경림 (시인, 2022. 2. 16)

신순범 (전 국회의원, 2019. 7. 8)

심기섭 (김대중 대통령 미국 망명 시절 비서, 2021. 5)

윤형두 (범우사 회장, 2019. 7. 30)

이복순 (장성 고향 마을 이웃, 2022. 2. 10)

이석현 (전 국회부의장, 2021. 3. 23)

이영재 (장성 고향 마을 이웃, 2019. 7. 10)

이인정 (전 대한산악연맹 회장, 2021. 12. 29)

이　철 (전 국회의원, 2020. 1. 20)

임헌영 (전《다리》지 주간, 문학평론가, 2019. 7. 8)

장영달 (전 국회의원, 2019. 11. 9)

정대철 (전 국회의원, 2019. 6. 19)

정희원 (김상현의 아내, 1차 2019. 4. 27 ; 2차 6. 18 ; 3차 2021. 10. 12)

최치규 (천주교 신부, 2022. 2. 7, 함세웅 신부 전화 인터뷰)

한완상 (전 부총리, 2022. 3. 15)

함세웅 (천주교 신부, 2019. 6. 4)

찾아보기

후농 김상현 평전 발간위원